霞村调查2018

工业化、城市化背景下的粤西村庄社会

胡靖 郝晶 李津成 编著

华南理工大学出版社
SOUTH CHINA UNIVERSITY OF TECHNOLOGY PRESS
·广州·

图书在版编目（CIP）数据

霞村调查·2018：工业化、城市化背景下的粤西村庄社会/胡靖，郝晶，李津成编著. —广州：华南理工大学出版社，2020. 8
ISBN 978-7-5623-6405-4

Ⅰ. ①霞…　Ⅱ. ①胡…②郝…③李…　Ⅲ. ①农村调查-调查研究-罗定-2018　Ⅳ. ①D668

中国版本图书馆CIP数据核字（2020）第183922号

霞村调查·2018——工业化、城市化背景下的粤西村庄社会
胡靖　郝晶　李津成　编著

出 版 人：卢家明
出版发行：华南理工大学出版社
（广州五山华南理工大学17号楼，邮编510640）
http://www.scutpress.com.cn　E-mail: scutc13@scut.edu.cn
营销部电话：020-87113487　87111048（传真）
策划编辑：王　磊
责任编辑：付爱萍
责任校对：梁晓艾　李　桢
印 刷 者：广州市人杰彩印厂
开　　本：787mm×960mm　1/16　**印张：**26.25　**字数：**515千
版　　次：2020年8月第1版　2020年8月第1次印刷
定　　价：100.00元

序 言 XUYAN

一、方法论：描述与叙述之间

社会科学上溯到哲学就是一个认识论、方法论的问题。选择怎样的认识论，基本上就可以有怎样的观点和结论。在这个问题上，毛泽东思想，包括其调查报告，一直有其独特的认识论、方法论。在毛泽东比较著名的几篇文献，如《反对本本主义》《实践论》《在延安文艺座谈会上的讲话》《人的正确思想是从哪里来的》之中已经形成了比较稳定、比较完整的认识论体系，而且在《湖南农民运动考察报告》《寻乌调查》《兴国调查》《才溪乡调查》等文献中他也践行了这一认识论。从这个意义上看，毛泽东的确是一个“知行合一”的思想家、革命家，这在历史上非常少见。在具体的革命与实践过程中，毛泽东的调查理论几乎可以简短地概括为“没有调查就没有发言权”，即任何理性、“正确”的知识体系、政策体系的抽象、形成，首先需要来自实践，来自对客体的全面、客观、准确的感性认识、科学认识，这是知识形成、观点形成非常重要的前提，差一点、缺一点都不行。共产党人对此不能打折扣，否则就会出现决策、指挥的错误。所以毛泽东一生都非常重视实践、调查，并将之视为党和国家一切政策、决策的出发点。当然，调查不仅仅属于信奉历史唯物主义的共产党人，其实也属于全人类。这是一个深刻的历史课题，与人类的发展和命运如影相随。

费孝通先生其实也是一位历史唯物主义者，或者说是没有贴上历史唯物主义标签的自觉的唯物主义者。费老开创了中国的农村社会学、农村人类学，在中国社科领域影响深远，他最著名的学术贡献主要是对中国乡村密切、直接的调查和感性认识，具体体现在《江村经济》《乡土中国》《云南三村》等一系列著作之中。费孝通以其丰富、纯粹、细腻的调研活动为中国历史留下了很多珍贵的乡土社会的“切片”，这些“切片”是中国宝贵的历史档案，他的著作具有永恒的学术价值，成为社会学、人类学、经济学的经典。他在导师马林诺夫斯基的指导下，弘扬、践行了人类学、社会学常用的田野调查方法，这其实与马克思、恩格斯的历史唯物主义并不矛盾，也与毛泽东的调查思想殊途同归。费孝通自己也总结说，实地调查具体社区里的人们的生活是认识社会的入门之道。这是因为真正的学术并不会画地为牢，认识论、方法论的很多真理的元素会相互滋润。除了费孝通，中国还有很多杰出的学者，如老一代的吴文藻、陈翰笙、李景汉、张之毅、林耀华和现在的贺雪峰、李培林、应星、吴重庆、谭同学等，他们都非常重视社会调查、田野调查，也取得了不菲的学术成就。不过，在对调查的理解上，费孝通与毛泽东还是代表了两种“大同小异”的思路。费孝通的调查更善于描述，更善于抽象，即在完成大量的田野调查、社会调查以后，费孝通会提炼出自己的描述体系、评价体系，给乡村涂上自己的理论与情感的色彩，从而加深对乡土中国的理解与认识。比如，他提出的“熟人社会”“差序格局”这些中国社会学的范畴、概念已经广为流传，成为农村社会学非常重要的理论基石。但是“社会学调查”并不等于“社会调查”，抽象出来的概念、范畴、体系，与现实还是有距离的，不一定能够放之四海而皆准，更不能替代乡村多变的现实。古希腊哲学家赫拉克利特说，“人不能两次踏进同一条河流”，其实人也不可能两次调查同一个村庄。人对村庄的调查可能带有各种先入为主的想法，如对乡土的歧见、偏见、成见，这是社会学研究需要警惕的问题，研究者需要通过真正的调查来予以对照、检视、校正。而毛泽东的调查方法可能更追求乡土本来的真相，典型如《寻乌调查》——尽管这种真相不可能是百分之百的——但在方法论上，毛泽东采取了一种更为精确的“叙述”的方法，同时对调研主体自身的主观性予以了警觉与防范，即对调查的对象，尽可能减少人为的定义、分析、抽象，尽可能还原客体本来、本源的状态，这一点是确定可以做到的。从认识论的角度，如果调查全面、客观、准确地呈现了真相、真面目，则很多“道理”“原理”“规律”“特征”就会自然、真实地渗透、呈现出来，为读者所认知、获取，不用作者刻意地提炼。这才是最能展现自然与社会本来面目、特征、规律的调查，对此应该有足够的信心。就像没有颜色的眼镜恰恰最能看清物体的色彩、轮廓，这种比较明确、彻底的历史唯物主义的方法论，更接近中国2000多年前的大思想家老子的智慧——“信言不美，美言不信”。

所以，社会学、经济学缺少的可能并非理论、范畴、模型等具抽象性“色彩”的描述，而是对真实世界尽可能客观、完整、准确的映照与叙述。

毛泽东和费孝通这两位20世纪社会科学的思想大师，为中国社会科学、人文科学的研究留下了宝贵的认识论、方法论的示范。他们殊途同归的“调查—叙述”“调查—描述”的学术路径启迪后人：不论什么社会科学的研究，首先都应该筑基于真正的社会调查、田野调查。只有如此，才能在调查的过程中触及、感受、揭示自然、社会的真面目，进一步地，才可以延伸出正确的理论抽象、政策拟定、制度设计。这种学术的顺序不应颠倒，不应改变。

二、调查的基本原则——客观、完整、准确

调查过程是主体与客体的互视、互动的过程。在这一过程中，客体的“真相”究竟是怎样呈现的呢？这是认识论的又一个难题。我们确实永远无法获得百分之百的“真相”，但又要戮力前行，不断探索“真相”，这其实就是人类社会进步的一种“宿命”。就像两千多年前孔子的学生颜渊所说的那样：“仰之弥高，钻之弥坚。瞻之在前，忽焉在后。夫子循循然善诱人，博我以文，约我以礼，欲罢不能。即竭吾才，如有所立卓尔。虽欲从之，末由也已。”

为此，面对方法论的各种迷茫、混沌，调查不一定先要以全面的“确定性”为目标，但需要构建一些基本的获取原则，以建立“不确定”的方法论的底线，这是人类能够“进步”的前提。

第一，客观。客观是指在调查过程中不应该有任何主观的猜测、推断、臆造，更不应有敌视、偏见，而是应该保持一种不偏不倚的“中性”，一切调查获得的资料都必须来自对客体本能、直接的感知。这种要求对调查主体来说是比较严格的，甚至是比较苛刻的。它是一种原则性、思想性甚至伦理性的要求，而不是技术性、功能性的要求。所谓“运用之道，存乎一心”，即是这个道理。因为获得的资料、数据等完全可能是“意料之外”，甚至可能直接对撞主体原来的意识、观点。由此，为了维护既得利益，就可能出现对调查资料刻意的隐匿、选择、歪曲、修饰，这就是不客观的起源。这是调查者需要警觉、防范的。

所以，在调查的方法和叙述的方法上，应尽力避免各种主观的分析、推断，首先预防各种情绪、偏好等主观因素对调查的干扰，始终保持调查的中性、纯粹。

第二，完整。完整是指调查获得的资料应该是完整的，而非残缺不全的。只有包含完整数据、案例的调查资料才会有较大的研究价值。比如，对旱稻的生产过程的调查，就必须是从播种到收割的整个过程，而不能仅仅调查播

种、插秧、田间管理，而忽略最后的收割。要做到调查的完整同样是很不容易的，为此需要付出很多的时间、精力，克服很大的困难。比如，在收割时期，调查主体由于生病等客观原因，难以完成最后的调查，调查报告就容易出现完整性问题，容易出现照搬、推测、臆想、瞒天过海等情形，以弥补调查资料的不足。此时，就非常考验调查者的毅力、耐心。所谓“行百里者半九十”，就是这个道理。一些调查报告常常出现大量的分析性、推断性文字，包括统计分析、计量分析等，可能就是在弥补调查材料的完整性不足。

第三，准确。准确是指获得的材料尤其是数据必须准确、详细，不能似是而非、模棱两可。数据的优势在于能够摆脱主观的干扰，更能表达客体的“客观性”。因此，调查过程中，应该尽可能地利用数据来完成对客体的表述，没有数据的调查一般是不准确的，而且数据与各种细节应该是越详细、越精确越好。因为数据越准确就越客观，越有说服力。毛泽东的《寻乌调查》在这方面就做得比较成功。在此文中，毛泽东利用丰富、细致的数据，准确、客观地叙述了寻乌的地理状况、商业情况，令人不得不信。同样，费孝通在《禄村农田》一文中也有很多珍贵的第一手数据。

在霞村的这次驻村调查中，“客观、完整、准确”是基本的调研原则。掌握了这一原则，基本上就知道应该调查什么，怎样调查。

三、调查过程

本书由华南师范大学经济与管理学院的66名大学生和4名国民经济学专业的研究生共同完成，调查的策划、安排、指导为胡靖教授。调研时间主要集中在2018年11月25日至2018年12月1日之间（后文提到的“今年”即2018年），调查地点为广东省罗定市L镇S行政村辖下的霞村。70名学生入住13户农户家庭，每天与村民“同吃同住同劳动”，力求最亲密地接触农村、感受农村。在调研的思想与方法上，主要是实践与仿照毛泽东的调查文献《寻乌调查》，同时参考费孝通先生的《江村经济》《禄村农田》。所有参与调研的学生都通读了这些文献并完成了读书笔记。调查过程中，同学们时刻注意案例、数据的客观性、完整性、准确性，同时也十分警惕主观意识、主观情绪对调查的扭曲、干扰。书中的住房、土地的数据与图例主要来自学生的考察与测绘，案例、口述史则来自与村民面对面的访谈和实地考察。调查文本要求不要有夹叙夹议的分析、判断，力求将每一个分报告，包括专题调查、住户调查、口述史调查等都做成能经得起检验的社会“切片”，为其他的经济分析、社会分析、人类学分析提供有价值的可靠的分析对象与依据。霞村调查的各个专题的设计是基于对村庄状态的整体判断，其中，专题调查主要是对土地制度、公共设施与公共品、水利及留守人员（包括老人、妇女和儿童）等的深度调查，以此反映在波澜壮阔的工业化、城市化进程中，在家庭承包经营的土地制度下，中国乡村的诸多深层次的矛盾与问题；住户调查主要聚焦2018年11月这一时点，在历史长河的这一瞬，尽量客观地描述霞村住户的生活状态、居住状态、经济状态；口述史主要是时序的调查，反映一些老年村民（自其有记忆开始）的整个人生轨迹，以此折射中华人民共和国成立以来乡村历史的变迁跌宕。由此构成霞村的三维调查与描述空间，这是本书的特色之一。当然，调查的方法、过程还有很多需要改进的地方。

在调查过程中，华南师范大学经济与管理学院、南方日报社、罗定市的各级部门及霞村的全体村民都给予了积极的支持、配合，保障了调查的顺利进行。调查结束后，各个小组在寒假期间，整理数据、案例等材料，完成了调查报告的初稿。开学以后，经过多次反复修改、补充（研究生小组又先后三次赴霞村调查补充资料），最终完成了这部书稿。

胡　靖

2019年12月

目 录 MULU

上篇 专题调查

中篇 住户调查

下篇 口述史调查

开篇

陈舒灵　黄钦鸿　黄伯特　吴赢等①

改革开放以来，国家快速的工业化、城市化直接导致了各地村庄的变迁。这种变迁是根本性的、全方位的，涵盖了村庄经济、社会、文化、信仰、生态、环境等方方面面。为了更深入地了解村庄的这一历史巨变，在南方日报社和罗定市委的支持下，我们选择了粤西地区的霞村作为我们驻村的场所和调查对象。霞村，显然不同于珠三角地区的城中村，也不同于粤东潮汕地区的村庄和粤北客家地区的村庄，更不同于粤西北连山、连南的一些“资源脆弱”的少数民族地区的村庄。霞村山清水秀、农业资源丰富，而且历史悠久，有自己独特的习俗和文化。

一、区位与交通

罗定市位于粤西，与广西壮族自治区接壤，L镇位于罗定市中部，北面同素龙街道、围底镇、生江镇接壤，东西南三面与太平镇、连州镇、罗镜镇、船步镇为邻。S村是L镇的一个行政村，位于L镇西北面。霞村是S村辖下最大的一个自然村。

霞村的主干道是836乡道，双向两车道，路宽6～8米，弯道多，新铺柏油路，两侧还有多条支道，支道又连接若干巷道和小路，由此把全村的屋舍、田亩串联起来。以前836乡道仅作为村民对外交流的道路，但是近年开辟了长岗坡纪念馆，旅游业发展起来了，交通愈发堵塞。特别是周末高峰期，车辆流量激增，有些车辆直接占道停放，再加上缺乏规划、管理，很多商贩也占道经营，道路经常拥堵，因此村民多有抱怨。道路卫生状况也有较大差异，临近房屋的路段因有村民门前卫生“三包”，常自觉清理，比较干净。但临近景区的路段，因为随意

①程芳柱负责村庄地理与农业资源调研；冯文杰负责村庄的历史沿革；陈舒灵负责霞村的区位、交通状况和村庄人口构成；黄伯特负责农业生产情况；黄钦鸿、杨丞浩、王文彬负责村庄产业、村委选举制度和村委会情况。国民经济学2016级研究生吴赢参与了调研，并做了最后的补充、修改。

丢弃的垃圾较多，又无卫生“三包”，比较脏乱。

S村除了836乡道这条主干道外，附近还有897、898、899三条乡道，479一条县道，280、369两条省道，324一条国道。罗阳高速，距霞村约42千米路程。在建的罗信高速，距霞村约6.2千米路程。所以，霞村的交通总体上还是比较便捷。

霞村地形如图1-1所示，与外界主要交通联系如下：

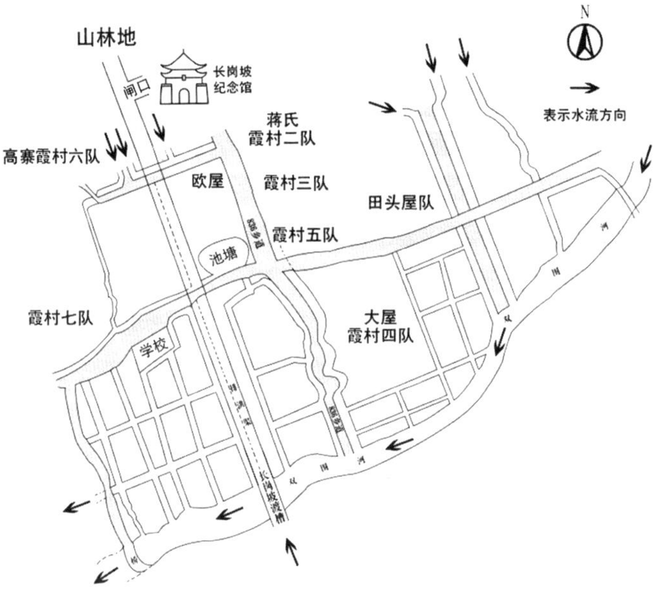

图1-1　霞村地形图

（1）霞村到L镇中心约4.1千米。沿836乡道向南直走约2.7千米，再向东转走479县道约1.2千米，最后北转280省道0.21千米，就可以到L镇中心。L镇是一个较大的中小镇，商场、医院、学校、车站等社会服务设施都比较齐全。

（2）霞村到罗定市中心约27千米。去罗定市区先要经过L镇。沿836乡道向南直走2.7千米，再向东转走479县道约1.2千米，转沿280省道走14.7千米，转324国道走3.4千米，最后进入市区道路4.5千米。但根据高德地图，这条最短路程也并非直线，而是绕了大半圈，主要是因为隔着金银河水库、笔塔山、马鞍山等特殊地形，无法直接通行。

（3）霞村到云浮市中心约82千米。去云浮市区先要经过L镇。依然是先沿836乡道向南直走2.7千米，再向东转走479县道约1.2千米，转沿280省道走6.5千米，转福昆线约31千米，转深岑高速约12千米，再换福昆线约24.2千米，最后进入云浮市区。

（4）霞村的公共交通仅有前往L镇的公交车，车费一次2元，每逢双数日才开车，一天两班车，主要是方便村民赶集、上学。平常村民去镇上，一般都是自己骑摩托车、电瓶车或自行车前往。

二、姓氏与历史

霞村最早叫智高村。在17世纪清乾隆年间，“智高村”和“霞洞村”两个名字同时并用。

最早落户霞村的，是钟姓一族，到现在总共18代。15世纪，霞村钟氏一族的祖先钟行天最早在花鹿坑的旧屋脊居住，后迁往雁岗（又叫雁垌，属凤地），再后来，又迁到现在霞村的高寨。在钟氏一族之后，还有余氏、莫氏、彭氏等氏族落户霞村。这三个姓氏在入籍后，或迁徙或绝迹，已经在霞村消失。当时的余氏一族聚居在白头屋地，大人庙的大钟上刻有“东钟西余”四字，是证明余氏曾聚居在霞村的历史材料。

大人庙又叫大人祠，是为了纪念文都督、杨都督、蒋都督三位将军剿灭匪徒，使霞村村民的祖先得以在此定居下来而修建的。清顺治年间，江氏、于氏族人亦来霞村定居、落户。

15世纪末，大概是清康熙二十年（1681年）左右，正清公的父亲文令球来霞村开展养鸭的副业，顺便在霞村定居，并娶妾梁氏，诞下一子仪悌（即正清公）。正清公考取秀才后，返乡生活，他代表文氏一族，与钟氏、江氏、于氏族人共同商讨，建立一个有组织的聚居地。经各姓代表同意，把聚居地命名为“霞洞田寨”，从此，霞洞田寨开始实行共同管辖，分享畓展塘（旧山塘）及霞洞禁山（即现在长岗坡纪念馆所在的山及北面的山）的一切利益。当时，钟氏一族住在现在的高寨，江氏一族聚居在鳌屋咀（旧称），于氏一族则是在沙罗冲。

清末民初的时候，又有一支文氏从外地迁入霞村，并在此定居，主要居住在田头屋、榨埔和中间田垌。另外，在20世纪50年代末60年代初，由于修建水星坪水库，政府安排覃氏、蒋氏二族搬迁至霞村，他们的居住地是山咀岭和大坪脚。

现在，霞村各姓传承情况如下（据文辉林老先生的记载）：最早落户的钟氏一族传到现在共18代，后面来落户的江氏一族13代、于氏一族13代，文氏一族13代（指正清公父亲文令球以下）。而另一支清末民初才迁居霞村的文氏，其传承情况有所不同，聚居在田头屋的文氏共8代，聚居在榨埔的则是9代，居住在中间田垌的则只有6代。而最后迁居至此的覃氏、蒋氏均是4代。虽然正清公一族不是入籍时间最长的，却是霞村最大的家族（正清公为祖先的文氏一族）。为我们调查提供许多重要资料的文辉林老先生就是正清公的后代。

三、人口构成

目前，霞村有8个村民小组，共458户，1909人，平均每户约4人。其中男性1033人，女性876人，性别比约118∶100。0～12岁有347人，13～24岁有391人，25～59岁有972人，60～80岁有152人，81岁及以上有47人。60岁以上老年人口占人口总数的10.4%，刚好达到了老龄化社会的标准。再考虑到数据的时效性以及当地不少中老年落户时报小年龄，实际老龄化比例会更高一些。贫困人口共26户，57人，经计算，贫困比例约为3%，略低于全国平均水平（3.1%，2018年），但高于广东平均水平（1.52%，2018年）。人均耕地面积约为0.48亩，属于典型的人多地少型村落（表1-1）。

表1-1　2017年霞村各村民小组人口情况

自然村小组名称	户数（户）	人口（人）	男人（人）	女人（人）	分段人口（人）					水田（亩）	山林地（亩）	旱地（亩）	贫困户（户）
					0～12岁	13～24岁	25～59岁	60～80岁	81岁及以上				
霞村一队	46	169	93	76	37	27	79	24	2	80.71	—	—	共26户，57人
霞村二队	31	121	62	59	19	31	59	8	4	31.41	—	—	
霞村三队	55	222	116	106	34	46	112	26	4	79.49	—	—	共26户，57人
霞村四队	90	383	212	171	60	82	198	33	10	74.6	—	—	
霞村五队	37	148	76	72	27	34	74	10	3	33.39	—	—	
霞村六队	85	375	202	173	60	76	213	12	14	84.1	—	—	
霞村七队	59	268	144	124	65	44	137	17	5	81.22	—	—	
田头屋队	55	223	128	95	45	51	100	22	5	92.1	—	—	
合计	458	1909	1033	876	347	391	972	152	47	557.02	3801	357.4	

注：数据源自S村委普查数据

霞村主要有文、钟、于、江、蒋、覃六姓。渊源最久的是钟姓；文姓是第一大姓，据村长估计有1300人，主要是正清公后裔一支。本村年轻人大多外出打工经商，近的多去L镇或罗定市，远的则去珠三角地区。村里平时留守的主要是老人、小孩，老人们身体尚好的均务农。

四、农业资源

1. 气候

霞村属亚热带季风性湿润气候，夏长无严冬，气温偏高，热量丰富，春秋暖和，阳光充足，全年平均日照时数1900小时，全年平均日照率42%，年平均气温22℃，全年无霜期345天，一年四季均可耕作。偶尔也有“倒春寒”灾害。

2. 水文

霞村全年平均降雨量1450毫米，雨量充沛，但雨量变化大，干旱灾害较多。历史上“十年九旱”。但1981年长岗坡渡槽工程完工后，则没再发生过旱灾。长岗坡渡槽总长5200米，其中钢筋砼渡槽长3450米，砌石拱渡槽长1750米，渡槽宽6米，高2.2米，渡槽设计引水流量25立方米/秒。工作人员每天巡查渡槽两次，每年冬天维修一次。渡槽把上游的泷江河、太平河水引入金银河水库。霞村段渡槽没有淤泥，但水质看起来并不清亮，偏黄褐色。

霞村的生活用水主要是附近的山泉水。金银河水库有一部分在霞村，水库集水面积18平方千米，设计库容5538万立方米，主要用于灌溉、发电和饮用（是罗定市的自来水水源）。

S河也流经霞村，河面宽约2米，但水质比较差，水流比较浑浊。

3. 耕地

霞村有水田557.02亩，旱地357.4亩（1亩约为0.067公顷）。耕地主要分布在村的南半部。

4. 山林地

霞村山林地目前有3801亩，主要分布在霞村的北半部分。1976年建金银河水库之前，山林地有6000多亩，建金银河水库用去了2000多亩。

5. 物种

霞村物种比较丰富。农作物主要有水稻、蔬菜、油菜、花生、番薯、木薯等，树木有松树、木瓜树等。霞村大概有七八个鱼塘，鱼塘归村里面各个村民小组管理，属于村民小组所有，鱼类主要有草鱼、大头鱼、罗非鱼、埃及塘鲺等，家禽家畜有鸡、鸭、鹅，也养牛，以前曾养羊。

五、农业生产

1. 种植业

霞村的种植业以水稻为主，一年两季，第一季2月尾（阳历，下同）播种，播种后20天插秧，同年6月收割；第二季5月播种，大约小暑插秧，9月收割；每季亩产千斤左右，即使年份不好，保底也有800斤。村民的口粮基本上是自给自足，少有外卖；村民也种植番薯、木薯、花生、黄豆、淮山等。在分田到户以后，霞村较少种花生和番薯，而在改革开放（1978年左右为界）以前种花生、番薯的村民要占总户数的70%～80%。部分田地（沿长岗坡渡槽一带的几百亩农田）现在要改为一年三季，即秋收后镇政府会种油菜以发展旅游业，目的是打造油菜花盛开与长岗坡相映衬的美景，每亩补贴给农民160元，到了春季农民会在田里种水稻。

村里的田地分为水田与旱地，其中旱地357.4亩、水田557.02亩。永巨农副产品公司承包霞村50余亩旱地，承包价格为一年400余元/亩。村里的水田没有流转，也没有承包，如果承包，一年的承包费要900余元/亩。永巨农副产品公司承包的土地在村路边，种了番薯、水稻、木瓜、火龙果、百香果、无花果等。

2. 养殖业

霞村村民养鸡、鸭、鹅、猪、牛等。养鱼主要有草鱼、罗非鱼、大头鱼、扁鱼、鲩鱼、埃及塘鲺、鲤鱼等。

村民多养高小鸡（鸡的一种），一般从孵蛋、出生到出售需要20天左右，1只小鸡能赚1～2元，一般一次会养几百只，具体收入由几百到上千元不等；大鸡则由村民自家养，自己吃多过送市场上卖。改革开放前后养鸡的情况变化不大。个别村户养鸭，大多养来自己吃，很少卖。改革开放前每家每户都养鸭，改革开放后养鸭的少了。目前霞村无人养鹅，在改革开放前有村户养鹅，改革开放后渐渐不养了。

养牛的村民很少，一般从牛犊开始，村民养一年半就卖给屠户。买一只牛犊要2000元左右，以六七千元的价格卖出，可获利四五千元。改革开放前村民多用牛犁地，现在则多用拖拉机。

村里有两三户人家养猪，数量在四五十头。一头猪的饲养时间为4个月，可获利四五百元。改革开放前各家各户都养猪，改革开放后只有两三户养，养殖场地在山上。

村子里十多年前有人养羊，如今已没人养了。

目前村子里有两个鱼塘。大的鱼塘有一亩半，位于文家祠门前，由文志开承包。小的鱼塘仅有0.7亩，本地称其为大屋塘，由文惠生承包，但因上年没赚钱而不再承包；今年（2018年，下同）被用作观光塘，政府帮忙砌好塘坯，补贴经营权200元/年。村里养鱼以鲩鱼最多，村民一般用饲料喂鱼。

3. 林业

霞村的山林均为生态林，主要是松树。山林属村集体所有，没有承包给农户。在20世纪70年代霞村有山林6000余亩，后2000余亩被征用来建金银河水库。水库于1981年建好后，占用的2000余亩林地每亩有100多元的补贴。如今霞村山林地仅有3800余亩，近期水务局又提出需要征用850多亩地用来蓄水，目前仍在谈判。

六、工业、服务业

目前霞村的青壮年劳动力基本上外出打工，村中仅有非常简单、低级的加工业、服务业。

1. 酿酒、鱼腐制作和服装加工

酿酒在村中比较常见，但一般都是自给自足居多。村中仅有极少生产米酒的小作坊，价格不固定，节假日略有上升。这些作坊均不开店，主要做熟人生意。一名罗定市素龙镇人租借本村民房，经营鱼腐生意。鱼腐的主要原料为鲮鱼和鸡蛋，鱼腐价格约为30元/斤，节日期间会有所浮动。两年前曾在村中出现服装加工厂，主要是通过网络销售，由于销售情况不好，现已倒闭。

2. 电子加工和番薯加工

电子加工几年前在村内盛行，后因经济不景气而逐渐没落。现村内仅存一家电子加工厂，主要生产工人用电烙铁手工焊接的电路板，电路板用于组装防盗门电控部件，目前主要是村民钟军球在经营。电子加工厂位于S小学斜对面，由一栋三层半民房改建而成，不是正规的加工厂，空闲时从镇上接收电子加工半成品进行简单加工，利润单薄。村内的番薯加工是将番薯烘焙之后晾晒成番薯干，加工周期三天左右（视天气而定）。据该村村长反映，番薯加工在村内数量不多，规模较小，分布也较为零散。

3. 运输

霞村每天会有微型货车来往，主要运输物品为建筑材料（包含石子、水泥、沙子、膨化剂等），每趟6～8吨，需求量根据在建房的数量和所建房子所处的阶段而定，高峰时一天三趟左右，少则一趟。霞村的公共交通资源匮乏，仅有一辆在L镇和霞村之间往返的小型公交车。公交车每逢双日开车（准确来说是每逢赶集日开车，而L镇的赶集日被定为双日），车费一次2元，一天两班车：第一班车于早上七点半左右开出，并在早上九点半从L镇客运站附近的停车位返村；第二班车于早上八点半左右开出，并在早上十点半从L镇返村。每班车单程所需时间为14分钟左右。车上共有21个座位，在过道中放置6～7个小凳子，客运量多时，车头也会有4～6名的乘客坐下。客运站负责人称公交车运营实属亏损，靠镇政府补贴油价，只在墟日开放，方便村民赶集。

4. 建筑服务业

霞村目前有5个工程队，工程队队长自己出资购买混凝土搅拌机、拖拉机等工程机械，招募闲暇的村民组建临时工程队，就近从事混凝土搅拌服务，服务对象一般是L镇及周边正在建房的农户。

5. 旅游业

霞村的旅游业资源主要有长岗坡渡槽这一人民公社时期的水利工程和新建的长岗坡纪念馆。

长岗坡渡槽。长岗坡渡槽被誉为“南国红旗渠”，是目前世界上最长的引水渡槽。长岗坡渡槽气势宏伟，具有极高的景观价值、历史价值。它每年把近4亿立方米的太平河、罗镜河水引入金银河水库，在当地，集雨面积几乎最小的金银河水库却成为库容、供水量、发电量最大的水库，惠及周边及下游多个乡镇共50多万人。2012年，长岗坡渡槽入选广东省第七批文物保护单位，是广东省当下最“年轻”的省级文物。2018年10月30日长岗坡纪念馆正式建成开馆。入馆参观仅需登记身份证，不需要另外支付门票费。

从长远看，长岗坡渡槽具有较高的旅游价值。

6. 旅游民宿

民宿（图1–2）位于霞村党员讲习所附近，占地长18.284米，宽5.254米，原土地使用权为一户文姓人家，后将该土地转让给一老板建造民宿。该民宿名为“show空间”，共两层，整体外观为黄绿色调，民宿上方有广告牌“长岗坡乡村振兴创客基地”，民宿已经建成6间客房，预计旅客接待量为12～14人。

7. 流动摊贩

虾堆（图1–3）摊贩。摊主文庆开，女，40多岁，访谈当天（下同），她戴着浅粉色口罩，身穿耐克牌黑色风衣，说话时带有较重的地方口音，用银白色女装摩托运载摆摊物品。一般于早上八点半左右在长岗坡纪念馆停车场外围处摆摊。生意好的时候下午五点收摊，生意冷清的时候下午两点过后便收摊。摆摊的用具有一个油锅、一双棕色木筷、一口带盖铁锅、一张小木桌以及一个煤气炉。铁锅里面盛装着制作虾堆所需的面团。虾堆分两种，没有虾的1元一个，带虾的1.5元一个。经观察，虾堆扔进油锅煎炸时，需要不停地用筷子翻面五六次，煎炸至金黄色出锅，所需总时长为6～8分钟。摊主除了售卖虾堆外，还出售炸芋头，一个炸芋头两块钱。炸芋头最快需要20分钟出锅。周末出售小吃的毛利有200元左右。平日游客较少，收入也相应较少。

图1-2　旅游民宿

图1-3　虾堆

钵仔糕摊贩。摊主钟红珍，男，50多岁，额头有明显皱纹，皮肤黝黑，身着条纹衬衫和黑色旧西裤，皮带右侧挂着钥匙串。平日与妻子、母亲一同在纪念馆旁边摆摊。母亲主要摆卖饮料，夫妇俩则做钵仔糕生意。夫妇两人带着黄色大菜篮子装着30个小石钵，石钵内的钵仔糕是白色微透明的晶体，与其他地方的有所不同。钵仔糕2元一个，主要的酱料有普通酱油、蒜蓉酱和辣椒酱三种。钟红珍与妻子除了周日的闭馆时间外都会来到这里摆摊，生意比其他摊位的要好一些，经常会有游客（主要是带孩子的游客家长）停下来品尝，每天的销售收入100元以上。

甘蔗汁摊贩。摊主李珍莲，女，30多岁，头戴浅粉色帽子，身着桃红色风衣，戴着黑色口罩，时常穿一双黑白布鞋，带着一个小孩。摆摊时间为周二至周日的8:00—16:00时，摊位在长岗坡纪念馆停车场处，出售的主要商品为甘蔗汁与爆米花。甘蔗汁价位共有三种，分别为2元、3元和5元一杯。2元的为180毫升的普通纸杯，没法打包；3元的为250毫升的小塑料瓶，可以打包；5元的用555毫升的怡宝矿泉水瓶装着，可以打包。爆米花的价位为5元一大桶。摊主夫妇每天用摩托车运载40～50根青蔗，用绳子捆成四把。有客人光顾时，男摊主负责在机器后削甘蔗皮，然后将去皮的甘蔗交给女摊主，由女摊主将甘蔗卷入榨汁机器中，平均一根青蔗可以榨出4～5瓶的250毫升瓶装的甘蔗汁。女摊主坦言，他们已经在此处摆摊两个月以上，每天的收入不定，还是要看人流量的多少。周日一天可以赚200元以上，但生意惨淡的时候一天最多只能赚50～100元。她家就住在霞村，机器搬运和材料搬运所花时间也就25分钟，平日除了出售甘蔗汁和爆米花，还要花很多时间照顾幼儿。

水果摊（图1-4）。摊主文勤红，女，40多岁，短发，身着红色棉衣外套，和丈夫一起经营水果摊，文勤红负责贩卖，丈夫是司机，负责用小货车搬运水

图1-4 水果摊

果。出售苹果、火龙果、生的和炒熟的板栗、番石榴与柑橘。苹果每斤7元，火龙果每斤5元，番石榴每斤5元，柑橘每斤4元，熟板栗每斤15元，并有小包装袋包装。摊主并非每天都前往纪念馆停车场处摆摊，视家中情况而定。平均月收入500元左右。

饮料摊。摊主何月英，女，40多岁，长头发，扎辫子，刘海下垂至耳旁，身穿红色大衣，经常与婆婆带着粉红色餐桌布和长板桌一起到长岗坡纪念馆下方停车场的外围摆摊，摆摊时间不定，一周摆摊4～5次，周一固定不出摊。她们出售的商品为各式饮料，主要有怡宝矿泉水、罐装加多宝、瓶装和其正、冰红茶、统一阿萨姆奶茶、旺仔牛奶、红牛功能饮料等。除了2元一瓶的怡宝矿泉水和旺仔牛奶、5元一瓶的红牛功能饮料以外，其他饮料均为3元一瓶。货源主要来自镇上的批发市场，一个月最多赚400多元，勉强贴补家用。

8. 其他服务业

超开商店。店主文超开，61岁，便利店主要出售零食、烟酒和爆竹。文超开以前是当兵的，由于家庭经济条件较为困难，放弃上大学的机会，开始打散工，后来有了自己的小商铺，成立超开商店。超开商店的货源主要来自L镇的批发市场，卖完才进货，进货没有固定的时间，比较重的货便打电话让镇上的批发部送过来。生意比较好的时候一个月会有1000元左右的净收入，生意不好的时候也就500～700元。买东西的主要是放学途经商店门口的小学生和少量中学生以及村内有吸烟习惯的人。

友谊商店。店主文月文，50多岁，留守老人。该商店主要出售普通办公文具、零食、卷烟、雪茄和鞭炮。零食用大纸箱堆叠着，靠边的柜子主要摆放的是办公文具，有粉笔、胶纸、胶水等。墙上挂有烟草专卖零售许可证，上面显示有效时期为2016年10月23日到2022年12月31日。生意比较好的时候每月有800元左右的利润。

理发铺。霞村理发铺位于超开商店对面，店主是位女士，名叫江灵，该理发店只是店铺经营的一部分。由于村民理发主要在家用剪刀自行解决，所以理发铺的生意比较惨淡。该店铺还出售蜂蜜。

村里还有一所小学、一个幼儿园和一个简易的诊所。

七、村委会

S村作为一个行政村，下辖霞村、S、平龙、黄塘口四个自然村。S村委会位于S自然村，距离镇政府约4千米。目前S村委共有干部6人，村党支部有党员76人。村委会由党支部书记、村主任、妇女主任、治安员、文书与民兵营长构成。党支部书记由镇政府直接任命，其他人员则由村民自己选出。村主任由得票高的候选人出任，并向镇政府报备。其他得票靠前的四位候选人的职位则由村主任任命，同时向镇政府报备。

村委会的主要职责：①在党支部的领导下，实行村民自治；②主持村委会的工作，及时通过村民会议向村民传达村委会决议，并且通过公告栏向村民公布相关文件；③制定行政村的经济和社会发展计划，安排好村民的生产活动，解决生产中的难题；④带领村民完成财政税收等各项任务，组织好本村的公共事务；⑤自觉接受村民的监督，协助镇政府开展工作。

S村村委们的工资由镇政府发放，工资水平较低，委员的年薪约为1万元，没有奖金。

霞村作为自然村设有一个村主任。村主任由村内几个生产小组的组长推举而出，报备S村村委会和L镇，直接接受村委会领导。现任村主任文景枢，他之所以能被推举为霞村的村主任，是由于文氏家族人口在村民中占据大多数，而且他品行较好，获得多数村民的支持。在熟人社会的霞村，他能够很好地履行村主任的责任。文景枢的主要职责为：①在S村村委会的领导下，负责主持霞村的工作，及时处理、解决日常出现的各种问题；②积极向村民宣传国家的法律、法规以及党和政府的各项方针政策；③做好街道治理、公共卫生、计划生育、小学、幼儿园、诊所、文化娱乐等工作；④做好民调工作，做到家庭、邻里和睦，干群关系融洽；⑤及时向村委会反映群众的要求和建议，保护群众的各项合法权益；⑥协助乡镇政府完成土地规划等任务，提高村民的纳税意识、依法服兵役意识；⑦抓好村委自身建设，制定并落实村委会成员任期的目标、责任和工作任务。文景枢作为自然村的村主任，并没有固定的工资，每年只领取几百元的补助。

评语

霞村是一个历史悠久的村庄，它位于粤西的云浮市，地理位置远离发达的珠三角地区，基本无法获得经济发达地区的产业、技术、资金辐射带来的利益，所以村内的青壮年农民只好外出打工，这种情况与全国很多地区相似。但是霞村有良好的农业资源条件，其耕地肥沃、山地郁郁葱葱，蕴含很多发展的机会。不仅可以发展农业、加工业，也可以发展旅游业。如果这些产业都发展起来，完全可以释放出足够的就业机会，青壮年村民就不用外出打工了，他们的家庭就完整了。但是改革开放40年过去了，为什么村庄经济发展不起来呢？主要原因还是农民一直无法组织起来，形成有效率的团队。霞村的历史证明，没有分工的单干（模式）不仅没有效率，而且也是没有出路的。在斯密和科斯的两大理论体系中，有组织的分工比无组织的产权更为重要，更加符合农民的利益和乡村振兴的要求。所以，乡村振兴的首要任务应该是继续深化改革，扫除各种制度性障碍，把农民重新组织起来。

上篇

专题调查

在国家快速工业化、城镇化的进程中，村庄会发生变化，一些前所未有的问题会凸显出来，成为村庄社会进步的障碍。因此，有必要对一些突出的问题进行专题研究。在本次调查中，选择了土地制度、公共设施与公共品、水利、留守老人、留守妇女、留守儿童等作为专题调查的内容和方向。这也是全国很多村庄共同的难点及矛盾聚集之处。因此，对霞村的专题调查有助于揭示、剖析其中共同的、内在的逻辑。

第一章　土地制度

郝晶　杨峰　杨丽霞　郭卓然①

霞村位于丘陵地带，山林地较多，因此在考虑土地调查的整体结构时，我们将林地单独成章，分为耕地、宅基地、建设用地、林地四个部分进行调查。

一、耕地

（一）耕地基本状况及其变化

1. 水田、旱地基本情况及其变化

1953年土改完成的时候，霞村的耕地面积最多。当时水田有940余亩，旱地有80亩，旱地主要分布在S河边和大榕树旁。人民公社期间，水田面积逐渐减少，主要是被村民建房占用了。中华人民共和国成立之后，国家稳定，生育率提高，人口增长快，村民对住房的需求越来越大，当时没有相关政策指导，村民纷纷在耕地上建房、修路，由此水田面积迅速减少。旱地多分布在坡上，建房很少占用。同时，由于开荒，旱地的面积有所增加。到1981年包产到户时，霞村的水田面积只有870余亩，旱地面积120余亩。1986年《中华人民共和国土地管理法》（以下简称《土地管理法》）实施，罗定市制定了加强土地管理的一些制度，如乱占耕地和耕地垦复的管理细则、耕地保护责任目标制度、土地使用证的发放规定、农村房屋建设的申报细则等等。自此，水田建房的现象开始减少。1991年，由每家每户上报自己的耕地面积，加上田间小路面积，汇总后的水田面积为850余亩，旱地面积140亩。1994年，国务院发布《基本农田保护条

①2018年11月25日到2018年12月1日，我们四名国民经济学的研究生，随同经济系的65名大学生一同驻村，对罗定市霞村的土地利用、土地制度进行了全面的调查，但调查资料出现了问题。第二次调查是在2019年1月12—16日，我们又去霞村补充、收集了一些重要资料和数据。在调查过程中，杨峰负责耕地调查，郝晶负责宅基地调查及报告统筹，杨丽霞负责建设用地调查，郭卓然负责林地调查。在调查过程中，除了老师的指导，文五健、文泰开、文超开、文辉林、文仁武、江继英、江国许等村干部、村民，对调查予以了积极的协助、支持。

例》，将农田分为一级基本农田和二级基本农田，除二级基本农田允许建设国家重点项目如加宽道路，建小学、公共设施等之外，一级基本农田不得占用。自1994年到现在，村里新建了小学、党群活动中心、纪念馆，等等，占用了部分水田，使得水田面积又有减少。2017年进行土地确权时，由罗定市地质局实地测绘，村里水田总面积800.04亩，旱地面积110余亩（图2–1）。一直以来，水田的主要种植作物是水稻，春季有少部分种油菜，旱地用于种植花生、木薯、蔬菜等作物[①]。

图2–1　霞村耕地

2. 荒地与荒地利用

霞村荒地历史由来已久。早在中华人民共和国成立之初，山上就有大片荒地，在离长岗坡纪念馆1千米处的山林里，荒地面积有220多亩，那时候除了山上，别处没有荒地。1949—1953年，由于土改未完成，山上荒地属于地主所有，没有村民去开荒。土改结束后，荒地不再归地主所有。随着集体化改革完成，1956年，荒地开始属于村集体所有，生活困难的村民可以上山开荒。1962年“三年困难时期”生活条件艰苦，村集体鼓励大家自行上山开荒，以维持日常生活。在20世纪60年代和70年代，陆陆续续有村民上山开荒，至70年代末，一共开垦了40亩左右，100多户村民在荒地上种植花生、木薯、萝卜等旱地作物。1979年，农业部发布《关于加强农村人民公社开荒管理工作的通知》，规定公社开荒应当采取“小片、就近、自办为主”的方针，霞村的荒地由生产大队分给生产小组，每个生产小组分到一部分荒地。随着包产到户，荒地也分给了每个人。由于离荒地近的生产小组开荒需求大于离荒地远的小组，因此有些村民在其他生产小组的荒地上开荒。那时有很多未开发的荒地，村民只要有需求，即使在其他生产

①采访时间：2019年1月13日下午3点；地点：江继英家；对象：前任文书江继英。

小组的荒地上生产，该生产小组一般也没有意见。1987年，国家发出“治山、治沟、植树”的号召，鼓励个人开荒造林，霞村响应国家号召，集体在山上开荒，种植木薯、果树、花生，60%的山体被开垦。但是由于山上土质不好，村民自己又不懂管理，种下去的树苗很少成活，最后种树苗的地又变成了荒地。20世纪90年代开始，随着改革开放的进程加快，许多村民外出打工，慢慢就不管这片荒地了。

现在，利用山上荒地的只有文华坤一家（图2-2）。文华坤有三兄弟、五姐妹，1987年，他来到山上开荒，在荒地上养鸡。由于原来的房屋太小，距离养鸡场太远，为了方便管理，便住在鸡舍里，后来养鸡赚了钱，1991年后，他就在荒地上建了自己的房子，自此定居于此。文华坤除了在山上养鸡，还种植了大片柚子树，建了两个鱼塘，占地130余亩。

图2-2　文华坤在荒地上养鸡，还盖了房子定居下来

关于荒地的产权问题，村里争论很多。按《土地管理法》以及罗定市一直以来对荒地的规定，荒地属于集体所有，若以后征用，荒地的补偿费应归集体所有。由于荒地一直无人管理，村民听到若荒地被征用会有补偿款后，很多村民就在山上的荒地种植果树，以争取以后的补偿款。有些村民甚至强行将荒地说成自己所有。

截至2018年，除了山上的荒地外，霞村还有两处荒地，一处位于大榕树旁，一处位于S河边。大榕树旁的荒地只有4亩多，面积还在逐年增加（主要从1998年开始），原因有两点：一是大榕树旁的每块耕地面积（承包地）都非常小，有些面积不到0.1亩，很难耕种，由此就产生了新的荒地；二是劳动力外出打工越来越多，大榕树旁的荒地面积就越来越大。这片荒地以前大多种植花生、玉米等作物，现在无人耕种，长满了杂草。S河旁的荒地一共有7亩多，以前种植花生、木薯等作物，从2012年开始，慢慢变成了荒地。成为荒地的主要原因也有两点：一是土质太差，河边的土地属于沙土，种植效益不高，耕作成本高；二是随着外出打工的劳动力越来越多，村民不愿意也无能力去种植这些效益不高的小块承包地，由此使得河边的荒地面积也越来越大。

比如文超开家在大榕树旁有0.1亩荒地，以前春季会种花生，冬天种木薯。慢慢地，那片区域的荒地越来越多，杂草丛生，不便行走与管理。2010年开始，他放弃了，现在这块地一直处于荒废状态。①

（二）耕地基本经营制度的演变

霞村有500余年的历史。在1949年之前，土地主要属于地主所有，富农、中农有一部分土地，其余村民都不拥有土地。1951年初，霞村土地改革委员会成立，由书记江国许带头，在县委、县人民政府直接领导下进行土地改革，把没收的地主的土地，征收的富农的一部分土地，以及祖产、庙产等“公产田”，按人口平均分给无地、少地的贫雇农和其他劳动者；中农和富农自耕部分基本不动，个别少地的中农分到一部分土地，地主也分到了同贫雇农大体相当的土地。经过三年时间，霞村土地改革完成，土地属于村民私有。土改结束后不久，霞村开始建立合作社，当时S村共有三个合作社，霞村属于其中一个，加入合作社的个人土地的使用权归合作社所有。从刚开始的初级合作社到后来的高级合作社，入社人员从12.7%增加到了92.3%。1956年，霞村开始集体化运动，原来属于各合作社的土地归集体所有；1962年，开始以生产队为单位，当时霞村有16个生产队，生产队对所属土地有生产经营管理和收益分配的自主权。在人民公社期间，一直以生产队为单位统一耕种土地，1968年，霞村进行了生产队合并，将原来的16个生产队合并成了6个生产大队，土地由原来的各生产队合并到生产大队经营管理。1981年，广东省委、省人民政府发布《关于加强对包干到户、队领导若干问题的指示》，响应罗定县委“包产到户”号召，霞村开始把土地从生产大队下放到生产小组，每个生产大队分为三个生产小组，土地分给每个生产小组，接着再以生产小组为单位平分土地给村民个人。到1985年，土地分配基本完成，土地经营管理权从集体转到了个人手中。1986年，国家颁布《土地管理法》以及广东省出台《土地管理实施办法》，规范对土地的管理，禁止改变耕地用途，并在《土地管理实施办法》第24条和25条中写明了非法使用土地的罚款细则；同期，

①采访时间：2019年1月13日上午10点；地点：文华坤家；对象：文华坤。采访时间：2019年1月14日下午3点；地点：江继英家、文景枢家；对象：江继英、文景枢。

根据中共中央、国务院关于“非农用地管理制度”的指示，由罗定市国土局监制的土地使用证也下发到了霞村村民手中，更加规范了村民对耕地的承包经营管理①。1993年，国务院发布《关于当前农业和农村经济发展的若干政策措施》，明确了土地承包关系30年不变，自此之后，耕地“生不增死不减”，每家每户承包的土地基本无变动。截至2017年，霞村全村共8个生产小组。原来的第一经济合作社拆分成了第一和田头屋经济合作社，第五经济合作社拆分成了第五和第七经济合作社，其余四个经济合作社无变化，共458户，耕地总面积800.04亩，除了200亩水田转让给了黄豆种植基地经营以外，其余土地完全由各户村民自己经营管理。②

（三）土地承包权及其确权现状

霞村的土地承包权自1983年下放到个人，经过了35年，土地的分布无论从面积上还是权属上，都发生了很大变化。2016年9月，罗定市国土局对霞村的土地进行了确权，首先由每户上报土地面积给村委，村委汇总后上报市农业局，农业局再下派人员进行土地面积测量，最后土地确权面积以农业局下派人员测量得出的数据为准，基本与农户上报差别不大，异议较少，出现一些小问题经过协商解决。至2017年7月，霞村土地确权全部完成，每户都取得了土地承包经营证。由于进行土地确权时，有些家庭兄弟几个将户口合并为一人进行上报，使得确权表上的户数较实际户数稍有减少（土地确权表上为387户，实际为458户）。

目前，霞村的土地承包面积整体上呈现明显的不均。无论是从不同的经济合作社，还是从同一经济合作社内的不同村民来看，土地承包不公平的现象都很突出。不公平主要体现在以下三方面：①整体上。霞村总户数387户，土地承包总面积800.04亩，每户平均承包面积2.07亩，从表2-1可以看出，2/3左右的农户的土地面积在1～3亩之间，属于正常区间，而耕地面积小于1亩的有74户，大于3亩的有72户，这两个区间的总和有146户。②各经济合作社之间。如表2-2所示，霞村共八个经济合作社，第一经济合作社土地总面积105.11亩，每户平均面积3.09亩，总户数34户，其中土地面积小于1亩的只有2户，土地面积超过4亩的有9户，全村土地面积超过6亩的4户全在第一经济合作社；第四经济合作社土地总面积114.38亩，每户平均面积1.57亩，总户数73户，土地面积小于1亩的有24户，土地面积超过4亩的只有1户。③经济合作社内部的分配不均。以第一经

---

①资料来源：罗定市人民政府档案馆。广东省《土地管理实施办法》于1986年11月29日广东省第六届人民代表大会常务委员会第二十三次会议通过。

②采访时间：2019年1月14日下午3点；地点：江国许家；对象：前任书记江国许。

济合作社为例，土地承包面积最多的于光佳，总面积7.71亩，共15块，而承包地最少的于自沥，只有1块0.35亩。在其他经济合作社内部也同样大量存在这种情况。①

表2-1　霞村土地面积区间户数情况表

土地总面积（亩）	0～1	1～2	2～3	3～4	4～5	5～6	6～7	7～8
户数（户）	74	140	101	40	23	5	2	2

表2-2　霞村各经济合作社土地面积情况表

土地面积	第一经济合作社	第二经济合作社	第三经济合作社	第四经济合作社	第五经济合作社	第六经济合作社	第七经济合作社	田头屋经济合作社	全村合计
总和（亩）	105.11	58.88	111.34	114.38	70.87	142.43	86.64	110.39	800.04
平均（亩/户）	3.09	2.18	2.59	1.57	2.15	1.85	1.58	2.45	2.07
最大（亩/户）	7.71	4.66	5.86	4.13	4.3	4.84	4.02	5.01	7.71
最小（亩/户）	0.35	0.36	0.94	0.03	0.04	0.42	0.59	0.03	0.03
户数（户）	34	27	43	73	33	77	55	45	387

通过案例调查，发现导致当前土地承包不公平的主要原因是家庭人员的变动，另外，用于建设宅基地、公共设施等也是一部分原因。在调查的农户里，江国许和文超开是两个典型的例子。在1983年霞村包产到户时，前任书记江国许家有7口人，分到了5.8亩土地，但是父母只有他一个儿子，后来家里的土地以及宅基地便全归他继承。江国许自己只育有一个儿子，女儿全部出嫁，不存在平分土地和耕地建房的情况，所以江国许家仍然是5.8亩地；而文超开家则相反，包产到户时家里有6口人，分到了5.2亩地，但他有3个兄弟，兄弟长大后平分耕地、宅基地和其他家产，未分到宅基地的需要占用耕地建房，文超开分到了家里的宅基地和2.13亩耕地。所以文超开家现在只有2.13亩地。

①采访时间：2019年1月13日下午4点；地点：文正龙家；对象：现任村主任文正龙。数据来源：S村村委会，土地确权表。

这说明承包经营制度，确实做到了起点的公平，但是没有做到过程的公平。或者说，兼顾了第一轮承包时农民的公平，但是下一代农民的公平没有做到。这个问题将来会越来越突出。

（四）土地经营与利用

1. 细碎化利用

目前，霞村的土地利用非常细碎化，农户各自为政，完全缺乏结构性利用。2017年，据罗定市国土局统计的霞村土地确权表，霞村耕地总面积800.04亩，总块数2314块，总户数387户，每块土地平均面积只有0.35亩，平均每户地块数有5.98块，地块数超过10块的有70户，地块分布特别分散，如表2-3所示，各经济合作社的土地地块数都很多，最多的一户有20块。①

表2-3　霞村各经济合作社土地块数情况表

	第一经济合作社	第二经济合作社	第三经济合作社	第四经济合作社	第五经济合作社	第六经济合作社	第七经济合作社	田头屋经济合作社	全村合计
总和（块）	273	125	316	429	199	536	149	287	2314
平均（块/户）	8.02	4.63	7.35	5.88	6.03	6.96	2.71	6.38	5.98
最大（块/户）	20	11	16	14	13	15	6	13	20
最少（块/户）	1	1	1	1	1	1	1	1	1
户数（户）	34	27	43	73	33	77	55	45	387

1981年霞村开始实施包产到户时，霞村只有200余户，首先按照土地肥沃程度将土地分为五大块，再把每一大块按当时的人口均分，家庭人口越多，分得地块的面积也越大，具体位置通过抓阄方式确定，因此每户的土地一般都会分布在霞村的各个地区。若某户人口较多，那这家分到的土地总面积和土地块数都会很多，如江国许家。由此霞村土地开始呈现出土地细碎化的状况，但这还只是细碎化的开始。随着时间流逝，人口增多，有些家庭男孩多，在长大分家产的时候再一次将耕地平均分给几个孩子，使得村里的土地更加细碎化了，如文超开家。

江国许家耕地面积共5.85亩，分为13块，面积从小到大依次为0.05亩、0.07亩、0.14亩、0.27亩（两块）、0.3亩、0.33亩、0.37亩、0.56亩、0.64亩、0.65亩、0.96亩、1.25亩。基本上村里几乎每个区域都有他家的耕地，相隔最远的

①数据来源：S村村委会，土地确权表。

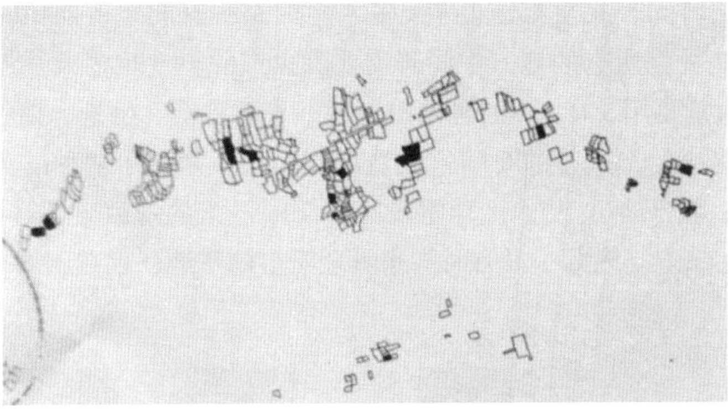

图2-3

两块地有1.5千米，其他各块地之间也都相隔有三四百米，分布特别细碎化。如图2-3所示，黑色部分为江国许家土地，最左端两块地和最右端的两块地相隔有1.6千米，步行需要20多分钟，最左端的两块地挨着另一个自然村——太平咀村，大小分别为0.56亩和0.64亩，离家有800米，由于太远，只种过水稻；中间的几块地分布在小学的左右。其中左边的两块分别为0.96亩和0.65亩，与水渠隔了两块田，取水很方便；右边的三块分别为0.27亩、0.27亩、0.3亩，这五块地离家不远，大概都是300米，有时候会种油菜，油菜收割之后再种水稻；最大的一块田位于中央道路的右侧，有1.25亩，是离家最近、交通最方便的一块地，江国许说以前打算把这块地留给孩子建房的，但是自己只生了一个儿子，就不需要建房了，这块地以前种植水稻要花很大功夫，江国许说，若是一个人，需要两天才能插完秧，每次完成这块地上的农活总觉得很有成就感；再往右离家约400米处有一块0.33亩的地，位于往田头屋队去的村间小道旁边，交通也比较方便；但是再往右的三块地分布较零散，地块面积也不大，分别是0.07亩、0.37亩、0.14亩，位于S河上游。江国许说，这几块地和最左边的两块地是最早送给别人种的，因为太不方便了，老了之后忙不过来；图中最下方的黑点是大榕树旁的地，0.05亩，现处于荒废状态。江国许家土地细碎化的主要原因是1981年霞村包产到户时的分地安排，1983年分田到户之后他家的土地就基本无变化了，当时分地时家里共有7口人，按照村里分地安排，他家分到了13块地，共5.8亩，但父母只有他一个儿子，父母去世后，家里的地便全归他所有，不存在兄弟分家产的情况。江国许育有三个女儿一个儿子。在20世纪八九十年代，江国许尚在壮年，家里所有的土地都由他和老伴耕种，当时全靠人力种植作物，由于土地分散，全部种植水稻太麻烦，江国许将0.05亩和0.07亩的耕地用来种蔬菜，其余11块土地种植水稻。每年春季翻地时，由于地块很分散，需要将牛和翻地工具运到各地块，途中花费了很长时间，每次都需要4天多才能翻完所有的地；插秧时，两人要花10天时间才能种完所有的地，中间若需要除虫或除草，也需要往返各地块。水稻成熟后，收割要用5天。当时种两季，每一季育秧苗、翻地、播种、收割，等等，总共要花掉近一个月的时间。土地细碎化大大增加了耕种的劳动成本。从2003年开始，由于年纪大了，身体不好，江国许家的地就全部送给别人种了。儿子长大后在镇上当老师，没有时间来管理家里的耕地，现在土地一直给别人无偿耕种。①

图2-4 霞村荒弃的山坑田（约50亩）

图2-5 霞村被分割的耕地

文超开家的耕地共2.13亩，分为5块，3块0.11亩、1块0.61亩、1块1.19亩，分散在村里的不同位置，各地块之间相隔比较远，细碎化程度稍好于江国许家。较小的三块地都分布在S河边，各距离上百米，一块位于河中游，一块位于桥边，还有一块位于大榕树旁。位于河上游的0.11亩耕地是水田，土壤肥沃，取水方便，用来种植水稻，每年的收成很好；位于桥边的0.11亩耕地以前是水田，但现在土壤逐渐沙化，就用来种植玉米、豆类、番薯等作物了；大榕树旁的0.11亩地现在处于荒废状态；第四块田离这两块比较远，0.61亩，位于小学旁边，与河上游的田距离有1.2千米，这块地的位置较好，挨着田间水渠，很方便引水灌溉，田间水渠可以骑摩托车，很方便运输；最大的一块位于文家祖宅旁边，与小学旁的田相隔500米，与河上游的田相隔300米，这块地挨着田头屋经济合作社，面积很大，离S河不远。文超开说，这一块田是每年收成最好的，占了总收成的一半以上。由于田块较多，进行春种时，要在几块地之间奔波，相隔最远的两块地需要走20分钟，大大增加了劳动成本。在20世纪90年代，秧苗要用肩膀挑，从秧苗田到几块插秧地要花费更多的时间；现在，秧苗用斗车运输，速度快一些。文超开现在腿脚不便，2.13亩地靠妻子一个人，翻地则需要亲戚帮忙，一天半翻完。秧苗需要三天半才能插完。以前人工收割需两天完成，现在有收割机，两

①采访时间：2019年1月14日下午3点；地点：江国许家；对象：前任书记江国许。

亩多地一小时能收割完成。每一季育秧苗、翻地、播种、收割，等等，大概花费十来天。导致他家耕地分散的主要原因有两个：一是在1981年开始包产到户时，由于村里各处土地的肥沃程度不同，为了保证分地的公平性，村民所分到的土地既有好地，又有差地，并且分布在不同的位置；二是1995年文超开三兄弟分家时，也是由于考虑到土地的肥沃程度，三兄弟把之前家里的每块地都分成了三份，本来已经细碎化的土地，变得更加细碎化了。①

2. 土地流转

在霞村，存在三种形式的土地流转：一是土地互换，二是土地经营权转让，三是农户之间不规范的土地承包权流转。

（1）土地互换。包产到户后，土地确权以前，土地互换的情况比较多，村里有10多例。土地互换主要是因为建房，比如甲想给儿子建房，但是甲的土地都分布在水田中间，不方便建房，正好甲的好友（或亲戚）在马路边有一块地，经过二人协商，村里的第三人证明，便自行将二人的土地进行交换，此中涉及的一些利益偏差只要双方能接受即可。一直以来，霞村村民互换土地建房村委从不过问，也不会要求村民签订任何协议。在与村民文仁武交谈时，他说道：村里有不少村民会互换土地用于建房，以前在农民眼中，土地分给他了，他就可以任意使用土地；近年来，虽然国家规范了土地的权属，村民知道互换土地建房违法，但是仍有人这样做，因为村委不管，上面也不管，只要没人说出去，是不会出问题的。由于村民土地互换后用来建房，改变了耕地性质，属于违法行为，因此在采访中未能获取案例②。

（2）土地经营权转让。霞村只有一宗土地经营权转让，2013年转让部分土地给黄豆种植基地种植黄豆。2013年11月，习总书记提出“精准扶贫”的思想，据村主任文正龙所说，云浮市为了落实“精准扶贫”，建设新农村，发展农村劳动力，改善农村经营状况，要求每个村建立产业种植基地，种植种类统一规划，S村分到黄豆种植。当年，黄豆种植基地，即罗定市永巨农产品专业合作社随之成立。该合作社属于农村经济合作社性质，即在农村家庭承包经营的基础上，农户、承包经营者自愿联合、民主管理的互助性经济组织，农户只向合作社出租土地，收取租金，并无其他利益关系。合作社经过考察之后，确定把霞村风车旁的一片水田和旱地作为种植基地，其中水田属于旁边村所有，旱地100亩属于霞村所有。确定种植基地后，开始办理土地经营权转让手续，种植基地直接与村民签

①采访时间：2019年1月12日下午4点；地点：文超开家；对象：农户文超开。

②采访时间：2019年1月14日下午3点；地点：江国许家；对象：前任书记江国许。

订协议，租种10年，该协议未经村委，农业互助性经济组织也无须通过政府审批，村民同意即可通过。哪户同意就种哪户的土地，村民不同意的，土地仍由村民自己耕种。另外，种植基地还租种了S村小学旁200亩的农田，用于种植水稻。黄豆种植基地注册资金157万元，每年给农户的租金为水田600元/亩、旱地400元/亩；另外，政府每年给黄豆基地160元/亩的补贴。基地目前主要种植黄豆、木瓜、火龙果、百香果、无花果、水稻、番薯、蜜枣、香芋等作物，通过承接农业订单进行销售，线上、线下都有渠道，由于是订单农业，该合作社销售较有保证。①

但现在村民对基地的意见较大，主要是因为基地种植的作物与协议不符，协议规定只种黄豆。基地前两年种植黄豆，2015年就开始种植了木瓜、火龙果、百香果等其他经济作物，破坏了土壤成分，与签订合同时的约定不一致。但是由于村民手上没有留一份合同，协议签订时也未经村委，村民没有证据去上诉种植基地。

（3）农户之间不规范的土地承包经营权流转。土地在农户之间的流转现象很普遍，以一种不成文、不规范的形式存在着。据调查，霞村农业没有实现规模经营，农户各自经营耕地，流转主要出现在劳动力不足的家庭和地少但有耕种需求的家庭之间。霞村的年轻劳动力90%以上都外出打工，有些家庭老人没能力耕种土地，便免费赠予别人耕种，流转双方大多为亲戚朋友，不收取任何租金费用。比如文超开家的地少，但妻子还有耕种能力，便种了叔叔文辉林家0.7亩地，亲戚之间，互帮互助，没有给任何租金，也不会出现矛盾。但由于仍然呈现零散种植状态，效率不高。

调查结论：自1956年集体化改革后，土地的所有权一直属于集体所有。同时，土地的经营权也完全属于集体，主要由集体，即人民公社时期的生产队统一经营、管理。这一时期，村庄土地的整体性、规模性都没有问题，主要是生产队内部的激励机制出现了问题，导致一些村民“出工不出力”。1982年家庭联产承包责任制改革完成后，土地承包经营权逐渐转移到了分散的农户手中，集体很快失去了几乎所有的统一经营权。霞村土地制度的这种变迁与全国各地农村基本一致。土地承包权、经营权的严重细碎化状态，虽然一度激发了农户的生产积极性，但也直接导致了农户的农业成本高企和部分土地撂荒。而且这种状况并没有因为市场化改革而有所改进，自发的“土地流转”也很难在村庄发生。这是目前霞村“老人农业”存在的主要原因，至少目前还看不到破解这种困局的希望。

---

①采访时间：2018年11月28下午3点；地点：产业基地；对象：员工文少林、老板文有巨。

“老人农业”，主要就是一种“自给自足”的经营状态，大米、蔬菜等主要是自食而不是销售，村庄的老人们只要还能劳动，就会务农，他们一般不在乎劳动成本的计算。而且随着人口的变迁和城市化的加快，村庄土地承包制度原来的公平、均匀状态也在慢慢消失。一部分农户拥有较多的承包地，但他们自己并不耕种。另外一部分农户留守在村庄，但只有较少的承包地。

二、宅基地

横贯霞村的是一条两车道的柏油马路（图2-6），路旁多是两三层高的楼房。在这条道路中央分岔出一条十字路口，顺着其中一条拐上去，经过大片农田和S小学，两旁便又多了一些屋子。相比于中央道路粉刷一新的楼房，这里的房屋显得更老旧一些。再往前走，房子又渐渐低矮，甚至可以见到一层的棚屋。总的来说，霞村的房子有些杂乱无章。这里既有三层高、粉刷干净的楼房，也有没有装修、外墙斑驳的水泥房子，几十年甚至上百年历史的砖瓦房也是有的。

图2-6　霞村中央道路

（一）宅基地基本政策演变

1984年10月，罗定县印发《罗定县农村房屋管理实施细则》的通知，有如下规定安排：登记发放《罗定县人民政府宅基地证》，原有房屋宅基地证一律作废。对于违章建房者，擅自占用了水田建房的，如属于缺房户，可教育其认识违章的错误，补办申请建房用地批准手续，补交3～5年占地（稻谷）产量赔偿费，准予丈量登记发证；违章建房户，虽属缺房户，可在本村中旧宅基地、村边闲散地、荒山坡地另外安排建房。如其不听安排，应责成其当众检讨违章建房的错误，处以罚占部分5～10年产量赔偿后，补办申请建房用地批准手续，准予丈量登记发证；违章建房户，其未违章建房前的房屋按当地人民政府规定建房用地标准够住，纯属风水迷信和其他乱占滥用，而影响很坏，不拆不平民愤者，应责令其在期限内拆屋还田还地，并进行罚占田地部分10～20年产量赔偿。

1986年11月《广东省土地管理实施办法》出台，强调依法使用国有土地的单位和个人，只享有按原确定用途的土地使用权，没有土地所有权；改变国有土地使用权或用途的，或将农业用地改为非农业用地，须向县级以上国土部门提出申请，经同级人民政府批准后，依法办理变更登记手续和更换证书。

1994年12月，广东省国土厅转发国家土地局“关于认真学习国务院发布的《基本农田保护条例》的通知”，强调健全基本农田保护制度，贯彻落实“十分珍惜和合理利用每寸土地，切实保护耕地”的基本国策，非农建设用地原则上不得占用基本农田保护区的耕地。

1996年1月，罗定市人民政府发布《关于切实制止乱占耕地的通知》。该《通知》指出，罗定市农村私人违章建房现象有所增加，个别农户未经办理用地审批手续，就在自己或他人承包的责任田地上大兴土木；各镇要坚决制止违章建房、在农田保护区内推挖鱼塘、打砖取土等行为；在农田保护区内建房的，一律要拆屋还地。

1997年5月20日，国家土地管理局、国家计划委员会第6号令发布《冻结非农业建设项目占用耕地规定》。为贯彻落实该规定，罗定市对非农建设用地实施清查。

1998年4月，中共中央办公厅、国务院办公厅发布《继续冻结非农建设项目占用耕地项目的通知》。

罗定市在宅基地的管理上，20世纪80年代对于耕地上建房的执行处罚力度还是较为宽松的，及至80年代末90代初，开始加强土地确权进程，并加强对土地使用证的核准发放工作安排（图2-7）。随着国家一系列耕地保护政策的出台，广东省、罗定市在90年代也开始强化对于乱占耕地、违法建房等行为的治理措施，治理初期，地方上效果并不显著。1994年12月，国务院颁布《基本农田保护条例》；1997年5月，国家土地管理局、国家计划委员会颁布《冻结非农业建设项目占用耕地规定》。这两项大的措施对于乱占耕地建房行为起到了极大的警示作用。

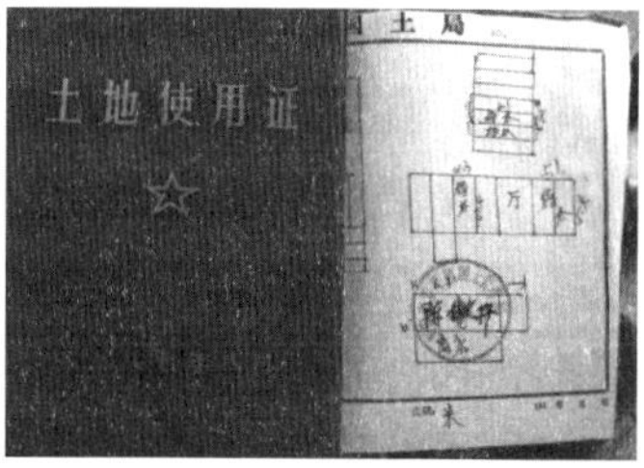

图2-7　土地使用证

（二）宅基地利用状况

1. 乱占耕地

“霞村百分之七八十的房子都是在水田上建的，只有祖屋旁边有一小块宅基地，其余都是水田。”这是现任村主任文正龙对霞村房屋建设情况的介绍。20世纪90年代初的霞村还有水田850余亩，但如今只有800亩，在水田上建造房屋是水田减少的重要原因。80年代末期到90年代初可以说是在田地上造房的“黄金时代”。这时候没有建立严格的政策制度，无人管理，想要建房去村委会申请即可得到批准。霞村中央柏油道路的两旁地方原来就是水田，在这一时期盖起了大量砖瓦房。[1]

究竟有多少水田变成了建房用地？乡医文辉林估算在20世纪80年代末兴修房屋的时期，有20亩左右田地用来盖起了房子。村民文仁武则估计有190户都是没有经过审批就在水田上建房。[2]

兄弟众多，人多宅基地少，是在水田上建房的根本原因。中华人民共和国成立初期，我国人均房屋占有面积极低，农村也是如此。霞村文书江继英一家，20世纪70年代十几口人生活在一栋30余平方米的老宅里，甚至需要6个人挤占一间18平方米的房间。这种居住条件直接导致了许多家庭在兄弟分家时会寻找土地以建设新房。

家在霞村中心道路旁的文超开，开有一家小卖部，现在他的房屋由政府统一粉刷了白漆。1986年文超开在此处为父亲修建小卖部“创业商店”，这是一栋瓦房。彼时此处还是水田，商店由于地势较低，地基不稳，还曾被水淹。1991年，文超开三兄弟在商店前面一处水田上共同出资建立一处一层的瓦房，花费2万元，与父母共同居住。1995年，文超开分家独户，继承了商店，并改名“超开商店”。两个弟弟依然共同住在原来的瓦房里。直到2006年二弟在榕树旁新起了两层小楼，才从父母兄弟处独立出去。

在文超开的家庭中，宅基地并不是所谓的“祖辈上继承下来的”。在自己承包的水田上建造房子的各户，虽然并没有合法的所有权，但颇有些“占山为王”的味道。随着1994年基本农田保护制度的出台，政策逐渐收紧，开始加强对耕地利用的管理，已不再批准耕地建房。这便出现了村主任所说的情形，“房产证有些人有，有些人没有”。

位于文超开家前面的弟弟家就获得了“土地所有证”，而文超开一家的宅基地则没有办理土地所有证。2012年，文超开曾想托朋友去国土局办证，但朋友回复，由于文超开当年未缴纳办证费用，加上文超开腿脚不方便，是残疾人，没有人会把他赶出房子，没什么必要去办这个证明。[3]

沿着霞村的主干道，从初心广场向着山路攀爬约两千米，便可以见到文华坤家的居所。这条路上，一开始是新装修的白漆小楼，后面有卖糍粑、钵仔糕的商贩，往上便是山林。顺着一条小道拐入树林深处，道路便有些不平坦了，有几处鸡舍在路两旁，尽头是一个鱼塘，鱼塘的对面是两间瓦房——便是文华坤及其两个儿子的屋子（图2–8）。

①采访时间：2019年1月13日下午；地点：村主任文正龙家；对象：村主任文正龙。

②时间：2019年1月13日下午；地点：文辉林家、超开商店；对象：文辉林、文仁武。

③时间：2019年1月13日、14日晚上；地点：超开商店；对象：文超开。

文华坤老人已73岁，与妻子姜芳珍共同居住在这里。两人育有两个儿子，两个女儿。女儿已嫁到罗定市，逢年过节才会回来，两个儿子就住在旁边的瓦房里。文华坤本是大平咀人，20世纪80年代初，来到霞村山地养鸡。那个时候还没有房子，便就住在鸡舍里面。1987年，响应集体号召，开垦荒地，那时养鸡也攒了一笔钱，于是在山上盖了一间瓦房。

这瓦房盖了四五年之久，前后全部花费有10万元。地皮是不用自己买的，只要人工填平就好，所费的是砖、木，人工之钱。据文华坤介绍，20世纪70年代初，就有人陆陆续续在山上垦荒，八九十年代更多了，“你（只要）是生产队的人，在这里开荒，这块地就是你的。”这是一条不成文的规矩。

图2-8　文华坤目前在林地的居所

图2-9　文华坤祖宅

文华坤兄弟姐妹众多。共有三个兄弟，五个姐妹，其中两个姐姐和一个哥哥已经过世了，余下的几个仍住在S村。未搬迁至霞村山地之前，文华坤一家住在祖辈的老屋里（图2-9），十多人共住一屋，难以生活，这是一家人出来垦荒建屋的原始动力。祖屋位于S村委附近，占地1亩左右，已破败荒芜。这里有16个房间，2个大厅，20世纪70年代未分家时，共有约110人在祖屋生活。目前仅有文华坤弟弟文华乾一家三口居住于此，剩余的房间不是空置，便是用来养鸡，或是堆置杂物。

由于占用集体林业用地，文华坤在山上的两处房屋没有获得房产证，且其经济活动在村里引起了较大争议。这两间房屋是砖瓦结构，内部陈设简单粗陋。屋子正中是一个大厅，右边是卧室，左边是厨房和厕所，左右的房间都较为昏暗，即使白天也没有多少光线照进来。两个儿子就住在附近，两层楼高的房子，二层用来作为鸡舍养鸡，一层分为四个房间，分别是孙子、小儿子、大儿子夫妇的卧室和饭厅，每个房间都很小，摆放了过多杂物，更显得拥挤杂乱。文华坤一家养鸡、养鱼，种植蜜柚等经济作物以获取收入，但以房屋状况来看，其经济状况依然拮据。[①]

2. 土地流转

目前霞村不存在买卖宅基地的情况，但宅基地隐性流转的现象依然存在。S小学道路对面有一栋三层民居，房屋漆成白色，门外贴着红色对联，从外面看就是一家普通的住宅。这里是霞村的一家个体户，专门生产电子元器件，由钟军球、文金开两人在2009年共同出资建成。两人分别出资3万元，文金开提供房屋、土地进行产品生产。目前文金开已退出，但仍免费提供其房屋、土地予钟军球进行材料加工生产。

钟军球、文金开都是霞村人，两人曾是同学。钟军球本人在霞村也有住房，位于长岗坡纪念馆附近，也是一栋三层小楼。文金开2012年离开霞村去了L镇，房屋就留给了老同学。房屋使用不收任何租金，“平时有困难就互帮互助”。

据钟军球介绍，在村里，将房屋变换用途改做经营性使用是不需要上报的，也不用经过手续审批的。“发展农村经济，新农村建设。”钟军球如是说。[②]

20世纪80年代末期，S村委曾出卖大量村委宅基地。据霞村书记文泰开介绍，村委会原占地面积1800平方米，现仅有1000平方米左右，其中大部分都在八九十年代卖给了村民盖房。何进元一家便是如此。

何进元原本在S村其他地方有一处六七十平方米的旧屋，1997年从S村委手里买下现在的土地，共120平方米，建起新房。据何进元妻子刘静红回忆，当时的购地费用是由两部分组成的，一部分是村委收取，每平方米40多元，另一部分是缴纳给国土局，按每平方米20元的价格计算的。由于是集体的土地，各个村在卖的时候价格也不完全一样。每平方米20元的代价，便可以换得国土局一张红色的“土地使用权证”。

这张红色的土地使用权证在S村并不是每家都有的，即使在S村委附近，也有颇多户人家在从村委购地的过程中并没有获得该权证。1997年何进元一家从村委购地时，村委收取的费用是每平方米40多元；而在1987年，村委卖地的费用是每平方米15元，且不需办理“土地使用权证”，即不用向国土局缴纳一笔额外的费用。后来才逐渐涨价。从手续上来讲，早买的人只需要和村委打交道即可盖房，后买的还有国土局一笔支出。

2008年，何进元在原来的住房上加盖了一层。一层有6个房间，进门是大厅，后面的房间分别用作卧室、厨房、两个孙子的卧房以及杂物间。整个屋子采

①采访时间：2019年1月13日下午；地点：文华坤家；对象：文华坤。

②采访时间：2019年1月14日上午；地点：钟球电子厂；对象：钟军球。

光不足，但物品摆放整洁有序。[①]

3. 一户多宅

据村主任文正龙介绍，一户一宅政策还未推行到霞村。“北方是有的，但广东还没有；霞村这里还没实行。”文泰开书记则表示，从2018年开始，霞村已经根据一户一宅政策开始报批。以前的一户多宅问题不再追究，今后房屋建设审批将会更严格。[②]

可以肯定的是，在目前的霞村，一户一宅政策的推广与落实仍有难度，历史遗留问题很难解决。

（1）继承祖屋下的遗产。

一户多宅在霞村不是一个特殊现象，其中很大一个原因是当年的“祖屋迁移”。祖屋往往是一个相当大的宅子，有十几甚至20个房间，大的祖屋可以占地1亩多。霞村大榕树附近有一处文氏祖屋，也叫作大屋，旁边有几片农田和新修的民宿，已成为霞村的一个标志性建筑。文氏祖屋始建于1844年，共1000平方米，三层高，60多间房，曾有200人在此生活。改革开放之前，农村人多地少，祖屋在解决村里人口住房的问题上发挥了巨大作用。一个宗族，甚至几个姓氏共同住在一个大的宅子内，人均住房面积极低。随着成年男性成家需求的增加，一部分成年人往往选择搬出祖屋，寻找新的土地修建房屋。这部分人往往既拥有新建房屋的使用权，同时也拥有原来老屋的使用权。

上文案例中的文华坤老人即是这种情况。但由于在集体所有的林地上盖房，他目前所住的房子产权仍不明晰。霞村文书江继英则同时拥有祖屋（图2-10）和现在住房的两个土地所有权证书，虽然也是一户两宅，但江继英所有的屋子，产权无疑是清晰明确的。

同文华坤相似，江继英在1993年建起新房前，也住在江家的祖屋里。祖屋是清朝的时候建的，砖瓦房结构，共13个房间，500平方米左右，上面可以放置杂物，下面则用来居住。20世纪70年代曾住过30多人，现在已经废弃闲置。

图2-10　江继英祖屋

江继英一家在祖屋时所住的房间是靠近道路的一间旧屋。这栋房子原本有三层楼高，上

①采访时间：2019年1月14日上午；地点：何进元家；对象：何进元。

②采访时间：2019年1月13日上午；地点：村主任文正龙家；对象：村主任文正龙。采访时间：2019年1月14日上午；地点：S村委 对象：S村书记文泰开。

面有四五个方形孔洞。据江继英回忆，这些孔洞在1920年以前便有了，专门为了防小偷（开枪）用的。70年代，江继英已育有四个孩子，六口人只能住在18平方米的房间内。直到80年代又得到了祖屋内的两处房间，住房条件才稍稍改善。

1993年，江继英在祖屋附近建了一栋三层小楼，1995年完成。现在的房子是钢筋水泥结构，占地一共128.4平方米。为建这栋房屋，江继英一共换了两处土地：将祖屋内的一间房间与新盖房子屋脚一处土地对换，将屋前较远处一个屋子与新盖屋子内一处土地对换。这两处对换分别是与其堂兄弟和弟弟完成的。原先的土地是耕作用途，而现在则用作宅基地建房。对这样的用途对调，江继英含糊其辞，认为在霞村内，大多数人都是这样做的。对这两处调换，江继英表示很满意——屋前的院子明亮宽阔，拆掉了前面的屋子，也不会再遮挡阳光了。

由于祖屋是在宅基地基础上对产权进行分配，在祖屋内生活过的宗族成员便几乎都拥有该房间的宅基地的使用权。江继英有两个土地使用证（图2–11、图2–12），一个是江氏祖屋，他在这里拥有四个房间；一个是1993年盖的房屋，通过国土所办理了土地所有证。虽然名义上拥有两处房屋，但祖屋无人居住，已经破败废弃。①

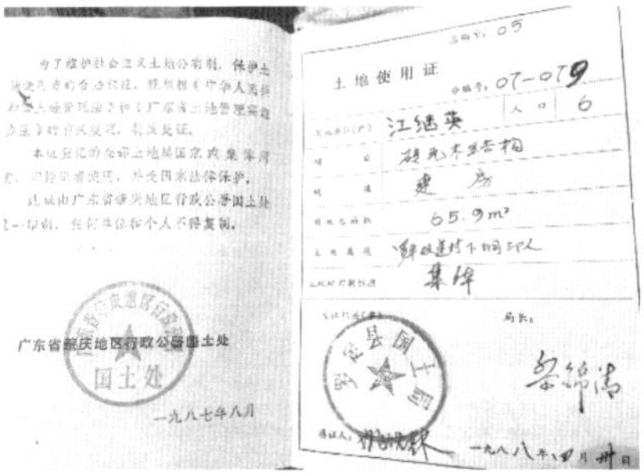

图2–11　江继英的土地使用证1

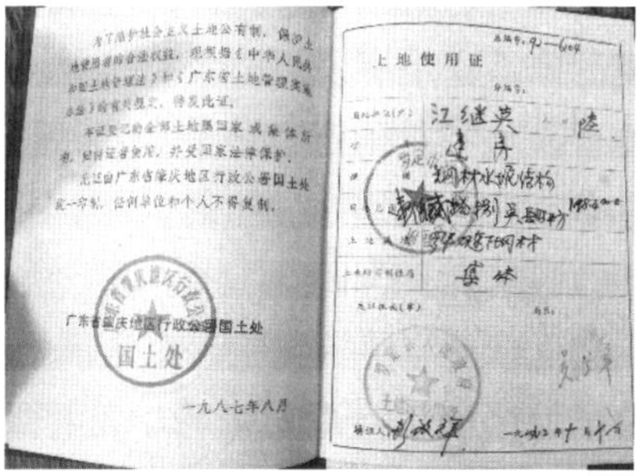

图2–12　江继英的土地使用证2

（2）为儿子成家考虑。

居住在村中央道路旁的文少林一家，情况则有些不同。文少林、田玉英夫妇拥有两处房产，离得很近，都在中央道路旁，漆成白色，看起来干净整洁。一处房子外面画有憨态可掬的小人，于1985年建成；旁边的一处则在2016年刚刚修好，花费13万元。两处房屋外观一致，内部摆设也相仿，占地都是90平方米左右，两层楼高，一进门便是方形大厅，侧面开出一道楼梯，通向二楼的房间。

对于许多问题，文少林夫妇都有些避讳。文少林表示，第二处房屋原本是自

①采访时间：2019年1月14日下午；地点：江继英家；对象：上届文书江继英。

己养鸡的处所，后来拆了鸡舍，因此得以盖成楼房，这其中并没有换地的过程。而同村村民则透露，两夫妻是在修房的过程中，将田地与此处的宅基地进行了置换，因此才可以盖成新屋，也未办理房产证。①

关于为什么要盖两处临近的房屋，文少林表示是为儿子成家做打算。文少林有两个儿子，一个在新疆当兵，一个在外求学，都未结婚。平日妻子田玉英在老屋睡觉，文少林则在新房休息，当兵的儿子每年有一个月的假期，这段时间便会把新屋腾给儿子。在霞村，这种为儿子成家未雨绸缪、提前规划的情况还是比较普遍的，然而以此衍生的“一户多宅”问题却值得思考。“一户一宅”的“户”字究竟如何定义？《土地管理法》第62条第一款规定：“农村村民一户只能拥有一处宅基地，其宅基地的面积不得超过省、自治区、直辖市规定的标准。”但该部法律也并未对“户”的定义予以明确界定。实际生活中，农村家庭中有为未成家儿子提前置办新房的习俗，其自然衍生出的“一户多宅”现象。

霞村村委认为，在霞村的实践过程中，“户”是按照户口簿来定义的；而当儿子未成家时，其自然在法律意义上没有分户，便产生了这种一户多宅现象。

沿中央道路向长岗坡纪念馆的方向，在村民住房和山林的交界处，可以看到几个泥瓦工在新建一处住房。这是外出打工的江杰华在为他的儿子盖新房。在他的规划中，这个房子想要修成三层楼高，占地120平方米，花费约需35万元，房子的产权现在是他所有，等儿子成家后再转给他。江杰华47岁，一儿一女，儿子19岁，还不到结婚的年龄，“先给儿子准备着。”江杰华这样想着。②

（3）建新不拆旧。

建了新房、不拆旧屋，也是霞村一户多宅现象较为普遍的一个重要原因。村中央道路旁有一个两层民居，是村民文汉生的旧屋，目前无人居住。文汉生有兄弟两人，原本两兄弟共同生活在这间旧房中，后来弟弟去世，文汉生又在村里新建了一间房子，旧房便闲置下来。与文汉生的情况相似，村民文冠林也是两兄弟，兄长文冠林攒钱先起了一栋三层小楼，弟弟文望林则一直住在父亲的老房子里，后来父亲、弟弟相继去世，老房子只有弟弟文望林的妻子居住。在旧屋居住时，文冠林的孙子由于患病，4个多月便夭折了，一家人为看病在广州花费有几十万元之巨；后来文冠林便嫌弃这栋小楼风水有些不好，继而又在别处盖了一栋三层楼房，平日便住在新居中。旧屋未拆，便也空置了下来。

所以，村里房屋空置率较高与一户多宅也有着千丝万缕的联系。

---

①采访时间：2019年1月14日下午；地点：文少林家；对象：文少林。

②采访时间：2019年1月13日下午；地点：江杰华新修房屋旁；对象：江杰华。

（三）宅基地确权与办证

霞村目前还未开展宅基地确权登记。村中大部分家庭都没有土地和房屋的所有权证书。村委委员文五健认为可能有80%的家庭没有证书。证书由国土局颁发，里面注明户主姓名，人口，房屋结构、面积、产权性质等基本情况，最后一页绘有房屋的平面图，标有房间位置和长度、宽度等基本信息。

土地使用证是确认土地使用权的法律凭证，证明房屋所有权归属的书面凭证则是房产证，两者并不相同。2015年3月1日开始，房屋所有权证与土地使用证“两证合一”的不动产权证正式开始使用，但以前依法制作并发放的各类不动产权属证书继续有效，且权利人无须在没有发生产权变更时到不动产登记中心登记变换。

虽然霞村有一部分村民拥有土地使用证，但几乎都没有房产证，且除少数村委外，对这两个证书，村民是不加区分的。往往提及房产证时，受访的村民便会拿出这本“土地使用证”，而这本证书本身的名字却常常不被提及。

据前文书江继英介绍，过去办理土地使用证，向国土局打一个申请即可，并没有什么限制。附近有旁人的土地，可以进行换地，想要在集体的土地上建房，公家不反对也是可以的。老人回忆，以前大家都没有房子住，自然需要去寻土地建新房。“现在基本每户都有房子了，再占用集体土地，群众就不可能同意了。”

关于办理土地使用证的价格，江继英大致进行了梳理，1988年是7元每平方米，后来便渐渐涨至二三十元每平方米，拆旧盖新的价格便要低些，每平方米2～3元，2005年前涨至10元/平方米。何进元一家1997年从S村委手中买的一块土地，当时向国土局缴纳的费用便是20元/平方米。[①]

1997年4月，广东省人民政府农业办公室发布了《关于治理农民建房过程中收费问题的函》，对涉农收费中存在的问题进行了说明，强调纠正不正之风、减轻农民负担。目前，不动产登记收费标准已经更加公开、规范，程序更加正规。2016年12月，国家发展改革委会同财政部印发《关于不动产登记收费标准等有关问题的通知》，罗定市依据此通知，制定了宅基地使用权及房屋所有权首次登记收费标准为80元/件，工本费10元/本。在办理手续上，是按照村民申请，村民代表大会三分之二通过，之后L镇国土所遣人下来测绘、询查，再颁发建筑许可证与不动产权证书。

“现在是按照一户一宅的原则来进行。”在L镇镇政府，国土所所长介绍现在的不动产权证发放工作时说。每户村民最多可以拥有150平方米的宅基地，再多

①采访时间：2019年1月14日下午；地点：江继英家；对象：上届文书江继英。

便不给审批；买卖宅基地也是不被允许的。同时，关于宅基地最低保障面积的政策目前还没有推行到L镇。而对于20世纪八九十年代，S村将大量村委会的宅基地用于建设村民住房的情况，L镇国土所所长则认为，“这不算卖地”，村民只是获得了一定期限内的使用权，并给村委一定的申请费用。[①]

调查结论：在霞村的宅基地与房屋利用问题上，耕地占用是一个不能绕过的话题。从20世纪70年代开始，在耕地上建房就已经是一个公开的现象，80年代末90年代初更为普遍。对此，村民文仁武不以为然，认为这种现象在全国皆是如此，村主任文正龙估计，目前霞村70%～80%的房屋都是在水田上建成的。这种可能合情，但不一定合理、合法的宅基地占用状态，需要以历史的视角、整体的视角才可能正确认识和处理。

农村人口增长要求扩大居住空间，这是一个基本的动力。从案例中可以看到，过去霞村农民人均房屋面积极低，住房十分紧张。随着中华人民共和国成立后第一个人口增长高峰中出生的孩子在20世纪七八十年代长大成人，农民会强烈要求开辟新的宅基地，以建房成家。霞村原书记江国许回忆，土改时霞村才600人，而现在已2000多人，由此不可避免地出现了占用耕地、“一户多宅”的现象。

另外，农民生活水平的提高也是一个重要的原因。农民在通过打工积累了一定财富后，便自然而然地想要改善原来的住房条件，这必然会冲击原有的宅基地管理制度。

但村庄宅基地的规划、治理过去一直都处于一种空白、滞后的状态，这导致了霞村住房分布的杂乱无章，而且利用效率很低，严重影响了村庄的整体形象和整体开发，旅游业受到的影响尤为明显。

三、建设用地

（一）霞村建设用地概况

霞村的建设用地并没有总体的规划。

霞村部分公共基础设施是在原来基础上进行改建的，如S小学之前是寺庙，村委会所在地历史上就是公家的地方，文公祠是在祖先住过的地方修建的。长岗坡旅游景区的配套设施如停车场、党员活动中心等，是利用集体建设用地和

①采访时间：2019年1月15日上午；地点：L镇国土所；对象：L镇国土所所长。

征用部分村民耕地、租用村民房屋进行建设的。[①]霞村除渡槽、长岗坡纪念馆之外，其他的公用建设用地没有产权证书，村庄内的经营性活动是在村民住宅内进行的。

1995年之前征收土地用于公共用途如建学校教学楼、修公路等，主要依靠自然村内部调整。据老书记江国许估计，霞村共征收2.3亩土地用于公共建设。修建渡槽征收的土地减免了相应土地需要交纳的公粮，标准是1亩地每年600斤稻谷，如果当年每亩需要交的公粮少于600斤，按照市场价格补钱给生产队。1995年之后征收土地有补贴，2018年上半年，霞村被定为罗定市“红色精品村”以及“精品红色旅游路线”建设示范点以后，征地次数较多，补贴也较为频繁，修建公路、初心广场、停车场等，往往工程还没开工，征地补偿款就分给农户了。[②]

（二）建设用地相关政策梳理

国家关于农村建设用地的规定，经历了改革开放前的禁止流通，改革开放至1998年的无序、自发流转，到1998年之后的逐步规范三个阶段。1978年以前，集体范围内的一切土地禁止出租和买卖，集体建设用地实行集体所有、集体统一经营，集体建设用地流转完全依赖于行政权力进行划拨和平调。改革开放到1998年，农村集体建设用地审批比较宽松，只要通过县级以下政府审批就可以得到建设用地使用权。1998年之后逐步有序流转，1998年《土地管理法》修订，规定国家为公共利益的需要，可以依法对集体所有的土地实行征用。农村土地必须先征收为国有再进行建设。同时，农村建设用地只能在农村主体范围内流转、使用，不得向外流转。由此形成了农村建设用地和城市建设用地的二元结构。

1986年颁布的《土地管理法》《广东省土地管理实施办法》规定，任何单位和个人不得侵占、买卖、出租、抵押或以其他形式非法转让国有土地和集体所有土地。1991年，广东省对《广东省土地管理实施办法》进行了修订并开始实施；1997年又规定每个建设项目用地必须实行预报和审批备案制度，同年罗定市开展了对于1991年到1997年各类非农建设用地的清查工作，重点清查违法用地情况。1999年国土资源部加强对于土地违法案件的查处工作。2018年随着长岗坡渡槽旅游景点的开发，2018年3月，罗定市政府出台了L镇人民政府关于加强L镇长岗坡渡槽与过境环镇公路周边土地控制性规划建设的通告，加强了对于景区和道路两边土地的规划和管理，规定渡槽周边，沿线公路，不得有违

①采访时间：2019年1月12日下午5点；地点：文景枢家；对象：老村主任文景枢。

②采访时间：2019年1月14日下午5点半；地点：江继英家；对象：上届文书江继英。

法建设行为。

（三）公共建设用地与基础设施

1. 长岗坡渡槽

图2-13　长岗坡渡槽

长岗坡渡槽（图2-13）横跨霞村，经过霞村的渡槽长1000米左右，渡槽下方覆盖土地总面积6000平方米左右。现在渡槽下面的土地仍然为耕地，之所以算占地一方面是因为支撑部分会占用耕地，另一方面渡槽会渗水，水田对于水量有要求，如果全年都很多积水，不利于水稻的生长。渡槽下面的耕地不能作为水田只能作其他用途，比如菜地。修建渡槽是罗定县政府决定的，1978年渡槽经过霞村的一个山头（数据暂时无法获得）被县政府征收，建立了水利站，长岗坡纪念馆就是在水利站原来所在地建立起来的。当时县政府征用土地的时候没有给任何补偿，但减少了征用土地所应缴纳的公粮。县政府出钱修建渡槽，村民出力，生产队记工分。县政府把建设渡槽的任务分给公社，公社分给生产大队，生产大队再分给生产队，层层分工下去，一定要保障完成任务。①

渡槽的产权属于金银河水库，管理权属于引太工程管理处（金银河水库和引太工程管理处都是罗定市水务局的下属机构）。2012年渡槽被评为广东省文物，渡槽的产权和管理权没有发生变化，但规定在渡槽的两边30米内不准再兴建任何建筑。渡槽由罗定市引太工程管理处进行管理，共设有两个管理站，分别是位于渡槽开头的迳口管理站和位于渡槽尾部的花碌坑管理站。花碌坑管理站负责从大路口到花碌坑管理站这一段的渡槽，长度4～5千米。有两位水利管理人员，工作的职责主要是每天测量并记录水位，于早上7∶30、中午11∶30～12∶00、下午4∶30～5∶00三个时间段内把渡槽水位报到引太工程管理处。水利管理员每天需沿着自己所管辖的渡槽水域走两圈，检查是否有渗水情况，渡槽是否遭到破坏，渡槽两边50米范围内有没有违建。通过采访在此工作了20年的老员工文亚明得知，过去20年内渡槽很少发生大的事故，只有2002年发生过水回流（水流反方面流动），上报管理处调整水位，半天就恢复了正常，没有产生不良影响。②

①采访时间：2019年1月13日晚上9点；地点：江继英家；对象：江继英。

②采访时间：2019年1月15日上午；地点：花碌坑管理站；人物：文亚明。

目前渡槽内的水主要有三个用途：一是灌溉周围的农田，二是用于下游的金银河水库发电，三是供给罗定市的四五个水厂。

2. 祠堂和大屋

霞村总共有六座宗祠，其中文公祠有两座，顺天钟公祠一座，蒋公祠一座，江姓祠堂一座，覃姓祠堂一座，较大的是位于村中间的文公祠和位于村西边的钟公祠。大屋是文家的老宅，位于村口，现在保存得比较完整。祠堂、大屋总共占地面积1733平方米，祠堂和大屋没有产权证书，其产权目前由部分村民共有，不属于全部村民。大部分祠堂和大屋年代久远，只有少数祠堂是新建的，如蒋公祠建立于2011年。

较大的文公祠（图2–14）位于村中间，占地263.59平方米，正面长度为12.3米，侧面长度为21.43米。文公祠内设施完善，周围没有杂草，祠堂内有2018年重建公祠时的捐款公示；较小的文公祠位于村东的田地之间，占地面积为31.5平方米，面阔4.5米，进深7米。祠堂外围的广场长13米，宽10.8米，占地面积140.4平方米。距离村民居住区较远，外围杂草较多。

图2–14　文公祠

霞村的文公祠始建于1934年，称为“廉直文公祠”，较大的文公祠以大元岗为主要祭祀场所，祭有文氏祖先正清公及其父文令球，可供文氏族人进行祭拜。正清公时文氏一族，由信宜市朋侯村迁入。正清公在家排行第八，育有一子，该子所生第三子开枝散叶，即为现今霞村文氏一族，为文氏第三房，现已繁衍至第十四代，有300多人。

顺天钟公祠位于村西边，占地面积322.87平方米，面阔17.74米，进深18.2米。钟公祠前方的水泥广场占地276.03平方米，长17.74米，宽15.56米；祠堂内有修建钟公祠的捐款名单、清明节捐款名单以及2017年、2018年的收支情况，钟公祠地理位置较为偏僻，祠堂主屋旁边的空地正在建设。

蒋公祠位于村南，在通往纪念馆的路边，占地面积22.4平方米，面阔4米，进深5.6米，祠堂前的广场面积为140.4平方米，长13米，宽10.8米。

祠堂的产权属于当地相应姓氏的宗族，没有产权证书，平时由族内有声望的人进行管理。文公祠是在原来祖先居住之处建立起来的，由文家三房各自出一人组成的三人小组进行管理，祠堂的管理主要涉及举办活动和修缮祠堂，族人一起开会，出钱出力共同完成。祠堂由各个宗族使用，一般不关门，每月农历初一、十五会有人上香，人逢喜事也会去上香。祠堂不产生经济效益。

图2-15　大屋

大屋位于村口（图2-15），保存得较为完好，面积1092.8平方米，面阔40米，进深27.32米。大屋外的广场面积为873.2平方米，其中长40米，宽21.83米。大屋是文家的祖宅，文太公把大屋分给了广璋、琼璋、振璋三个儿子继承。土改以后，一部分大屋分给了贫农。由于历史原因，大屋没有土地使用证。文氏后人买回了分给贫农的那部分大屋，现在大屋的产权属于个人，大屋后人每户都拥有大屋一部分产权。大屋主要在特定的节假日使用，平时处于闲置状态，春节燃放烟花爆竹，春分、清明时节祭拜祖先，都会收取一定数额的捐款。大屋平时的管理由三房（文太公三个儿子的后代）各出一人打扫卫生，他们的工资来自节日捐款。平时大屋基本处于闲置状态，无人居住，主要用来养鸡、保存东西和晾晒谷物。2018年村里想把大屋开发成旅游景点，文氏宗族内部意见不统一，暂时搁置。①

3. 村委会

S行政村是管理区，村委会管理霞村、S村、平龙村、黄塘口村四个自然村。村委会位于S自然村（图2-16）。村委会现在拥有宅基地690多平方米，主建筑占地面积91.67平方米，其中面阔8.9米，进深10.3米。村委会建筑的所有权属于S村行政村，管理权和使用权属于村委会。据霞村老村长介绍，S村村委会无产权证书，1988年可以办产权证书，每平方米8分钱，有些村办理了，有些村没有办理。村委会旁边的村卫生站（中西药房）占地面积26.6平方米，面阔6.44米，进深4.13米。村卫生站所占用的房屋属于村委会，使用权、管理权则属于村卫生站。

村委会对面是一排砖瓦房，占地面积219.12平方米，其中面阔22.66米，进深9.67米。这些房子本是人民公社时期集体用于孵化鸭子的孵化房，曾经作为村委会的办公场所，现在的用途主要是开会（包括村民代表大会、扶贫会等，图2-17），其所有权、管理权和使用权都属于村委会。村委会负责日常的管理和修

①调查时间：2018年11月27日；地点：祠堂和大屋；测量人员：杨丽霞、杨峰。案例访谈时间：2019年1月13日；地点：超开商店；人物：文超开。

缮，大型活动会组织参与活动的人员捐钱。①

图2-16　村委会和村卫生站

图2-17　村委会开会场所

村委会房屋后面正在建设的新卫生站，占地面积80平方米左右，所用的土地是属于村委会的宅基地，建房的费用由省政府支付，建好后的卫生站产权属于村委会。村卫生站的收入主要是罗定市卫生局补贴（每年2万元）和看病收入（每年1万元左右）两项构成；支出主要包括买药支出和资料费。2016年开始，村卫生站不负责医保报销，报销需要到L镇卫生院。

20世纪90年代初，S村村委会把一部分属于村委会的宅基地卖给个人建造房屋，卖了五块宅基地，面积大约800平方米。村委会将卖宅基地的钱列入村委会的公共收入，为村委会建了新房。不同的时间段，村委会出售宅基地的价格也不同。但现在已不能随意处置集体的土地资产了。L镇国土所的所长表示，村委会所占用的公益用地卖给村民做宅基地，村民只拥有使用权，所有权仍归集体。如果村民没有后代继承宅基地，村委有权收回；有后代的，可以一直拥有使用权。位于村委后面的何进元家在1997年以40元/平方米的价格从村委会买了120平方米的宅基地，后又花费20元/平方米办理房地产使用证书（当时是国土局的人过来，不给钱就不能盖房子。但在1987年左右，村委会卖宅基地的价格只有15元/平方米。②

4. S村小学和幼儿园

S村小学（图2-18）始建于1952年，占地面积约3800平方米，S村幼儿园（图2-19）占地面积约100平方米。幼儿园和S村小学是在原寺庙所在地的基础上扩建的，占用了一部分的农田。修建小学和幼儿园没有给占用的农田任何补偿。

①数据测量时间：2019年1月14日上午8点半；地点：S村村委会；测量人员：杨丽霞、郝晶。案例访谈时间：2019年1月14日上午9点；地点：S村村委会；人物：文五健。

②案例时间：2019年1月14日上午8点半；地点：何进元家；对象：何进元。

图2-18　S村小学

图2-19　S村幼儿园

学校前的空地是2013—2014年农田改造时专门空出来为学校建设准备的备用地。1998年S村小学考虑扩建，要求霞村出4～5亩地，S村小学接收附近四个自然村的学生，霞村村民认为不公平，没能达成协议，学校没能成功扩建。目前幼儿园和S村小学的土地和建筑物的产权属于S村管理区（S村小学属于四个自然村共用的公用基础设施），管理权属于L镇中心小学。L镇中心小学是L镇辖区内村小学的上一级管理机构，属于公办学校。从L镇中心小学教育办公室了解到，S村小学和幼儿园目前均无土地产权证书。

1995—2004年S村小学由S村管理区干部、各自然村村主任、学校校长共7人组成的管理委员会进行管理，委员会主要负责管理学校建设事项，包括盖教学楼、教职工宿舍，当时建设的教学楼和教职工宿舍现在还在使用中。从2005年开始由教育局进行管理，S村小学和幼儿园上一级管理部门是L镇中心小学。S村小学一年招收40多个学生，平时在校生共200余人。收入主要是财政拨款和私人捐赠（比较少），支出主要是办公室经费、电器维修、课桌维修，一年支出四五万元。教师工资直接由上级拨款，一年50万元。主教学楼始建于1991年，经费来源一部分是教育费附加，一部分是村民集资（每人20元），共花费18万元，2018年建设的综合楼也是组织村民捐款建设。①

S村幼儿园2013年9月开园，在园儿童最多的时候有100多人，最少的时候不足50人。管理权属于L镇中心小学，收入来源包括学费、伙食费以及上级拨款，支出包括伙食支出、办公开支、老师工资。收的学费全部上缴L镇中心小学，伙食费维持收支平衡，办公支出每年5000～6000元，由中心小学拨款。②

5. 党员活动中心和初心广场

党员活动中心（图2-20）是一座二层楼高的建筑，建筑面积162.18平方米，面阔15.3米，进深10米；阳台部分长5.4米，宽1.7米。活动中心前面的初心广

①案例（以前的资料）访谈时间：2019年1月13日晚上9点；地点：江继英家；对象：江继英。案例（现在的资料）访谈时间：2019年1月14日下午5点；地点：S村小学；对象：小学校长廖家万。

②案例访谈时间：2019年1月15日上午8点；地点：S村幼儿园；对象：幼儿园园长江静红。

图2-20　党员活动中心

场，面积926.1平方米，长31.5米，宽29.4米。党员活动中心和初心广场始建于2018年，霞村负责征地，政府出钱盖房屋，产权属于霞村所有，党员活动中心和初心广场无土地产权证书。党员活动中心和初心广场的占地有一部分是集体的，一部分是从村民那里征用的，被征用土地的村民有钟军球、文世生、钟言生、钟勇忠、钟练中、钟竞中、钟生金、钟因达、于光兴、于光平、王芹芳、李好英等，从村民那里共征得653.43平方米，给村民的补贴是150元/平方米。

党员活动中心由霞村村委（村主任以及霞村八个村民小组组长共9人）进行管理，活动由村民自己组织，工作由各个村民小组轮流负责。党员活动中心的开门时间不固定，村主任有空的时候就会开门。①

6. 村里的道路

村里的道路主要有两条：一条是主干道，从村口到长岗坡纪念馆，从南到北贯穿全村；另一条是分干道，东西向，西边与S自然村交界。这两条道路分多个时间段建设完成。村里修建道路占用了村民的承包地，从2018年开始有补偿，之前修路占用的土地没有补偿。具体的补偿标准如表2-4所示。

表2-4　霞村修路征地补偿标准

项目	补偿标准		
	水田（元/亩）	旱地（元/亩）	林地（元/亩）
田地补偿	46000	43500	15000
青苗补偿	2000	1500	—
自留地补偿款	9520	9520	9520

1976年渡槽开工，修建渡槽的时候，从山上采石，修建了现在的主干道。当时土地尚未进行承包经营，在集体的土地上修建公路，村民没有任何意见。2007—2008年，在原来土路的基础上，政府出资8万元，霞村每人出50元集资7万元，共15万元，实现主干道硬底化。2018年，主干道通到纪念馆，此时修建道

①数据时间：2018年11月27日；地点：党员活动中心；测量人员：杨丽霞、杨峰。案例时间：2019年1月13日下午5点；地点：文正龙家；对象：现任村主任文正龙。

路占用的土地开始有了补贴。

霞村从西到东的道路，2007年开始修建，占用了部分农户的承包地。占用土地较少的，被占用的农户一般没有意见，比如文仁武家因为修建道路被占用两三平方米，他没有要任何补偿；占用个人土地较多的，如果不给补偿，村民就会有意见，其他村民每家每户会拿出一点耕地，用来补偿因修建道路占用耕地较多的农户。2015年在原来土路的基础上花费6万元修建水泥路，其中村民集资了3万元。

7. 长岗坡纪念馆

长岗坡纪念馆（图2–21）位于山上，主建筑占地面积561.9平方米，主建筑是规则的长方形主体附加一个小的长方形附体。大的长方形主体长29.8米，宽14.5米。小的长方形附体长11.8米，宽11米。建筑主体是一栋三层楼房，前面有一个平台，平台面积632.5平方米，其中长27.5米，宽23米。长岗坡纪念馆是在原水务征收的土地上建的（修建渡槽由县政府征收的土地，原先划给水务局，现划给罗定市委党校），长岗坡纪念馆的投资方是云浮市政府。纪念馆的产权、管理权属于罗定市委党校，有产权证书。长岗坡纪念馆旁边的玻璃桥、栈道、停车场等附属设施产权属于L镇政府。

图2–21　长岗坡纪念馆

纪念馆有11名员工，门票免费，不能产生直接的经济收益。维护纪念馆的成本费用和纪念馆员工的工资由罗定市政府财政负责，通过罗定市委党校支出。纪念馆一天接待游客最多有1万人次，周末基本上是1000～2000人次，星期二到星期五平均人流量是300～400人次。[①]

2018年开发长岗坡纪念馆，通往长岗坡纪念馆的部分道路用地（以前分给生产队开荒的部分土地）的补偿款被分给了开荒生产队的做法引起了争议。争议的原因在于到底谁该享有接受开荒土地补偿款的权益，是霞村集体还是开荒的生产队。通过调查，我们了解到荒地补偿款被分给霞村集体的具体情况：1984年，县政府出面以500元的价格征收了霞村的一块地，建立水利管理处，征收的这块地没有具体面积，界限采用“四至”，北面至公路，南面至石墙，西边至水渠，东

①面积数据，测量时间：2019年1月14日下午2点；地点：纪念馆；测量人员：杨丽霞、杨峰。案例一，调查时间：2019年1月14日；电话采访；对象：梁明中。

边至水渠，这些分界线如今有些已不复存在。长岗坡纪念馆平台的土地原来是四队、五队开荒的土地，征收土地的补偿款给了霞村联队，即霞村村集体。而荒地补偿款分给霞村开荒生产队的具体情况如下：通往长岗坡纪念馆的部分道路地段原先是一队、三队负责开荒的土地，一队、三队自己卖了土地，获得了补偿款。一队获得了11万多元的补贴，三队获得了12万多元的补贴。补偿款分给生产队的个人，生产队的具体分配方法分两种情况：属于个人的土地，补贴直接分给相应的农户；属于生产队的土地，生产队按队里现在的户籍人口平均分给队里的村民。

村民产生意见分歧的主要原因在于荒地的产权究竟是属于生产队还是霞村集体？水利局征收款按霞村集体土地进行处理，补偿款给了霞村集体。纪念馆新建公路这一段荒地的补偿款是按生产队的土地进行处理，补偿款最终分到生产队的个人。都是开荒的土地，一个是收归集体，村民集体获得补偿；一个是生产队获得了补偿，补偿款在生产队内部进行了分配。对此村民提出两种处理方式：一种是山上开荒的土地产权应该属于集体，就要求把已经分给生产队的钱全部收回，重新在霞村整个集体内进行分配；另一种是征收了哪个生产队的地，补偿款就分给哪个生产队。这两种方式都遭到了既得利益者的反对，目前尚无解决办法。

8. 停车场

停车场位于长岗坡纪念馆的下方，占地面积3123.56平方米，长91.6米，宽34.1米。停车场的产权、管理权属于L镇人民政府，由镇政府进行立项。修建停车场的地方原来是水田和旱地，L镇政府于2018年10月征收了村民的土地修建停车场。据统计，征收水田8.42亩，旱地4.75亩，鱼塘1.8亩，总征收面积14.97亩，总补贴851322.57元，按照土地原来的承包经营权分给相应的农户①。停车场的日常管理主要依靠城管定期巡查，现在准备委托物业进行管理。

9. 其他

镇政府计划征收400亩左右的土地建设党员干部学院，属于第二期工程，目前跟村民的协商遇到了困难。目前有两个方案：一是政府投资建立党员培训学校；二是跟私人资本合作，建立集培训、教育、旅游于一体的综合社群。②

---

①面积数据，测量时间：2019年1月14日下午2点；地点：停车场；测量人员：杨丽霞、杨峰。案例二，调查时间：2019年1月15日上午11点；地点：L镇人民政府；对象：李德心。

②案例三，调查时间：2019年1月15日；地点：L镇政府；对象：李德心。

（四）经营性建设用地

1. 厂房

1996年扶贫过程中，村里建立了一个榨油作坊，由村委会提供场地，发放工人工资，供电局提供变压器和榨油机。厂房位于村委会对面，占地面积219.12平方米。由于榨油坊盈利不佳，运营几年后关闭，之后就没有再开过集体经营的厂房。①

私人厂房。钟军球电子厂（图2–22）位于S小学旁，占地面积150.30平方米，长13.49米，宽10.48米，右侧的一小块突出部分长4.21米，宽2.12米。电子厂厂房原是农户住宅，有三层。文泰开做书记期间，带领村民办了三家电子加工厂，都是将私人住宅改造成厂房，另外两家经营了一两年之后破产倒闭。2009年1月，钟军球和文金开合作办了个体户电子加工厂，2012年文金开离开，在L镇经营副食品厂。现在工厂的产权和管理权属于钟军球，厂房所在的住宅属于房屋主人文金开。钟军球表示，自己在自己的住宅里办厂，没有限制。钟军球电子加工厂的利润一年有20万元左右。

图2–22　电子厂

电子厂的二楼是加工车间，五个房间里都有工作台。正式员工有13人左右，其中包括管理人员1人；另外有20名散工。正式员工在工厂上班，散工可以把电子元件拿回家做。工资分为计时工资和计件工资，计件工资一件7.5～13元，不同工序的计件工资标准不同。计时工资一天70～80元左右，员工的月工资差距较大，最高能拿到5000多元，最低仅几百元。②

2. 民宿

民宿（图2–23）位于大屋的左边，占地面积119.51平方米，其中长19.37米，宽6.17米。L镇政府租用村民文尚开四兄弟的房屋，集民宿与创客基地于一体。租期10年，三层

图2–23　民宿

①案例一，调查时间：2019年1月13日晚上8点；地点：超开商店；对象：文超开。

②案例二，调查时间：2019年1月13日上午11点；地点：钟球电子厂；对象：钟军球。

房屋共450平方米，租金一年15000元。民宿的房屋产权属于文尚开四兄弟，租期内管理权和使用权属于L镇政府，政府投资建设民宿是为发展当地旅游业。[①]

3. 甜品店和农家乐餐馆

2019年2月份，霞村有两户人家在自己住宅内分别开了甜品店和农家乐餐馆，甜品店目前仍在运作，农家乐餐馆已关门。甜品店投入资金3万多元，经营面积40平方米，开张的20多天总收入只有500元左右。游客基本只去纪念馆一趟，一般不会在霞村多加停留；加上农村的消费观念较为保守等原因导致甜品店生意不太好。甜品店的女老板原来在广州经营甜品店，为照顾家中的老人回家乡开店。农家乐餐馆投入资金1000元，饭店的桌椅用的是家里以前的桌椅，成本主要用于采购厨具，定做招牌。投入运营一个月收入只有300元。农家乐餐馆的经营者原先在外地做厨师，回到家乡后想着开个农家餐馆，结果经营不理想，开了一个月之后停业。

调查结论：霞村公共性建设用地如广场、诊所等的所有权、管理权、使用权等均属于村集体，受益群体为全村村民。其利益的一致性较高，存在的权属纠纷问题较少。这类公共性建设用地的特点是产权比较稳定，一般不能交易。但是目前大部分并没有颁发集体公共建设用地权证，只有新修建的纪念馆有产权证书；祠堂，是村庄文化的象征，属于部分农民共同所有，一般不会用于经商，更不可能交易，目前同样没有颁发相应的土地产权证。这是目前农村土地确权、颁证需要继续努力的方向。大屋，也是部分村民共同所有，但性质与祠堂不同，目前已经被村民私分使用权。

将来村庄建设用地问题的焦点可能是经营性建设用地。目前，由于产业包括集体经济长期存在的“空壳”状态，霞村几乎没有经营性建设用地的案例，自然就没有延伸出权属纠纷问题、法规政策问题。同时各级政府，包括S村村委对如何管理经营性建设用地也缺乏前瞻性。但随着以“长岗坡渡槽”为核心的红色旅游业的发展和游客的逐年增多，霞村村民的一部分住宅用地就会改变用途，比如用于发展“农家乐”，这就会首先涉及宅基地转变属性问题。而且，随着旅游业的发展，旅游设施用地，如酒店、饭馆、商店、加工厂、停车场等用地问题也会越来越突出，这就需要规划新的经营性建设用地。

---

①案例三，调查时间：2019年1月15日上午11点；地点：L镇人民政府；对象：李德心。

四、林地

（一）霞村林地的总体概况

霞村的山地范围从云贵山脊（当地地名）至水升平水库坝基，总面积为3801亩。

2005—2006年，霞村林地面积为4659亩。2010年，因为金银河水库蓄水要把水位线抬高到120米，因此霞村村委和金银河水库签订协议，120米以下的林地归水库所有，120米以上的林地归霞村所有，由此霞村的林地面积由4624亩减少到2010年的3801亩。对此，霞村和金银河水库一直有纠纷。

霞村年平均气温为23℃，年降雨量1530～1770毫米，气候特征为亚热带季风气候，温和。土壤以红壤为主，这种土壤含铁、铝成分较多，有机质少，酸性强，土质黏重，种植收益不高。山上的树木以杉树、马尾松、湿地松、桉树以及阔叶树为主（图2–24、图2–25），本地主要森林病虫害为马尾松毛虫、松突圆蚧、桉树尺蛾。

当地森林资源丰富，目前正在建广东罗定金银湖国家湿地公园来发展旅游业。湿地公园总面积15 047.85亩，湿地占61.8%，属于珠江流域西江水系的河流与库塘复合湿地生态系统。该湿地公园景观优美，周边历史文化积淀深厚，有较高的保护和利用价值。

图2–24　霞村山林景观

图2–25　桉树

（二）林地产权改革

霞村林地产权的改革主要分为四个阶段：第一阶段为三大改造以前，第二阶段为三大改造到人民公社时期，第三阶段为人民公社到改革开放时期；第四阶段为改革开放以后。

1953年三大改造以前，霞村的林地归自然村所有，基本上以荒地为主，无人管理；1953年以后，林地分配给农业生产合作社统一管理。人民公社时期（1962年以后），将生产大队分为六个生产小队，按照人头，无论男女平均将山地分到每个生产小队，鼓励上山开荒，开荒地的选择是在低矮的山地。开荒时，村民主要种植山毛豆和桐油树，这是为了增加土壤的肥力（据霞村村民文华坤所说）。如今霞村没有山毛豆和桐油树，主要是后来没人管理。1982年改革开放以后，撤销了生产小队，林地的产权为霞村集体所有，林地未确地到个人。

2002年5月28日，广东省人民政府颁布《广东省生态公益林建设管理和效益补偿办法》。根据这一办法，L镇林业站与霞村村委签订协议，在村集体的山地种植生态林，按每亩一定的价格补偿给村集体，生态林由L镇S管理区负责管理。生态林的所有权归霞村所有，进山或者砍伐树木等一系列活动需要填写申请表并得到镇林业站批准。从此霞村开始大规模种植生态林。

在林权改革中，生态林补偿款改革可分为两个阶段：第一阶段（2002—2010年），生态林补偿款交由霞村村委集体管理，由集体自主决定安排使用；第二阶段（2012年至今），2012年广东省财政厅、省林业厅联合下发《关于进一步做好省级以上生态公益林损失性补偿资金发放工作的通知》，要求自留山、责任山的补偿金补偿给农户，集体山的补偿金要求把70%以上的部分按股份均分到户。霞村生态林补偿款总股份数通过村民会议确定，分为集体股份和个人股份，70%的生态补偿款均分到户口在霞村的村民（无论是否在外打工，户口在霞村的村民即可），剩余30%留用集体公共开支。

当地的集体林权改革实行的是“均股而不均山”，一方面将林地收益权通过均股（发放生态林补偿款，见图2–26）的形式落实到集体经济组织内部成员，并确保集体所得收益。另一方面未把林地使用权分到个人，保持了林业资源的完整性。正是因为这个情况，所以当地村民没有林地经营权证，也没有经济林和大规模林地经营的现象。

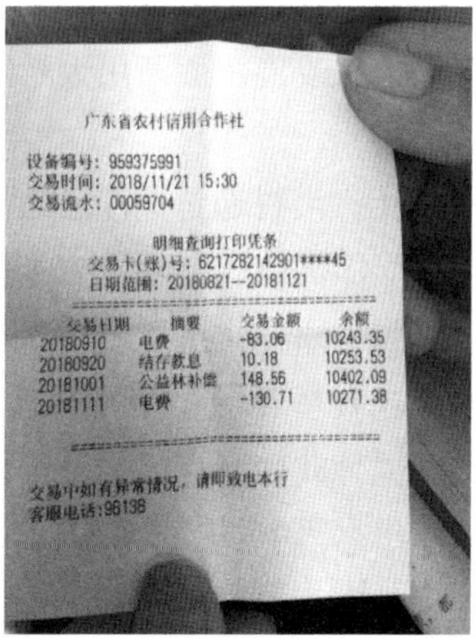

图2–26　生态林补偿款（银行打印凭条）

霞村从2005年开始领取生态林补偿款，见表2–5。

表2-5 生态林补偿款

年份	面积（亩）	每亩补偿金额（元）	补偿总额（元）
2005年	4659	6	27954
2006年	4659	6	27954
2007年	4524	6	27144
2008年	4524	7.5	33930
2009年	4524	9	40716
2010年	3801	10.5	39910.5
2011年	3801	12	45612
2012年	3801	13.5	18.52
2013年	3801	13.8	19.23
2014年	3801	14.25	19.86
2015年	3801	21.51	29.98

注：2012年开始，70%补偿款归个人所有（平分到户）；数据由霞村文景枢（上任村主任）提供。

（三）林地利用

1. 森林管理政策

在人民公社时期，森林主要是由生产小队统一负责管理，每个生产小队会安排一位村民定期巡山，防止村民滥砍滥伐或者发生火灾的现象。改革开放以后，村民生活条件改善，逐渐用天然气替代了之前使用的柴火，砍伐森林的现象也逐渐减少。

1992年，霞村通过广东省造林绿化标准验收。林业达标后，罗定县的林业生产以“高产、优质、高效”为目标，以“富山、富民、富业”为宗旨，积极抓好林业布局调整和林业生态建设。2002年，罗定县获国家林业局颁发的“全国林业工作站建设合格县”证书，林业工作站获“全国先进林业工作站”称号。同年，生态林由镇林业站安排种植并负责管理，以卫星监控方式巡山，以飞机喷洒农药防虫。发生火灾时，林业站的护林员负责灭火，村民也会帮忙灭火。在清明和中秋节期间，因为祭拜祖墓烧纸的原因，容易发生大规模火灾，所以镇林业站制作了进山登记表，村民在进山之前要填进山登记表，严禁携带易燃物品。上山砍伐树木的流程包括生态林砍伐申请流程和商品林采伐申请流程。生态林砍伐必须要由有资质的设计单位到砍伐区工作设计，到罗定市人民政府林业窗口申请，然后由罗定市林业局审核上报，云浮市林业局审核，最后经省林业局审批，方可以得到林木伐采许可证。而商品林的砍伐只需要罗定市林业局审批通过即可。该规则依据的是《中华人民共和国森林法》《中华人民共和国森林法实施条例》《广东省森林保护管理条例》《广东省森林采伐管理办法》。提交的材料包括村民小组长的身份证复印件，如果涉及农村集体经济组织所有的林木需要三分之二以上到会村民代表签名同意砍伐林木的会议纪要等。

目前镇林业站共有护林员11人，分别是文季文、田轩才、江至文、文维莲、文维年、文高燕、柳北生、文胜定、刘朋杰、张宏伞、柳富来。其中文维莲负责S村、围头、竹围的区域，面积达3769.5亩。每个护林员分管不同的山林，发生火灾时，当班人员不在岗又无正常的理由，除了扣除当月全部补贴以外，还要将名单交镇委、镇政府研究处理。护林员每日巡山，防止乱砍滥伐、森林火灾及森林病虫害等现象发生。

2. 生态效益

20世纪90年代以前，村民的饮用水主要来自于长岗坡渡槽里的水，水有时很浑浊，而且取水也不方便。

90年代起，村民开始自行组织修建自来水系统，饮用水来自山上的泉水。首先，附近的几户村民先筹集资金，接着到山上寻找水质优良的水坑点，然后用人工开凿成蓄水池，使用钢筋水泥将周围加固，最后通过水渠连接到村民家（图2–27、图2–28）。生态林能够净化水质，保持水土，在修建生态林后，当地的水质有了明显的改善。现在村里有9个蓄水池，全村人的饮水全部来自于此。取水

图2–27　水通过管道接到农户家里

图2–28　蓄水池

点较为分散，村里没有总蓄水池，曾有人提议建立一个总的蓄水池，但因无人组织而告终。

全村人使用最多的取水点由文超开负责计收水费。文超开家（超开商店）距离该自来水点大概有4千米左右。蓄水池是1999年开始修建的，当时开凿蓄水池和连接水渠的初始成本为1万多元，200多人饮用该取水点的水，包括村中的幼儿园和小学的师生均饮用此处的水。这处取水点的蓄水池为方形（为了更好地进行密封），长8米，宽2米，深度为2米，体积为32立方米。水渠用的管道五年更换一次，尺寸为DN50mm × 2.4mm，材质为PVC-U，具有良好的水密性、耐腐蚀性。该处的饮用水在饮用前，负责人取了水样本拿去罗定市疾病预防控制中心化验，检测显示水质干净清洁，可以饮用，但此后村里均没有再测水质。平时下雨天水中会出现沉淀物，有专人负责清理，每2～3年也会专门清理一次蓄水池，保证水质的清洁。

水费的计收标准和取水点的村民人数有关。涉及户数多的大型取水点，村民除了支付日常0.5元/吨水费外，还需支付100元/人的投入费，幼儿园和小学则只支付日常水费不用支付投入费。交纳的水费是用于对水坑洞的老化、腐蚀和水管的更换维护。涉及户数较少的取水点不收取水费也不安装水表，只支付第一次的投入费。涉及水管维修时，会采用众筹的方式来筹集资金。

目前，有村民想上山开荒种植果树，果树一般不会影响当地的水质，主要是因为果树种植在山腰以下，而蓄水池大多建在山腰以上，再加上果树不会种在水源旁边，所以饮用水的水质不会受到影响。

3. 林下经济

在霞村，林下经济主要体现在村民在林间养鸡、养鱼，一方面养鸡的收益较高，另一方面鸡的粪便除了给林地施肥，还给养殖的鱼提供了饲料，形成了良性的生物循环链。

最为典型的林下经济案例是一户村民在山上既种植果林又开垦鱼塘，还办了养鸡场。该户村民收益较好，收入在当地处于上游。户主名为文华坤，家中有三兄弟、五姐妹，他排行第六（两个姐姐和一个哥哥已去世）。文华坤有两个儿子两个女儿，两个女儿嫁到罗定市，两个儿子继承父业，养鸡、养鱼、种植果树。目前以养鸡为主，种植果树和养鱼收益不高，一方面由于土壤肥力差，另一方面由于文华坤并无林地承包权证，难以进行大规模的管理。

（1）养鸡。20世纪80年代，文华坤家兄弟比较多，宅基地不够住，再加上响应村生产队的开荒号召，于是他决定从大坪咀队搬来霞村开荒。1980—1983年，文华坤开始养鸡，然后用养鸡赚来的钱种植果树、建房舍。鸡舍有7个，1

万多只鸡，鸡苗是从市场上买来的，价格为4.5元/只（图2–29、图2–30）。养鸡周期为1年，鸡主要吃饲料，每个月打一次疫苗，一只鸡每年的疫苗费约为6元。每年文华坤以9元/斤的价格把鸡卖给鸡贩子（来自镇里、市里、珠江三角洲），鸡贩子以17～18元/斤的价格拿去市场上出售，每只鸡大约重12斤。据了解，鸡的存活率为88%～90%，当发生鸡瘟时，文华坤每年会亏10万元左右；收益好的时候，一年利润有11万元左右。上半年鸡舍养公鸡、阉鸡，下半年养母鸡，因为过年期间鸡蛋价格稍贵。平时是大儿子和小儿子一起照看鸡舍，也会雇用临时工。临时工大多是附近村民担任，每天工资70元，早上7点上班，做完下班，工作内容是铲屎和给鸡打疫苗。

图2–29　鸡苗

图2–30　鸡舍

（2）鱼塘。鱼塘是在田地的基础上挖的，目前有2个，面积为4亩。养的鱼包括扁鱼、草鱼、大头鱼，投放的鱼苗长4寸，每条草鱼成本一块多，大头鱼七八毛，扁鱼五毛。平时换水用的是山上的泉水，喂的是鸡粪。每年三四月份放小鱼，大鱼塘每次放的鱼苗有200多条，小鱼塘每次放100多条，每年鱼苗的成本有3000元左右。由于生病和自然死亡，大约有七成鱼苗能长成大鱼，成长期为1年，平均每条鱼重两三斤，以扁鱼4.5元/斤、草鱼5.5元/斤、大头鱼5元/斤的价格卖给商贩，商贩卖给消费者的价格在7元/斤左右。每年养鱼收入大约有4万元。收益并不高，原因在于鱼塘的水质没有人工池塘的好。

（3）果树。果树品种为柚子、乌榄、黄皮。柚子树有20棵左右，树高4～5米，一年收获一次，收获时期为每年中秋前。乌榄树有10棵左右，高3米，一年收获一次，收获期为每年的9～10月份，榄雕是广东特色雕刻工艺，乌榄树的果实主要用于工艺品雕刻。黄皮树有20棵左右，高2米，一年采摘一次，采摘期为每年的6～7月。水果主要在镇上的市场贩卖或者赠送亲朋好友，收益并不高。

调查结论：霞村的整个生态林由L镇林业站负责管理，林地产权为霞村联队集体所有，未分到个人。但每年村民可以平均分得生态补偿款。因此，与很多村庄不同，该村没有将林地承包给个人，也没有把林地确地、确权到个人。该村林地基本上种植松树等生态林，没有大规模种植桉树、果树等经济林。这对保护长岗坡渡槽工程，维持村庄的生态平衡，保存物种资源，起到了至关重要的作用。霞村村民也因此显著受益，能饮用到清甜的山泉水以及享受到洁净的空气，另外乡村旅游业也有了发展的基础。可以预计，乡村旅游业将成为霞村“产业兴旺”的重要支柱。

评语

霞村目前的土地集体所有制制度，为全体村民提供了粮食安全保障、就业保障和住房保障，是中国农村社会主义制度优越性的体现，同时也对中国的工业化、城市化有特别重要的意义。但从另外一个角度看，也确实存在许多亟待解决的问题，其中最主要的是耕地的承包权、使用权过于细碎化，这在第一轮承包以后的40年里，一直没有得到改变。同时农民对土地承包权的流转也缺乏积极性，这足以说明“交易”与“契约”在农村的局限性。来自外部的农业资本、农业企业也很难与一家一户进行谈判。另外，随着人口结构的变化，土地占有的不公平性也逐渐显露出来，一些人口多的家庭，承包地较少，而一些人口少的家庭，承包地反而较多。如果这个趋势不能扭转，村庄内的无地农民会越来越多，同时荒地也会越来越多。

宅基地是村民最大的福利，霞村几乎所有的农户都建起了楼房，当然建筑较为混乱，利用效率也较低。很多楼房的二楼、三楼的房间基本上是闲置，长期无人使用。而由于历史的原因，村民占用水田建房、一户多宅的现象也很普遍，目前处于“法不责众”的状态。霞村的这种“宅基地僵局”将会严重桎梏村庄的发展。这也说明过去的宅基地管理其实一直存在规划、治理的空白和混乱，也反映出农民在国家城市化、工业化发展过程中的某种攀比心理。

由于民营经济、集体经济都发展不起来，村庄内长期存在“产业真空”，所以村庄建设用地的问题目前还不明显。但随着红色旅游、乡村旅游的发展，霞村经营性建设用地的问题将会渐渐凸显出来，挪用、占用耕地的现象将会出现，村民要么只能利用已有的住房，要么就占用农田。但是目前无论是S行政村，还是辖下的霞村，对此均未有科学、合理的村庄规划。

林地管理是霞村的一个亮点。由于2002年与广东省林业厅合作开展生态林建设项目，霞村实现了所有集体林地的统一产权、统一治理，由此村庄的林地生态得到了妥善保护、治理。村民不仅可以以成员权分享政府的生态林补贴，而且可以享受良好的大气、水源生态，生活质量得到了实实在在的保障，生态林也为旅游业的发展奠定了资源、环境基础。这种间接的利益是巨大的、明显的。这就为其他地区的林权改革提供了启发——林业资源的产权制度改革，一定需要重视其“生产力”的整体性，不能简单地将“承包”“确权”视为一劳永逸的政策。

第二章　公共设施与公共品

刘瑞儿　吴佳薇　温岳臻　涂杰

经过为期六天的实地调查与十多人次的访谈，承蒙文新明夫妇的照顾以及村民的友好配合，我们比较顺利地完成了霞村的公共设施与公共品的调查。我们着重调查了村庄里的小学、幼儿园、道路、供电、供水、网络、治安、消防、医疗、习俗和特产等方面的情况。因为调查经验不足、时间太短等原因，调查还有许多不完美之处。例如，我们没有获得关于各条道路建设资金的具体数额等，这都是以后需要补充、完善的地方。

一、小学

1. 学校基本情况

罗定市L镇S教学点，位于L镇霞村，为公办小学（图2-31）。学校始建于1952年，起初命名为“L四区第七小”，1965年正式更名为“S小学”，2011年更名为“S教学点”，属于农村义务教育，招收S村户籍的学生。S小学现开设一至五年级5个教学班（为了整合教育资源，六年级统一由镇上中心小学开办），在校学生245人，教师9人。学校占地面积约3800平方米，建筑面积900平方米（图2-32）。其中主教学楼占地300多平方米，操场（篮球场）占地500平方米。现正在建综合楼，为学生实验课时使用。学校还有卫生间、多媒体教学设备（电脑、投影仪等）、一台饮水机、图书室，体育器材室等硬件设施。学校校训：明礼、拼搏、创新。

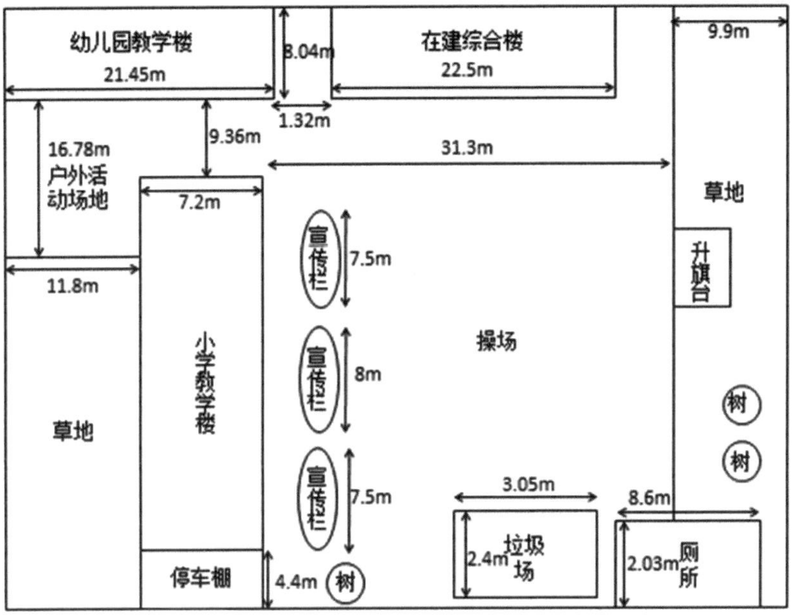

图2-31　学校平面图

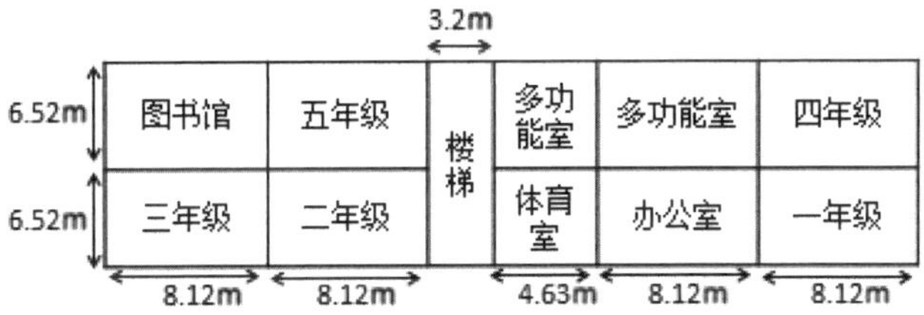

图2-32　小学教学楼场室分布图

2. 教师及学生基本情况

表2-6　学生情况表

年级	学生人数（人）		小计（人）
一年级	男	19	45
	女	26	
二年级	男	23	45
	女	22	
三年级	男	38	65
	女	27	

续上表

年级	学生人数（人）		小计（人）
四年级	男	26	48
	女	22	
五年级	男	20	42
	女	22	
总计	——		245

备注：学校学生来自S村辖下的四个自然村，学校每天会统一安排各自然村一名教师以及在班级里较有影响力的男女学生各一名，在放学后带队回家。

表2-7　教师情况

项目	教师详情
教师人数	9人，其中男教师5人，女教师4人
学历	1名本科，8名大专
级别	一级教师1人，二级教师7人，一人未评级
平均年龄	42岁
平均月薪	5000～6000元

备注：校长廖家万，负责学校全面工作；主任尹兴福，负责教学业务工作；少先队辅导员钟秀凤，负责学校少先队工作。由于学校条件较差，很多优秀年轻的老师都不愿意来此教学。现在的9名教师中，有8人都非本村人。另外，由于政府下发的教师名额有限，学校已经近三年没有招聘过新老师，而现实是教师的学科专业结构不合理。9名教师中，有5人负责语文教学，4人负责数学教学，英语教学由1名语文老师兼任，即存在教师跨年级教学现象，而音乐、美术、体育等艺体课程都缺乏具备相应专业知识的教师，只能由语、数、英老师代为授课，课程质量及专业性难以保证。另外，我们也注意到，一名50多岁的数学教师由于普通话不标准，为了更利于学生听懂课程，在上课时会用粤语给学生授课。

3. 图书资源

图书室现有图书超过5000册，绝大部分为L镇民营企业捐赠，其中大部分是少儿读物，内容适宜。图书室内有一张大桌和八九张椅子。老师不时会带领几位学生在图书室补习。另外由于学校人力资源有限，无法安排专人在图书室管理图书。因此，在图书室借阅书籍都由老师统一带领，学生不允许单独借阅。

4. 体育运动

学校有一个30×15=450平方米的篮球场，有两个篮球架。操场边有一张乒乓球台，没有网。体育课时，有学生在球场上打篮球，篮球是学生自带的。据了解，学校里的学生基本没有打过乒乓球，许多学生甚至不知道乒乓球台是做什么用的，体育课上有小朋友在桌上翻滚。除了少数打篮球的，还有不少小朋友在跳皮筋。部分小朋友用气球装满水，拎着到处跑，或者将其掷在地上，溅起一片水花。还有不少小朋友在围墙边上玩沙子，个别小朋友静坐在一旁，十分腼腆怕生，见我们过来就马上跑开了。

学校有一个体育器材室，具体种类及数量见表2–8。体育器材室平时都会锁上，学生不允许单独借用体育器材。器材室中的篮球明显很久未曾使用了，毽子等也很破旧。总的来说，虽然体育器材在数量上比较充足，但大多已经破旧，例如毽子、羽毛球等易损坏的消耗品，学校没有进行定期更换、补充。

表2–8　学校配备的体育器材

编号	器材名称	单位	配备标准	现有数量
1	篮球	个	20	21
2	雪糕筒	支	8	10
3	短绳	根	40	42
4	接力棒	根	8	9
5	小沙包	个	20	20
6	小体操垫	张	20	20
7	长绳	根	8	10
8	羽毛球拍	副	4	6
9	羽毛球	筒	4	8
10	乒乓球拍	副	9	10
11	乒乓球台	张	2	2
12	实心球	个	20	21
13	呼啦圈	个		10
14	助跳板	副	2	2
15	秒表	个	10	10
16	山羊跳箱	个	1	2
17	垒球	个	20	21
18	皮尺	把	1	2
19	拔河绳	根	1	1
20	毽子	个	47	48

续上表

编号	器材名称	单位	配备标准	现有数量
21	足球	个	5	10
22	体重秤	台	2	2
23	肺活量测试仪	台	1	1
24	发令枪	把	1	1
25	投掷靶	个	1	1
26	铅球	个	2	4
27	视力表箱	个	1	1
28	胶球	个		
29	跳箱	个	1	1

注：数据来源于S小学体育器材室所张贴的体育器材统计表。其中配备标准为2013年创造教育强镇时由广东省教育厅规定的。

5. 教学仪器

绝大部分教学仪器（表2-9）在日常教学中都未曾使用，原因是许多教具都不适用于小学教学。例如烧杯、试管等化学课器材，因为小学并不开设相应课程。教学仪器室实则是一间杂物室，老师们几乎不会用到里面的仪器。有些仪器是企业捐赠的，部分是镇中心小学分配下来的，有些甚至是几十年前一直保存下来的。

表2-9 学校配备的教学仪器

编号	名称	编号	名称	编号	名称	编号	名称
1	电钻	16	平面镜及支架	31	喷水壶	46	万能表
2	电吹风	17	成像屏及支架	32	眼构造模型	47	花盆
3	实验材料	18	曲面镜及支架	33	圆规	48	塑料桶
4	音叉	19	小孔成像装置	34	量角器	49	盆秤
5	积木	20	透镜、棱镜及支架	35	数学磁性教具	50	打气筒
6	测量绳	21	风的实验材料	36	指南针	51	温度计
7	电磁铁演示器	22	计数棒	37	简易天秤	52	酒精灯

续上表

编号	名称	编号	名称	编号	名称	编号	名称
8	条形磁铁	23	手锤	38	小学数学学具盒	53	烧杯
9	放大镜	24	小刀	39	数学教具	54	量杯
10	钢手锯	25	激光笔	40	几何图形	55	试管
11	木工锯	26	器皿	41	生物解剖器	56	烧瓶
12	卷尺	27	玻璃罩	42	机械演示箱	57	地球仪
13	电烙铁	28	玻璃棒	43	钩码	58	地动仪模型
14	尖嘴钳	29	针筒	44	人体骨骼模型	59	架盘药物天秤
15	肺活量计	30	人体构造模型	45	手摇发电机	/	/

注：数据来源于教材仪器室中摆放仪器的柜子上所张贴的仪器统计表。

6. 后勤服务

小学没有食堂，只有一台饮水机，学生中午放学后需要立即回家吃饭。大部分学生的家离学校较近，少部分学生的家离得较远。学校门口有小卖部，上学前、放学后都会有很多学生去买一点零食。两位二年级的小朋友体育课时在花坛旁边玩沙子，有说有笑的，十分活泼，笔者上前和她们交流，她们表示非常喜欢上学，觉得上学非常快乐。另一位五年级的小朋友则十分沉默寡言，我们送他回家，他在路上告诉我们上学很无聊，一点儿也不喜欢上学。他家离学校有1千米，全靠步行，成绩也很一般，每次考试大概70多分。明年要去镇里上学了，骑单车去。他的语气似乎对此完全没有期待。

7. 学校财政收入来源

教师薪酬由广东省财政局按期拨款至镇中心小学，再由镇中心小学下发到各教师。学校不能创收，有费用开销则需要向镇中心小学申请资金拨款。学校的教学器具由镇中心小学分配下来，其他资产（如图书、教学器具）依靠村里的乡贤（村中较为富裕且有支持教育事业的部分村民）捐赠。正在建设的综合楼处于停工状态，已建成的部分，资金来源于乡贤捐助，如今正在等待镇中心小学的资金拨款。

表2–10、表2–11、表2–12、表2–13为各年级课表。

表2-10　二年级课程表

时间	教学安排				
	星期一	星期二	星期三	星期四	星期五
7:30—8:00	早读				
8:00—8:20	早操				
8:20—9:00	语文	专题教育	思想品德	语文	语文
9:10—9:50	数学	语文	数学	数学	文体活动
9:50—10:20	大课间				
10:20—11:00	兴趣	体育	音乐	音乐	体育
11:00—14:00	午休				
14:00—14:40	语文	语文	科学	英语	美术
14:50—15:30	体育	道德与法制	语文	数学	语文
15:30—15:45	眼保健操				
15:45—16:25	思想品德	体育	书写	美术	文体活动
16:25—17:15	放学后教师办公时间				

表2-11　三年级课程表

时间	教学安排				
	星期一	星期二	星期三	星期四	星期五
7:30—8:00	早读				
8:00—8:20	早操				
8:20—9:00	语文	思想品德	语文	专题教育	语文
9:10—9:50	语文	数学	综合实践	语文	数学
9:50—10:20	大课间				
10:20—11:00	数学	英语	美术	英语	综合实践
11:00—14:00	午休				
14:00—14:40	语文	班队活动	音乐	科学	思想品德
14:50—15:30	英语	语文	数学	语文	科学
15:30—15:45	眼保健操				
15:45—16:25	体育	音乐	体育	文体活动	体育
16:25—17:15	放学后教师办公时间				

表2-12　四年级课程表

时间	教学安排				
	星期一	星期二	星期三	星期四	星期五
7:30—8:00	早读				
8:00—8:20	早操				
8:20—9:00	数学	思想品德	数学	数学	语文
9:10—9:50	语文	语文	语文	语文	英语
9:50—10:20	大课间				
10:20—11:00	思想品德	数学	语文	音乐	数学
11:00—14:00	午休				
14:00—14:40	综合实践	语文	英语	综合实践	体育
14:50—15:30	英语	体育	信息技术	道德与法制	科学
15:30—15:45	眼保健操				
15:45—16:25	音乐	科学	美术	体育	道德与法制
16:25—17:15	放学后教师办公时间				

表2-13　五年级课程表

时间	教学安排				
	星期一	星期二	星期三	星期四	星期五
7:30—8:00	早读				
8:00—8:20	早操				
8:20—9:00	语文	思想品德	语文	语文	数学
9:10—9:50	数学	语文	数学	英语	英语
9:50—10:20	大课间				
10:20—11:00	英语	数学	思想品德	数学	语文
11:00—14:00	午休				
14:00—14:40	音乐	音乐	综合实践	美术	思想品德
14:50—15:30	语文	信息技术	书法	科学	综合实践
15:30—15:45	眼保健操				
15:45—16:25	体育	体育	科学	体育	班队活动
16:25—17:15	放学后教师办公时间				

备注：1. 课表按照广东省教育厅所定标准制定；2.学校教师晚上的办公时间会根据季节有所调整，教师大都不是本村人，家里离校较远，考虑到冬天天黑较快，会提早时间下班。

二、幼儿园[①]

1. 幼儿园基本情况

S幼儿园是一所由L镇中心小学开办的公立幼儿园，坐落于S小学内，毗邻长岗坡渡槽。幼儿园创建于2013年，占地面积约1000平方米。幼儿园由一栋三层教学楼和教学楼前的小片空地和草地组成。其中空地为小朋友户外活动场地，配备有弹簧木马四个、小型滑梯一座。幼儿园所有设备均由L镇中心小学出资采购。

办园理念：实行保育与教育相结合的原则，对幼儿实施德、智、体、美全面发展的教育理念，促进其身心和谐发展。

教风：寓教于乐，启发赏识。

2. 幼儿园教学楼情况及平面图

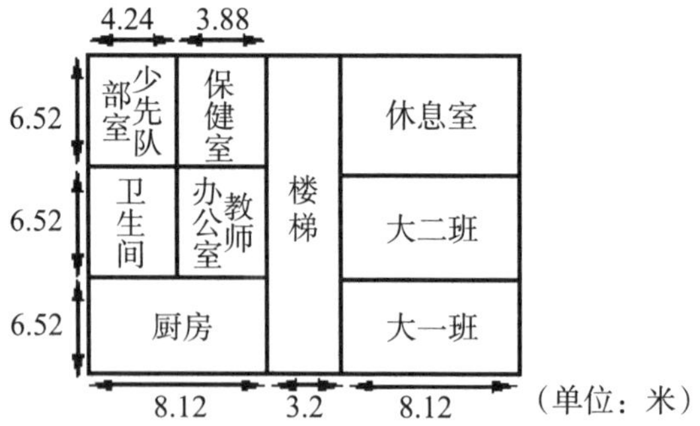

图2–33　幼儿园教学楼平面图[②]

S幼儿园有教学楼一栋三层（图2–33），配备有厨房、卫生间、教师办公室、少先队部室、保健室、休息室和学生活动室。其中教学活动室配有电子琴、电视机、影碟机、录音机、木制彩色桌椅和积木等活动设备。

幼儿园人员情况：幼儿园现有教师5名（包括园长），平均年龄为31岁；厨房女工1名；安保和卫生打扫兼职女工1名。学生共47名，分为大二班和大一班。其中大二班小朋友19名，年龄一般为5岁；大一班小朋友年龄稍长，一般为6岁，有28名。

①访谈对象：幼儿园园长江静红老师。

②S小学相关数据由杨锋、郝晶、郭卓然、杨丽霞于2019年1月13日下午共同测量得出，卷尺规格为50米，下同。

3. 幼儿园日常活动

幼儿园日常活动时间和内容，参见表2-14、表2-15。

表2-14　大一班课程安排表

活动时间	活动形式	星期一	星期二	星期三	星期四	星期五
7:15—7:40	早接（晨检）					
7:40—8:10	晨间锻炼、早操					
8:10—9:00	早餐、餐后活动、课前准备					
9:00—9:20	集体教育活动	读物活动（美丽的青花瓷）	读物活动（爱护小树苗）	读物活动（冬日雪景）	读物活动（复习）	读物活动（复习）
9:20—9:40	生活活动	喝水、上厕所				
9:40—10:00	集体活动	读物活动（整理衣柜）	操作活动（打电话）	读物活动（复习）	读物活动（复习）	音乐活动（小花猫）
10:00—10:20	生活活动	喝水、上厕所				
10:20—10:50	户外活动	游戏（母鸡带小鸡）	体育（拍皮球）	体育活动（跳绳）	游戏（大猫和小鸡）	舞蹈（小猫）
10:50—11:10	餐前准备、静态感官训练					
11:10—12:10	午餐、餐后活动、睡前准备					
12:10—14:10	午睡					
14:20—15:00	起床、整理、生活活动、手指操					
15:00—15:30	午点、课前准备					
15:30—16:00	集体活动	舞蹈（小猫）	拼音	画画（画树）	拼音（复习）	画画（涂色）
16:00—16:20	户外活动	区域活动	区域活动	区域活动	区域活动	区域活动
16:20—16:25	一日小结、离园准备					
16:25—18:00	离园					

表2-15 大二班日常活动安排表

活动时间		活动内容
上午	7:20—7:40	早接（晨检），自主游戏活动
	7:40—8:10	晨间锻炼、早操
	8:10—9:00	早餐、餐后活动、课前准备
	9:00—9:20	集体教学活动
	9:20—9:40	喝水、上厕所
	9:40—10:20	班级区域活动
	10:20—10:50	户外活动
	10:50—11:10	餐前准备、静态感官训练
中午	11:10—12:10	午餐、餐后散步（20分钟）、睡前准备
	12:10—14:10	午睡
下午	14:10—14:30	起床、整理、午间操
	14:30—15:00	午点、课前准备
	15:00—15:20	集体教学活动
	15:20—16:00	户外活动
	16:00—16:30	自主游戏活动（离园前准备）
	16:30—17:30	离园

备注：1. 早接（晨检）指幼儿园一名负责安保工作的人员，每日早上会在S小学校门口（S幼儿园位于S小学内）接前来上学的小朋友到幼儿园的活动室；2. 幼儿园每天保证小朋友有两个小时的户外活动时间，户外活动形式有游戏、体育锻炼和舞蹈等；3. 集体教学活动所用教材是根据《幼儿园教育指导纲要（试行）》和《3～6岁儿童学习与发展指南》自行编写的；4. 餐前静态感官训练的作用是减少餐前剧烈运动。

4. 幼儿园食宿

S幼儿园伙食费里包括早餐、午餐和午点三餐。其中早餐开始时间为8点10分，午餐开始时间为11点10分，下午吃点心时间为15点。幼儿园厨房食材采购均由L镇中心小学完成，并运到幼儿园。幼儿园的伙食安排见表2-16（以第八周为例）。

S幼儿园小朋友午休时间为12点10分到14点10分，午睡室位于教学楼三楼，其中棉被和枕头为小朋友自带。小朋友睡醒后叠被子为活动表中生活活动的一项内容。

5. 幼儿园卫生安全

S幼儿园内全面实行电子视频监控，每间教学活动室配有监控摄像头一个，厨房外墙上挂有厨房内工作情况的监控录像。因户外活动区为水泥地，故滑梯下放有脚垫缓震。幼儿园十分重视幼儿的饮食安全，每餐食物都要提取样本，储放在冰箱内，三天后无食物事故后再进行销毁，幼儿园开园以来未发生食品安全问题。

6. 学生学费和教师工资

①幼儿园收费。幼儿园的保教费为1300元/期，为罗定市公办幼儿园保教费收费标准的最低等级（未评级园自收自支类）（表2-17），另外还需交伙食费200元/月。小朋友每年常规体检一次，体检费为19元。体检人员为L镇卫生局派来的医务人员。②S幼儿园5名教师为中专、大专学历。其中有编制的两位老师每月工资3000元左右，而没有编制的老师每月工资只有1500元左右。S幼儿园属于未评级园中的自收自支类，工资由幼儿园支付。此外，教师均未评任何职称。

表2-16　幼儿园伙食安排表（第八周）

三餐	星期一	星期二	星期三	星期四	星期五
早餐	瘦肉粥	河粉	瘦肉粥	白粥面包	面条
中餐	白菜瘦肉	番茄鸡蛋	莲藕肉饼	豆腐瘦肉	冬瓜瘦肉
晚餐	红豆粥	瘦肉粥	梅菜粥	冬菇杞子瘦肉粥	瘦肉粥

注：表格信息来源于S幼儿园告示。

表2-17　罗定市公办幼儿园保教费收费标准表

<table>
<tr><th>等级</th><th colspan="3">全日制［元/(生·期)］</th><th>寄宿制［元/(生·期)］</th><th>假期［元/(生·天)］</th><th>备注</th></tr>
<tr><td rowspan="2">省一级园</td><td>财政拨款类</td><td>财政全额核拨</td><td>1300</td><td rowspan="8">在全日制收费基础上增加100元</td><td>13.00</td><td rowspan="8">园内不开午餐的,收费标准在全日制收费标准基础上降低200元［元/(生·期)］</td></tr>
<tr><td colspan="2">自收自支类</td><td>1690</td><td>16.90</td></tr>
<tr><td rowspan="2">云浮市一级园</td><td>财政拨款类</td><td>财政全额核拨</td><td>1200</td><td>12.00</td></tr>
<tr><td colspan="2">自收自支类</td><td>1560</td><td>15.60</td></tr>
<tr><td rowspan="2">罗定市一级园</td><td>财政拨款类</td><td>财政全额核拨</td><td>1100</td><td>11.00</td></tr>
<tr><td colspan="2">自收自支类</td><td>1430</td><td>14.30</td></tr>
<tr><td rowspan="2">未评级园</td><td>财政拨款类</td><td>财政全额核拨</td><td>1000</td><td>10.00</td></tr>
<tr><td colspan="2">自收自支类</td><td>1300</td><td>13.00</td></tr>
</table>

注：表格信息来源于S幼儿园告示，从2016年秋季起执行。

三、公共区域[①]

村里供村民集体活动的场地有四个：榕树广场、S小学运动场、S小学前空地和初心广场。四个广场可满足村民日常活动需求。

1. 榕树广场

沿着进村的大路，位于右手边，民宿前的篮球场，又称为榕树广场，因在该村的地标植物大榕树[②]旁而得名。篮球场长40米，宽18米，有两个篮球架。据村民反映，该场地由于距离住宅地较远，建设时间较晚，平时较少人来此处活动。

2. S小学运动场

S小学的运动场占地面积约500平方米。村里的一些大型集体活动会选择在该地举行，如该村为庆祝每年一度的稻米节而开展的相关活动。

3. S小学前空地

小学前空地约311平方米，装有两盏路灯，是村民日常活动的地方。从文新明的妻子处得知，她晚饭后闲来无事会经常与村中妇女聚在此处跳舞。

4. 初心广场

初心广场是位于党员活动中心前的一块空地，是村里举办重要活动的场所。例如一年一度的传统节日醮会的所有仪式和歌舞表演就在此处进行。广场占地面积约750平方米，有一个长13.7米、宽8米、高0.9米的舞台。

四、公共设施

1. 路灯

镇政府今年（2018年，下同）派人在村里主干道路（从村口通向初心广场）旁边的居民区安装路灯。一共安装了30盏，每50米一盏。但根据村民反映，路灯的数量安排不够合理，晚上在路上行走仍然很暗。因此，不少村民选择自行在

①公共区域相关数据由全组成员于2018年11月28日下午共同测量得出。

②笔者在大榕树旁的石碑上摘录了关于该树来历的传说：大榕树与源于1844年的“大乞社”有关。传说当时正在兴建“霞洞大屋”，一群来自五湖四海的乞丐听闻有喜事，就聚集在屋前，办喜事的屋主人怕不雅观，令乞丐们在“大乞社”（原是一块平整土墩）排队等候开饭，乞丐们都欢欣雀跃，眉飞色舞，有的还打着竹板，唱着民间小曲，一边唱一边领饭菜。自此，“大乞社”便成了乞丐们吃饭的地点，闲着无事，他们栽下一棵榕树。后来榕树长高了，大屋的人们在此立一社主，叫“大乞社主”，“大乞社”因此得名，流传至今。

家门口安装路灯。

2. 供电

村里用电要到L镇上请专门的技术人员拉线通电，目前每度电0.7元。村民在银行开立一个专门账户。每月缴电费时，供电局便从中自动扣款，并发短信通知村民。村民反映一般夏天用电量会比较多。

3. 供水

村里的自来水为山上的山泉水，这与霞村的生态林项目有关。村民自行组建供水合作小组在山脚下自建储水池，使用塑料管将山泉蓄水坑内的水引入到蓄水池，经过净化和加压处理后引水入村。这些工程的成本比较高。例如，文新明家在新房建好后，和附近三家人一起买建材，雇请邻居一起挖渠铺管，从山脚到家里铺设的水管约长1500米，并修建了一座高2.2米、宽2.5米、长5米的蓄水池。在走访中我们遇见钟姓一户人家正在准备引入自来水，旁边的小棚屋里堆着大量水管和其他建筑材料。这家主人钟姨说，目前光是购买修水管所要的材料就已经花费了5万元。从前自己家和周围几户人家的水源都来自门前的渡槽，但因为开山修道路，产生了大量泥沙，污染了河渠，现在不得不引入山上鸡婆坑内的山泉水。

4. 网络

村中近九成的居民接入了互联网。其中90%由中国电信提供，10%由中国移动提供，中国移动今年才开始进村开展业务。需要联网的村民自行向相关运营商申请，需要报修的致电相关运营商。网络费用根据选择的网络套餐而定，需要村民自行到镇上的营业厅缴纳。

村中具体使用智能手机且上网的人数不详。但通过走访发现，即便是手机已经联网的村民平时也并非经常玩手机。比如：根据我们对所寄住的家庭女主人文姨的观察，文姨空闲的时候会选择到屋外与隔壁的邻居聊天或是坐在门口的板凳上发呆，晚上会选择看电视，但没有看见过文姨玩手机。文姨表示，用手机上网主要是为便利联系，如跟远在外地的亲人定期视频聊天。但同时我们也发现，村中的店铺以及纪念馆前的流动摊贩都提供了支付宝或微信支付的付款选项。这说明网络在霞村已经比较普及。

5. 燃气或柴火

霞村村民做饭除了使用煤气外，一般也会用柴草、竹子、油菜秆等柴火。柴火由村民平日收集而来，煤气由村民打电话给镇上的煤气公司配送，加上5元的运送费，一瓶价格105元左右。有些村民表示，家里人少的时候，煤气主要用于日常烧菜以及供应热水器，煮饭之类的用电饭煲。若要煲汤，则会使用柴火，因为时间较长，需耗费大量煤气。如果有客人来，人多的时候，因为要使用大一点的锅，也会选择烧柴火。村民认为用柴火烧出来的菜，味道要比用煤气烧的更好。同时也有村民表示，平常煮菜的时候会选择用柴火，这样比较节省。而有客人的时候，为了赶时间会选择用煤气。

6. 治安

霞村并没有专门负责治安的人员，治安靠村民们自觉维护。这两年村中治安环境比较好，小偷小摸的事情很少发生。在走访中我们也注意到，村里随处可见放养的鸡鸭，农田里有无人看管的牛，这都反映了村民对治安环境的信任。在村里一些比较隐蔽的地方常有大约五六个人聚在一起打牌赌钱。村里赌钱的一般都是些无工可做的闲人，尤其以40岁左右的妇女居多，因为子女出去工作或读书，独自在家无事可做，聚在一起打牌打发时间。镇里的公安（派出所民警）不时会来村里突袭检查，村委会也多次劝阻，但效果都不显著。两三年以前，村里的治安状况较差，偷牛、偷鸡的事时有发生，村民们的戒心都比较重。那时文姨家就被偷过鸡，此后每天晚上都会把鸡装进鸡笼放进屋里，而不是像现在一样圈在外面的鸡窝里。文姨解释说，几年前村里和附近村有人吸毒，但没有钱买“白粉”（毒品），所以村子里才会经常发生偷盗事件。大概两年前，那些吸毒的人都被政府处理了，偷东西的事情就没有再发生过，从此治安环境好了很多。

7. 消防

村内住宅区没有发生过较大型的火灾，村民家里也基本没有配备灭火器等消防安全器材，但村委会不定期进行消防安全宣传。比如，村委会印发防火宣传资料，不定期播放消防宣传广播，也会组织入户宣传。

山林失火现象时常发生，清明时节为山林火灾高发期。近年来已经发生了三起火灾：2014年烧稻秸秆引发了大坑山火灾，山林过火面积约30亩；2015年大坑山清明祭祖引发大火，山林过火面积约50亩；2017年鼻公山清明祭祖引发特大山火，绵延5千米左右的山脉林地全被烧光。当地市政府为了防止火灾再次发生，禁止焚烧秸秆，同时清明节禁止烧纸放鞭炮并组织防火大队进行巡逻。但清明祭祖放鞭炮烧纸的习俗难以改变，村民还会偷偷烧纸放鞭炮，不过规模都很小且谨慎处理。

8. 医疗

（1）卫生站。卫生站位于S村村委办公室旁边，只有一个小房间，约20平方米。卫生站是公办的，经费由政府拨款，县、镇统筹。卫生站内有医生一名，血压仪一台，体重秤一台，注射器若干，药品几十盒。主要治疗伤风、感冒、咳嗽、肠胃炎等普通疾病，较为严重的疾病需要前往镇中心医院或者罗定市中心的医院进行诊治。除了为村民看病，卫生站还承担协助镇医院进行卫生宣传教育、组织村民接受镇医院医生体检的职责。

（2）家庭医生。卫生站的医生是提供签约服务的家庭医生，属于镇卫生院领导。家庭医生为签约村民提供基本医疗服务和约定的健康项目服务。具体可参照《L镇家庭医生式服务签约协议书》。

医生靠收取诊费（5元/次）等获得收入，一个月约1000多元。有相关证书及执照，经镇卫生院培训上岗。平时均待在卫生站里接受问诊，到了需要组织村民体检的时候，就挨家挨户通知。体检主要由镇医院医生进行，卫生站医生只做协助工作。

（3）卫生宣传及疾病防治。村委会每年会组织八次卫生宣传，主要形式有张贴宣传海报和现场授课，每次前来听课的村民不多，大约10人左右。授课内容涉及禽流感、艾滋病、登革热等疾病的危害、传播途径、预防措施等，登革热高发时会给村民免费发放蚊香。卫生宣传在一定程度上提高了村民的卫生意识。镇卫生院每年会派医疗团队下乡并且同乡村医生共同为村民体检。65岁以上老人每年免费体检一次，主要检查高血压等慢性疾病。34～64岁的妇女会进行妇科检查，例如妊娠期和产后检查，在镇妇幼保健院进行。0～6岁幼儿，相关23项疫苗需要去镇卫生院接种。

（4）费用。村民在村卫生站看病，诊费5元，药品或注射的总费用一般都在10元以内。

（5）私人诊所。霞村有家私人诊所，医生文辉林，自称是家庭医生（与卫生站的“家庭医生”性质不同），但并没有相关执业证书，在村里已经行医大概30年，很多村民信任他。1984—1987年通过“函授”，广州中医学院定时给他寄来课本并定时安排考试，文辉林拿到了学院授予的毕业证。他主治风湿骨痛、感冒发烧等小病，病人都是本村的熟人，少数邻村的村民也会来找他看病。收费一般是15元左右（打两支“屁股针”加上药），小朋友拿药约5元，成人拿药7～8元。他从市里面正规的药物批发商那里进药，只要打电话订购，药商就会派车送药过来，基本上每个月会花1000多元购药。每天大概有7～8个人来看病。

（6）医保。在镇中心医院看病，药品报销每人每次最多20元，但在村里的卫生站购买药品、输液等都不能享受医保。在镇中心医院医治大病（需要住院）可以报销60%。病人需要先交付所有费用，之后再找相关部门报销。之前医保的缴费标准为120元/人/年，全村约90%以上的村民购买了医保。自从医保缴费标准上升至220元/人/年，购买人数下降了20%。

9. 环境卫生

为改善当地的卫生环境，提高整洁度，霞村村委于2018年6月成立了环境卫生监督工作领导小组，负责起整个村的环卫服务，并与保洁公司对接所有工作。目前负责霞村的保洁员共有四位，分别为文怀琼、文凌开、钟灿荣与何由芳。聘请四名保洁员的工资为600元/人/月，负责霞村公共场所和村道的日常保洁。每家每户需要按照每人每月1元的标准上交卫生保洁费到村委会，然后用于支付保洁员的工资，不足的部分再从村集体的收入中支出，由霞村环境卫生监督工作领导小组监督使用，收支情况每月向村民公示。此外，据霞村村委会负责人透露，目前霞村内设有环境卫生保洁岗，负责村容卫生等方面的宣传工作。但现在环卫工人人数紧缺，环境卫生监督工作领导小组正以每月800元的工资对外公开招聘保洁员。

除此之外，对农户实行“门前屋后三包”责任制，房前屋后及周边要清扫干净，无乱堆乱放的杂物，无污水横流，无暴露垃圾堆，农户的生活垃圾做到规范分类投放。农村生活垃圾的收集清运处理，实施从户到点、从点到站、从站到场的程序。如图2-34所示，每户自行收集生活垃圾投放到指定垃圾收集点，再由保洁公司将垃圾从收集点转运到镇上的生活垃圾转运站，最后统一运到市里的垃圾填埋场。街道上每隔一段距离就会设置印有“环卫”的垃圾桶，很少看见随意丢掷的垃圾，街道较为整洁。但村民并没有按照规定将垃圾分类，而是直接将整袋垃圾投放至垃圾收集点。另外，村中家禽不少都是放养，没有严格按照规定实行圈养。

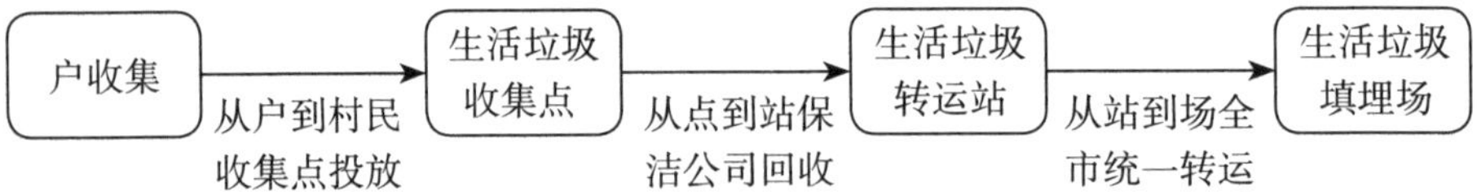

图2-34　生活垃圾收集清运处理

五、习俗和特产

1. 文氏祠堂

霞村中有六大姓氏：文、江、蒋、于、覃、钟，也就有六座大小不一的祠堂。其中文氏的祠堂规模最大。

文氏祠堂是一座明清样式的老房子，建于1934年，之后于2003年进行了一次修缮，主要是对屋顶的支撑木材进行了更换。门上有匾额，门前有许多对联，有新有旧。祠堂总体上略为简陋，但十分干净整洁。这座祠堂是用来纪念文豪公和他的妻子米氏的。

祠堂的门槛上曾经放置对开的木门，作用大致和北京四合院的影壁一样，木门在20世纪六七十年代的时候被用作燃料烧掉了，现在也没有重新安装。往祠堂内部走，门两侧各有一个小房间，曾经是祖宗公田收获稻谷的存放点。面对祖宗画像的右侧房间，门上写有繁体的“馨兰”二字，左侧房间的字迹模糊不可辨。据文辉林老人说，在他小的时候（大致是20世纪50年代）曾作为学堂，到70年代，这里是村里的青年文化夜校，也曾是生产大队的办公室。祠堂最重要的地方就是牌位存放和悬挂画像的区域（图2–35），其中正对大门的位置有两幅画像，一人为“廉直”（身份是秀才，是儿子），另一人为“廉球”（身份是父亲），都穿着清朝官服。堂内有一副对联：“七百口同居公秉义门常乐家声须再振，卅三王崛起祥钟胜地长城世业喜重兴。”修建祠堂时由罗定市第一中学校长题写。画像下方是摆放牌位的地方，20世纪六七十年代的时候，“破四旧”烧掉了，后来也没有重新制作，现只祭拜画像了。在屋内及屋外接近屋顶的地方皆有彩绘，只是时间久远，破损严重，上面的字迹都看不清楚了。

图2–35　文公祠内部

祠堂的祭拜主持以及日常的管理由几位德高望重者负责，没有族长这一职务，大家都是无偿劳动。每年由族内所有家庭共同出钱用于祠堂管理，金额不定，一般情况下每人20元。这笔钱用于祠堂的维修以及购买一些祭品，同时安排专人打扫祠堂的日常卫生，每年补贴打扫卫生的人300元。所收款项和所用支出都会写在红纸上进行公示，接受族人的监督。

春节、清明、中秋等较为重要的节日会进行祭拜活动，由族中德高望重的老人组织，各家各户自觉参与。每月农历初一、十五也会进行小规模的祭拜。较为统一而且重大的祭拜活动定于每年农历四月初三。在中华人民共和国成立之前祭拜宗祠是不允许女性参加的，现在男女老幼都可以参加。祭拜形式采取烧香、烧纸和敬酒。

2. 人丁禾谷醮

这是从清朝时就传承下来的一个风俗活动，在1949年解放之后这个活动就停止了，后来在2004年又重新进行。其目的一是庆祝丰收，二是祈求人丁兴旺和以后能有好收成。每三年举办一次，举办时间一般是在晚稻收割之后，大致会持续五天左右。目前是在初心广场进行，村委会协助举办。

大部分霞村村民会参加人丁活动，活动中，每人需提供10元钱作为活动的经费，每次总共可以筹集到1.7万～2万元。活动会邀请道士法事，目前镇上有两班道士，分别来自连冲自然村和湴塘自然村，他们没有正规地学习过道教经典，只不过讲些“阴阳风水”，为村民所信服。超过一半的经费是付给道士的，吃住也由村里承担。在每次打醮之后，剩余的经费留到下一次的活动再使用。

在整个打醮过程中，会由村民选出五名德高望重的人负责安排整个活动。其中一个总理，四个会员。文辉林老人连任四次打醮总理。

3. 巫婆

村里面有巫婆两名，村民会找她们测算运势，找她们测八字，算批文。在日常生活中“算得准”，村民们便会信赖她们。不过据文辉林老人所言，他自己也会进行批文测算，以八字定名字、测运势吉凶等，不少村民也找他进行批文测算。另外，村里面许多户人家会在灶前供奉灶王爷。

4. 红纸、横批

在村里，每家每户房间门框都贴着红纸（数量一般为一张或者三张），上面没写字。红纸寓意红红火火的好意头，该习俗由来已久。

在大门之上必贴横批，这就是广东特色的所谓“挥春”。此地的“挥春”多为两个字，所用的词以“鸿福”“幸福”“迎春”居多。

5. 稻米节

村里大部分田地都种植水稻，每年收两季，稻米节便是为了提醒村民们珍惜稻米的重要性，不要忘记根本。时间是每年农历十月二十三，正好是收割之时，亦是庆祝丰收。举办地点在S小学里面，同时会举办一些趣味活动。例如，女人们比赛挑水，男人们比赛搬肥料，还有有奖竞猜的活动，肥料等当做奖品。

6. 惠民庙

惠民庙并不在本村，在附近的村子里面。其中供奉的有菩萨、观音、佛祖等神明。每年定于农历三月初三集体祭拜，相当于庙会活动。附近的村子会举行“抬神像”过村的仪式。

7. 婚俗

在走访中，恰遇一户人家在筹办婚事，我们好奇上前询问，受到主人的热情接待，也借此对该村的婚俗有所了解。

举行婚礼的那家人是女方家庭。

婚礼一般举行三天。第一天是在女方家门口搭棚子，做糍粑；第二天男方接女方回男方的家；第三天，男方带女方回门。

婚礼第一天。新娘父母一大早会邀请住在附近的亲友，如新娘的叔伯哥嫂弟妹等过来帮忙。第一件事就是搭棚子，普通的防水布（普通蛇皮袋的材料，颜色也一致）用几根竹竿高高撑起到与房屋二楼相同的高度，这是叔伯等男人们的任务。搭起棚子之后，女眷们便开始准备相应的糕点，主要有印糍、油糍和粽子。她们分工有序，从清洗粽叶、芭蕉叶以及和面开始，制作的糕点数量非常多，这些糕点在未来三天要拿来分给亲戚和邻居。

婚礼第二天。第二天是新郎接新娘的日子。新郎到新娘家的时间没有特别规定，只要不超过中午12点，都可以算做吉时。一般而言新郎都是11点多才到，上午的时间还要留给女方家庭准备宴席。邻居家的院子也被用来洗菜。一般会请村外专门做宴席的大师傅来家里掌厨，师傅有三四位，剩下的工作皆由叔伯兄弟及女眷们操持。新娘和伴娘们早早就在房间化好妆做好准备，并且不再出房门。在新郎接到新娘之后，宴席也准备开始了。吃过宴席之后，新郎带着新娘回男方的家，同行的还有新娘的叔伯哥嫂等最亲的亲戚，但是新娘的父母不同去。最终的仪式会在男方家里举行。剩下的亲戚吃完晚饭之后便各自散去。如果新郎家离新娘家很远，跟去的亲戚会留在新郎家住一晚，第三天跟新娘一同回门。如果住的近，同去的亲戚会在晚饭后回家。

婚礼第三天。新郎和新娘回门，回到新娘父母家里。

本次女方家的婚宴预备了20桌，每桌12个菜，价格在700～800元。一般婚宴的价格根据家庭情况而定，若是在镇上摆宴席每桌需要花费1000元左右。菜单由掌勺的大师傅提供，食材是由新娘家自行购买。本次婚礼宴席上，有羊一只、排骨数十斤，鸡、鸭、鱼每桌一只（条），还有许多蔬菜。食材的清洗由亲戚们负责。

新郎接新娘，总是要受些“磨难”的。一位头上插着花饰的老人挡在门前，为新娘赢取新郎的“敲门砖”——用一个个好的意头（如“早生贵子”“百年好合”等）让新郎自愿给红包。拿到一个红包之后，老人迅速塞进门缝里交给新娘，又说出下一个好意头。

另外，伴娘们也会用游戏的形式给新郎和伴郎们设置一道道关卡。

游戏一：新娘的房间在二楼，于是伴娘们在楼梯上每隔一层摆上五六杯酒水饮料，有白酒、啤酒、可乐、雪碧等，新郎团要喝下这些饮料才能走上楼梯。不过接受任务的大多是伴郎们，这些酒水饮料也不是都要喝完的，只是挑选一部分。

游戏二：新娘和伴娘们头上披着被单，带着相同的人物面具，由新郎挑选。选错了便需要给一个红包，直到选中新娘。

一辆贴着“百年好合”及其他装饰的小型卡车运送新郎的见面礼。见面礼中的生禽一般是送鸡，一公一母，放在一个竹筐里。其中公鸡要当场杀掉，用来祭天，母鸡则留在新娘家里面继续饲养；同时还要送阉鸡，给岳父家送的阉鸡数量为偶数且不确定，一般是6只起，具体数量要看新郎家的财力。新娘的直系亲属也会收到阉鸡，一家一只。这次婚礼新郎共送阉鸡12只，其中给岳父家6只。本次婚礼另外的见面礼有：六箱喜饼（饼干）；当地酿的喜酒两坛；四盒喜糖；两箱白酒；一袋子烟（已拆包装）。叔伯哥嫂等最亲的亲戚们，一人一只阉鸡，两瓶白酒，若干喜饼和喜糖。另外，新郎也会来到准备宴席的大师傅中间，一人发两支烟表示感谢。

8. 长岗坡纪念馆

长岗坡纪念馆始建于2018年2月16日（恰好是春节），总面积400多平方米，2018年10月31日开始对群众开放。同年3月，长岗坡渡槽被确定为首批广东省红色革命遗址重点建设示范点。

纪念馆共有三层，有五个部分。一楼有两个部分，第一部分标题为：十年九旱，地瘠民贫；第二部分标题为：想水盼水，引水治水。二楼是第三部分，标题为：石头山头，汗水泪水。三楼包括第四部分，标题为：不忘初心，砥砺前行；第五部分，标题为：走进新时代，开启新征程。整个纪念馆真实客观地再现了20世纪人民公社时期罗定广大党员带领着人民群众建立渡槽的艰辛，以及最后改变了罗定“十年九旱”困局的奋斗历程。作为广东省红色革命遗址之一，长岗坡纪念馆致力于建设成为面向罗定市、云浮市、广东省乃至面向全国的党员教育基地。据相关负责人说，云浮市的所有党员及干部都要来长岗坡纪念馆进行至少一次的再教育。

工作人员：纪念馆目前共有6名工作人员，另外还有临时工2名，正式职工是由L镇政府调过来的。

运营资金：据馆长估计，每年总支出大约50万～80万元。

开放时间：逢周一闭馆，周二到周日开放时间为9：00—12：00；14：30—17：30。纪念馆在一楼馆前设有登记点，进入馆内参观需持有身份证等相关身份证明。

游客数量：目前已开放25天（截至2018年11月24日晚），粗略统计客流量达5万人次左右。周六周日客流量要明显高于其余开馆时间。预计随着长岗坡渡槽影响的不断扩大，游客将会越来越多。

9. 特产

绉纱鱼腐。罗定绉纱鱼腐是罗定市特产，主要是取鲜鲮鱼肉，用绞肉机绞碎；按照每斤鱼肉配4个鸡蛋清和1两面粉的比例混合搅拌均匀，再加入八角（碾碎）和酱油，搅拌均匀，挤出形状，油炸出锅。绉纱鱼腐口感甘香嫩滑，外酥内软，爽口有韧性。

印糍（糍粑）。村里一般逢年过节或是办喜事时会做印糍。原材料有：糯米粉、糖、水和芝麻。将糯米粉和糖加适量水混合，揉成面团后分成多块，将面团块捏成碗状，包入芝麻，再揉成球状，用模具定型（圆饼状），最后印上字（囍），垫上芭蕉叶蒸熟。

罗定肠粉。肠粉源于泷州（即广东罗定市），制作肠粉需用的原料有：米浆、鸡蛋、猪肉、葱末或芝麻、酱油、花生油。将米浆倒在刷过油的抽屉式铁板上，晃匀米浆；在米浆上添加猪肉和鸡蛋；放进蒸炉中，等候三分钟；用专用铲子起屉上碟，撒上葱末或芝麻，再淋上花生油和酱油。罗定肠粉晶莹剔透，口感顺滑，深受村民喜欢。

艾糍。艾糍是罗定传承了多年的小吃，香糯可口，入口有淡淡的艾草香。首先将新鲜的艾草留叶去柄，焯水后放入料理机打成糊；将艾草糊慢慢加入米粉中，搅拌揉搓；充分融合后分块，包入馅料（分甜、咸口味），下锅或蒸或煮。艾糍现已作为罗定特色小吃摆卖于L镇各村流动小吃摊。

评语

霞村的公共设施、公共服务基本齐备，这是第一个判断；但与城镇还有明显的差距，由此直接影响村民的幸福指数，这是第二个判断。其具体表现为：在中央和各级政府财政转移支付的支持下，村庄的水、电、网络、道路等基础设施不断完善，基本满足了村民的现代生活需求，但在教育、医疗、养老、环境等方面还存在明显的治理空白和差距。其主要原因首先是村庄集体经济“空壳”使得村财政捉襟见肘，村“两委”的治理主体性没有体现出来，也没有财力、能力进行村庄整体规划、整体管理、整体建设。所以，下一步的村庄行政体制改革和集体产权制度改革需要明确村庄、村“两委”的主体定位，需要发展壮大新型集体经济。并且，村庄的各类公共事务也不能完全依赖政府的转移支付。

第三章　水利

陈伟佳　何泽勇　郑洁涛　谭元雄

水利是农业的“命脉”。我们水利调查小组于11月25日到达霞村，了解了当地水利灌溉的基本情况。11月26日至11月30日，我们小组对整个灌溉系统进行了实地测量，同时采访、记录了部分农户对水利灌溉现状的看法。12月1日早晨，我们对之前没有收集到的数据和资料进行了补充。

一、长岗坡渡槽

(一)降雨分布不均，十年九旱

罗定的地形是一个向东北面开口的箕状盆地，西部与南部边缘属于云开大山山脉。东面为云雾山山地，中部、北部为盆地，盆地内多为被河流切碎的丘陵，盆地南部为狭长的断层平原和较宽的台地。

罗定地处北回归线南侧，属于亚热带季风气候，夏天长无严冬，气温偏高，热量丰富，年平均气温为22.1℃，年均降水量1500毫米，全年分布不均。雨水集中在每年的四到九月，占全年降雨量的78%，容易造成洪水灾害。每年十月至次年三月降水较少，会出现春旱。春旱夏洪成为历史上罗定水旱灾害的一般规律。

历史上的罗定是著名的“十年九旱”地区，仅中华人民共和国成立后至1985年，36年间就发生旱灾34次，其中春旱有21次。尤其是在1981年长岗坡渡槽工程建成以前，只有一些分散的小水库和临时性的陂圳、蓄水塘坝等，大部分农田靠天吃饭，旱涝成为农业生产的大患。由于引水蓄水设施滞后，加上气候地形因素，每逢大雨，雨水急泻，造成水资源浪费。“山下河水白白流，山上用水贵如油。水去地裂开口喊，水来人走百姓忧。”这首顺口溜是当时水旱状态的真实写照。

水旱带来的不仅是粮食的歉收、绝收，还有洪水对人民安全的威胁，“五天不雨成旱，一场大雨成灾”。在长岗坡纪念馆里陈列了当地的民谣（图2-36），其中《揾食难》[①②]中唱道：“柴贱又兼米又贵，实难解决食问题。真难揾钱籴升米，三餐无法来护胃。油烟没有亦好闲，唔慳迫着都要慳，揾得朝来又无晏，断了餐，揾食确是难！唉！吊紧条命捞世间。”《苦情歌》[③]则唱道：“有心机，有心机，日子又长粥又稀。揸米落镬三桶水，洗得碗来肚又饥。有心机，有心机，日子又长粥又稀。筷子撩撩无粒米，肚饿难抵点织机？”

图2–36　苦情诗歌

由此可见，水利对于罗定农业的发展、农民生活水平的提高具有决定性的作用。

（二）长岗坡渡槽工程

1. 中华人民共和国成立后兴修水利

1949年中华人民共和国成立后，罗定县委、县政府遵循毛泽东主席“水利是农业的命脉”的指示，把兴修水利、消除旱灾、发展农业生产、改善人民生活作为长期战略任务。在中华人民共和国成立初期先后修建了“引太”“引泗”“引沙”“引镜”“引连”“引榃”这“六引”工程，把引水渠与各村的塘库连接，形成了以山垌水库、湘垌水库、罗光水库和金银河水库等四座中型水库为主体的“引、蓄、提、电”相结合的水利体系，改善了农业生产条件，促进了农业生产的发展。

图2–37　郭荣昌

1971年，郭荣昌担任罗定县委书记（图2–37），当年春季他到基层调研，发现多个地区依然存在严

①《揾食难》《苦情歌》出自长岗坡纪念馆。揾食，当地方言，系谋生之意。

②《揾食难》大意：柴不值钱而米又很贵，实在是难以解决吃饭问题。赚钱买米实在困难，三餐无法饱腹。揭不开锅也落得清闲，不想节省度日也被迫着如此，赚得早饭没午饭，上顿不接下顿，谋生确实艰难！哎呀！吊着口气苟活于世。

③《苦情歌》大意：没心思，没心思，苦日子漫长粥却很稀。抓一把米下锅却要兑三桶水，刚洗完碗肚子又饿了。没心思，没心思，苦日子漫长粥却很稀。用筷子都捞不出一粒米，肚子很饿又怎么织布呢？

重的春旱，这激发了他兴修大型水利工程从根本上解决罗定水利灾害的思想。罗定县委经过讨论，决定采用工程师李郁的建议，把罗定西南片区的太平河、罗镜河水引入中部地区的云桂山麓金银坑，即从牛路迳建明渠，在长岗坡建渡槽，通过花鹿坑隧道引入金银河水库，从而彻底解决罗定的春季农业用水问题。1976年11月，长岗坡渡槽动工，在物力财力都极度匮乏的条件下，来自各个公社的数千名建设者手扶钢钎，抡动铁锤，采用肩挑人扛、推人力车等土办法，艰难地推进工程的建设。当时县委领导身先士卒，村社干部率先参加，同时发动群众、依靠群众，每天在各个工地开工的民工不下万人。

2. 长岗坡渡槽工程

在艰苦修建四年以后，长岗坡渡槽于1981年1月建成，全长5200米，包括砌石拱渡槽3450米、砌石渠渡槽1750米，槽体为连拱结构，槽墩133个，跨拱132个，跨拱最高37米，最大跨度51米，槽面宽6米，槽深2.2米，流量25立方米/秒。

表2-18　长岗坡渡槽水位—流量关系参照表

水位（m）	0.10	0.25	0.50	0.75	1.0	1.25	1.5	1.75	2.0
流量（m^3/s）	0.40	1.15	3.12	5.83	9.15	12.75	16.60	20.45	25.0

注：数据来源于长岗坡纪念馆。

渡槽上游连接太平河、罗镜河，从此沿西北方向延伸至长岗坡纪念馆处，该地可作为渡槽的终点。在这里，作为灌溉用水，通过闸门控制，部分水利用落差向下流，也可流往相反方向。剩下水体部分经花鹿坑隧道穿过山脉，在另一侧流出，汇入金银河。金银河沿着山谷向前蜿蜒，最终汇入金银河水库。从纪念馆沿公路往上走两千米，可到达罗定金银河水库垃圾处理站。河流在此改道，河水经清污处理后注入新的河道。

自1981年建成以来，长岗坡渡槽发挥了重要的作用（图2-38、图2-39），不仅解决了沿途生江、素龙、附城、双东四个镇区8.14万亩的农业灌溉用水，还解决了罗城、生江、素龙、附城、双东、围底、华石、苹塘八个镇约54万人的非农业生产、生活用水。渡槽一直运行良好、从未发生过大面积渗漏，只有部分墙面因年久失修而不时渗漏出水。

图2-38　渡槽流经村庄全貌图

二、灌溉系统

图2-39　长岗坡渡槽

1. 长岗坡渡槽工程极大地改善了霞村的水利条件

霞村所需要的农田灌溉水，绝大部分来自长岗坡渡槽所引来的太平河与罗镜河的河水，少部分来自当地降水以及山区流水。每当农户需要用水进行灌溉时，他们可以自行前往长岗坡纪念馆的办事管理处跟管理员说明来意。管理员根据农户反馈，结合实际情况决定是否开闸放水。闸门设置在纪念馆玻璃桥一侧，闸门高度2.1米，此时水深1.5米。闸门放水后，水便从长岗坡渡槽流入一段暗渠，经停车场底下的渠道进入一片荒地，再由此汇入水渠，进入霞村的农田灌溉网络（图2-40）。

从整体上来看，霞村的灌溉系统较为完善。而灌溉系统之所以如此方便，除了长岗坡渡槽的功效以外，2012年实施的村庄农田基本改造工程也发挥了重要作用。长岗坡渡槽解决了灌溉水的来源，而农田基本改造工程则改造、修建了贯通整个村落农田的中小灌溉网络。我们就此在田头询问正在劳作的农户，大部分农户都脱口而出两个字“方便”，虽然对长岗坡渡槽的修建在言语上没有很多的赞美之词，但是，一句“有了它，我们就再也不缺水了”便足以显示长岗坡渡槽的重要作用。田间的水渠是在2012年农田基本改造时建成的，当时，由村里把农

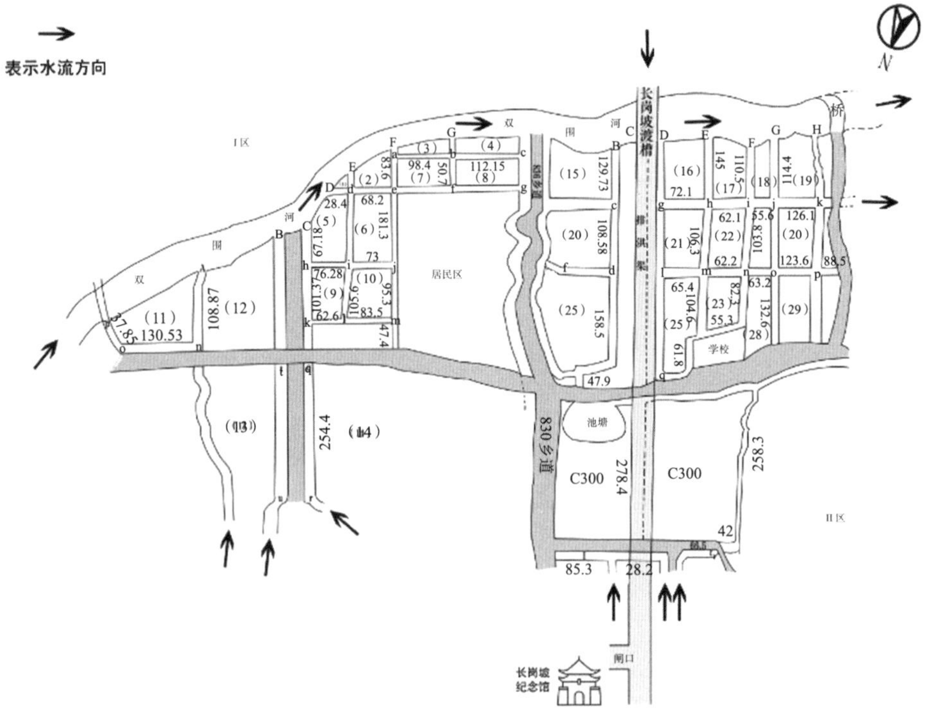

图2-40　霞村农田灌溉网络

田的图纸报给农业局，农业局派专门的工程师指导修建水渠，现在建成的水渠，基本可以满足各处农田的灌溉需求，极其方便。

2. 霞村目前的灌溉系统也存在一些问题

在调查中我们发现，大部分水渠里有各种生活垃圾和杂草（图2-41），少部分水渠被泥土阻塞，还有部分水渠出现坍塌的情况。由于杂草、垃圾并不会严重影响灌溉水的流动，政府也没有安排专门人员进行疏通。另外，并不是每片土地都均匀分布有水泥建成的水渠。例如，在乡道两侧的水泥渠的建设就较为完善密集，但在远离乡道的田地里就只有少数几条干渠是水泥渠，其他的都是农户自己开凿的土渠，土渠较窄，非常容易被杂草掩盖。各水渠的具体情况见表2-19（主要为水泥渠）。

图2-41　水渠中长满杂草

表2–19　图2–40中部分水渠的特征与状况

水渠				备注
编号	长（m）	宽（cm）	高（cm）	
a-b	98.4	45	45	中间有泥土堵塞，淤泥厚度不一，最高有8.6cm，总体平均趋于4.2cm；水深5.2cm
b-c	112.2	45	45	杂草覆盖，以蔓生植物为主，不可测高度；无明显水流
b-f	50.7	40	48	存在淤泥层，平均厚度1.5cm，不影响水流通过，水深3.2cm
b-G	64.5	40	48	存在淤泥层，平均厚度1.5cm，不影响水流通过，水深3.2cm
c-g	55.7	53.4	52.1	存在淤泥层，平均2.3cm，不影响水流通过，水深4cm
d-D	28.4	53	41.2	杂草覆盖，以蔓生植物为主，不可测高度；水深1.1cm
d-E	26.6	43.8	41.2	干涸；部分坍塌，坍塌长度为2.15m
d-e	68.2	53	51.2	杂草覆盖，以蔓生植物为主，不可测高度；水深1.1cm
d-i	130	48	41.2	杂草覆盖，以蔓生植物为主，不可测高度；无明显水流
e-F	83.6	51.5	62.2	垃圾阻塞（高15cm）；人为堆砌土堆（高45cm），土堆前水深39cm，土堆后水深4.6cm
e-f	98.4	53	62.2	干涸，存在干土层，平均厚度0.6cm
e-j	121.3	51.5	55.7	存在淤泥层，平均厚度2.3cm，不影响水流通过，水深3.5cm
f-g	112.2	53	62.2	干涸，存在干土层，平均厚度0.8cm
h-C	57.4	70	55	杂草覆盖，以蔓生植物为主，不可测高度；无明显水流
h-i	76.3	50	35.5	杂草覆盖，以蔓生植物为主，不可测高度；无明显水流
h-k	101.4	70	55	存在淤泥层，平均厚度1.3cm，不影响水流通过，水深2.1cm
i-j	73	59.2	45.6	杂草覆盖，以蔓生植物为主，不可测高度；水深1.5cm
i-l	108.5	42	35.5	杂草覆盖，以蔓生植物为主，不可测高度；水深1.7cm
j-m	95.3	51.5	49.3	人为土堆（高32cm）；土堆前水深28cm，土堆后水深1cm
k-l	62.6	45	35	杂草覆盖，以蔓生植物为主，不可测高度；无明显水流
l-m	83.5	44.4	35	坍塌侧长度1.2m；存在淤泥层，厚度1.3cm；水深1.8cm
m-路	47.4	51.5	33.5	杂草覆盖，以蔓生植物为主；无明显水流；部分区域存在生活垃圾阻塞

注：数据来自于本调研小组2018年11月25—30日的实地考察、测量。

三、农户随访

（一）2018年11月27日

（1）图2-40中，编号为（10）的田地旁边一户人家，文姓，祖孙二人（文婆婆和孙子）在天台（屋顶平台）晒谷，儿媳妇（文大姐）在楼下忙活家务。我们在矮墙外询问问题。祖孙二人在天台搭话，文大姐在门前作答。该户人家耕作土地不多，所种水稻、蔬菜皆为自家食用。

文大姐给我们提供了不少信息，归结如下：

①农田灌溉是很方便，自从有了渡槽，加上这些“水坑”（当地土语，指水渠），现在水源充足。

②沟里的杂草并不会影响水的输送及灌溉，上游来水，水势很急，水草挡都挡不住（图2-42）。

③沟渠里的垃圾和淤塞等问题归谁处理并没有明确规定，每家每户都会清理自己农田范围内的沟渠，要是自己着急用水的话也会直接把别人田头的淤塞清除。而主干渠由于宽敞，不存在大面积阻塞而不能通水的情形。

④若是上游的农户用土挡住水沟将水引入自己田里，下游的农户会等上游先灌水，等灌得差不多的时候去开个小口，让水往下流。上游的人在自家田里水满了之后也会主动把土堆凿开，让水往下流。

（2）在编号（11）的路边一块三角形田地（图2-43）上，一位文姓阿婆正在浇水。这块地不大，面积约为0.06亩。与周围不同，这块地种的是番薯和荷兰豆，而相邻的其他田里种的都是水稻。在它的一旁有水渠，阿婆先从水渠里将水装入桶中挑至菜地的空地上，再用水瓢浇水。种植的作物为自家食用，不做经营性出售。

图2-42　杂草丛生的主干渠

图2-43　由于面积小改种蔬菜的田地

文阿婆提供的信息归结如下：

①阿婆所用的灌溉水用桶从渡槽下方的水渠中挑来，灌溉方便。

②以前也种水稻的，但因为面积太小收成不多就不种了，在别的地块还有水稻田。

③此处种旱田不会影响旁边水田的进出水。边上的农田直接从水渠里进出水，再靠里面的田就通过别人的水田过水；若是一定要从旱田过水，就和旱田所属的村民沟通，在旱田边上留一条小土沟。村民之间关系都挺好，一般不会产生矛盾。

④基本的进出水时间，早稻是在3月份和5月份，晚稻是在7月份和10月份。

（3）编号（11）的田边村道上，我们与一位在路边篱笆内喂鸡的阿婆聊了起来。此时一位开摩托车买菜经过的阿姨也加入交谈，由于靠近居民宅院，最后共有六位妇女加入我们的调查访谈。另外我们留意到，这一块区域只有一条水渠，有部分荒田。

正在喂鸡的阿婆提供的信息归结如下：

①虽然这块区域的灌溉用水也是足够的，但比起隔壁（也就是排洪渠的另一侧）的密集灌溉网，她们觉得自家的田所在区域的灌溉条件较为落后。

②农田水也是从渡槽处来，需要用水就去找管理员开闸门，管理员会根据实际情况决定是否开水闸以及放多少水，大家耕种的时间点差不多，一般是统一农作时放水，以避免灌溉水浪费。

③由于只有一条水渠，所以只能经过别人的田，而大家一直以来也默认了这种模式，上面的田先进水，再流入下面的田，排水也是上边先排。村民说，这种模式刚开始时有少量矛盾，但现在基本没有了。在别人的农田未施肥之前，进水经过别人田里不会有意见。但如果别人已经施肥了，一般就不会愿意让你经过他的田进水。现在，田处在中间的村民，种田前一般都会问一下别的村民，防止在别人施肥之后再进水的情况出现。

④荒地的主人都外出务工了，不会再来耕作。

⑤跟田主人说一下便可以借到荒地的使用权，不用交租。关系不好的人就不会借，当然也不会去借。

⑥该区域有一块地主人不耕作了，借给了外人耕作。

⑦农田主要由在家的老人、妇女耕作，该区域不存在商业性生产。

（4）在编号为（12）的区域上，一位大姐和一位婆婆正在打理菜园，两个人是宗亲关系，文姓。地是大姐的，阿婆借了三分之一的地用来种菜，田里有芥菜、荷兰豆等作物供自家食用。

访谈归结如下：

①这块地原本是用来种水稻的，现在水稻收割了，就改成菜地，等到来年二三月，要插秧了，就把菜地变回水田，利用土地停耕的这段时间种菜。

②种菜的田不需要太多水，所以不能漫灌。只能先用桶挑水，然后用瓢取水浇灌。此时会将进水口堵住，防止浸坏菜苗。

③在以前还没有水渠的时候，由于靠近S河，灌溉也会用河水，直接用水泵抽上来。如今只要到了插秧季节，渠里的水滚滚而来，便不再用河水。

（二）2018年11月28日

（1）在编号为（14）的区域上，有位放牛的老伯，文姓，他的屋子在该区域边上靠近路边。我们在此区域发现两块荒地，便向他了解情况。

文姓老伯的访谈内容归结如下：

①该田的主人目前在罗定居住，田地就荒了。

②荒田主要是因为没人可以耕作（可用的劳动力不足，年轻人大多外出务工）。荒田的存在并不会阻挡到其他水田的正常进出水，若亲戚朋友有需要，荒田会交给他们耕作。

③水田旱田的转换不受限制，自己想种什么就种什么。

④如果旱田需要给水田过水，只要在田边上留条小水沟就可以了，这样还可以排走自己旱地里多余的水。

⑤周围水田的水不会轻易渗进旱地里，因为田埂的挡水能力很强。

（2）在编号为（11）与（12）之间的田垄上，我们采访了一位手捧花生秸秆的阿婆，阿婆本姓彭，夫家姓文，住在编号（11）的区域旁边，种植所得自家食用。访谈归结如下：

①农户关系的好坏基本不会影响农户间的农田灌溉（也就是说，从别人家的田地里过水不会受两家关系好坏的影响）。阿婆表示，就算是关系不好也不会阻断别人的水路，哪还有不让人耕田的道理。再不济就从边上其他人的田那里重新开个缺口，照样有水可以用。

②如果别人刚施了肥的话，那就得再等五天才能过水，不然田主人会不高兴。占了便宜的农户一般会主动施肥回去。

③如何判断别人已经施肥了呢？施肥了的田，主人会将田垄上较高的草全部拦腰折断，然后把折下来的草放在田垄边上，这叫“摘青”。其他人巡田看见了这样的情况就明白了。而且，一般大家施肥的时间几乎相同，很少存在这种“偷”别人肥水的现象。

（3）在长岗坡渡槽下的排洪渠旁，我们采访了一位江姓阿姨。据了解，阿姨家所处位置在长岗坡渡槽一侧，房子旁有自家的水田，在渡槽下种有蔬菜供自家食用。

阿姨提及，由于建纪念馆需要修建公路，自家的水田所在区域断了水源，无法与上片的水田实现漫灌。于是村民在两年前自费填埋水管，跨过排洪渠，利用水管向另一侧水田过水。

次日，我们再次来到此地，询问一对正在修理围墙的夫妇和一位打理菜地的老婆婆。他们表示并没有人因为修建公路而荒废田地，我们所见的附近两块荒田，也是因为田地的所有者早早外出务工，与公路的修建和灌溉的不方便无关。

（三）2018年11月30日

11月29日晚，我们从前村文书江继英口中得知山脚下有50余亩农田，由于被水浸没而无法耕作。

次日，我们循着江继英所指方向寻找，无果，便在村中四处询问，最后在两位蒋姓老婆婆口中得知答案。

二三十年前，她们住在山里的平地上，渡槽的水往山里流的部分在到达金银河水库前便改道至金银河垃圾处理站附近。当时她们生产队的所有农田都被河水淹了，人们只好往外搬迁，从政府那里获得少量的农田和宅基地补贴。前面江继英所述的50亩地便是蒋姓人原本的耕地，后来因为河流改道被水浸没。

评语

1981年长岗坡渡槽的竣工彻底改变了霞村的农业生产条件，作为历史常态的水旱灾害基本得到遏制，粮食产量开始增长。但是长岗坡渡槽是一个大型水利工程，它还不能完全替代村庄里的小水利。

在村庄水渠的管理上，一方面村财政并没有足够的资金对全村的小水利进行日常的规划、维护，比如设置专门的水利员；另一方面在目前的这种土地承包制下，每家农户的诉求都不相同，一些撂荒的村民甚至根本就不需要，对此村委会也不知道应该怎样维护和管理。除非在春耕这样水利需求比较一致的时期，政府才会统一开闸放水，平时都是村民自行解决各自的用水问题。由此导致部分水渠淤塞、坍塌。村民一般只会自行打理流经自家田地的水渠，而无法管理、维修其他地段的水渠。如果农户实在解决不了自己的农业用水，一般就只有让土地荒掉。菜地几乎家家都有，但并不需要大水漫灌，农民用桶挑水就可以解决。所以目前水利方面遇到的麻烦，也不影响村庄老人们种菜。如果他们需要用水，会不惜体力地从远处的水渠挑水来灌溉。

“老人农业”能够维持下去，掩盖了村庄小水利工程的破败和低效率利用。如果要实现农业产业化经营，则一定需要改变目前土地的细碎化经营状态，实现土地的规模化、结构化利用。由此才可以延伸出正确的水利需求信号，倒逼各级政府把村庄水利真正管起来。

第四章　留守老人[①]

陈依楠　谭淑瑜　肖颖诗

改革开放以来，随着我国城市化和工业化的进程加快，农村劳动人口大量涌入城市。这种劳动力的流动不仅增加了农民的经济收入，提高了他们的生活水平，还为国家的工业化提供了充沛的劳动力资源，这就是所谓的“人口红利”现象。但在农村，并非所有的农村户籍人口都可以融入城市。由于城市生活成本较高，加上农村老人劳动能力逐渐衰弱等因素，大量的老年户籍村民只能留守在农村，由此形成了中国特色的“留守老人”现象。目前，农村留守老人非常普遍，他们的生活、养老等社会问题日益突出。

据S村委统计数据显示，2017年底S行政村共有4611人（以上报镇里的统计数据为准），其中60～80岁老人有468人，占总人口的10.2%；80岁以上老人有102人，占2.2%，老人占总人口的12.4%。霞村是S村下辖的四个自然村之一，人口有1909人，其中60～80岁152人，占8.0%；80岁以上47人，占2.5%；60岁以上老人占总人口的10.4%。据村干部反映，当地老人留守现象明显，许多老人选择住在家中，而不是入住养老机构，而他们的子女一般都在外打工。对此，我们从家庭状况、收支情况、日常生活、就医情况、信仰等方面，通过访谈、观察等方式，重点对江国许（87岁，男）、田美英（70岁，女）、钟生金（66岁，男）、文超开（60岁，男）、肖萍连（68岁，女）、文仁武（67岁，男）、李好英（79岁，女）、李尚文（70岁，女）等八位老人进行了调查，以期能深度地揭示霞村留守老人的生存状态、特征和问题。

一、家庭状况

留守老人多数有3～5个儿女，年龄较大的老人一般配偶已经去世。由于村里就业机会少，儿子们作为家里的主要劳动力，会外出打工，有时儿媳也会一并

①本章内容调研时间：2018年11月25日—2018年12月1日。

前往，老人们只好独自留守在村里。外出打工的儿子儿媳一般在春节、中秋、清明和老人生日的时候回来，一年回来3～4次。女儿们大都已经出嫁，远嫁到其他城市的在过年过节和老人生日时会抽空回来看望。嫁到附近的女儿会经常回来。现在每个老人基本上都有手机，儿女们有空的时候会打电话回来嘘寒问暖。

江国许，云浮霞村人，平时与孙女和大儿媳住在村里。妻子文树英，85岁，去年（2017年，下同）已经去世，妻子的大哥和弟弟住在水塘旁边的房子里，有空经常过来聊天、吃饭。江国许一共有四个女儿，一个儿子，其中儿子最小。儿子38岁，在罗定职中教中学，周末才有空回来。儿媳白天在L镇外甥开的面包店里工作，早出晚归。大女儿嫁到L镇，但是去年去世了。二女儿嫁到了S围村，在S幼儿园做厨师。三女儿嫁到了罗定市围底镇，四女儿嫁到了鹤山市。二女儿和三女儿有空就会回来，买点菜和肉，叫外甥过来一起吃饭。远嫁的四女儿每年正月和父母生日的时候回来，一年两次，平时会打电话过来问候。有一个孙女，读小学三年级，孩子的生活起居都是由大儿媳负责。江国许一般白天独自在家，晚上孙女和儿媳回来后才有人陪伴。

田美英，广西岑溪市人，在广西有过一段婚姻，后感情破裂。1984年嫁到云浮，但前一段婚姻没有办理离婚手续，于是前任丈夫告田美英重婚罪，她为此坐了5年牢，出来以后因为手续麻烦就没重新办理户口本和身份证。她平时和外孙女、外孙住在一座瓦房里。丈夫5年前去世，小叔子去世后弟媳改嫁。田美英有两个女儿，大女儿1983年出生，35岁，嫁到罗定，生了一子一女。女儿和女婿去中山打工，过年才回来。小女儿有精神病，嫁到广西岑溪市，很少回来看望。大女儿生的一子一女都由田美英照料。外孙女7岁，读一年级；外孙5岁，读学前班。外孙女平时带弟弟走路去上学，不需要接送。田美英每天就是为了两个外孙而忙碌，想尽办法让两个孩子过得好一点。

钟生金，近两年为了照顾四个孙子，和妻子去罗定与大儿媳和孙子们居住，有事才回村里。钟生金有两个女儿、两个儿子，一个女儿嫁到罗定市金鸡镇，另一个女儿嫁到罗定市华石镇。大儿子在江苏徐州做厨师，有四个儿子。这四个孙子就和钟生金一起住在罗定。他们住的是钟生金女儿的一套商品房，位于四楼但没有电梯。因为女儿长期在外地打工，不常回来，所以房子空置出来了，钟生金和大儿子一家就住了进去。大孙子9岁，读三年级，二孙子读一年级，都在罗定上学；三孙子3岁，四孙子2018年6月1日出生。二儿子在江西宜春做厨师，有三个儿子，分别为2岁、3岁、4岁。二儿子一家在江西工作、生活，三个孩子由其父母和外婆照顾。钟生金的儿女们平时都会打电话回来，儿子们有空会回来。钟生金平时在罗定，家里的人口较多，但是日常家务和孩子都由妻子和儿媳负责，自己非常享受清闲的老年生活和孙子们的相伴。

文超开，平时和妻子李静红与孙子孙女住在村里。有一个哥哥，两个妹妹和两个弟弟。哥哥在12岁时因发烧不幸离世。妹妹文书灵，18岁的时候，修渡槽去世了，文超开当时正当兵，为此特地请假回来，15天后又回到部队。文超开有一个儿子和两个女儿。大女儿现在在深圳塑料厂工作，生有一子一女，一家人都居住在深圳。二女儿在1岁的时候就过继给了相熟的同事，现在基本上不怎么联系了。儿子文均超曾经在L镇上的二中读书，由于无心向学，一心想着打工挣钱，初中毕业就辍学了。文均超现在与妻子在顺德做泥水工。文均超有一个3岁的女儿和一个2岁的儿子，现在都由文超开和妻子照顾。儿子和儿媳只有在过年过节才会回来，但每天都会打电话回来问候。文超开平时负责看守店铺，妻子负责家务和照顾孩子，两人分工合作，生活过得井井有条。

肖萍连，与一个孙子和一个孙女居住。丈夫50多岁就去世了。肖萍连一共有四个子女，分别出生于1971、1974、1975、1976年，四个儿女都读过书。大女儿1971年出生，嫁到L镇，离得比较近，经常和丈夫一起开车回来陪肖萍连吃饭聊天。大女儿有三个儿子，大的在广州工作，第二个在罗定工作，第三个工作了几年又去广州念书。肖萍连的大儿子1974年出生，在外工作疏忽了身体，等到发现问题的时候已经是肠癌晚期，做了手术和化疗，于2008年去世。大儿子有一个儿子和一个女儿，现在都由肖萍连照顾。孙子文敏华，读初一，平时骑单车上学，晚上在学校住宿。孙子在父亲去世前就患了慢性肾炎。虽然现在情况稳定，但是随时都有复发的可能（2017年就复发了一次）。由于生病要忌口，孙子每天下午5点回来吃饭洗澡，再回学校。孙女文胜华，读五年级。大儿媳妇在番禺的塑料厂上班，工资计件，基本工资2000～3000元，有时一两个月回来一次，偶尔会寄钱回来。肖萍连的二女儿是1975年出生的，嫁到阳春，生有一女一子。肖萍连的二儿子1976年出生，现在在东莞的机械厂打工，租房住，老婆是湖北人。有两个女儿，一个2006年出生，现在念初中；另一个才两三岁，平时都由外婆照顾。儿女们在春节、春分、清明以及肖萍连生日的时候回来，最少一年回来三次，中秋不会回来，有时候自己驾车回来，有时坐大巴。肖萍连如今与孙子孙女生活在一起，生活比较忙碌、安定，但是一想起孙子孙女那么小就失去了父亲，不由得心生遗憾和惋惜。

文仁武，农历正月十七生日，现在和老婆吴夕珍两人住在村里。文仁武年轻的时候一直在外面闯荡，2018年4月老婆中风了需要人照顾才回村里。文仁武有一个儿子和两个女儿。大儿子1977年出生，在L镇政府工作。大儿子有一个儿子，今年读大二。大儿子每天晚上都会回村里，坐坐就走，不和他们一起吃饭。

大女儿1980年出生，现在落户中山，帮台商做生意。大女儿有一个儿子，今年初三，在中山读书。大女儿每年回来4～5次，春节、中秋、清明以及老人家生日的时候会回来。小女儿1983年出生，在罗定市的小学教语文。她有一个儿子，在罗定市读初一。小女儿每个周末都会回来吃饭。文仁武的日常以照顾妻子的生活起居为主，有空的时候经常用微信与儿女们聊天，家人之间的联系很紧密。

李好英，独居。李好英的老公叫钟亦朝，两人1964年结婚，三年前丈夫去世了。李好英有三个儿子，没有女儿。大儿子1965年出生，在广州的公司工作，2018年11月24日刚回来了一次，这一年已经回来很多次了。早几年很少回家，娶了媳妇之后回家就频繁了许多。一年回来3～4次，春节、中秋、清明等节日都会回来。二儿子1970年出生，就住在村里面，在附近做散工。小儿子1972年出生，在L镇的农村信用社工作。三个儿子都各自生了两个儿子，都没有女儿。小儿媳在街边捡了一个女婴抚养，现在在新兴镇读卫校，毕业后可以当护士。作为独居老人的李好英，非常感激家人们对自己无微不至的关心，但她仍然时不时地沉浸在丧夫的悲痛之中。

李尚文，平时与大儿媳和五个孙子孙女居住在村里。李尚文一共有两个儿子两个女儿。大儿子有两个儿子两个女儿，小儿子有三个女儿一个儿子。大儿子、小儿子和小儿媳都在广州越秀区开店铺卖塑料袋。大儿媳每天到长岗坡纪念馆下的小广场卖香芋饼、虾饼之类的小零食。大女儿嫁去了肇庆，有一对儿女。两个孩子都在肇庆中学读书，女儿读高三，儿子读高一。小女儿嫁去了佛山，在服装厂打工，每周只有星期天休息。小女儿只有一个儿子，12岁，在佛山读五年级。李尚文现在要照料五个小孩，有三个是大儿子的：大孙子7岁读小学一年级；大孙女6岁，读幼儿园；小孙女5岁，还没上幼儿园。由于幼儿园学费很贵，不能同时供两个孙女上幼儿园，同时又想把孩子送到L镇上幼儿园，小孙女至今还未上幼儿园，明年才送去读。另外两个女孩是小儿子的，都是李尚文从小带大的。现在一个读初一，另一个读六年级，都在L镇上读书，周末才回来。儿子儿媳们每年回来3～4次，春节、老人家生日、中秋、清明会回来。儿子们经常打电话回来问问小孩们的情况。两个远嫁的女儿偶尔会打电话回来。李尚文日常家里人口较多，每天都忙于家务和带小孩，虽然忙碌，她也很享受与小孩们相处的时光。

村里的留守老人通常和配偶、儿媳或孙辈居住在一起，一个人独居的比较少。儿子们为了挣得较高的工资，常常选择去大城市工作。而大城市的生活成本很高，依靠打工一般难以支撑子女读书，这就导致没有劳动能力的老人与小孩往往只能留守在村里。而有的妇女为了教育年幼的孩子、照顾年迈的老人也不得不选择留在农村，和自己的丈夫长期分居。虽然通信发达，老人们可以通过手机与儿女们联系，但是他们的日常生活仍然比较单调、辛苦。而且还必须强撑起年迈的身体，照顾幼小的孙子孙女们。

二、收支状况

留守老人除了“自给自足”性质的务农以外，大部分有政府发放的每月120元的老人补贴，部分老人有低保补贴，少部分老人有自己的额外经济收入，如开商店或者买“彩票”等。儿女们也会给父母钱，但每户情况不同，给几百元到几千元不等。日常支出主要是购买油盐酱醋、日用品和零食。水费基本不用钱，电费每户人家开销不同，每月几十元。生病就医的费用一般要由儿女负担，老人自己经手的不多。

江国许，经济状况较好，享有退休金和政府补贴，日常开销不大。现在每月有退休金800元，并且享有国家给的80岁以上的老人补贴，每月120元。在镇上工作的儿媳每天晚上买菜回家，纸巾、衣服等日用品也是儿媳从镇上买回来的，无需自己花钱。只有平常见到有卖松糕、肠粉、油豆腐等零食的摩托车经过家门口的时候，才需要自己掏钱。江国许是我们采访过程中遇到的唯一一位享有国家退休金的老人，因为他年轻时曾担任管理区的支部书记。

田美英，经济状况欠佳，自己无收入无补贴。大女儿生活艰辛，每个月寄800元的生活费回来，很难支撑田美英与两个外孙一共三口人的日常开销。自己不知道怎么取钱，平常都是邻居亲戚帮忙把钱拿回来。田美英没有居民身份证，她出生的时候就是黑户，嫁到霞村之后一直很想落户、办理身份证，但是由于程序复杂最后也没有办成，这件事情也就不了了之。她现在不能享受政府的老人补贴，也申请不了贫困补贴。买猪肉的开销占其日常消费中的大头。村里的“猪肉佬”每天都用开摩托车载着猪肉在村里兜售，谁招手要买就停下做买卖。田美英和外孙的衣物都是大女儿买回来的，自己偶尔到镇上买米及日常用品，大女儿每年年初会去银行帮母亲存够一年要交的电费。她家的房子是传统的黄色土泥砖堆砌成的两间小平房（图2-44），一间是用作厨房和洗浴间，大概12平方米，房间昏暗，即使在白天正午也没有日光能照进来。另一间泥砖屋是她和两个外孙睡觉的房间，大概15平方米，放着

图2-44　田美英家

两张简陋的木板床，依稀可以看到木板拼凑的缝隙。这个家庭没有儿子，只有两个外嫁的女儿，小女儿还有精神病，嫁出去之后再也没有联系。前些年的经济来源主要靠田美英的丈夫一个人支撑，丈夫离世后就只有大女儿这一经济来源了。因为没有户口本和身份证，所以也办不成低保，没有额外的补贴。

钟生金，经济状况良好，儿子们给的赡养费较多，日常开销很少。每月有120元的老人补贴，儿子们每年寄回来8000～10000元，过年过节一次再给1000元左右。平时都是儿媳妇去买菜，不用自己掏钱。钟生金目前没有特别大的开销，儿女们在外工作，收入比较稳定可观，所以给老人家的生活费就比较多。

文超开，经济状况较好，现在开杂货商店，收入较可观。生意好的时候一个月有1000元纯收入，生意不好的时候有几百元。小卖部商品种类很多，自己也说不全。进货没有固定时间，生意好就隔天去一次L镇批发市场进货或者打电话让他们送来，一般过节和旅游季生意好一些。文超开告诉我们，2018年10月，S村的党员教育基地建成后，带来了很多游客，他们会买饮料、干果、饮用水等，自己的商铺生意比以前好了很多。老人家对自己现在的生活状况挺满意的。

肖萍连，经济状况一般，因孙子身体不好，医疗费用开销很大。每月有500～600元的低保补贴。这两年开始，两个孙子孙女每人每学期有1500元的贫困生补贴。儿女逢年过节回家都会给钱，一般都是上千元。去年清明的时候小儿子给了3500元，生日的时候小儿媳妇给了1500元。老人家觉得儿女外出打工都很不容易，有时候够花销了就不收儿女们的钱。自家有3亩地，其中两亩租给别人没有收钱，1亩自己种，主要种青菜，一个月左右就可以收成。近几年，每年3月份的时候会种油菜，油菜在晚稻收割后播种，用于观赏，镇政府会补贴油菜种子和肥料的钱。一包油菜种子两三元钱，可以种一条垅。参与“六合彩”活动，帮别人买自己会有10%的提成，自己有的时候也会买一些。买的都是熟人介绍来的，每周二、四、六开码。晚上7点帮人买，有的人会赊账，有时候没中的人会赖账，还要经常去催债，所以自己每次帮别人买都会记账，写收据欠条。肖萍连感慨，村里面都是越穷的人就越喜欢买“六合彩”。村里用水是山泉水，不需要给水费。电费每个月约80元，自己每隔2～3个月去查一次电费账单。平时家里三个人吃饭，一天大概买1斤的猪肉，猪肉12元一斤，鸡肉15元一斤，鸭肉11元一斤。肖萍连的丈夫患上肾炎离世（大儿子患肠癌去世），大儿子留下的孙子现在也在和肾病做斗争。家里早几年为了丈夫和大儿子的手术、透析等支出非常大，几乎花光了两个老人的所有储蓄，大儿媳还要一边打工一边照料生病的丈夫，小儿子和女儿们都会接济一下，生活一度过得很艰苦，老人家现在回忆起来觉得很辛酸。如今他们建了新屋，孙子的病情也稳定了一些，日子正在慢慢地好起来。

文仁武，经济状况良好，现在的开销都是用自己年轻时攒的钱，并不需要儿子们奉养。每月有老人补贴120元，但是没怎么理会过。每月的电费直接在银行卡上扣取，不用出水费，用的是山泉水，直接接水管引下来，泉水不见天，很干净。偶尔去镇上买点日用品，可以想吃什么买什么，不需要省吃俭用，自我感觉家里的经济状况在村里算不错的。文仁武的经济状况在村里比较独特，虽然现在没有经济收入，但是年轻的时候曾在广州、阳江闯荡了近40年，攒够了自己和老伴养老的钱，所以他现在完全不用儿子儿媳补贴家用。

李好英，经济状况较好，每月有老人补贴120元，每年的12月份，孙子会去L镇邮局一次领取一整年的补贴，没有其他经济收入。大儿子和儿媳每次回来的时候都给几百到一千元。大儿媳非常孝顺，李好英穿的衣服、鞋袜全部都是大儿媳买的，还会从广州买一些保健品给老人。二儿子有几年会给钱，有几年不给钱，有时给300～500元。小儿子支付起了老人大部分的日常支出，比如，帮忙交电费，家里的日用品也都是小儿子买回来的。李好英的日常花销只有买猪肉和充煤气。充煤气的人会开车到门前，招手就停，煤气105元一罐。村里面的人情往来大多限于亲友之间，不是亲戚的话主人家一般也不会邀请。这几年她都没去喝喜酒和满月酒了，所以也没有随份子礼。李好英平常还会买点水果，比如苹果、杨桃，或者偶尔买点小零食放在家里，孙子孙女们来的话也可以吃点东西。

李尚文，经济状况一般，家里人口多，开销大。每月有120元的老人补贴，钱比较少，她也没有太在意，主要的生活费都是儿子儿媳们每年回村里的时候给。大女儿生活不容易，给的生活费比较少，每年500～1000元。小女儿每年大概给2000～3000元。李尚文家里人口多，所以每天的支出也多。每天都要买猪肉，周末孩子们回家，会杀鸡、杀鸭，一般一个肉菜要十几元钱，一天买菜的钱加起来大概要70～80元。周末小孩回来，还会煲汤并且加几个肉菜，还要买点水果给他们带回学校。家里现在还要供孙子去读L镇上的幼儿园，一个学期1800元的学费，每月200元的伙食费，每月90元的校车接送费。其他三个小孩子都已上学，处于九年义务教育阶段，学费不花钱。现在都不耕田了，种点青菜足够家里的一日三餐。有的时候碰上接连几天的大暴雨，青菜都被浸坏了，只能去镇上买，这时候的青菜要6元钱一斤，虽然感觉有点贵但还是会买。李尚文家是比较典型的农村大家庭，人口多，收入多，但是支出也多。

村里留守老人各自的经济状况相差很大，有的老人生活比较困难，居住环境不太好，平常吃饭也会有点紧张；有的老人生活条件则比较好，吃住都比较宽裕。老人们经济状况的好坏一般取决于子女在外打工的状况，子女们哪年给的钱多一些，日子就过得好一些；哪年给的少了，日子就拮据一些，国家的老人补贴、养老金目前还不能支撑起农村留守老人们的生活开销，农民养老还离不开儿女。与完全市场化的城镇不同，农村养老其实并不需要太多的现金，农民一般有承包地，虽然不多，但种一点水稻、蔬菜，养几只鸡鸭基本上可以解决吃的问题，而楼房建起来以后，由于费用远远低于在城镇购买商品房，也不需要负担沉重的“按揭”。所以，只要一家人身体健康，老人们就可以在农村过上“温饱有余”的平静生活。但如果老人身体不好，无法务农，还要抚养孙子孙女，养老的问题就会凸显出来。

三、日常生活

当地留守老人一般选择居家养老的养老方式，且生活较有规律，日常作息方式也比较固定。

老人家大多早起，集中在5:30—7:00起床，晚上早睡，作息规律。据村干部说，年轻子女是一个家庭的主要劳动力，一般外出打工多，上了年纪一般就在家带孙子，有时间也会下地种菜，甚至种水稻。对于他们而言，娱乐生活比较单调，基本集中在与乡里其他老人聊天、看电视等。霞村党员活动中心的初心广场已成为老年人活动的一个平台。

江国许，晚睡早起，作息固定，日常活动少，娱乐方式较单一。每天6:30—7:00起床，早餐、午餐自己做，早餐一般为白粥，晚餐由儿媳妇做。白天会有一个要好的邻居朋友过来一起聊天，晚上在家看电视，如果不看电视基本没有其他事情，喜欢看战争片和抗日电视剧，如《解放》和《黎明之前》等，晚上11点左右睡觉。江国许主要以看电视度过闲暇时间，此外就是和周围邻居聊天，是很典型的留守老人生活方式。

田美英，早睡早起，日常活动较多，会从事农业劳动。每天5:30起床，给外孙子、孙女做早餐，上午去田里浇菜、割草，摘一些青菜回家吃，青菜自种无须购买。11点回家做午饭，午餐以米饭、青菜、猪肉为主，下午2点去割草，不去割草就和邻居聊天，邻居多是一些关系较远的亲戚。割三天的草才能割满一屋子，草是用来烧火做菜的，米饭用电饭煲煮，家里用的是村里的自来水。邻居的大婶（同一个太公，妯娌关系）经常会过来帮忙，挑水、取钱、聊天、买米。下午5点做晚饭，晚上和外孙子、孙女看电视，没事可做就9点睡觉。有时会和邻居坐公交车去趁墟（赶集，下同），一个星期去两次，买点苹果、桔子、青菜、鸡鸭肉等。年轻的时候在农村耕田，有4亩田种水稻，留一部分自己吃，剩下的拿出去卖。2017年因骨头疼痛，便不再种水稻。有时亲戚请喝喜酒，关系较亲近的就会去，关系比较远的就不去。田美英会从事一些劳动满足自身需求，同时帮忙照看外孙子、孙女，做些简单家务劳动度日。

钟生金，自身经历较为丰富，娱乐方式较少，在镇上和村里轮流居住。早上6点多起床，起床后做早餐，早餐一般和村里人一样以粥为主。钟生金哪怕是在镇上生活，一般也不会和子女出去喝传统的广式早茶，早餐也只是在家里煮煮白粥。平时自己开摩托车去镇上买菜，晚上10点之后睡觉。有时候会买“六合彩”，但是不会买很多，一次买10块钱左右，自称只是偶尔娱乐消遣，不想为儿子增加负担。平时在家里看电视，有时候会去散步，不喜欢打牌下棋打麻将，一般不会锻炼身体，认为身体好坏很大程度上是天生的，主要是保持心情愉悦。家里养了一条狗，2015年在东莞的时候就开始养，养狗也给他的生活增加了趣味，是一种精神寄托。钟生金最早在家里耕田种地，后来在东莞开大排档，店面100～200平方米。后来在罗定开大排档，店面几十平方米左右。儿子做厨师，钟生金只是帮忙看店和服务客人。两次开店都亏本，就不再开了。近两年由于要帮忙照看孙子，才去镇上和儿女同住，他表示更习惯住在村里，有时会回到村里自己一个人生活。这种半留守状态也是留守老人的一种生活方式。

文超开，作息固定，经营店铺，有劳动收入，娱乐方式单一。早上6:30起床，吃完早餐后就一直看店，12点以前吃午餐，他说自己有糖尿病，三餐间隔时间不宜过短。吃完饭就休息，下午2点之后继续看店，吃晚饭，店面一般晚上10点多关门，没什么人的时候就提早关门。一般晚上10:30—11:00上床休息。平时不打麻将、不赌博、不喝酒，喜欢看电视剧，喜欢看南方卫视，看抗战片（南方卫视多是抗战片）、新闻，有空就看看手机，看看微信，和战友联系。和战友会在“八一”建军节时聚会，有时会一起去一些革命风景区旅游，参加一些同学聚会。文超开会使用手机，劳动收入基本能够满足自身需求，也有精神寄托，与以前的朋友、战友保持良好的联系。

肖萍连，作息固定，娱乐方式以买“六合彩”为主。早上6点起床，烧柴、煮粥，缺柴的时候会去旧屋拿柴火，周二、周四、周六早餐后去趁墟，没事下田浇水施肥。中午吃饭时会打开电视，一般习惯看粤语电视剧《外来媳妇本地郎》，没有午睡习惯，下午和邻居聊天。没事就看电视，平时看珠江电视台，有时会去买东西，比如多买点肉，下午看粤语电视剧《七十二家房客》，晚上播什么看什么。她喜欢玩“六合彩”，开码的前一晚会有几个朋友聚在家里玩“六合彩”。肖萍连自己做“码庄”，码民会过来找她买号，她再把钱交给上一级“码庄”，会有基本的提成收入。“六合彩”在内地属于非法活动，没有接受政府的监管。一般晚上10点睡觉，有时玩“六合彩”睡得比较晚。衣服在镇上买，以前会自己做衣服，现在直接购买，一般选择10～20元一件的价位。去田地时一般骑自行车，到镇上比较远，就改用电动车。

文仁武，会下田劳动，娱乐方式较为丰富。早上6点30分起床，做早餐、搞卫生，去田里浇菜、施肥，摘菜回家，田里种有芥菜、生菜、菜心、青瓜、苦瓜、节瓜等。一般11点多回去煮饭，12点吃饭，吃完饭要睡一个多小时的午觉。下午两点多起床，出门走走逛逛，到村里的小卖部跟一群年龄相当的老人聊天。下午5点多回家做饭，平时不喜欢趁墟逛街，喜欢待在家中。一日三餐的青菜是自己田里摘回来的，猪肉是骑摩托的“猪肉佬”到门前的时候买的。家里的日用品，比如纸巾之类的，都是一次性去镇上买很多，能用3～4个月。不怎么喜欢看电视，比较喜欢玩手机，会在手机上看新闻、打牌，最喜欢的是用手机游戏下象棋，从小就喜欢下象棋，有的时候也会跟村里的其他老人下棋。能熟练使用手机，微信里面建立了不同亲属关系的亲友群，他打字很快，也会用语音和视频聊天，几乎天天都会跟儿子儿媳聊天打电话。视力不错，没有老花。傍晚6点多吃晚饭，洗澡后看一会儿电视，到晚上七八点就睡觉，有的时候晚上睡不着会玩会儿手机，会看网络连载的玄幻修仙小说，如《修仙狂徒》等，然后再睡觉。文仁武有较多的兴趣爱好，和子女沟通频繁，对自己的生活较为满意。

李好英，生活作息固定，娱乐时间大部分用来看电视。早上一般6点起床，洗脸刷牙后洗碗，早餐有时煮白粥有时煮麦片。麦片是大儿子从广州买回来的，比较软糯且方便，李好英挺喜欢吃。吃完早餐到门前走走，小儿子给她买了两个拐杖。之后会去洗衣服，但是衣服不是天天换，隔几天才洗一次衣服。冬天天黑得早，午饭晚饭就早点煮，夏天天黑得晚，午饭晚饭就晚点煮。中午和晚上会买排骨和猪肉来吃，但是肉要煮得比较软糯才吃得下。现在不用柴火烧饭，都是用电饭煲煮饭菜吃。青菜放在饭和肉上面，一锅蒸熟来吃。二儿子有的时候也会煮了饭菜带过来给她吃，就不用她自己做饭了。中午不睡午觉，早上吃完饭会看电视，喜欢看广东影视频道和珠江电视台的电视剧。下午一般也是看电视，有的时候其他老人也会过来聊天，一起看电视。晚上也在看电视，大概每晚10点半睡觉。没中风之前，身体状态较好时经常去趁墟，一般会带上孙子一起去，后来腿脚不方便了，就基本上不去了。李好英会种很多东西，如豌豆、青菜，但是中风之后除了偶尔浇菜、摘点菜回来煮，就不再下田了。李好英基本以看电视为休闲方式度日，做一些较简单的家务，生活较为单调，子女离得不是很远，会经常过来照顾她。

李尚文，早上5点45分左右起床，给孙子孙女们做早餐，有时煮白粥，有时煮面条，周末的话会买点河粉炒给孩子们吃。吃完早餐然后去浇菜，回到家就开始搞卫生。中午要给5岁的小孙子喂饭，哄孩子睡觉。下午1点会午休一下，起床后去喂鸡，3点多左右看电视，也会有一些老人过来一起聊聊天，下午4点多开始给几个年纪小的孩子洗澡，然后做饭。由于孩子太调皮，喂饭要弄很久。隔天碰上墟日就会去镇上趁墟，坐村里的公交车去，有需要的话就买肉菜和日用品回来。晚上8点多睡觉，下午或者晚上有空就看看电视打发时间，自己喜欢看珠江电视台的电视剧，一般是看粤语剧。由于孩子们一回来就占着电视，所以也会跟着孙子们看少年儿童台、湖南台、浙江台之类的节目。日常生活以照顾孙子孙女为主，会做家务劳动，以看电视和与邻居闲聊打发时间。

霞村留守老人总体上不愁吃穿，但都是较为单调、孤独的。这也是全国农村普遍的现象。一般老人都喜欢以看电视打发时间。手机的普及也丰富了一些老人的生活，他们会用手机和家人朋友等保持联系，或者用手机里的游戏、微信等程序满足自己的兴趣爱好。但多数留守老人不会使用手机。从家务劳动上看，女性老人会消耗更多的时间从事家务、下田种菜，这可能也是一种特殊的娱乐或者打发时光的方法。等到年迈干不动了，就只好呆坐在家里，越来越需要人照顾。霞村许多老人是与孙子孙女一起居住的，这种“留守儿童”现象在一定程度上也减轻了老人的孤独感。另外，在霞村，“六合彩”与麻将有些相似，许多留守老人都接触过“六合彩”。

四、就医情况

留守老人身体大多都有病痛，其中中风和骨头痛比较常见，这可能与他们过去长期艰辛的务农生活有关。他们一般会花220元买国家标准医保，但是普遍反映国家医保报销得不多。只有重大的疾病需要住院的时候才可以报销50%～60%，老人们比较常用的中药不能报销，所以主要还是得自己掏钱看病。村里有卫生站和两个非正规医院出身的大夫，如果村里的人患感冒或者有小病小痛就在村里看病，严重的就去到L镇的医院，大病就去罗定市人民医院或者广州市的各大医院就诊。

江国许，左腿截肢，无其他大病。退休之后左腿溃烂，医生说已经无法医治只能锯掉，于2004年在罗定市人民医院做截肢手术。家里买了轮椅，但是农村的路不平，轮椅不好用。家人也给他买了拐杖，但他曾经被拐杖砸过头，后来就不用了。平常用椅子撑着走，走累了还能坐一下。有时候上火会买点清热祛湿药，感冒就买感冒灵，这些药都是儿媳妇从镇上买回来的。小舅子文辉林是医生，会定期过来帮忙量血压和打针。江国许告诉我们，他截肢之后的生活很不方便，一开始的几年特别不适应，现在也慢慢习惯了。截肢给他带来的不方便除了体现在日常生活中，更大的伤害可能是打击了这个老人的尊严。

田美英，身体状况不佳，有骨头痛和风湿病，没有定期去医院医治。从2017年开始，一到晚上四肢的骨头痛，曾经去罗定市人民医院和L镇的小诊所看过，开过药，但是医生都说没办法根治，只能止疼。现在每天搽活络油，是街坊邻居帮忙从香港购买的，太疼的时候贴风湿膏，没有吃药。她曾因头晕摔倒，被邻居及时发现送医院抢救回来。田美英没有上户口，所以不能办理国家医保来报销，家里的经济状况也不好，后来就没有去看过病了，她说："熬着熬着，就习惯了。"

钟生金，身体状况一般，曾患胆囊炎，后康复，如今少病痛。每年花220元买医保，现在每年都会去村委会卫生所体检，量血压、测心电图、验血等，在镇上会有B超体检，体检都是免费的，一年一次。1984年开始胆囊痛，2004年才完全康复。20年间到各大医院检查治疗都未能康复，2004年，经嫁到华石的女儿推荐，去电白县找一个私人医生看病，80元的药就治好了，从此基本上没去过医院。平时偶尔会喝祛湿茶，小感冒会去村委会卫生站开点药。在跟钟生金聊天的过程中，我们也能感受到老人家现在的身体状况不错，走路步伐矫健，精神状态也挺好的。

肖萍连，身体状况较好，少病痛。买了每个月150元的社保；另外还有国家标准医保220元。自己身体也还算健康，没有什么大病大痛，平时也就去找医生开一些祛湿去肝火的药来吃。肖萍连告诉我们，村里的医疗主要靠那两个乡村医生，一个是江红英（已退休），一个是文辉林，因为距离最近的正规医院在L镇上。江红英1967年开始行医，现在70多岁，退休在家开诊所，有行医执照；文辉林，74岁，有行医执照，在家开诊所，为村民诊病。

文仁武，身体健康，精神很好。说话中气十足，走路动作矫健，没病没痛，视力也很好。他的老婆在2018年4月脑中风，有后遗症，身体有点残疾，虽然能吃能睡能说话，但是不能活动太多，现在每天都要吃点降血压的药。文仁武在提到自己老婆病情的时候有点内疚。他说，自己年轻的时候只顾着在外打拼，很少陪伴老婆和孩子，也没有留心到老婆的身体状况，"人老了生病是正常的，现在花点时间陪陪她挺好的。"

李好英，身体状况不佳，高血压，曾中风晕倒，如今需要每天吃药。2018年8月的一天，早上4点起床去厕所，一下子摔倒在路上，起不来，一直到早上6点，才被邻居发现，被送到罗定市区的人民医院住院。出院之后身体好了很多，但是平常血压高，现在天天要吃降血压的药，觉得头晕的话自己会多吃两颗。有的时候去村委的卫生站量血压，偶尔看到文辉林医生来，会叫他帮忙量血压。自己不清楚医保的情况，都是儿子们带她去看病，今年小儿子带她到罗定市区看了三次病。李好英平日里经常手脚痛，四肢无力。中风之后，日常饮食需要忌口，不能吃鸡和鸭，很多糕点饼干也不能吃。

李尚文，身体状况一般，平日有少许骨头痛和腰疼，无其他疾病。2017年去广州的孙逸仙纪念医院看过病，医生说是关节炎，腰椎间盘突出，是没有办法痊愈的，现在只能开药来止疼。儿子们帮忙买的医保，每年220元。李尚文觉得现在看病太贵了，去L镇的医院打一次针要100多元，每花100元医保只能报销25元，根本不够用。住院的话就能报销多一点，但是门诊和开药报销很少。现在基本不吃药，严重的时候会去L镇的医院开药、打针止痛。

霞村的医疗设施不太完善，没有地方医院，只有一间卫生站，只能开点感冒药，稍微重一点的疾病都要跑到距霞村5千米远的L镇卫生院去看。留守老人们因为家庭的经济问题和传统思想，大都不太重视自己身上的慢性病痛，他们多数都要忙于家务劳动，不少人每天还要种菜、养鸡养鸭。对于疾病，他们觉得忍忍就过去了，没必要麻烦子女，也花不起那么多的钱。

五、信仰

村里的留守老人大多数不信基督教等西方宗教，但是每个人都会保留一些中国传统的信仰习俗，相信灶神、天地神等中国传统神仙。老人们基本上每月农历初一、十五去祠堂上香祭拜，逢年过节也会带着鸡、鸭、鹅等贡品去祠堂上香奉神。大多数老人家里面都没有敬奉菩萨之类的佛像神龛。据村干部说，村里的老人平日里很少去上香奉神，一般都是初一、十五才去。村里很少人信菩萨，客家人信的会多一点。黄塘口每年农历三月三有一个惠民庙炮会，炮会很盛大，整个L镇甚至隔壁镇的人都会过来参加。霞村有一个三年一届的醮会，人称人丁禾谷醮，2017年刚举行了一次。醮会不仅是为了祈求人丁兴旺、五谷丰登，更是促进村民之间的友谊、增强村民凝聚力的盛会。

江国许，每月初一、十五会去小祠堂上香，过年过节会带鸡鸭去祠堂上香奉神，平时就没有上香。结婚的时候，新郎新娘会去祠堂拜神。没有在家里摆放佛像的习惯。

田美英，每月初一、十五会去祠堂上香，过年过节还会买猪肉、水果、鸡去祠堂奉神。家里的厨房有灶头公。

钟生金，初一、十五都不再去祠堂上香，过年过节会带猪肉、鸡或者鸭去祠堂祭拜，仪式比较简单。平时很少去祠堂。

文超开，一般是参加村里面拜神等活动，通过拜神来祈求风调雨顺。附近村庄有庙，名字叫“为民旺庙”，但本村没有庙。无论有没有庙，祭拜的神都差不多。有钱人会多给点香火钱，然后大家一起吃饭。捐钱比较多的，就得到一些小孩用的布袋、毛巾，图个吉利。

肖萍连，会去祠堂祭拜祖先。没有什么宗教信仰，自称只是“中国人的普通信仰”。

文仁武，每月初一、十五要去上香拜佛，坦言农民一般都会信神拜佛。自己家门前也设置了可以上香的炉台，拜天神。村口的榕树广场是一个上香点，文家祠堂也是一个上香点，也有很多人到山里面去上香。但是村民们基本上不会在家里装神龛，也不会在家里摆放祖先的牌位。一般都是拜天神，祈求风调雨顺。

李好英，只在正月初一、十五会去村口上香。家里面没有供奉菩萨之类的佛像神龛，但是信“天公老爷”。没中风之前，每天早上起床都要去村口上香，拜一拜“天公老爷”。正月初一、十五要上香，会去镇上买香。但中风之后基本就不去镇上了，让儿子儿媳帮忙买香回来。现在由于手没力气，没办法用打火机点火，就没有每天早上去上香了，只在正月初一、十五，在儿子儿媳的陪伴下去村口上香。

李尚文，每月初一、十五去村口上香，拜“天公老爷”。

留守老人们依然信奉中国传统的一些宗教、信仰，这是他们生命的重要精神支柱。因此，有些老人依然完全遵照传统习俗来进行各项信仰活动。但由于时代的进步和思想的转变，有些老人奉香拜神的次数变少，仪式也在逐渐从简。

六、其他

多数留守老人或多或少地会从事种菜、养鸡养鸭等简单的农业劳动，种稻的较少。江国许在改革开放初期分到两亩多的田地，但他自己没有精力耕田，退休之后就将田地租给他人，会收取租金；田美英家里的田地面积很大，土地产权证写的是大女儿的名字，她一共有4.16亩，12块地，其中榕树田2.1亩，中间田垌1.29亩，庙门0.32亩，深挖坑0.37亩，其他0.08亩。她留些田地自己种菜，蔬菜是随着村里人一起种的。以前种水稻和时令蔬菜，2017年开始因为骨痛便不再自己种水稻，有些田地就租给别人种水稻；钟生金有3亩田地，但已经不种菜也不种水稻，荒废着，有人想租，但钟生金不愿意租给别人，怕别人会把田地搞坏；

肖萍连自家有3亩地，其中有两亩给别人种植，因为是熟人就没有收钱，1亩自己种，主要种油菜，一个月左右就可以收成；文仁武的田地在S村天桥底下，位于S学校附近，有0.1亩多，自己根据节气种植时令蔬菜以及水稻；李好英年轻的时候种田，种的比较多的是水稻和花生，不种水稻的时候会种点玉米、番薯，种了都是自己吃，不会拿出去卖，现在年纪大了身体不适就没有干农活；李尚文现在只种点青菜自己吃。还有一些老人年龄较大或者不想继续种田会选择将田地租给别人耕种，或者给自己的熟人亲戚，也有一些直接将田地撂荒。

在丧葬方面，老人过世以后基本都是随村里的习惯火葬处理，子女会回来帮忙办理丧事，一般不存在偷偷埋葬的现象。死亡第一天通知亲戚，第二天火化出殡。将老人的骨灰用棺材装好，亲属戴孝，边送边哭，子女会请人吹唢呐，举行仪式，最少需要4000～5000元的开销，有时候一些人家会花费1万多元，但一般不超2万元。墓地在山头里面自己找，是不需要花钱买的，找到合适的地方就可以了。

评语

霞村普遍的家庭结构是老人和小孩子留守在村里面，儿子外出打工，女儿外嫁。儿媳有的就留在村里帮忙照顾小孩，有的也跟着丈夫一起到外地打工。所以村里很多留守老人还承担着比较繁重的照顾孙子孙女的任务。老人们年轻时大都种田，这种生存方式已经渗透进他们生命之中，成为一种习惯、一种本能——几乎所有的留守老人（除了个别已经没有劳动能力的）现在仍然会种菜、养鸡、养鸭，甚至种稻，土地的细碎化状态不会对他们“自给自足”的劳动模式构成影响，而且他们也没有“退休”的概念。但繁重的农业劳动，会让他们患上一些职业病，如骨痛、腰痛。最后实在干不动、走不动了，他们才会“退休”。由此，随着他们的体力逐渐下降，一些承包地的荒废也就不可避免了。

养儿防老是一种传统思想，至今仍有现实意义。在霞村，子女的打工状态往往决定着留守老人们的生活状态，尤其表现在住房上。子女打工顺利的，楼房就建得比较宽敞、漂亮，家具、家电、生活用品等一应俱全，留守的老人生活会比较轻松、舒适；子女打工失败的，或者家人有疾病的，房子就建不起来，或者建起来也无力装修，老人生活的改进就不大，生活就比较拮据、艰难。目前，国家的社会保障、社会福利还没有均等地覆盖到乡村，所以留守老人们还无法完全依靠养老金、退休金生活，一般只能依靠子女和自给自足的农业劳动。一旦外出打工的子女遇到下岗、受伤等难题，这种痛苦就会迅速从城市传导回乡村。

第五章　留守妇女

马嘉慧　董梦洁　刘锦冰

为了了解广东“留守妇女”的生活状态，华南师范大学2016级经济班的留守妇女调研小组来到广东省罗定市霞村，对部分留守妇女展开了深入的访谈和调查。2018年11月26日通过采访村委会的妇女主任刘清珍、萧炳梅，我们了解到霞村妇女的一些基本情况。从27日下午开始到29日，我们陆续采访了7位留守妇女，按时间顺序分别为文泽红、刘楚莲、李春英、文百珍、于碧嫦以及不愿透露姓名的妇女甲和妇女乙，并根据我们所需材料对村干部文泰开的妻子和刘家（非留守）进行了访谈。在调研的最后一天，我们对部分留守妇女进行了回访,补充了一些材料。在回校后的一周内完成了初稿撰写。

一、村落妇女的基本情况

根据村委会提供的人口统计数据，2016年霞村共有458户村民，1909人，其中妇女有876人，约占总人口的45.9%。具体情况如表2-20所示。

表2-20　2016年霞村人口概况表①

村小组名称	户数（户）	人口（人）			分段人口（岁）				
		男	女	合计	0～12	13～24	25～59	60～80	81岁及以上
霞村一队	46	93	76	169	37	27	79	24	2
霞村二队	31	62	59	121	19	31	59	8	4
霞村三队	55	116	106	222	34	46	112	26	4
霞村四队	90	212	171	383	60	82	198	33	10
霞村五队	37	76	72	148	27	34	74	10	3
霞村六队	85	20	173	375	60	76	213	12	14

①数据来自于村委会最新统计报告（2016年）。2017—2018年该村并未开展人口统计。

续上表

村小组名称	户数（户）	人口（人）			分段人口（岁）				
		男	女	合计	0～12	13～24	25～59	60～80	81岁及以上
霞村七队	59	144	124	268	65	44	137	17	5
霞村田头屋队	55	128	95	223	45	51	100	22	5
合计	458	851	876	1909	347	391	972	152	47

大多数30岁以下的妇女会选择与丈夫一起出外打工，留守在本地的几乎没有。所以留守妇女的年龄层基本在30～50岁，占此年龄层妇女人数的50%左右。她们的丈夫大多在外打拼工作，自己则在家赡养老人和教育孩子，挑起了家庭的重任，同时忍受着夫妻两地分居的孤寂。50岁以上的妇女则大部分留在村里。总体来看，夫妻双方均在本地工作、生活的情况较为少见。

二、基本情况、工作、婚姻

1. 基本情况

在与村委会妇女主任沟通后，我们发现村里缺少关于留守妇女的详细资料，因此本次调研无法准确确定本村留守妇女的人数及其确切比例。但在我们的走访调查中，村中留守妇女于碧嫦（S幼儿园教师，31岁，罗定市人）反映："村里留守妇女比较多，留守儿童也多，单亲家庭的也有两三个。留守妇女与留守儿童的比例差不多，大约五五开。"在访谈中我们还发现，大部分留守妇女的娘家都在相邻村或相邻镇上，本村或外省的比较少。值得注意的是，外省妇女[①]的家乡大多为广西、四川、贵州等南方省份。同时，留守妇女的受教育年限也存在相似之处。我们调查的留守妇女中，绝大部分都未能完成初中学业，有的甚至只读了小学二年级便外出工作了。李春英（在镇上蛋糕店打工，38岁，罗定市人）说："我初二只读了两个星期就没再读了，因为家里穷，没有钱交学费，老师不给赊账。本来我大哥说领了工资就给我交学费，但老师不给赊，就没办法了。"

在为期一周的实地调研中，本组共访谈12位妇女，详细资料[②]如表2-21所示。

①据访谈粗略统计，留守妇女来自外省的大约有30人左右，其中东北或西北地区大约有8人。

②数据来自本小组访谈稿汇总。

表2-21 访谈妇女资料

个人情况（至2019年）	家庭收入	儿女情况	职业
文泽红，35岁，留守8年	约4000元/月	两个儿子	从镇上缝纫厂取货在家加工，按件计价
刘楚莲，41岁，留守11年	约4900元/月	三个女儿、一个儿子	从镇上缝纫厂取货在家加工，按件计价
李春英，38岁，留守10年	约8500元/月	两个女儿	在镇上蛋糕店打工
文百珍，31岁，留守半年	约3500元/月	三个女儿	无工作，周末到景区卖矿泉水
于碧嫦，31岁，留守8年	约6500元/月	两个儿子	S幼儿园教师
妇女甲，未知	未知	一个儿子	无工作
妇女乙，未知	未知	一个儿子	无工作
刘家，43岁，非留守	10000～20000元/月	一个女儿、一个儿子	无工作，刚与家人在镇上开了一家烧腊店
萧炳梅，67岁，非留守	未知	未知	村中广场舞领舞
何月莲，48岁，非留守	约6000元/月	两个儿子	家政工作者
文妻，30岁，非留守	未知	未知	无工作，我们主要向她咨询一些政策及村中情况
刘清珍，未知	未知	未知	村妇女主任，主要咨询村中妇女的情况，并无对个人有太多了解

2. 工作及劳作

留守妇女普遍存在较早结束学业、外出打工的情况，她们的工资也有差异。刘楚莲（无工作，41岁，茂名市人）说："我2013年在北京朝阳区工作，工资一个月只有2000元，虽然包吃包住，但北京那个地方物价很高。"相比之下，也有工资极低的情况。文泽红（无工作，35岁，罗定市人）2000年前后在东莞的电子厂工作，一个月只有七八百元，早上加班工资为1.5元/小时，晚上加班工资也只有1.7元/小时。不管在外工作时工资高低与否，当妇女们决定留守农村后，几乎都不再外出工作。仅有少数一部分留守妇女，为了减轻家庭的经济负担，选择到镇上的电子加工厂或缝纫厂，取货回家进行简单加工以换取一定的收入。然而，这样的收入与留守前的收入是没法比的。文泽红每天从镇上的缝纫厂拿布料回家加工，按件计价，每月收入约1000元。她说："像我这种比较有时间的，一个月勤快点能有1000～1200元，也有做得少的，每个月就几百元。"刘楚莲的情况更为糟糕，同样的工作，由于要照顾四个孩子，能够工作的时间很少，每月仅能挣五六百元（图2–45）。当然，留守妇女也存在离家工作的特例，但离家范围基本不会超过本镇。于碧嫦（S幼儿园教师，31岁，罗定市人）以前在东莞制衣厂工作，现在在村内的S幼儿园担任教师。尽管拥有比较正式的职业，她的月薪也仅有1000元，谈及工资低的原因，她说："我没有转正，（如果）转正工资更高，一个月几千元。"我们得知幼师转正需要通过考试[①]，她接着补充道："以前想过转正，但现在要照顾两个孩子，年纪也大了，没有时间和精力看考试资料，没办法准备转正考试，就没再想了。"转正考试由当地教育局组织，需要参加笔试、面试，每年都会举行；转正的最低学历要求是大专，而于碧嫦仅仅是高中毕业。文百珍（无工作，31岁，罗定市人）的情况则比较复杂，她身体病弱，既无法离家工作，亦不能通过长时间加工劳作来补贴家用，只能选择每个周末到景区售卖矿泉水，两天内连本带利共收入两三百元左右。

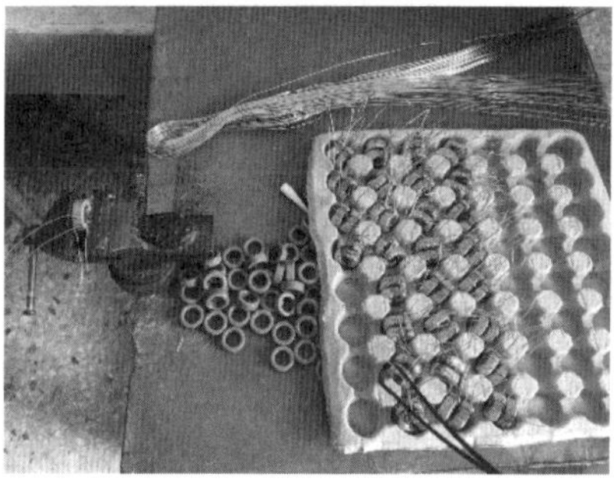

图2–45　刘楚莲加工的磁圈

几乎所有留守妇女都不需要承担家中的农活，她们对农作物的种植知之甚少。一是因为家中农田自己早已不再耕种。李春英（在镇上蛋糕店打工，38岁，罗定市人）说："公公腿脚不便，没办法种田。而且我们家近30年没有耕田了，田地都转给了邻居，没有收租金，邻里街坊的没有必要，毕竟地摆在那里也没有用。"另外，由于公公婆婆是耕作的主要劳动力，妇女们便只负责照顾孩子、打点家务。我们走访的过程中，每当提到家里的农田状况，她们多数表示不了解具体情况，家里的农田都是公婆在打理，鲜有让她们插手。于碧嫦的家庭大体上代表了此类留守妇女的现状。她家有4亩田地，现在公公婆婆种植2亩水稻，其他的让给了亲戚耕作，她自己从未下田劳作，最多到田里送水送饭。大多数年轻

①临聘的教师通过教师编制的考试才能转正，拥有更高的工资。

人已经不懂得下田劳作的技能，耕种的所得也不足以弥补其付出的成本，因此年轻人往往会选择流转土地或外出打工的形式增加收入。文泽红对此表示："他们（公婆）都做习惯了，我通常只有农忙的时候帮忙送送饭送送水。有时候也会帮忙插一下秧，但这种情况不多。"

3. 婚姻

留守妇女普遍在年纪还较小的时候就外出打工，接触社会的时间较长，交际范围也随之扩展，但她们的结婚对象绝大多数都是通过亲戚、邻居、朋友介绍认识的。李春英说："我自己本身就不喜欢嫁得太远，喜欢嫁本地。"像于碧嫦这样在工厂与丈夫相识相恋并结婚的情况则少之又少，我们在询问她与丈夫的相识过程时，她满脸笑容，腼腆地对我们说："我以前在东莞做制衣的时候，有一次我同事过生日——我同事是我老公的同学——为同事庆祝生日的时候我们就在KTV认识了，他要了我的QQ号，有时候就会聊一下天，后来断断续续联系了一年，他以为没戏了。后来是我老公的另外一个同学拿他的手机打电话给我，但是我很忙嘛，没接到，也不知道是哪个同学打的，后来我又打回去，就是我老公接的（电话）。我跟他说我要去白云山玩，但是不认识路。他说那他可以带我去玩。然后我们就在一起了，在一起一个月就结婚了。"说着她还补充道："他后来还说当时以为没希望了，聊了一年我的态度都比较冷淡，没想到兜兜转转还是走到了一起。"

村子里结婚的习俗也有许多讲究，需要男方父母拿男女双方的生辰八字去算日子以确定结婚日期与时辰，男方基本都要给礼饼，女方根据情况回礼。但留守妇女结婚的情况差别较大，造成差别的原因除了原来家庭的经济条件外，跟结婚时间和年代也有关系，于碧嫦告诉我们："隔个三五年，彩礼的价格差别就很大了。像我这种年轻点的，结婚花的钱肯定比她们前几年的要多了。"通过采访留守妇女们，我们了解到结婚的一般流程。李春英还清楚地记得结婚时的流程：结婚当天没有硬性规定新娘子要几点钟起床，新郎一般是上午10点多到新娘家"去礼"——带着糖、龙眼干、礼饼、鸡等礼品，"礼饼和鸡一般结婚去礼时都一定会有的"，她告诉我们，这时候新娘子在屋子里不可以出来。在娘家吃完饭后，大概下午3点多新娘便和新郎到了男方家，她走的时候母亲要撒米，到男方家要先迈火盆，等旁人丢个公鸡进去，女方再进门。在问到结婚是否还有其他习俗时，李春英补充说："以前新娘子要烧水给公婆洗澡，现在没有了，一切从简。"结婚当晚要给亲戚敬酒敬茶，第二天早上起来后，要去拜太公，煮面、倒茶给公婆，之后与丈夫一起回娘家吃一顿饭再回来。从我们的调查中涉及的细节来看，大部分留守妇女结婚时都穿着粉色裙子或者婚纱，老一辈认为白色代表的不是喜事。何月莲阿姨（非留守，48岁，罗定市人）说："现在结婚也有穿旗袍的，也有穿婚纱的，多数人会去外面化妆。迎亲就没有什么讲究，只要派人就好。酒席以前花费1万左右，现在五六万的都有。"李春英也表示："现在村子里结婚，彩礼一般最低都有3万，我们农村一般在家摆酒宴，都会有鱼虾蟹的。"对比之下，由于家庭情况等因素，刘楚莲结婚时情况就简单得多，甚至有些不愿意面对这个话题，只是简单地回答道："我结婚的时候没有合生辰八字，也没摆酒，没彩礼，婚纱那些也没穿，就这样结婚了。"可见留守妇女的结婚整体状况基本相似，但会因自身与家庭的情况而有所差异。

三、生育与家庭

1. 留守原因及看法

虽然独自留在村子里工资低，生活艰苦，但不少留守妇女不得不选择与丈夫分居两地，长期维持着留守的状态。究其原因，不外乎有以下两点：教育年幼的孩子，照顾年迈的老人。文泽红说："我不想自己留在这里，太辛苦了。但有什么办法呢？孩子要读书，老人要照顾。我觉得教育是很重要的，老人家帮你照顾孩子，只能做到让他们吃饱穿暖，其他的他们管不了。"刘楚莲留守则是因为家中公婆无法帮忙处理家务，丈夫外出工作，外面生活成本较高，小孩子又要读书（S小学书本费300元，学费免费；S幼儿园学费2200元/学期，其中400元是伙食费），于是便和小孩留在罗定生活。李春英的丈夫在镇上的技校做老师，平时周末才能回家，而女儿尚且年幼（在S小学读三年级），公公腿脚不方便，平日便只能自己在镇上的蛋糕店打工，傍晚5点左右回家照顾老人和小孩。她认为女人结婚后要照顾家庭，考虑柴米油盐等琐碎事，不可能离原本生活的地方太远；文百珍（无工作，31岁，罗定市人）原在罗定市的电子厂工作，但她要教育和照顾上三年级的小孩，而且自己要调理身体，准备生育第四胎，近半年内便回到村子里了；于碧嫦与公婆分开居住，她的留守则是为了孩子的教育与生活。她表示孩子的学习很重要，但培养孩子的良好习惯更重要。她说："为了孩子，我愿意留在这里。留守儿童太可怜了，钱可以再挣，但孩子的教育问题不可以耽搁。而且，婆媳关系太复杂了，嗯……你们知道的啦。"

在谈到对于留守状态的看法，以及未来是否想改变的问题时，每个留守妇女由于家庭情况和个人期待的不同，想法也千差万别。为了孩子，大部分留守妇女在较长的一段时间内，仍会继续留守。刘楚莲说："我的公婆都不在了，我以后基本不考虑出去工作了。那些年轻的夫妻因为家里有公婆带孩子，才能外出工作。”李春英表示希望出远门做工，去大城市开阔眼界，但为了家庭只能继续留在村内。另外，有些留守妇女会考虑外出工作。于碧嫦以前想过等孩子大一点就出远门工作，但现在为了孩子的教育问题，估计是不会出去的了。文泽红目前不会离开孩子，但等孩子高中之后会考虑外出工作，至于设定这样一个期限的原因，她指明孩子初中多处在叛逆期，要严加看管。当然，也有留守妇女因为家庭经济原因，想要去城市里工作，以改善家庭的生活状况。文百珍已有三个女儿，目前正在调养身体，想要再生一个小孩，但怕将来孩子太多了养不起，便有了以后出去赚钱的念头。

2. 丈夫

霞村留守妇女的丈夫现多数集中在广州、佛山、东莞等珠三角城市，几乎没有前往上海、北京的，工作基本都是包吃包住。由于离家距离并非十分遥远，他们通常都会在闲时或节假日归家，路程花费的时间需要3～5小时不等，且回家频率与交通方式因职业忙碌的程度以及离家的距离有所差异。工作地点离家较近且不太忙碌的，归家频率会高一些。于碧嫦的丈夫文道开，现在在佛山的维他奶工厂打工。因为距离很近，他通常一个月回来一次，有时两个月回来一次，这几年因为家庭条件有所改善，都是开车回来的，基本3～4个小时车程。也存在即使离家较近但工作繁忙，丈夫很难抽出时间回家的情形，文泽红的丈夫因为就职的手袋工厂十分忙碌，即使在距离并不远的广州工作，也只能在长假日归家，回家频率比较少。多数时间他会购买60～70元的车票乘巴士归家，有时候则趁老板到L镇游玩搭“顺风车”回家。如果工作时间长且离家较远，丈夫们便只能选择长假日归家，且停留时间较短。刘楚莲的丈夫文之开，以前在北京、上海工作，近几年到东莞做厨房工作。因为距离较远，他通常根据工作排班表，选择在闲暇及长假日里乘5～6小时的巴士回罗定探望老婆与孩子。由于厨房工作忙碌，他过年期间只能在家中待一个星期左右。考虑到孩子较小，多数留守妇女都不会探望丈夫。但由于文百珍丈夫的工作是开货车拉货，东奔西跑，往往一年只能回家几次，为了家庭团聚，有时她会带着小孩去看望丈夫。

留守妇女主要承担“保姆”责任，带给家庭直接的经济收入较少，不足以支撑家庭的消费支出，因此丈夫每月普遍给妻子1500～2000元的生活费，通常是回家时交给妻子，钱财主要花销在饮食与孩子两处。当我们提出如何给生活费的问题时，由于丈夫回家次数较少，文泽红笑称：“家里钱财不分你我，他（丈夫）的工资银行卡是两人共用的，毕竟钱都是花在孩子的身上。”而提及丈夫的日常花销时，大部分留守妇女表示不清楚，称丈夫的衣服及在外的日常生活品一般都是他们自己购买的，她们并没有留意与计算。

多数丈夫回家后会帮忙做一些简单的家务来减轻妻子的负担。李春英说："他（丈夫）回来的时候就会帮我洗碗啊，打扫卫生啊。"于碧嫦称赞丈夫是一个勤劳体贴的人，回来就帮忙做家务，平常家中的洗衣液、沐浴露都是丈夫网购的，自己很少去集市购买。谈起丈夫，于碧嫦笑不停口地补充道："他以前不是这样的人，但结婚久了，'越来越懂得珍惜对方'，这是他的原话。附近的邻居都很羡慕我，每次我老公回来都说，哎呀，你老公又回来了，真体贴。"留守家庭里，丈夫对妻子家务的分担往往体现在孩子出生后。文泽红告诉我们，丈夫以前非常懒而且不愿意做家务，有了孩子之后慢慢开始会帮忙做一些家务。但并非所有的丈夫都如此。刘楚莲家里的家务都是自己一人承担的，丈夫基本不做家务，过年回家也不做。

至于在教育孩子方面，丈夫总处于缺席位置，对孩子的学习关注较少。由于长期离家，他们对孩子管得并不严格。文泽红称丈夫总扮演"慈父"形象，每当让他教导孩子做作业，他总是说"我叫不动，你叫了"。刘楚莲和李春英都抱怨丈夫不帮忙教孩子做作业，催促也不肯教。即使职业为教师，丈夫仍不会插手孩子的教育，李春英的丈夫在技校当老师，他的做法便让妻子不能理解，她说："我每次说'你文化水平高，你教一下'，他都不肯。"但也有丈夫会主动承担起孩子的教育问题，只是情况较少。于碧嫦的丈夫对孩子比较耐心，妻子对孩子发火时，他总会劝导妻子不要从早到晚骂孩子。相比较之下，他也是我们所了解的唯一一位主动辅导孩子学业的父亲。

留守妇女很少谈及与丈夫的感情问题。在我们的访谈过程中，每当谈到如何与丈夫认识的时候，她们总轻描淡写地说熟人介绍，不肯详谈与丈夫的关系是否融洽，多数以"有了孩子，就这样了"一句带过。唯有于碧嫦清晰地表露和丈夫的感情深厚，她认认真真地谈起了与丈夫相识的过程以及丈夫平时的为人处事。提及回家频率与次数时，妇女们并没有和我们讨论丈夫是否回家太少或时间太短，只是说"工作就是这样的"。文百珍则向我们表达了对丈夫的不满："他成天赌博，不懂事，又不回家，我经常要靠自己，如果不是公婆对我好，我早就走了。"但这种直白抱怨的情况也并不多见，多数妇女在谈到丈夫时，都并不与我们对视，只看着孩子。但当我们进一步谈及婚后的留守问题时，于碧嫦道出了留守妇女心态的转变："待在家里的时间长了，我整个人都变了，脾气越来越暴躁。什么柴米油盐的事情都要自己来，什么都要自己一个人做，没人帮，烦都烦死了。"这也是大部分留守妇女对我们说过的关于家庭问题最统一的一句话："什么事情都要自己来"。与谈论夫妻感情时闭口不言的情况不同，当我们聊起孩子的问题时，妇女们会滔滔不绝地讨论家庭生计，并强调丈夫是家庭的主要收入来源，丈夫们几乎都选择把至少一半的工资交给妻子。文百珍的丈夫月收入3000多元，每月定时送2000元回家当生活费；刘楚莲的丈夫每月工资4000～5000元，每月至少寄回2000元给妻子。

留守妇女在家庭中的地位以及幸福程度取决于她们各自的家庭状况，主要影响因素为丈夫的态度、家庭经济实力以及孩子数量的多少。[①]在访谈过程中，留守妇女并不认为夫妻分离对家庭关系有什么影响，也并未对目前的留守状态有太多的抱怨。与普通家庭相比，她们会花更多的精力在家庭上，尤其是子女身上，她们对于丈夫、孩子的事情如数家珍，谈及自身的生活态度都以“生活就是这样的”一语带过，长久的留守生活令她们对每日枯燥且相似的日子呈现出麻木的状态。同时，由于生活重心过多地放在家庭上，留守妇女们的交际圈子十分狭窄，当我们问及她们的交际圈子时，她们多数表示常一个人在家，忙碌起居饮食，没有朋友可谈心说话。她们接待调研小组时，态度友善且并不拘谨，每次访谈结束时都热情地招呼我们多到她们家拜访聊天，路上遇到也会与我们打招呼。

3. 子女

霞村留守妇女的家中至少都有两三个孩子，而且很多家庭希望至少有一个儿子。有些夫妻为了生育更多的儿子，甚至会生下四五个甚至更多的孩子，超生现象在村子里较为常见。

在调研过程中，当我们问及留守妇女怀孕是计划性还是意外时，她们大多数表示生孩子是顺其自然，有了孩子就生了。文泽红有两个儿子，都在S幼儿园读书，大儿子2011年出生。她说：“我是结婚当年就有孩子了，也没想过计划什么的。现在的农村家庭妇女一般都要求生到有儿子为止，但大多数生两胎就不生了，毕竟生太多也不好带，除非生的一直都是女孩子。”李春英有两个女儿，一个女儿在S小学读三年级，另一个女儿刚满三岁，由外婆抚养。她表示跟老公只认识了三个月就结婚了，不想那么快要小孩，但因为怀孕了就顺其自然地生下来。她正打算生一个儿子，“农村嘛，都还是希望有个儿子的。”于碧嫦有两个儿子，分别出生于2012年、2014年，目前都在S幼儿园读书。她说：“孩子都是顺其自然生的，第二个孩子是意外，我也没想那么快就生第二个。我现在两个孩子都带不过来，唉，真是太辛苦了，他们好调皮的，我暂时不打算生了。我的大嫂有四个女儿，她还要继续生，他们都想有个儿子。”刘家（非留守，34岁，罗定市人）有一个女儿和两个儿子，女儿出生于1999年，两个儿子分别出生于2000年和2011年，女儿初中就出去工作了，儿子都在S小学读书。“我的孩子都

---

①孩子数量的多少深刻地影响了家庭支出以及留守妇女们的工作量。

是怀上就生，他们都和我关系非常好，大女儿不管有什么事都会和我说，天天晚上都和我视频的。”她脸上带着笑意欣慰地说道。另外，有一些留守妇女迫于家庭的压力，不得不一直生孩子，直到有了男孩。刘楚莲有三个女儿、一个儿子，分别出生于2001年、2008年、2013年、2015年。她有点无奈地说道：“我们生孩子是顺其自然，没有计划的。我生完第一个孩子其实就不想生了，但是老公想要儿子，于是后来又生了。其实我生到第二个女儿就真的不想生了，但他还是说想要个儿子。你知道农村人是这样的啦。”文百珍有三个女儿，分别出生于2009年、2013年、2014年，大的在S小学上学，小一点的在S幼儿园读书。她表示宝宝是顺其自然有的，但老公想生儿子，她还会继续生。同时她提到，当她知道第二个孩子和第三个孩子是女孩的时候曾想过打胎，但婆婆不让，说反正现在上学不用交学费，只交书费。[①]

4. 怀孕

村中大部分妇女在怀孕过程中仍会坚持劳作——工作或者耕田。她们均认为，孕期劳动是一个正常现象，对胎儿并没有什么影响。刘楚莲孕中因为没有公公婆婆帮忙，她便独自带孩子、煮饭。李春英说：“我到差不多生孩子的时候才停工，但也不觉得多辛苦，只有刚怀孕的时候辛苦些，其他时候就和没怀一样。”。文百珍怀大女儿的时候，尽管工厂有产假，但仍继续工作，生第二个孩子和第三个孩子的时候则已经辞工待在家里，她因为有公婆的照顾就没怎么劳作了。于碧嫦怀小儿子的时候在外工作了两三个月。她当时想辞掉工作，但因为要交接就坚持了一段时间。刘家怀孕时几乎没有停止劳动，她说：“我们有很多田要耕，没有休息，做事做到生（孩子）。”另外一些妇女在家中因为有公公婆婆或者娘家的家人帮忙，便没有在怀孕时过多劳作。文泽红表示，她怀孕时没有下田工作，只是做做家务，比如扫扫地、洗洗碗之类。

在我们问及怀孕过程中是否会吃补品时，妇女们的回答也各不相同。文泽红表示没吃什么补品，她的妈妈则在旁边解释道：“补品吃多了会生不出，胎位会不正的。”刘楚莲说：“我没吃什么补品，家里太穷了，吃不起。”李春英怀孕的时候吃过一些补品，怀孕头3个月吃叶酸，一个礼拜煮两次骨头汤，偶尔买点钙片。于碧嫦笑道：“我怀孕的时候，没有吃补品，就是煮了一些骨头汤，自己都吃不下奶粉。我也没有做什么胎教，经常整天都在睡觉。”

5. 顺产

在顺产还是剖腹产的问题上，大部分留守妇女选择顺产，她们觉得不管对孩

①依照我国九年义务教育规定，S小学免除学费，仅需交纳书本费及伙食费。其中，书本费为300元/学期。

子还是自己来说，顺产都优于剖腹产。在选择母乳还是奶粉喂养孩子时，她们多数选择母乳，选择奶粉的占少数。文泽红说："我的两个儿子都是顺产。当然是顺产好，剖腹产之后孕妇的身体恢复没那么好，而且花钱多，几年后才能生第二个，现在有些人怕疼就不顺产。我都是母乳（喂养）的，现在的年轻人越早生孩子，母乳就越不够吃，都是半母乳半奶粉。"刘楚莲坚持用母乳喂养，四个孩子都是顺产，后面两个孩子胎位不正，但最后还是顺产。生第三个女儿时也想过剖腹产，但因为当时在L镇的医院，时间紧急，来不及送往罗定去做剖腹产。最后在L镇的医院顺产花了五六百元；生小儿子时本来签了剖腹产协议，但还是想再等等，最后也顺产了，不包括吃住，医药费花了将近3000元。李春英的两个女儿都是顺产，她认为还是顺产好一些。她说："有人怕疼就觉得剖腹产好，但之后就后悔了，生的时候开两刀简简单单，但事后肚子就很疼，很凄凉，会疼两三天，而且有很多禁忌，不能做重活。对女人来说，生得出的情况下，还是顺产好。我的孩子都是吃母乳，大女儿断奶的时候都不肯吃奶粉，小的断奶后吃奶粉吃到两岁。"文百珍讲述道："大女儿是在罗定市的医院剖腹产生下来的，因为当时医生说小孩脐带绕颈，情况比较危险，必须剖腹产。剖腹产是在2009年，包括所有吃的用的花了七八千块。其实我觉得顺产或剖腹产都挺好的，看个人情况吧。反正剖腹产没有对后面两个顺产的孩子造成影响。我的三个女儿都吃奶粉，因为自己身体不好，没有人奶（母乳）。"于碧嫦说："我两个孩子都是顺产。快生第一个孩子时疼了三天，生的那天从晚上10点疼到第二天凌晨3点。当时在镇上没有医院可以剖腹产。我觉得我疼得受不了大叫，护士脾气也不好，还在一边骂我，说我吵。我两个孩子都是母乳（喂养），第二个孩子出生时没有人奶，我就去煲猪脚来催奶。"刘家表示她的三个孩子都是顺产，对二孩政策、计划生育政策都不清楚。村里的女性大概都是生两到三个，基本没有独生子女，她的姐姐生了七个孩子。这时，萧炳梅（非留守，村中广场舞领舞老师，67岁，罗定市人）在旁边补充道："有些人怀孕时还撒娇，太娇气了对胎位不好，要多运动，才能顺产生下孩子，顺产肯定比剖腹产好。现在农村大多数是顺产和母乳（喂养）。"

6. 坐月子

霞村的留守妇女生完孩子后，基本上会有30～40天坐月子的时间，坐月子过程中较少劳作。文泽红表示，农村妇女坐月子时间基本为1个月，其间不能吃寒凉的食物，不能用冷水洗澡（要煲有祛风功效的树叶洗澡），不然以后会风湿关节痛，而且现在的妇女生完孩子除非一定要出去谋生，否则很少会马上工作。李春英向我们讲述了她坐月子时经历的事："孩子出生的时候，我的婆婆已经70

多岁，她有时会头晕，不能帮忙带孩子。我坐月子的时候，坐了40天，没有做工，但我自己炒菜，婆婆会煮饭。一般除了炒菜，我都在休息。我觉得女人坐月子时不能做太多事情，要学会爱惜自己。坐月子碰冷水对身体不好，老了以后会风湿骨头痛，也不可以吹风扇，不可以吃冷的。当然，坐月子的时候不可以串门，因为身上有味[①]（肮脏东西）。一般可以提前三四天出月子，摆酒，那时我们就可以去邻居家拜访，但还是要守禁忌。坐月子时要戴头巾，不然会头痛。我生大女儿的时候，是6月份，因为天气热就没有戴头巾，风从太阳穴进去，那时总是头痛。之后生第二个的时候，吃天麻炖猪脑，那时又是冬天，我戴了很厚的头巾，现在就不会头痛了。"于碧嫦在婆婆家坐月子坐了28天，回来就出月了，她坐月子时婆婆帮忙做饭做家务，自己什么都没做过。然而，也有些妇女基本上不怎么坐月子或者不注重坐月子，也没管什么禁忌。刘楚莲表示她没坐过月子，没有公婆帮忙，都是自己带孩子和做饭，那时去娘家住了几天，可以外出走动了就带着宝宝在外走一走，没有什么禁忌，产后也没有休息就直接劳作了。文百珍说道："我生大女儿的时候，坐了1个月的月子。生第二和第三个女儿的时候，都待在家里没有工作。为了照顾孩子，我经常淋着大雨顶着狂风，风里来雨里去，基本没有坐月子。"也因为这段经历，文百珍落下了脚痛、腰痛的毛病。萧炳梅补充说："妇女坐月子一般是1个月或者40天，过了10天之后可以碰一下热水，但月子没坐完不能随便去别人家。"

7. 满月酒

霞村的家庭多数都会给孩子摆满月酒，过去基本上只需花费两三千元，如今物价上涨，一次满月酒要花上万元。文泽红家在大儿子出生12天后摆"送羹（近似音）酒"，花费了1000～2000元。于碧嫦家在大儿子出生第9天后在家里摆满月酒，请邻居帮忙做饭，请了五桌客人，花了约1万元，小儿子出生后则没有摆酒。李春英给孩子摆一次满月酒花了约3000元，她表示现在至少要3万元以上的菜肴，满月酒的场面才算过得去，多数人是请亲朋好友来家里做，家里有钱、怕麻烦亲戚的人才会去请大厨。另外，也有一些家庭由于家庭经济状况或其他特殊的原因，没有给孩子摆满月酒。刘楚莲因为家里经济困难，而且自己有很多工作要做，便没有给孩子摆酒。文百珍生完孩子之后的第三天，大姑子上门就摆了几桌一起吃，没有专门摆满月酒。因为婆婆的爸爸很早眼睛就被人弄瞎了，婆婆的妈妈也去世了，婆婆从小是被叔伯亲戚带大的，没什么特别亲的亲戚，就没有摆酒。

① 当地方言，表示脏东西。

8. 孩子

在我们谈论到孩子的教育问题和择偶问题时，母亲们都表示十分关心，希望孩子今后过得幸福开心。然而村子里大多数孩子都是初中毕业，上高中的仅为个位数，读大学更少。现在的90后基本都读完了初中，没读完初中的很少，继续读高中的也很少。文泽红希望孩子可以读到大学，她觉得孩子只要孝顺理解父母便好，其他的看孩子自己的心意。在她眼中，有些人只想挣钱，不重视孩子的教育问题，这样是不行的。刘楚莲因为家庭环境的原因，自己忙碌操劳了一辈子，她希望小的孩子能读大学，那样可以没那么辛苦。她曾经跟二女儿说过："你看你大姐，没读书就出去工作，现在过得那么辛苦。"她表示，大女儿无论是留在身边还是嫁到外地，只要她喜欢就好，"现在不是在讲婚姻自由吗，但我还是希望她嫁得好一点，一辈子无忧无虑的。我对儿媳妇的要求则没什么，只要儿子喜欢就好。"文百珍看着几个调皮年幼的孩子，笑称："读书要看她们能不能读下去，她们想读，再辛苦我都要让她们读下去。就算很辛苦，借钱读书，只要她们想读，也要花钱让她们读。因为我出去打过工，知道读书真的可以让生活轻松很多，读书很有用。另外，我觉得女儿嫁得远不方便看她们，我晕车，老了之后坐车很辛苦。"于碧嫦则说："家长肯定都是望子成龙的，但我希望孩子们尽力就好，我们要适当要求他们，但逼得太紧孩子会反感。我肯定希望他们读大学，但之后如果孩子出去工作，我们夫妻俩不会跟着，现在孩子大一点都会嫌弃你，不让你跟着，孩子有能力就自己出去买房，但我们夫妻俩不会跟出去住。婆媳关系好难处理，我自己就喜欢自由自在的。对儿媳妇的要求嘛，相貌一般就好，主要看人品，脾气不要太暴躁。儿媳妇（的娘家）近一些的当然更好，比较好交流。"与一般家庭相比，留守妇女会花更多的时间在孩子身上，她们普遍表示自己最大的愿望就是子女能健康且快乐地成长。

四、家务劳动

留守妇女们一天的作息时间和内容基本上是非常相似的（表2–22）。一般都是早上6:00—6:30起床，根据个人习惯和家庭情况不同略微有些差别，刘楚莲说："我一般6点多起床，天热时就5点多，将近6点那样。"起床后，她们的活动基本都是围绕着孩子展开——叫孩子起床，给孩子做早餐后再送孩子上学。李春英说："以前卖面包的时候，要6点多起床上班，没办法送孩子上学。现在去做蛋糕，可以晚一点，7点半上班，就可以送她上学了。"说罢还摸了摸女儿的头。送孩子上学后，像李春英这样的有工作的便去上班了，没工作的自己就在家里做做家务。像刘楚莲这样家庭条件贫困一点的，便去镇上拿些缝补的活回家干，赚点钱补贴家用。所有的留守妇女都是自己做家务，丈夫回来后大多也会帮忙，文泽红说："家务基本都是我自己做，一般用手洗衣服比较多，有洗衣机，但洗衣机比较费电嘛，比较贵。以前我老公不做家务的，很懒，后来有了孩子之后他会做一点。孩子是不做家务的。"也有包揽所有家务的比较辛苦的妇女，刘楚莲提到这个问题的时候心情有些不好，但又很无奈："家里的家务都是我自己做的，小孩子不懂事，很少做家务，我老公基本也不做，就算回来也不做。"

留守妇女的孩子们基本都是上幼儿园或小学的年纪，村子里的小孩都在村里的S幼儿园和S小学就读。幼儿园中午包午餐，孩子一般中午不回家吃饭，像于碧嫦和两个儿子中午都在幼儿园吃饭，不会回家做。S小学没有食堂，小学生们中午需要回家吃饭，李春英说："家务包括做菜都是我自己做，老公回来的时候会帮忙洗碗。我中午上班回不来，由我公公做饭给女儿吃。"下午需要工作挣钱补贴家用的妇女就继续工作，像刘楚莲这样的，下午3点便骑着摩托车去镇上交货并拿新材料回家做。文百珍说："平时下午没事，邻居就过来聊聊天，旁边那家的人跟我情况差不多。"村里一般下午5:30—6:00就开始做晚饭了，吃完饭洗了碗，妇女们大多还要监督孩子写作业。文百珍说："我平时会教上三年级的女儿做作业，能教一点是一点，虽然有些我自己也不会，有时候就会视频问我妹妹。我妹妹之前在镇上当幼师，后来她嫌辛苦就不做了。"说这话时，文百珍的表情和语气都是羡慕的。刘楚莲则表示只有自己监督孩子做作业，丈夫即使回家了也不教。留守妇女们起得早睡得也早，于碧嫦说："小孩子一般（晚上）9点多睡觉，早的话就八九点。我自己一般洗完衣服，看一下手机，差不多（晚上）9点半或10点就睡觉了。"

表2-22　留守妇女一天作息时间简表

时间	作息安排
6:00—7:30	起床
7:30—8:00	做早餐
8:00—11:00	家务劳动/照顾孩子/工作
11:00—13:00	午饭
13:00—17:00	家务劳动/照顾孩子/工作
17:00—19:00	晚饭
19:00—20:00	辅导孩子做作业/做家务

续上表

时间	作息安排
20:00—21:00	孩子洗澡、哄孩子睡觉
21:00—22:00	自己洗漱、洗衣服
22:00—6:00	睡觉

注：①数据来自本小组访谈稿汇总。②家务劳动指打扫卫生与购买家庭所需物资。

五、日常消费

1. 衣

随着信息技术的发展，网购因便利、便宜等优点也逐渐深入农村人的生活，留守妇女也不例外。大多数留守妇女都曾经在淘宝上网购衣服，因为比较便宜，但网购频率比较低，多数人买衣服还是去镇上。淘宝、京东不能送货上门，东西只能送到镇上，相对还是麻烦一些。文泽红表示：“平时买衣服，镇上也买，网上也买，哪里便宜在哪里买。我一个人一年买衣服大概花两三百块吧。”后续整理中我们还注意到，虽然与自己的母亲共用一瓶大宝润肤霜，但文泽红是为数不多会使用护肤品的留守妇女。于碧嫦则会追求衣服的质量，她说：“以前喜欢在网上买，但是买回来又觉得质量不行，后来就不再上网买，还是上街买。每个月都买一些，最少都有一百块，一般一个月花两三百块。”文百珍说：“我一般买衣服就是在镇上的地摊上买的，网上看到喜欢的也会买一点，一年可能买1～2套，天冷的时候就买3～4套，一年下来我自己买衣服大概花1000元左右吧。小孩缺什么衣服就买什么衣服。”但也有比较差的情况，刘楚莲说：“我都很少买衣服的，有时候就捡姐姐不要的旧衣服穿，我的小孩也是捡我姐小孩的旧衣服穿。有时候也会去镇上买，买的基本都是孩子的衣服。今年买了一点润肤露，准备天冷的时候给孩子用。”

即使是日常买衣服，留守妇女们的重心也依然在孩子身上，新衣服也是首先想到给孩子买，家庭条件好一点的才会给自己多买一两件衣服。

2. 食

霞村几乎每家每户都有田地，稻米一般是自给自足，只有多余的粮食才会拿去售卖。同时，家中的老人都拥有一片小菜地，每顿青菜都是从地里摘取，很少到集市上购买。妇女们在购买食材时主要购入肉类或煲汤所用的其他材料。尽管如此，在留守家庭中，日常的消费支出基本集中在伙食上。文泽红表示：“我和婆婆是分开吃饭的，他们自己做自己的，我加上两个儿子，一顿饭大概花5元（不含米、青菜）吧。”统计下来，文泽红家里每个月伙食费的支出大约450元，而据她所说，在家人身体健康的情况下，一个月的总支出为300～500元，伙食费占了每月支出的4/5。于碧嫦说：“两个孩子和我自己中午都在学校吃饭，一天下来就只用做晚上那一顿，煲汤的话就要30元，不煲汤一餐大概就10多元。周六周日会带孩子去街上吃早餐。但如果说起一个月的花费，大约600元用来购买食材（不含米），煤气要100元，林林总总一个月至少要1000元左右。”但由于家庭情况不同，伙食费的具体数目差别较大。刘楚莲的公婆已经去世了，家里没有种田种菜，大女儿外出工作每月寄回500元补贴家庭，刘楚莲的丈夫工资也不高，因此她与另外的三个小孩一天的伙食费（含米、肉、青菜）共20元。文百珍家中尚有欠债未还清，家里的钱财大多花在婆婆每月的医药费上，加上孩子常生病，饮食上根本不敢多花销。文百珍与公婆以及3个女儿一起吃住，她说：“我公婆的田种白菜，一顿饭有时候会买几块钱的肉，或者做汤买鸭肉花十几元，这是要吃一天的。所以一天下来大概15～20元吧。”而李春英则对我们说，她很少计较伙食费的多少：“我公公腿脚不好，家里没有种水稻，米要自己买，公公种菜。我和公公、女儿三个人一顿饭大概花费25元（不含青菜），我们很少出去吃饭。”当我们询问是否会外出吃饭时，大部分留守妇女都表示农村人很少到镇上吃饭，“多数都是自己买肉回来改善伙食的。”李春英答道。

3. 住

1982年霞村实施了“分田到户”政策，每家分到了几亩土地。等男子长到一定年纪，父亲会把家中的土地按儿子的数目分给他们，但土地并不是等分的，通常长子得到的土地面积会更大一些。现在这样分地的方式有所改变，刘家说：“地这么传下来，（下一辈得到的土地）越来越小，现在基本就不分了，都是一块地盖一栋房子然后一家人一起住。我现在就和大伯一家住在一起。”留守妇女的情况也大多如此，她们所住的房子大部分是公婆建的，自己并不了解建房时花费多少钱财，但房子的装修费用则是自己出的。一般装修自己房子所在的楼层，大约花费1万～2万元，装修比较简单，只有白灰、瓷砖这些支出。文百珍告诉我们：“房子是我公公建的，这么多年一直住在这间屋子里，一楼是姑姑装修的，我们夫妻结婚前装修了二楼，花了1万多元吧，当时买了电视机之类的东西。”文泽红表示，公公盖的新房子，自己一家和大伯一家共同居住，只是大伯一家外出打工，老人家们则仍在隔壁的老屋居住。于碧嫦的情况则比较特殊，她原来与公婆、大伯一家共住，旧屋子是公公、丈夫及大伯一起盖的，但2017年丈夫另盖了房子，现在她一家单独住在马路旁的新房子里，公婆与大伯另建了新房子，老屋则闲置了。

目前，乡村振兴战略[①]正在霞村实施，村中的房子外观将由政府免费装修。目前（2018年底）为止，一期工程已经完成，村里通往长岗坡纪念馆的路变成了柏油马路，两旁的房子被刷成了欧式小镇风格，随着二、三期工程的推进，全村的房子外观将会得到改善。提到这里，于碧嫦夸道："免费的，省了好大一笔钱。"

4. 行

留守妇女生活圈子较少，一般不外出。S幼儿园及S小学在霞村内，距离各家各户都不远，因此妇女们基本不送孩子上学。但村子离镇上较远，步行至少要40分钟，为了来回方便，大部分的留守妇女都有一辆摩托车。文泽红每天都要到镇上的缝纫厂送货，没空就隔两天时间再去，一个月的汽油费大约50元。刘楚莲也表示家中的摩托车一般用来载货，不论风雨，每日都必去镇上送货，每个月的交通费要100元。而在镇上有固定工作的李春英则花费更多，每月需加300元的汽油。文百珍近期因外公身体不好，需要经常往返镇上探望老人："我最多一个月就60元吧，不会更多了。"于碧嫦不用送孩子上学，也不需要每天到镇上购物，虽然每周日要送大儿子去学校打篮球，但每月油费也只需要40元，并不算多。大部分留守妇女考虑到孩子年幼，几乎都不会前去探望在外工作的丈夫，因此交通费仅体现在每月的汽油费上。

5. 其他消费

村中的留守妇女们由于自身收入不高，且大多数家庭不算富足，因而都比较节俭，偶尔会买一些耐用品和奢侈品以满足家庭需要。刘楚莲由于平时要从镇上的缝纫厂拿布料回家加工以补贴家用，因而自己花1200元买了一台缝纫机。家里的电视是从网上购买的，因为老公说"搞活动很便宜划算"，原价4500元，买回来只花了2000多元，便宜了一半。于碧嫦平时很少用护肤品，最近用芦荟胶，其他什么都没用。据她描述，她以前买过300多元的洗面奶，但直到过期了也没用完，就没再用了。

文泽红和李春英表示家中的支出花在孩子身上的比较多。刘楚莲的孩子经常生病，医药费等花销大，尤其是小儿子，肠胃不好，前些天发烧才去了镇上的医院。于碧嫦说道："我这两个小孩经常感冒，村子里看一次要十几元，一般会病一个星期，差不多花费100元。但在镇上看一次则要400～500元。"有一些留守

① 乡村振兴战略指S行政村的房屋外观由政府免费装修，共分为一、二、三期工程。一期工程范围为S村通向长岗坡纪念馆马路主干道两旁的房子；二、三期工程则是全面覆盖村里每户人家的房屋外观装修。

妇女的家中同时有身体不好的老人和免疫力较差的孩子，因此花销会更多。文百珍家里的钱大多花在婆婆和孩子身上，她的婆婆心脏不好，每个月要花几百元的药费；几个孩子经常轮流生病，有个孩子之前去找村里的医生治疗，结果半夜高烧，又进了医院，看医生打吊针。前些日子，她的大女儿本来很健康，但又突然患上黄疸病，病了一个月，住了一个月的院。

六、闲暇与娱乐

留守妇女们大多都感叹工作生活太忙碌，没有太多空闲时间去放松和娱乐。文泽红说道："我有空就看一下电视，比较喜欢看一些言情片，感觉有趣一点，那些战争片、历史片我都看不下去的。除了看一下电视外，平常就玩玩手机，做一些家务。"刘楚莲的小孩放学经常看电视，而她几乎不看电视，总是在做家务。李春英在忙完一天的工作和家务后，偶尔会用手机看看新闻。文百珍则表示："我有空的时候很少看电视，一般都是找别人聊天。"当然也有人平时的娱乐活动比较丰富，喜欢和朋友们聚在一起，或是积极参加各类文娱活动。于碧嫦说道："我有空就叫同事朋友去周边玩，不过现在很少出去了，因为太阳很晒。我经常看手机，但很少看电视，孩子看动画片比较多。"刘家加入了广场舞健身队，每天晚上8点在S小学附近，和其他几十个妇女一起跳舞。她之前参加过政府组织的活动——因为有奖品就参加了，最后赢了8袋肥料。当我们问起广场舞活动时，多数留守妇女表示听说过，但是没有时间参加。

评语

霞村30～50岁年龄层的留守妇女，一般初中以下学历。在结婚以后，为了养育孩子、照顾老人，不得不留守在家里。这种情况在全国各地乡村都非常普遍。起初，孩子一般由老人帮忙抚养，但老人并不能很好地管教孩子，而且一些老人自己都需要照顾，由此夫妻双方不得不留下一人在村里承担责任——"留守妇女"就是在这样的背景下产生的。"留守妇女"的确反映了城镇化过程中农民的一种分工"理性"。如果丈夫打工收入较高，则她们在家里就过得比较轻松，甚至家务劳动也要少很多，这会让她们产生满足感、幸福感。她们也会享受各种现代商品、现代服务，如电视、网络、电子商务等。这说明社会生产力的某种进步，可以填补家庭分裂带来的情感真空，可以替代、弥补家庭分裂造成的损失；但如果丈夫外出打工失败或收入较低，寄回来的钱较少，留守妇女们就还须寻求更多的货币收入，或者寻求更多的对货币收入的替代。比如，会设法就近打工或努力务农等，这会使得她们的“留守”非常辛苦。而且这种辛苦之外，家庭长期分居、分裂带来的精神的痛苦也会凸显出来。

长远来看，要结束“留守妇女”的历史现象，中国的工业化就必须探索一条自己的道路，以彻底走出“二元社会”的困境，这就是就地产业化、就地城镇化。除了农业，乡村必须要有可持续的加工业、服务业和旅游业，产业真空不能长期持续下去。如此，外出打工的一部分青壮年男性村民，才有机会返乡就业、创业，留守妇女的家庭才可以比较正常、比较完整。

第六章　留守儿童

余时彦　张佳虹　林天瑀

到达霞村后，我们首先对S小学的校长进行了访谈，了解了学校留守儿童的相关信息。接着对村委会主任进行访谈，了解全村留守儿童的现状及问题。在校长的帮助下，我们在S小学生中选取了六名典型的留守儿童作为调查对象，与他们进行交流，其间多次到他们家中拜访。

一、调查背景

在我国工业化、城市化的推进过程中，一直存在着城乡发展不平衡、收入差距悬殊等痼疾，由此不少的农村青壮年劳动力不得不外出打工，这是“留守儿童”产生的背景和原因。霞村的大多数青壮年劳动力都选择到L镇、罗定市或者珠三角其他地区务工，将自己的子女留在村中交由长辈、妻子或亲朋抚养，这些孩子也就变成了“留守儿童”。

留守儿童主要分为以下几种类型：单亲监护型（由父母一方在家抚养）、祖辈监护型（父母外出打工，子女由爷爷奶奶或者外公外婆抚养）、亲朋监护型（将子女托付给叔婶、姑舅或朋友监管）、自我监护型（孩子自我管理），霞村普遍存在的是单亲监护型和祖辈监护型。在很多农村地区，留守儿童们因为缺少父母的关爱，容易在学习、生活、心理等方面产生种种问题。据S村小学的校长和老师们反映，留守儿童比其他同学更容易排斥学习以及与老师交流，更容易产生厌学、逃学的心理。

为了了解留守儿童的具体情况，我们考察了S小学。[①]

S小学没有食堂和宿舍，中午也没有地方休息，学生每天中午和下午放学都要回家。大部分学生都存在父母至少有一方外出打工的情况，学校关注的是父母双方都外出打工、每次出门三个月以上的留守儿童。据S小学校长说，这部分

---

①访谈时间：2018年11月26日15：00—15：30；访谈地点：S小学；访谈对象：S小学校长。

留守儿童的学习成绩大多比较差，因为父母不在家，管教不了，爷爷奶奶只管吃穿，还有一些留守儿童的性格比较内向，不愿意和他人沟通，老师跟他们说话也不吭声，教师们也不了解他们的心理情况。但他们对体育活动比较感兴趣，会积极参加。课堂纪律方面，“有一些（孩子）就睡觉啊，自己玩啊，搞东西啊，有一些顽皮一点就扰乱课堂纪律”。

S小学的师资力量明显不足。目前，小学共有九位老师，都是罗定师范学校毕业的，师范学校以前叫中师，属于中专，现在改为大专院校。S小学开设了六门科目，分别是语文、数学、英语、科学、音乐、美术；每位老师都要负责两门或两门以上的课程，因此对于一些学科并不精通。例如，教美术的老师并没有学过美术，只能教一些非常基础的知识。由于老师工作较多，因此也不会给留守儿童举办专门的活动或进行特别的关照，“本来我们这里老师的编制就不够，五个班九个老师，三年级（原来有）两个班（总共）65人，本来有两个老师，但是现在老师不够，所以（将三年级原有的两个班）合并成一个班了。”校长解释道。

从这个学期开始，S小学的老师与家长建立了微信群，老师会通过微信和留守儿童的家长进行联系，有空就交流，如果是个人的事情就和家长私聊。以前与留守儿童的家长联系很少，每个学期开一次家长会，全校一起开，因为有空来开会的家长很少，来的一般都是爷爷奶奶等年纪大的，大部分不是父母，“很多家庭经济收入不是很高，父母没时间过来，宁愿去打工，一天两三百块，来了（家长会）就损失了。”校长如是说。

在学校的安排下，我们专访了六名留守儿童。

二、六名留守儿童

（一）文漫晴

文漫晴，女，今年11岁，在S小学读五年级。平时和奶奶，一个弟弟，一个堂弟，以及表姑住在一起。漫晴的爸爸目前在中山工作，妈妈在江西工作。

第一次访谈：2018年11月27日 9:50—10:10，访谈地点：S小学；第二次访谈：2018年11月27日 19:30—20:30，文漫晴家中，访谈对象：文漫晴的奶奶、表叔；第三次访谈：2018年11月28日 17:20—18:05，文漫晴家中，访谈对象：文漫晴；第四次访谈：2018年11月29日 13:40—14:15，文漫晴家中，访谈对象：文漫晴奶奶。

1. 家庭情况

文漫晴的爸爸和妈妈从她记事起便在外打工，奶奶也不记得他们是什么时候开始外出打工的了。文漫晴的爸爸和妈妈在她读二年级的时候离婚，此后又分别再婚。爸爸以前没钱读书，只读到初中，目前在中山工作。妈妈在清远读过大专，目前在江西工作。小妈（漫晴对继母的称呼）在潮州工作。文漫晴的爸爸和她的小妈生下了弟弟，过年的时候她的爸爸和小妈会回家，除此之外回家的时间并不固定，有事就会回家，每年回家两三次。漫晴的妈妈再婚后生下一个男孩，目前定居江西，暑假的时候漫晴的妈妈会到村里来接漫晴到江西住一个暑假，其他时间不会回到村里来。妈妈在江西住的房子是商品房，小区隔壁就是一个商场，漫晴每天都自己去逛商场，想买什么就买什么。与漫晴同住的弟弟（小妈所生）今年3岁，堂弟4岁，都在L镇的幼儿园读书，村里的幼儿园要5岁才能上。每天上学和放学都有校车接送，幼儿园每人每个学期交费3000元，其中包含200元/月的午餐和100元/月的接送费用。漫晴的表姑今年（2018年）读高三，在罗定实验中学就读，并不是每个周末都能回家，只有逢学校“双休”（周末放两天假）的日子才可能回到家里来，如果周末只放假一天就住在学校。漫晴称呼她“姐姐”。当漫晴的表叔纠正说是她的表姑时，漫晴激动地说“是我姐，表姑不存在的！”“姐姐”（表姑）是和漫晴关系最好的人，“我姐那时候去L镇二中读书，不在家，我很伤心，就哭了。”“姐姐”回家时便和漫晴一起睡，还会和漫晴一起去逛街，“她到镇上之后就给我打电话，我去镇上和她一起逛街，然后回家”。漫晴的爷爷在深圳的一家酒店做电工，家里的吃喝花费基本上都是爷爷出钱，漫晴的零花钱是妈妈给的，没有固定的数额，需要用钱的时候就找妈妈要。漫晴的奶奶在家里负责照顾漫晴、漫晴的弟弟和漫晴的堂弟，她从漫晴出生开始就不种地了，一方面因为要照顾漫晴，另一方面骨头痛。空闲时间奶奶就与街坊邻居研究“六合彩”或打牌。

漫晴家里一日三餐都是奶奶负责做，早餐喝白粥，午餐和晚餐主要吃米饭、猪肉和青菜。下午6点半左右开始吃晚饭，晚上奶奶、弟弟、堂弟三个人一起睡，他们三个人晚上10点就睡觉，漫晴则11点才睡觉。需要上学的早上，漫晴6点40分起床，需要奶奶叫醒她；放假时，漫晴早上9点多才起床。平时漫晴会帮忙做家务，主要是扫地、拖地、擦桌椅。

漫晴在家里会和奶奶聊天，什么都聊，小时候会和奶奶说“想妈妈”，“她弟弟比较想妈妈，（想）爸爸比较少，漫晴小时候也这样。”奶奶如是说。漫晴说，弟弟想妈妈的时候就会哭，她小时候也会哭，但是哭也没有用，后来长大了就不哭了。

2. 学习

漫晴的学习成绩在班级里属中等水平，小时候不喜欢学习，需要奶奶监督，现在自己开始意识到读书的重要性，知道只有读书才有出路，才能实现自己的梦想，学习变得比较自觉。虽然漫晴的爸爸不在家，但是会监督她学习，漫晴也害怕因为没有好好学习会被爸爸骂，“我爸爸超严格的，没有过慈祥，凶得要命，总是骂我，学习不好就骂我”。11月27日晚上10点，漫晴发现自己的数学作业还没写，“好险检查了，要不就麻烦了”。问其原因，她说“（老师）会通知家长，叫爸爸来帮你写。我吓得要命，老爸这么凶，我会被骂死”。

漫晴在自己书桌的墙上贴了一些约束和激励自己的话，如“六点必须起床”“早上不能玩手机”“中午放学可以玩10分钟手机，但是不能耽误作业”“学习会控制情绪”“行动能改变未来”。她想用这些话来警醒自己，要在学习上下功夫，要改变自己，积极上进，去追求自己的梦想。

漫晴的文具都是自己到镇上去买的，有时候会网购，快递寄到镇上后，自己去拿。当她需要买文具时，会挑一个星期六的早上，用手机和在罗定读书的表姑联系，约好时间和地点，等表姑放学后在镇上碰面，然后一起去买文具。对于一些在镇上难以买到的文具，漫晴会通过网购的方式进行购买，但是快递不能寄到村里面，只能寄到镇上的快递收揽点，漫晴收到快递到达镇上的通知之后，便要去镇上取快递。往返L镇和霞村，漫晴都是坐村里的公交车。

3. 课余活动

漫晴的课余活动主要有看书、看电视、画画、唱歌、跳舞。

（1）看书。漫晴家里有11本课外书，分别是《逃家小兔》《草原上的小木屋》《花颈鸽：一只信鸽的传奇》《兔子坡》《城堡镇的蓝猫》《钢铁是怎样炼成的》《本和我》《唐诗三百首（1）》《唐诗三百首（2）》《唐诗三百首（3）》《唐诗三百首（4）》。这些都是漫晴的妈妈通过网购买给她的，让她自己去L镇上的快递收揽点取回家。

（2）看电视。漫晴看电视的时间是晚上和周末，她喜欢看特工片，但是有时候她要把电视让给弟弟看动画片。

（3）画画。漫晴喜欢画画，她有一套画画的工具——蜡笔、彩色铅笔、橡皮。漫晴空闲时会用手机在网上看关于画画的东西，主要是看漫画和画画的工具，她说将来会给自己买颜料，自来水笔。漫晴几乎每天晚上都会画画，这也是她睡得比较晚的原因。她目前保存有几十张自己觉得满意的画作，同时还经常帮同学画画，有时也会将自己的画送给别人，邻居家的小女孩就有她送的画，我们与她告别的那一天，她也送给我们每个人一幅画（图2-46、图2-47）。

图2–46　漫晴所赠画作1

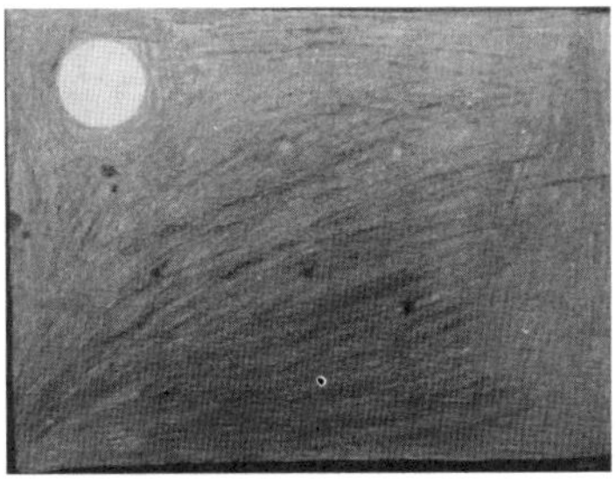

图2–47　漫晴所赠画作2

（4）唱歌。漫晴会用手机听歌，一般都是听流行歌曲，一边听，一边跟着唱。她一般是晚上独自一人在房间里的时候听歌，听的曲目并不固定，在网上找流行歌曲随机播放，听到好听的歌曲会反复听几遍，听得多了之后，便可以跟着唱出来。

（5）跳舞。漫晴是学校舞蹈队的成员，每个星期老师会组织她和其他几位同学一起练舞，她自己也喜欢跳舞。学校课间做广播体操时，她和几位舞蹈队的同学会在队伍前面领操。

4. 心理

漫晴说自己是喜欢爸爸妈妈的，“亲生父母哪有不喜欢的”。有“姐姐”（表姑）的陪伴，漫晴现在不会想念她的爸爸妈妈，“习惯了，想他们干吗，为什么要想他们，有姐姐在就不用想他们了”，但漫晴比较小的时候会想念她的妈妈，“二三年级的时候，哭着想”。

漫晴觉得父母不在身边对她还是有一些影响的，“（我读）二年级时妈妈在深圳，到四年级我就变成了这样（比较霸道，与同学说话态度强硬，会打让她觉得生气的同学），因为孤独，所以就变成了小霸王”，“以前他们说我很活泼可爱的”，漫晴认为父母不在家让自己的性格发生了一些变化。她说，自己以前的性格比较开朗，在生活中比较活泼，对待他人都比较友善。而父母外出打工，特别是父母离婚之后，她会感到有一些孤独，这种孤独带来的压抑感，使她的性格逐渐变得暴躁起来，容易发脾气。遇到不顺心的事情，就会打一些招惹她的同学，以发泄她的消极情绪。如，有些同学跟她开玩笑，她觉得生气，就会打那些开她玩笑的同学。“看他们不顺眼就揍啊”，“对呀，找个人发泄一下”，这是漫晴对自己打人动机的描述。但是这种发泄并不代表漫晴真的对这些同学有怨恨之意，她告诉我们，她和班里的同学关系都是很好的，自己每次想到六年级时就要和班里的同学分开，就觉得很伤心，感觉很舍不得这些同学，舍不得和他们一起度过的这些快乐的日子。她说，“我们就像一家人一样”。

漫晴和父母很少沟通，爸爸妈妈都很少打电话回家，她和父母的交流大多通过微信来进行，漫晴四年级暑假时妈妈给她买了一部手机，方便漫晴与她进行联系。但漫晴说只有当自己有事找妈妈时才会与她联系，例如，家长签字，或者要建家长微信群的时候。

“我要读大学，要去练跆拳道，虽然他们觉得女孩子练跆拳道不好，觉得应该是男孩子保护女孩子，但是我不觉得。”“我喜欢唱歌，跳舞，想当明星，对了，他们说我演技好。”这是漫晴对于自己梦想的描述。

5. 调查小结

文漫晴属于祖辈监护型（主要是奶奶监护）。父母对漫晴而言是比较生疏的人，他们之间缺乏沟通交流，漫晴有什么想法不会向父母诉说，甚至对与父母交流也有一些排斥。父亲关心她的学习与生活，但仅仅浮于表面，以严厉的说教恐吓她，并没有深入地交流，只给漫晴留下一个“凶巴巴”的印象；而对于漫晴的父亲，这可能也是迫于无奈，或许是工作的压力让他无暇顾及。在城市化与工业化的背景下，背井离乡打工，不仅对进城务工人员的心理会产生特别的压力，更会对他们的后代造成特别的影响。漫晴通过手机和网络，接触到了外面的世界，关于明星、大学，她都有一些了解，由此不仅消除了一些孤寂，也让她萌生了上大学、当明星的想法，隐隐约约地意识到要靠自己的努力才能有未来和出路。

（二）文庆林

文庆林，男，今年9岁，在S小学读三年级。平时和爷爷、奶奶、妈妈以及两个弟弟住在一起。庆林的爸爸在北京一家酒店做厨师，妈妈在L镇的工厂里做手机充电线。

第一次访谈：2018年11月29日 16：30—16：50，放学回家路上；第二次访谈：2018年11月29日 17：10—17：50，文庆林家中，访谈对象：文庆林奶奶。

1. 家庭情况

庆林的爸爸妈妈都是云浮L镇人，爸爸从18岁开始就在外面工作，去过广州、东莞、佛山，目前在北京打工，在酒店做厨师。过年一般没法回家，每年回家的次数和时间都不固定，有空的时候才会回家。庆林的妈妈在L镇工作，在工厂里做手机充电线，每天下午6点回到家。庆林有两个弟弟，一个8岁，在S小学读二年级，每天与庆林一起上学和放学；另一个6岁，在L镇上读幼儿园，每天有校车接送。庆林的爷爷目前身体不太好，11月29日在他家访谈时，庆林的爷爷在L镇看病，晚上才回家。庆林的奶奶主要负责家务，一日三餐都是奶奶做的，因为庆林的妈妈要上班，晚上回来太晚，让小孩子做饭奶奶不放心，“小孩子会煮饭，但是一般不让他们煮，电和煤气不安全，前阵子那边村里有姐妹两个洗澡的时候煤气中毒了，电和煤气这些都不敢让小孩子碰”。奶奶每天早上6点起床煮早饭，庆林和弟弟们6点多起床，晚上则8点就睡觉。他们家里早餐一般吃白粥，有时候吃面，剩下的白粥就用来喂鸡。午饭和晚饭则主要吃青菜、鱼和猪肉。庆林的奶奶平日除了做饭之外，主要的活动是种水稻、种菜和养鸡，他们家有1亩地，还有一个小菜园子，奶奶养了8只鸡，圈养在院子的角落里，不放出来，“养养鸡，种种菜，一天很快就过去了，不会无聊的。他们放学了，我就要煮饭啊（催他们）冲凉（洗澡）”。

庆林家里的开支主要来自庆林的爸爸妈妈，庆林的爸爸每个月会寄生活费回来，金额不固定，赚得多就多给，赚得少就少给，一般是两千块钱。

庆林的奶奶对孙子们的管教比较严，他们也都听奶奶的话。奶奶说，他们不乖的话，会骂他们，“现在的小孩子很难教的，不像以前的小孩子”。

2. 学习

庆林的学习成绩优异，考试一般都能考90分以上，做作业也比较自觉，很少需要奶奶监督。“他们有时候不愿意做作业，哎呀！难搞，有时候要催，很少不要催的，自己做，我也不懂；第一个（庆林）学习好一点，第二个没有第一个那么好，比较懒一点，第三个也还可以。”虽然奶奶不懂他们读的书，但是希望他们能够好好读书。

庆林家客厅的墙壁上贴满了奖状，一共有22张，其中12张是庆林的，另外10张是两个弟弟的。奖状包括8张“好孩子”、2张“三好学生”、1张“优秀班干部”、1张“读书之星”。

庆林会主动跟爷爷说要买书本、练习册、文具，他跟爷爷说要买什么，爷爷就买给他。

庆林说自己喜欢学习，喜欢上课，最喜欢上的课是英语课，因为英语老师很有趣，课堂上会带他们玩一些好玩的游戏。

3. 课余活动

庆林的课余活动主要有看电视，看书，弹弹珠，抓鱼、螃蟹喂乌龟。

（1）看电视。庆林一般会在晚上写完作业后以及周末的时间看电视。周末看得比较多，平时晚上时间很短，很早就要睡觉了，看的内容主要是动画片。家里人会限制他们看电视，不会让他们看的时间太长。

（2）看书。庆林家里的课外书比较少，他一般是在学校看书，学校每个班都有一个书架，书架上有各种各样的图书。

（3）弹弹珠。庆林家客厅里有一个铁盒子，里面装满了各种各样的弹珠，有数十颗，有些是他和弟弟自己买的，有些是他们出去和别人玩赢回来的。

（4）抓鱼、螃蟹喂乌龟。庆林家有一只体长约20厘米的乌龟，是爷爷抓来的，最初只有大约7厘米长，养在客厅中，放在一个红色的小桶里，已经养了两年了。庆林家出门10米就是菜园和农田，地里有一些小水沟和小水塘，他和弟弟经常去抓小鱼和螃蟹喂乌龟。小鱼和螃蟹一般都躲藏在淤泥中，他们蹲下来，将双手插进淤泥中，发现有小鱼或螃蟹出来时，双手并在一起慢慢靠拢，将小鱼或螃蟹围在双手中间捧上来。抓来的鱼一般长2～4厘米，螃蟹则1～2厘米。他们在养乌龟的小桶上开了一个直径1厘米多的小洞，将小鱼和螃蟹塞进去，乌龟会把嘴巴凑到小洞边，一口咬住猎物，拖入水中，随后一口一口地慢慢吃掉。

4. 心理

庆林很想念他的爸爸妈妈，尽管妈妈每天晚上都会回家。“小孩会打电话给爸爸，爸爸也会打回来，一天要打三次；每天跟妈妈也要打几次，三兄弟打架也要找妈妈，吃完饭也要找妈妈。”奶奶如是说。

庆林很少有不开心的时候，也不觉得自己有什么不如别人的地方。

5. 小结

文庆林的留守情况属于单亲监护型（主要是妈妈监护）。他只有爸爸一人在外打工，而妈妈每天都会回到家里。但庆林与爸爸的关系不仅没有疏远，反而十分亲密，每天都要和爸爸打电话，与爸爸无话不谈。奶奶对庆林的照顾无微不至，一日三餐都是奶奶做给他吃，早上奶奶叫他起床上学，衣服也是奶奶帮他洗的。奶奶对庆林的管教也较为严厉，不会让他在外面随便买东西吃，也不让他随便跑出去玩。也许是因为从小到大的家教都比较严，造就了庆林乖巧听话的个性，学习方面也十分自觉，不需要家人操心，可以感觉到他还是在一个充满亲情关怀的环境下成长的。

（三）刘美琪

刘美琪，女，今年8岁，在S小学读二年级。美琪平时和奶奶、弟弟和姐姐一起住。美琪的爸爸在新兴（云浮的一个县）工作，美琪的妈妈在惠州工作。

第一次访谈：2018年11月26日 16:30—18:00，访谈对象：刘美琪，访谈地点：刘美琪家中；第二次访谈：2018年11月27日 13:00—15:30，访谈对象：刘美琪的叔叔（美琪爸爸的弟弟，退伍军人），访谈地点：刘美琪家中。

1. 家庭情况

美琪的奶奶今年55岁，“20世纪60年代的人，十七八岁就结婚了，到七八十年代就晚一点，古代那时候十三四（岁）就结婚了，这个不出奇，我有个同学就是十七八（岁）生小孩。”美琪的叔叔说道。

美琪的姐姐今年11岁，在S小学读五年级。弟弟今年5岁，在S幼儿园读书。

美琪的爸爸妈妈先后去外地工作，大约已经有3年。美琪的爸爸目前在新兴工作，平时基本不回家。妈妈在惠州工作，一年回来两三次。放假期间，孩子会去新兴见爸爸。美琪的叔叔和美琪住在同一栋房子里。叔叔白天外出工作，每晚约7点回家吃饭。美琪在家时和奶奶一起居多。

三年（2015年）前，美琪家的经济状况还可以，后来美琪的爸爸做了生意（劳务中介，承包后给别人做，赚中间差价）赚了些钱，但拿去赌博赌输了，又借钱去赌，欠了钱就跑。现在因为美琪的爸爸欠债，经济状况不太好，所以妈妈不得不出去工作。

美琪的父母因为赌钱这件事情最后离婚了，也没有说清楚孩子给谁养，目前就让奶奶养着。美琪的叔叔表示，小孩以后长大懂事了，要跟谁走就跟谁走。叔叔有时候问孩子们，跟爸爸还是跟妈妈。美琪的姐姐就说跟妈妈，美琪说跟爸爸。美琪对爸爸和妈妈之间的矛盾、家里的负债情况了解得并不多，处于不知情状态。

美琪的爸爸因为赌钱的事情一直没有回家，一回家就有债主找他。妈妈一年回来一两次。我们问美琪，父母是做什么工作的？美琪表示不知道父母在哪里工作，只知道妈妈回来，爸爸不回来（即便是过年也不回），美琪表示没有见过爸爸。美琪说妈妈会打电话回家，妈妈回家的时候不会买礼物，但会买好吃的回来。跟妈妈多久打一次电话？上次打电话是什么时候？美琪说不知道。叔叔表示，她妈妈隔两三天就会打电话回家，一般是聊家常，比如“吃饭没有”等。

叔叔有时间就带美琪去看爸爸，在那边玩几天再回来。美琪的爸爸在新兴租了房子，租的房子是自己找的，不是打工的地方提供的，当地的房租便宜的100～200元，贵点的300～400元。叔叔说：“你以为这里是广州啊，一二线城市和三四线城市不一样。租房子也有便宜的有贵的，只看你能不能（愿不愿意）住，最便宜的一百块，就这个厅（美琪家的客厅）就能分成五间房，可能你们没住过吧，我就住过啦。”

美琪家里养了鸡，鸡是自己吃的。鸡是奶奶养的，平时喂米饭，逢年过节或者想吃的时候就宰来吃。美琪的家里还有两亩地，由奶奶种花生、水稻。

美琪的叔叔介绍道：“自己养的（鸡）比较好吃一点，用米饭养的，在外面买的都是饲料喂的，没有那么好吃，但喂米饭成本就比较高。鸡也下蛋，给点饲料吃就天天都下蛋，一天一个蛋。”

家里的鸡蛋不会用来孵小鸡，美琪的叔叔说：“没有公鸡怎么孵（小鸡）

呀？这里的公鸡大部分都被阉掉了，阉掉比较好吃，怎么说呢，但有些人不能吃（没阉掉的公鸡）。鸡冠很大的就是没有阉过的鸡，是专门留下来和母鸡交配的。”

家里养的鸡，一开始是从外面买回来的小鸡，有时候是买别人用饲料养到两三斤的鸡回来再养一阵子，这些鸡养两三个月就吃掉；如果要拿去卖，只需要养一个半月就可以卖了。

家里养的鸡平时吃剩米饭。叔叔说：“平时煮饭不可能刚刚好，要么不够吃，要么煮多了，煮得不够吃的是不可能的。”

家中一般是奶奶煮饭，美琪家平时吃一个肉菜一个青菜，除了猪肉外，有时候还会吃烧鸭、鱼之类的。早上吃白粥，孩子们想吃榨菜，但是吃多了不好，奶奶和叔叔偶尔才会买给他们吃。一般什么东西都给他们尝一下，不会总是吃一种食物。

美琪的姐姐喜欢吃米饭，不喜欢吃菜，美琪吃饭的表现好一些。

2. 学习

美琪的叔叔说，村里的孩子一般都上幼儿园，也可以不让孩子上，只要年龄到了（虚岁7岁），就送去S小学读一年级。幼儿园每学期交1500元学费，吃饭每个月200元。上了小学，从一年级开始，学杂费13.06元，书本费50～60元，课外资料50～60元。而从两三年前开始，六年级的学生全部集中到镇里的学校，一方面是镇里的学校新盖了宿舍没有人住，另一方面是方便管理，提高升学率。

美琪的叔叔表示，自己读书的时候，读课文、词语都只读白话（粤语）版本。但现在的学生要先用白话读一遍，再用普通话读一遍。因为以前的老师都不怎么会说普通话。

美琪说喜欢上学。特别喜欢上语文课，因为语文比数学容易。奶奶在家里不会叫她学习，美琪说，“妈妈没有叫我好好学习”。美琪的叔叔说，如果不监督的话，美琪自己是不可能自觉做作业、学习的，孩子很懒，有空就玩手机，一般是看动画片，美琪每天一般只花半个小时写作业。

美琪说想读大学，但她平时不看书，自己也不想买课外书，长辈也不懂。美琪就看学校发的书。平时老师说要买什么，如课本、作业本、笔之类的，只要她需要，周末家人就带她去买，奶奶也会买文具给美琪。

问到美琪的父母对美琪的期望时，美琪的叔叔说：“有哪个父母不想孩子读书好出去找个好工作呢，但也要看孩子愿不愿意学，不然打骂也没用。”

3. 课余活动

美琪晚上9点半睡觉，早晨6点半起床。中午不睡觉，吃完饭就看电视，或者跑出去和同学玩，下午1点半去上学。美琪和姐姐在一起上学，美琪说自己在学校跟同学玩，放学不出去玩，村里面也没有打游戏的地方。美琪的弟弟中午不回家，幼儿园有午饭吃，中午吃完饭就跑出去和同学玩。

问美琪有什么玩具，她说不知道，弟弟就有玩具。家里的玩具有时候是姑姐（即姑姑）买的，有时候是妈妈回来给她买的，或者她自己用零花钱买的。奶奶会给孩子们零花钱，美琪的姐姐会存钱，而美琪和弟弟拿到钱就会去买零食。一次在美琪下午上学的路上，我们遇见了她。美琪正在吃冰淇淋，是在路上的小卖部买的。美琪的叔叔说："给她零花钱，她就买那些吃的，不可能限制她吃，看到别人吃她也想吃。可能大的就比较懂事，她喜欢买什么就买什么。一般一个星期花三四块钱，有时候也会找奶奶要钱。"平时叔叔就买点水果、饮料回来给她吃。

叔叔在家会跟他们聊天，但整天见面也不知道聊什么，没什么意思。吃完饭有作业就叫她做作业，没有作业让他们就出去玩。

美琪和姐姐、弟弟三个人共用一部手机，但周末才可以玩一下，平时不给玩。他们三个拿着手机就看一些视频，美琪的叔叔觉得小孩子看手机多了对眼睛不好，但没有约束他们看电视。叔叔说他们一有空就玩手机，玩玩具。有时候美琪放学后会叫她煮饭，但她不会做菜。

问到美琪在家里会不会帮忙做家务，美琪的叔叔说："有哪个小孩不是出去玩的呢？毕竟大家也是从小孩过来的，最主要是管着她不要去河边，（除此之外）她想去哪里玩就去哪里玩。看见她去河边玩，会打她骂她，家里的小孩最怕的就是我，因为我比较凶。如果不凶她，她以后就不会怕你。村子里有一个人，小时候爸爸妈妈不管教，到大了跟老爸老妈对着干，最后吸毒死了。这个村里面没有人卖毒品，但是有吸毒的人被抓走的，也有吸毒吸死的。（管她）就是叫她以后不要走歪道。"

4. 心理

美琪说平时会很想妈妈，有时很难过也是因为想妈妈，但不想爸爸，爸爸很少回家。叔叔表示三个孩子平时会跟他和奶奶说"很想爸爸妈妈"，特别是美琪的弟弟，他会经常问"爸爸妈妈在哪里"，叔叔、奶奶就说"爸爸妈妈要赚钱，出去工作去了"。美琪不开心的时候就哭，这时奶奶会安慰她，叔叔不会安慰她，要么叫她出去哭，哭完再回来。叔叔认为，总要有人疼她，也要有人不那么惯着她；如果总惯着她，她下次哭得更厉害。

5. 小结

刘美琪的留守情况基本属于祖辈监护型（主要是奶奶监护）。在美琪的家中访谈时，美琪表现得较为安静，常用"不知道"或者沉默代替回答；而叔叔的微笑中带有一些无奈，表示由于自己的教育水平不足，对孩子的管教也无所适从。叔叔对美琪的饮食较为关注，同时会兼顾孩子爱吃的天性，适当调整饮食，在学习和娱乐方面亦是如此，只愿孩子能够健康快乐地成长。也可能是父母不在身边的缘故，美琪没有养成良好的学习习惯，在陌生人面前表现出明显的羞涩、内向，不愿意透露自己太多的情感。

（四）陈均林

陈均林，男，今年9岁，在S小学读二年级，有一个哥哥。目前和外婆、姨妈（均林妈妈的妹妹）、一个表姐、一个表妹一起住。均林的哥哥、爸爸、妈妈、奶奶、大伯和大伯的儿女在河源住。均林的爸爸在均林姑父的厂里工作，妈妈是收银员。

第一次访谈：2018年11月27日 16:30—17:30，访谈地点：放学回家路上；第二次访谈：2018年11月28日 15:15—17:30，陈均林家中。访谈对象：陈均林姨妈。

1. 家庭情况

均林的奶奶远在河源带三个孩子（均林的哥哥以及均林大伯的两个孩子），因为没办法带那么多孩子，所以均林在村里面长大。

均林的父母最近一次离开家是2018年11月7日，父母在均林很小的时候就一直在外地工作，只在不想工作的时候才回来休息一段时间，然后再出去找工作。均林的爸妈是住在一起的。回来也是一起回来，现在大概一年最多回来两三次，即便是中秋、国庆放假期间也不回来，一般是过年或者有事情才会回家，比如均林外婆生日的时候。过去均林的爸妈曾做餐饮业，那时候生意忙，所以过年也不回来，后来生意做得久了，过年的时候有老员工帮忙打理，他们就会回来。由此可见，父母陪伴均林成长的时间很短，在工作时段，除非特殊情况，都不会回家。

以前均林的妈妈做收银员，爸爸做销售，卖冰箱之类的电器，现在因为均林的姑父开了个厂，所以他的爸爸就进厂工作了。均林的父母每个月都会给钱，每个月给500元生活费，用微信转账给均林的姨妈。均林的姨妈表示："吃饭都是自己做的，小孩子吃的东西比较少，就是有时候买点东西，生病了就从生活费里面拿一点，菜是家里种的，就是买一点肉而已。"

均林的姨妈平时很少给他零花钱，有时候偶尔给一两块钱，姨妈认为均林的年龄还太小，等到了初中他知道怎么花钱、怎么管钱的时候再给他零用钱，姨妈说，小学生拿了钱基本上都是买零食吃。

作业本、笔等文具姨妈会去镇上给他买回来。故抚养均林的支出大多为伙食、幼儿园的学费、幼儿园和小学的书杂费。

平时早上是外婆做饭，中午和晚上是姨妈做饭，一般吃一个肉菜（猪肉）一个青菜，有时候会杀鸡，但小孩也不怎么吃鸡肉，除非是鸭子就吃一些。姨妈说院子和田里面跑着的鸡，会自己回来吃东西，一放（粮食）下去就会回来吃。

均林比较怕姨妈，姨妈会打他，姨妈对自己的孩子也是如此，她表示一个人带三个小孩很辛苦，每天叫他们起床、刷牙、洗脸，要叫要催，吃饭也是一样，出去玩了叫不回来，也是要打的。

2. 学习

均林在幼儿园读书时的表现比小学好一些。镇里的幼儿园比较多，一个班30～40人。村里的小学一个班有五六十个人，老师管不过来。

均林4岁在镇上上幼儿园，7岁上小学。幼儿园有校车接送，现在一个学期要3000元（包括伙食费和学费），可以从中班或者大班开始读，也可以插班。幼儿园的班级从小到大排序是小班、中班、大班、大大班，大大班属于学前班。

均林没有在村里的幼儿园（即S幼儿园）读过书，“因为怕他在回家的路上过桥（危险），那时候本来也是要去S幼儿园，后来是因为幼儿园没开还是怎么样……不记得了。”姨妈说道。而镇上的幼儿园有车接送，送到家附近的一条路上，然后均林就会自己回家，所以那时候就让均林去镇上读书了。

自从读了小学之后，不知道什么原因，均林的学习变得很差，没有读幼儿园的时候那么好。

姨妈说均林挺聪明的，但就是很懒，也不爱卫生，“小孩子出去玩，不叫他去洗手就……反正就很懒的，要叫他几十遍。作业也不做，叫他做作业他就说‘没有作业，老师没有布置作业’。两个孩子（他和姨妈的大女儿）都是这样子。我管不了这么多了，我要管我这个大的，她读三年级，我管一个都已经不行了；每天都叫她做作业，她不认真（做），我跟她说了她又不听，听不进去，哎呀，我管不过来，外婆也不管的……不是不管，是管不了。”

3. 课余活动

均林和外婆睡，姨妈和两个女儿睡。以前姨妈不在家，就她的大女儿和均林、外婆一起睡。均林一般晚上8点多最迟9点睡觉，早上起床早，六点十几分最迟六点半就起床了，所以就早点休息。“不像广州那些人，十一二点都还不睡觉。”外婆早上四五点就起来做早餐。

均林平时放学后就去跟小朋友玩，去水渠捉鱼，去鱼塘那边也抓，抓的都是很小的鱼，玩完后鱼扔回去鱼塘。有时和小朋友玩弹珠、折公仔，比较难管，

“不良嗜好”就是去捉鱼，水边危险，要是去河边，姨妈是肯定会骂他的。

周末的时候，均林的姨妈下午4点半在楼顶上叫他回来冲凉（洗澡），上学的时候，下午5点钟放学回来就冲凉、看电视，然后就不知道去哪里了。姨妈说这时候是找不到他的。

姨妈不怎么管他看电视，星期六、星期天会管一下。平时放学回家晚上会看一个小时左右。平时姨妈、姨妈的女儿（均林的表姐）和均林聊天就说一些上学的琐事，比如聊学校怎么样，怎么吵架了，多少乘多少等于多少。

均林玩手机就是玩游戏，或者听音乐。之前有一次，吃饭的时候拿爸爸的手机玩，爸爸因此生气，就把手机摔到鱼塘里面去了，因此均林有些怕爸爸。均林没有手机玩的时候，就玩一会玩具或者跟小伙伴去玩，没有的话就去田里面帮忙。“现在这些小孩子没有那么勤快的，哪像我们那时候啊……”均林的姨妈说。

4. 心理

均林平时在家不会跟姨妈说想“爸爸妈妈”，也很少跟爸妈打电话，妈妈打电话回来他也不愿意接，除非他有什么需求，他想要什么会跟妈妈说。妈妈打电话回家的时间不固定，有时候每天都打，现在有时间一般就会打，爸爸则很少打电话回家。

均林没什么不开心的时候，除非是和表姐妹打架。有时候姨妈不让他去和小朋友玩，他也会不开心。

5. 小结

陈均林的留守情况属于亲朋监护型（主要是姨妈监护）。均林的姨妈平时更多的是关注均林的温饱问题、安全问题，对于学习方面的问题，则力不从心。由于经济上没有明显困难，身边有外婆、姨妈、表姐、表妹和同学，均林并不孤单，也没有明显的心理阴影，儿童的天性没有受到明显的伤害。他每天基本上无忧无虑地上学、生活、玩耍。父母不在身边的时候，外婆、姨妈、表姐、表妹、同学等确实可以替代一部分父母的作用。

（五）于基龙

于基龙，男，今年10岁，在S小学读四年级。基龙的爸爸在广州的一家公司上班，建造温室大棚，有时也会为老板开车赚取外快。基龙的妈妈在L镇的服装厂工作，每天晚上都会回家。基龙与弟弟、妈妈和爷爷一起住，姐姐每周周五放学后会回来。

第一次访谈：2018年11月27日中午11：30—12：10，访谈地点：于基龙家；第二次访谈：2018年11月29日19：30—20：30，访谈对象：于基龙及其妈妈，访谈地点：于基龙家。

1. 家庭情况

基龙有两个姐姐和一个弟弟，两个姐姐分别在镇上的中学读初一和初三，弟弟在S小学读二年级。

基龙的妈妈在L镇的服装厂里工作，工资计件，一天大概可以赚七八十元。工作时间安排比较宽松，有事可以请假，基龙的妈妈不会每天去上班，一个月大概可以赚两三千元。妈妈每天早上7点半上班，晚上6点下班，上班地点骑电瓶车只要15分钟的车程。妈妈早上会给基龙和他弟弟做早餐，一般吃粥或者拌面，吃完后会开电瓶车送他们去上学。平时晚饭也是妈妈做的，菜是从镇上买回来的，通常有蔬菜和肉（猪肉、鸡肉、鸭肉）。基龙自己家里也养鸡，有十几只，就在房子的后面，自家养的鸡一般都是自己吃的，肉质比外面饲料养的好很多。妈妈的中饭在工厂解决，所以每天中午基龙都要做菜给弟弟和爷爷吃，要做的菜也是妈妈买的。基龙在三年级的时候就学会了做菜：“当时看着妈妈和姐姐做，自然而然就会做了。”

基龙的爸爸在广州工作，一个月的工资大约有五六千元，公司提供住宿的地方，两室一厅。基龙还没出生爸爸就外出工作了，直到现在依然如此。爸爸在节假日的时候，比如春节、国庆或者有空时就会回家，上次回家是今年11月6日。放暑假的时候，妈妈也会带他们去广州找爸爸玩。

之前他们一大家子人都住在一起，爷爷奶奶和叔叔婶婶住一楼，基龙一家住二楼，大伯一家住三楼。去年在村委会旁边新盖了一幢房子，婶婶和奶奶她们就搬了过去。爷爷因为腿脚不便没有搬，还住在家里的一楼。爷爷前两年还会出门，现在几乎不出门，每天都待在房间里，吃饭、洗澡、上厕所等都可以自理。

2. 学习

基龙的学习成绩不错，通常可以考八九十分。客厅的墙上贴满了奖状，据他说绝大多数奖状是他的，从幼儿园时期的“好孩子”到小学每年都有的“三好学生”和“优秀少先队员”。基龙的妈妈平时不太管他们的学习，也管不了，不过基龙比较自觉，在放学前就会自己写完作业，但是弟弟就需要催促。基龙说，他们姐弟四人只有他学习最好，他们的成绩都没有他好。妈妈说两个姐姐的成绩都一般，读初三的姐姐明年就要中考了，她的英语很不好，有时候只考十几分。我们到他家的时候基龙和弟弟都在玩手机，基龙正在玩“明日之后”（一款手机游戏）。据他自己说，平时晚上都是玩手机、打游戏，一般玩“部落冲突”“吃鸡”和“明日之后”，玩到9点多快9点半的时候就会去睡觉。

3. 课余活动

基龙每天中午和晚上自己走路回家，有时候也会骑单车回家，中午回到家后会玩一会手机。手机是二姐留在家里的，大姐把手机带去了学校，不过学校是不允许带手机的。基龙说他每天在学校就可以写完作业，回家后会帮忙扫地、拖地。吃完饭后是休息时间，一般用来玩手机游戏，晚上9点多就去睡觉了。周末的时候基龙一般都是和朋友出去玩，有时候去朋友家里，有时候去田里烧草，有时候也去骑单车，不出门的话就在家里看电视。两个姐姐周五下午会回家，周末的时候二姐拿回了手机用基龙就不能玩了，妈妈也不会让他玩。我们问道，平时这样打游戏妈妈不管吗？基龙立马插话说："她管不了，我作业都写完了，也没什么好管的。"

4. 心理

虽然基龙每天中午都要自己做饭，但是他不觉得辛苦。我们问他的时候，他只说："每天都这样的啦，都习惯了。"这天中午我们在旁边看着他做菜，他做的是番茄炒蛋，翻炒后加水焖煮："因为爷爷牙齿不好，所以番茄要煮得软烂一点。"基龙平时会和弟弟们（亲弟弟和堂弟）还有同学一起玩，很少遇到不开心的事情。

爸爸的工作比较忙，放了假去广州看爸爸的时候，基龙也都是待在家里，他觉得很无聊。基龙说："这两年都没带我去广州，说好拿到奖状就带我去，但奖状我拿来了啊，他们也没有带我去。"基龙说平时不会想爸爸，已经习惯了爸爸一直在外面工作。但是妈妈说他们每天晚上都会和爸爸打电话，有时候也会聊微信。

5. 小结

于基龙属于单亲监护型，妈妈为其主要监护人，他们家的收入比较可观。于基龙在学习上有自主性和积极性，成绩优秀，缺的是更高层次的引导和要求。他平时很喜欢玩手机游戏，虽然并没有沉迷于此，但肯定会影响学习和个性的形成。于基龙性格活泼好动，生理、心理均比较健康，并没有因为父亲不在身边就变得孤僻和胆小懦弱，而且他小小年纪还学会了照顾弟弟和年迈的爷爷。他平时不会过多思念父亲，妈妈对他的管教不多，也管不住他。

（六）张舒娜

张舒娜，女，今年11岁，现在S小学读五年级。舒娜的爸爸妈妈都在广州工作，妈妈是药店的店员，爸爸做运输。平时舒娜和奶奶一起住。

第一次访谈：2018年11月28日 16：30—17：00，访谈对象：张舒娜，访谈地点：S村小学；第二次访谈：2018年11月30日19：00—20：00，访谈对象：张舒娜父亲，访谈地点：张舒娜家中。

1. 家庭情况

舒娜有一个读六年级的姐姐和一个读五年级的哥哥。姐姐在镇上读书，不方便回家，平时住在外公家，外公家就在学校旁边。姐姐有空会回来，没空就不回来，哥哥在广州和爸爸妈妈一起生活。舒娜的姐姐在2岁的时候发现腿上有血管肿瘤，去广东省人民医院做过一次切除手术，但没有办法彻底切除，只能控制。因为这个病，舒娜的姐姐看起来比同龄人瘦小很多，走路也很不方便。舒娜的爸爸每个季度都会带姐姐到广州做检查，检查的费用大约200元。如果检查出来肿瘤变大了，就需要做微创手术，手术的费用一万多元，医保可以报销3000多元，还需要自己支付8000多元，到现在为止已经做过五次手术。今后如果检查发现肿瘤没有变大，就不需要做手术，这都是不确定的。但是舒娜的姐姐并没有因此觉得自卑，她性格比较开朗，会和小伙伴们一起玩。

舒娜和哥哥是龙凤胎，他们三姐弟都非常爱玩，尤其是哥哥，有一次很晚了都没有回家，很难管教。哥哥的成绩也不好，数学曾经考过9分，爸爸妈妈没有办法就把他带去了广州。舒娜的哥哥没有广州户口，如果在公立小学上学要一次性交6万元，而私立小学每学期的学费为4000元，所以选择了私立小学上学。哥哥的学校离出租屋很近，大约一个公交站的距离，平时都是走路去上学。当我们问到为什么不把两个女儿也接到广州时，舒娜的爸爸说，如果把两个女儿都接过去，一年的学费就要两万多元，再加上吃穿用，负担不起，所以只能把最调皮的儿子带在身边。舒娜的哥哥会自己煮饭，有时候爸爸妈妈都上夜班，他就自己做饭吃。爸爸妈妈给他买过一个智能手机，后来坏了，就买了一个老人手机给他用。舒娜没有手机，平时都是用奶奶的手机给爸爸妈妈打电话。放假的时候，爸爸妈妈会带两个女儿到广州玩，奶奶一个人在家里。

舒娜的爸爸妈妈都在广州工作，妈妈大专毕业，在药店工作，一个月的工资5000多元，爸爸是做运输的，就是开货车，一个月工资在6500～7000元之间。舒娜的妈妈每个月有三天的假期，她通常会攒两个月的假期即6天，回家陪陪女儿们；爸爸回家的次数没有妈妈多，爸爸的工作时间比较不稳定。舒娜的爸爸妈妈和哥哥一起住在芳村的出租屋里，一室一厅，每个月的房租为900元。

平时大多都是奶奶买菜做饭，有时候舒娜也会做。舒娜一年级的时候就学会了做饭，她说看着看着就会了。舒娜平时晚上9点睡觉，早上6点半起床，早餐一般吃白粥，偶尔会吃咸菜。如果卖猪肉的来得早，可能会煮点瘦肉粥。平时吃自家种的青菜，米也是自己家种的，够吃。一般是奶奶种田，爸爸妈妈回家的时候也会一起帮忙。舒娜的爸爸平时不在家，这段时间是请假回来的，有两个原因：一是为了挖水池。由于建造风景区的过程中，淤泥和游客留下的垃圾污染了平日用的自来水的水源，村民们需要自己重新找一个新水源；二是为了考拖挂车的驾照，需要近两万元，如果通过了考试，工资每个月能有上万元。现在（我们访谈的时间）舒娜的爸爸回家刚满一个月，大约再过20天就可以回广州工作了。

2. 学习

舒娜的成绩中等，但是学习比较自觉，通常可以考70多分。舒娜说："我很喜欢上学，因为班里的老师很有意思，讲话很搞笑。"舒娜的家里贴有三张奖状，她在二年级的时候被评为"优秀少先队员"。舒娜的奶奶平时不会教她学习，也教不了，舒娜在家会自己完成作业。爸爸妈妈打电话时也会督促她好好学习。

3. 课余生活

聊到舒娜的作息时间时，爸爸说："她每天早上6点半起床，不需要人叫，她自己会起床，晚上最早9点、最晚9点半就去睡觉了。"

舒娜平时一般7点钟吃晚饭，吃完后会写作业、看电视，她最近在看电视剧《急诊科医生》。舒娜有三个很好的朋友，都住在家附近，她每天会和一个读四年级的朋友一起回家，放学后和周末的时间会和她们一起在田里玩。

4. 心理

舒娜说平时很想妈妈，每天都会和妈妈打电话，一般就聊吃了什么和家里、学校的事情。被问到平时会不会不开心时，舒娜沉默不语，小小的年纪可能已经有了自己的心事。

5. 小结

张舒娜属于祖辈监护型（主要是奶奶监护）；家里的收入尚可但支出也较大，不过也能够满足一家人的正常生活。舒娜的学习成绩一般，奶奶没什么文化水平，教不了她学习。舒娜的性格有一点内向，不太爱说话，但偶尔也表现出热情的一面。她远在广州的爸爸妈妈在打电话时会督促她努力学习。

评语

乡村里除了务农，并没有更好的就业机会。因此为了谋求更多的货币收入，青壮年农民往往不得不选择外出务工，由此出现了全国性的"留守儿童"现象，霞村也不例外。

留守儿童一般学习成绩不大好，学习的自主性较差，这是因为他们好动贪玩的天性使得他们往往管不住自己。单亲监护型的留守儿童一般不存在学习方面的特殊问题，这是因为父母有一个在家里，会对孩子的学习进行引导、监督、管教，这种作用往往是其他监护人不能替代的。爷爷奶奶、外公外婆主要在意的是孙子、孙女们的衣食住行，学习上的事情他们不懂，也管不了。

霞村的留守儿童的状况并不像我们先前所想象的那样明显、严重，他们中的多数也和其他非留守儿童一样活泼好动、积极阳光，并没有特别明显的心理问题。这与乡村的土地集体所有制和社会事业的发展有关，它们为中国的“留守儿童”设置了一个底线，也可以认为农村社会事业的发展确实可以在一定程度上替代父母的作用，弥补父母不在身边的缺陷，尤其是在经济上、教育上。这正是社会进步的重要方向。但若长期缺乏父母之爱、父母之教，留守儿童确实也容易存在一些特殊问题，如性情孤僻、沉迷娱乐、成绩不好等，一些留守儿童也容易沾染上不良习惯，甚至发育、健康也可能出现问题。这才是今天令人担忧的“留守儿童”问题。这是因为这些“留守儿童”在十年二十年以后，将会成为中国产业工人的主力军。他们现在的健康状况、学习状况可能就是其未来的劳动状况、就业状况，这将会决定中国未来产业的竞争力和社会结构。

中篇

住户调查

农户，是农村基本的生活单位，也是基本的生产单位、经济单位。农户甚至可以视为农村最小的组织。因此，把农户作为一个调查对象，可以反映、折射农民在国家快速工业化、城市化背景下的生存状况、生活状况、生产状况。“留守”是相似的，为了生计，霞村的青壮年农民都必须外出打工，但是各个农户家庭又有所不同。在村委的支持下，我们选择了八户农户作为调查对象。

第一章　三代家庭——文超开

黄祺深　刘晓霞　冯荦枫

我们的调查对象是文超开一家，这是一个特殊的爷孙家庭。调查过程如下：

2018年11月25日，14:00—17:00，去长岗坡纪念馆了解总体情况、发展历程和水利特色。

2018年11月26日，9:00—11:30，在住户家采访文超开，并了解该住户的基本情况；14:00—16:00，与S小学五年级学生进行“手牵手”联谊活动，互赠礼物。

2018年11月27日，8:50—10:45，清点和记录一层小卖部的商品；11:00—14:00，采访了女主人李静红及其子女的人生经历、家禽饲养状况和消费收入状况；14:00—17:00，测量了住户一层小卖部、客厅、厨房、院子的长度和宽度，统计其中各项物品的数据。

2018年11月28日，8:30—11:30，测量了住户二层厕所、三间卧室、客厅的长度和宽度，统计了其中各项物品的数据；14:00—17:00 继续以聊天的形式访谈住户的土地和耕作情况。

2018年11月29日，9:00—11:30，李静红带我们去她家的水稻田和菜田测量、勘察；14:30—16:00 整理数据和材料；16:10—17:00，接“手牵手”活动的两个男孩放学。

2018年11月30日，8:05—11:00，继续访谈住户，补充相关的数据和资料；14:30—16:30，参加镇党委书记座谈会。

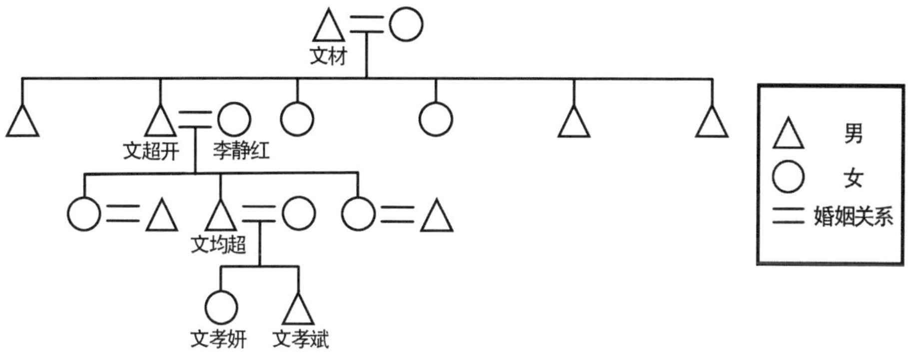

图3–1　文超开家庭成员示意图

一、家庭

这个爷孙构成的家庭其实有七口人，他们分别是男主人文超开，女主人李静红，儿子文均超，儿媳妇，孙子，孙女和大女儿（二女儿过继给别家）。我们进行调查的时候有文超开、李静红、孙子文孝斌和孙女文孝妍常年住在家里，儿子文均超和妻子在顺德做泥水工，大女儿一家在深圳生活。图3–1是文超开一家的家庭成员示意图。

文超开有一个哥哥，两个妹妹和两个弟弟。现仍在世的仅有文超开，一个妹妹和两个弟弟。其中哥哥12岁时因发烧不幸离世，大的妹妹在18岁修建长岗坡渡槽时因塌方事故不幸离世。现在有两个弟弟同样住在霞村，过年过节时才会团聚，小的妹妹嫁到了隔壁村子，很少联系。

文超开与李静红育有两个女儿，一个儿子。二女儿刚出生时送给了文超开的好友做养女。现大女儿育有一子一女，儿子也育有一子一女。

（一）男主人——文超开

文超开1958年出生于广东省罗定市L镇霞村，今年60岁，虚岁刚满61周岁。高中学历，小学和初中都在S小学就读，高中在L镇的中学就读，1974年通过中考考上镇里的中学，1976年高中毕业。高中毕业以后去了罗定八排山打散工，做搬木工，工资已记不清楚。1976年11月，文超开的家乡霞村开始全民修建长岗坡渡槽，村里动员全村的劳动力参与，文超开收到消息以后即刻赶回家乡，干起了运泥的工作，主要是把水田里的泥土运上水坝，每运一方有5分钱的工资，且每人最终结算时可收到两三担米的补贴。干了几个月运泥的活，村干部通知青壮年去报名参军，文超开接到消息后就答应了。他是村里唯一一个去当兵的，因为当兵条件艰苦，又正值越南战争时期，村里没有其他年轻人愿意去。文超开愿意去是因为他的父亲曾经是抗美援朝战争后备军的一员。文超开从小受父亲的影响，有当兵的夙愿，遇到这次机会就决心入伍，但体检合格了，三次都没去成。因为入伍检验需按成分录取，文超开是中农，当时有规定说优先录取贫农，所以入伍的事就搁置了。后来对越自卫反击战缺少兵员，就招文超开入伍了。1979年，22岁的文超开正式入伍，所在部队驻扎在潮州市。1979年2月17日对越自卫反击战爆发，2月29日文超开到达部队。同年3月5日部队开始调兵前往越南，但文超开所在的部队属于应急训练后备军，没有直接上战场，而是补充到广西的边防军，战争结束后坐着运煤车回到了汕头揭阳的老部队。从部队先坐车到衡阳，再转车到广州，辗转几天几夜才到揭阳，十分艰苦，官兵们一个个都吃不饱睡不足。

1982年，文超开与一名广西老兵参加了市里的汽车技能比赛并获得了集体第一名、个人第二名的好成绩。比赛内容是开车、保养汽车等技能。部队有规定，对部队有特殊贡献的士兵能够提干，文超开因此成为了副班长。过了几个月，后勤处有个班长退伍了，文超开便离开汽车连，补上了这个空位，成为了后勤部的班长。

1983年，由于家中比较困难，文超开的父亲以自己的名义，写了一封信请求文超开退伍回家，文超开将此事汇报给部队团长，得知文超开不顾家庭困难毅然参军，团长深受感动。当时技术兵种5～6年才可以退伍，文超开因此获得特批，提前一年退伍回家。文超开退伍还有一个原因，如果不是军校毕业的士兵不能晋升军官，文超开未上过军校，继续留在部队的前途并不明朗。

1983年在文超开退伍之前，母亲催他回家谈女朋友，为结婚做准备，文超开本意不想回来，但为了满足母亲的愿望，他还是答应了。由于部队得知文超开不久会回家，所以不许他参加10月份的干部评选大会，文超开因此跟领导吵了起来，领导拿不让文超开入党来压制他。当时当了3～4年兵的人基本都选择入党继续报效国家，而文超开已经当了5年的兵却受到压制，不免心灰意冷。尽管技术出色却不受赏识，他就更加坚定了回家的决心。他随即买了回乡的车票，第二天早上5点就起程了。由于路不好，车又烂，他花了好几天的时间才回到家乡。

1983年底，文超开回乡以后，走亲访友，休息了三个月。春节过后，1984年文超开到民政局接受了工作安排，当时与文超开同一连队的战友的姑丈是民政局的局长。了解了他的情况后，介绍他们俩去客运中心开车。1984年5月，文超开与战友一起等待安排工作，但领导说，车站今年有八个指标，首先要安排老职工和老兵，无法安排文超开。文超开决定等下一年的指标。这期间文超开回到家乡L镇工作，开着解放牌汽车在工地上运送建筑材料，一直到1985年年底。1985年9月份，文超开与其堂嫂的侄女李静红结婚。1986年他卖掉了旧的解放牌汽车，买了新的带有箭头标志的烧柴油的大货车，去到肇庆广宁县为政府部门运货。其间遇上了几件不顺心的事。一次他的弟弟开车运食盐出了事故，撞伤了运鱼苗的人，弟弟的车被没收了，而且需要赔偿，但家里的钱不够，文超开就带一些较昂贵的山货去广宁卖，卖得的钱用于赔偿。还有一次是文超开自己出了事故，走到四会县时，一个老婆婆赶着牛从坡上面冲下来的时候，虽然文超开及时停车，避过了牛群，但老婆婆却撞到了车头上，不幸去世了，文超开因此又得负担一笔赔偿。1991年7月，文超开离职，去东莞一家车行打工。车行的老板赏识他，让他做主管，管理着六个司机，两辆私家车和四辆货车。每天负责清查司机们的收车情况。1993年，农历七月上旬他带岳母和婶婶去广州玩了九天，其间由于司机操作不当导致汽车的离合器损坏了，老板的儿子狠狠地责备了文超开；当年农历七月十四日，文超开在修车时突然中风，入院治疗，后来回家休养。中风以后，一直到1997年，他在家中休养了四年才能行动自如。

1986年在去广宁以前，文超开考虑到父亲已经50多岁，做泥水工很辛苦，就在家乡霞村开了一家小卖部留给父亲照看，让他做小生意。文超开患病初愈，一个医生战友告诫他，患了这个病以后无法再继续开车，因为中风的后遗症有偏瘫、嘴歪、行动不便等症状，所以文超开打算接手小卖部。但父亲一开始不愿意，两人因此产生矛盾，吵了一番。文超开的叔公和战友前来劝解，父亲才同意把商店交给文超开照看。小卖部也因此改了名，从原来的创业商店改为超开商店，一直经营至今。文超开如今的作息安排见表3–1。

表3–1　文超开每日作息时间表

时间	作息
6:30	起床、整理床铺
6:45	刷牙、洗脸、穿衣服
6:50	开店、打扫店内卫生、补充与清点商品
7:00	吃早餐
7:10—11:30	经营商铺、清点账目、看电视
11:30	吃午餐
12:00—14:00	午休、手机上网看新闻与朋友圈
14:00—18:00	经营商铺、看电视
18:10	吃晚餐

续上表

时间	作息
18:30—22:00	经营商铺，抽时间洗澡
22:00	商铺打烊，清点账目（天气冷的时候提前至21:00关门）
22:15	洗漱
22:30	睡觉

（二）女主人——李静红

李静红出生于1965年，家在距离罗定市L镇S村20千米外的北平镇太西村。她在家排行老大，下面有两个弟弟分别于1968年和1972年出生。李静红在本村上的小学，毕业后去了太西初中，读完初二便没再读了，当时初二升初三需要通过学籍考试，她没有通过考试，因此无法继续上学。初中肄业后，由于政策不允许外出打工，李静红便在家务农，同时承担煮饭、洗衣服、照顾两个弟弟等职责。直到1984年，年仅19岁的她由嫁到L镇S村的表姐介绍，认识了时年27岁的文超开。此后，两人通过频繁的书信联系及偶尔的见面交流产生了感情，一年后，两人结为连理，李静红也随文超开来到了L镇霞村。

1986年，李静红产下了第一个女儿，这一年丈夫文超开也开办了创业商店，交给年迈的父亲经营。1987年，文超开在肇庆市广宁县从事运输行业，负责将木头等从广宁运输到湖北、广西等地，因此1987—1989年间，她和丈夫长期居住在广宁，其间她的大女儿在太西村暂由她的母亲照顾，而在来到广宁那一年，她的二女儿也出生了。在广宁期间，丈夫平均每个月会运输木头两到三次，每次需要耗时约10天，丈夫在家逗留的时间非常短，煮饭、照顾小孩等家务活都由她一手包办。那时她和其他运输工人家庭共同住在一个大杂院里。跟她相熟的一个妇女生了两个儿子，渴望有个女儿，常常央求她把自家女儿送给他们养。那时李静红一家生活困苦，加上还有一个大女儿在罗定市，因此在二女儿一岁时过继给了那名妇女。如今谈起这件事，李静红内心充满了惋惜和遗憾。

1989年，李静红随丈夫回到L镇霞村，这年她生下了小儿子。为了生计，她将两个孩子给母亲养，而后去到L镇上从事了10个月的蛋糕甜品制作。1991年，她又随丈夫去东莞发展，在纸皮厂工作。当时丈夫在东莞从事汽车管理工作，每天负责清查司机们的收车情况。1993年时，原本平淡的生活出现了意外。丈夫管理的车辆突然损坏，丈夫“连续三天三夜修车，高强度的劳作引发了中风”。汽车厂老板赔偿了一万元，用于手术费用。在东莞做完手术后，李静红便陪伴丈夫回到霞村休养。此后四年间，丈夫都卧病在床，无法行走。直到1997年，腿脚有所康复，能下床行走，但需要定时吃药缓解手术后遗症。从1993年至今，李静红都在家务农，以及经营此前开办的超开商店。2007年，大女儿结婚，同丈夫一起生活。2015年，儿子结婚，儿媳妇于当年产下一女，2016年产下一男。2018年6月，李静红的儿子去了广东省顺德市北滘镇做泥水工，同年10月，儿媳也去了北滘工作。从此，李静红的生活重心多了一个，便是看管孙女和孙子。

现在，李静红每天早上5点50分左右起床洗漱，6点去对门买好一天所需的猪肉。此后便开始了一天的劳作，洗衣服，煮早餐，送三岁多的孙女去幼儿园，喂两岁的孙子吃早餐，去菜地里采摘和浇灌蔬菜，准备午饭，等等。她一天的生活作息如表3–2所示。

表3–2　李静红每日作息时间表

时间	作息	说明
5:40	起床	
5:40—5:55	刷牙、洗脸、穿衣服等	
6:00—6:10	买猪肉	距李静红家3米远的地方，每天有人在那里卖猪肉
6:10—7:00	洗衣服、晾衣服、煮早餐	早餐基本都是白粥，配上榨菜或咸菜食用
7:00—7:20	孙女起床，给她穿衣服、洗漱	周末孙女不用上学，便跟孙子的作息差不多
7:20—7:40	送孙女去S幼儿园上学	幼儿园距家约500米，孙女读小班，平时在学校吃早餐
7:40—8:00	孙子起床，给他穿衣服、洗漱	
8:00—8:10	准备饲料，喂养鸡、鸭和白鸽	
8:10—10:30	照料孙子，陪孙子玩耍	若当天商铺需要进货，李静红在这个时间段会载着孙子一同去镇里面采购货物
10:30—11:10	洗菜，准备好中午及晚上的食材	李静红忙碌时，丈夫会帮忙照看孙子孙女
11:10—11:50	做中午饭	
11:50—12:30	吃饭，为丈夫盛饭，喂孙女孙子吃饭	丈夫一直在看管商铺，因此需要李静红帮忙盛饭

续上表

时间	作息	说明
12:30—13:00	收拾饭桌、洗碗	
13:00—14:00	经营商铺	丈夫午休，李静红帮忙照看商铺
14:00—15:50	哄孙子睡觉，照看孙子，看电视	李静红一般看中央电视台的《非常6+1》节目
15:50—16:00	饲养家禽	准备饲料，喂鸡、鸭和白鸽
16:00—16:30	接孙女放学	李静红载着孙子一起接孙女放学
16:40—17:00	帮孙女孙子洗澡	
17:00—18:00	准备晚饭、炒菜	
18:00—18:30	吃晚饭	为丈夫盛饭，喂孙女孙子吃饭
18:30—19:00	收拾饭桌、洗碗	
19:30—20:00	经营商铺	丈夫在该时间段内洗澡
20:00—20:30	洗澡	
20:30—21:00	哄孙女孙子睡觉	
21:00—21:30	商铺打烊，就寝休息	

（三）大女儿

李静红的大女儿于1986年在L镇出生，出生不久便由外婆（李静红的母亲）照顾，直到1993年，父母回家经营商铺才与父母长期生活。由于家庭困难，大女儿在S小学读完小学后，便没有继续读书。14岁时，经由熟人介绍，到罗定市的制衣厂工作。由于实际年纪没有达到要求，她还向别人借了一张身份证，向制衣厂老板隐瞒了自己的年龄。她在制衣厂工作了四年，18岁成年后，由父亲的战友介绍去广东省新会市的一家花厂工作。在新会工作了四年，22岁的她被介绍给了隔壁村一个比她年长5岁的男青年，随后两人结为夫妻。当时男方给了女方家3000元当作礼金。结婚后，她随丈夫去深圳的塑料厂工作，2005年产下一子，2012年产下一女。现在一家人在深圳生活。

（四）二女儿

李静红的二女儿于1987年在广宁出生，一岁时被过继给父亲相熟的同事，改姓冯。此后，二女儿一直在广宁生活，和李静红联系甚少。后来曾和李静红有过两次会面，第一次是她读小学时，被养父养母带着来到L镇霞村，即亲生父母居住的地方。第二次是2008年，当她20岁结婚生子后，抱着初生的儿子来到霞村。现在二女儿一家在广宁生活，和亲生父母基本没有联系。

（五）儿子——文均超

文均超出生于1989年，初中学历。他小学于S小学就读，初中在L镇上的L二中就读。上学时由于心思不在学习上，成绩不好，初中毕业时看到很多人出去打工可以挣钱，就主动提出不再读书。因此初中毕业以后他就跟随姐姐在L镇上的塑胶袋厂做工人。文均超聪明灵活、踏实肯干，从工人一直做上了管理的职位，2007年以后净工资每月有4000多元，加上奖金有5000多元。2009年，文均超辞职，家乡的干部推荐他留在村里当干部，他婉言拒绝，去了深圳平湖学开车，后来做了一段时间的货运。2012年开始去顺德做泥水工，负责外墙装修，工资300元/天。

2014年10月，25岁的文均超经媒人介绍与妻子相识，2015年初举办了婚礼，同年11月女儿文孝妍出生；2016年12月儿子文孝斌出生，妻子留在家里照看两个孩子。2018年10月中旬，妻子留下两个孩子给爷爷奶奶照看，前往顺德北滘跟文均超一起做泥水工。文均超每天晚上会用电脑或手机跟家里视频，以此看看两个孩子和父母，平常基本不回家，只有逢年过节才回家里住一个星期。

二、住房与用品

文超开家的住房有三层，一楼175平方米，二楼175平方米，三楼150平方米，院子60平方米，占地面积为235平方米，楼房总面积为500平方米。由于新楼连着旧楼，整栋房子占地成一个不规则的“L”形。起初旧屋仅有一层的商店和两间卧室，四周都是农田，1985年文超开给父亲开的创业商店就坐落在这里。2006年盖了一楼的客厅和厨房，建了鸡舍和院子；2010年盖起了二楼和楼梯，二楼有两间客房、一间文超开儿子的卧室、一个厕所和一个客厅；2018年盖起了三楼，整体布局与二楼相似，但未装修。由于村里新建了长岗坡纪念馆，为了吸引游客，通向纪念馆的路翻新为柏油马路，马路两边的房屋一律刷上了白漆以优化村子的面貌。文超开家的屋子距离村口约200米，正好坐落于柏油马路旁边，所以也新刷了白漆，犹如一座三层小洋楼（图3–2）。

文超开房屋的建造与装修大部分是自己动手，或找熟人帮忙。一楼、二楼的装修费均为5万元。每层楼的装修材料购置费约3万元，包括油漆、涂料、水泥，地板、地砖、瓷砖，五金材料，卫生间洁具、灯具等。每层楼水电线路设置约1

万元，其余家具、家电、大门等购置安装费共约3万元，付给装修工人工费总共约1万元，房屋总装修费约16万元，文超开仅向亲友借了2万元左右盖楼，其余都是自己掏钱，现已基本还清债务。

（一）一楼

一楼有小卖部、两间卧室、客厅、厨房、厕所、鸡栏和鸡屋，还有一个小院子。一楼有两个入口。第一个入口是小卖部的正门，门是铁门，上方挂着一个崭新的牌子，写着“超开商店”等字样，门的右侧有两个拖把、一个红色水桶和一个蓝色水桶。第二个入口是右侧的银色小铁门，铁门大概1米多高，通过小铁门可以直接进入院子。

图3-2　一楼、二楼平面图

1. 小卖部

小卖部一开始是文超开的父亲在经营，那时的名字是“创业商店”，后来才改名为“超开商店”。因为文超开曾中风，没办法继续开车，大概是在1997年从父亲那里接手了小卖部。小卖部面积约38.85平方米，水泥地，石灰墙，在左右两边都有一扇窗户，窗户上装了防盗栏杆。小卖部前后相互连通，前门正对通往村口的马路，通过后门，可以直接到达院子。

进门右侧有两张桌子，靠门的那张桌子是文超开用来办公的，后面那张桌子则用来摆放一些塑料桶，里面装着部分杂货，包括花生、饼干、泡泡糖等。有一个白色的塑料大桶特别显眼，里面放着鸡饲料。桌子前有一条长凳，桌子后面有五个货架，其中两个是木制的，三个是塑料的，分别陈列着药品、零食、日常用品等商品，桌子上方横挂着一根铁杆，上面用铁钩挂着一些用塑料袋装着的小玩具和小饰品。靠近后门处的货架上有一个电视机，从早到晚一直播放着各类节目。小卖部有一个冰柜和两个冰箱，冰柜在靠后门处，两个冰箱在前门旁边，里面有各类饮料和冰淇淋。

进门左侧有一条走廊，连接着小卖部、卧室和客厅。走廊的右前方摆放着一个木藤椅，走廊里有一个长木椅，来买东西的人经常会在这里坐坐，还有两个铁柜、两个货架，货架上面放着一些药品和生活用品，靠近货架的铁柜上放有电磁炉、小煮锅和烧水壶。走廊左边的墙上有八张精心装裱过的照片，其中六张是文超开和他战友的合照，两张是文超开一家的合照，右边的墙上挂着一张世界地图、一张中国地图、一张广东省地图和一张中英文识汉字教学有声挂图。靠近走廊的右侧还有一个楼梯，通往二楼。

因为是小卖部，所以在楼梯边、角落里都堆满了很多商品，主要是放着各种饮料的箱子，包括可口可乐、蒙牛优酸乳、怡宝矿泉水等。

2. 客厅

客厅是几年前装修的，还很新，墙壁是白色的水泥墙，地板铺了米色的大理石瓷砖，没有窗户，面积约30平方米。客厅非常大，据文超开介绍，很少有农户会住在那么大的客厅，因为当初他们希望亲戚来做客时都能舒服地坐着，所以就把客厅建得很大，摆喜酒的时候能放下六张桌。

客厅也有两个门，一个是与院子相连的正门，铁质的防盗门上贴着门神“张飞”，一个是与小卖部相连的偏门。从正门进入客厅，最显眼的就是挂在客厅正中墙上的写有“大展鸿图”字样的镜子，镜子的正下方是一个组合柜。柜子的中间放着一个小电视机，电视机的左边是一个路由器，下面放着机顶盒。柜子的左右两边还分别放着黑色的电饭煲、白色的烧水壶、奶粉和一些瓶瓶罐罐。柜子的左边有两把黑色的电风扇和一套木制沙发，在左边的角落还堆放着床垫等杂物，沙发的左侧还有一个饮水机。柜子的右边有一张方桌，上面放着摩托车的头盔，方桌的旁边摆放着三辆摩托车，两辆是白色的，一辆是红色的。

客厅的正上方挂着一把绿色的吊扇，正下方是一张圆桌，这里就是平时吃饭的地方。桌子的周围放着一些比较旧的木制板凳和红色的胶凳。在正门右边的角落也堆放着部分胶凳，胶凳上面放着一把粉红色的雨伞，挂着一把黑色的雨伞，在正门左边的角落放着三袋黄色的“向星”饲料。

客厅物品如下：

UPOR牌电饭煲一个；向星牌饲料三袋；冠的牌电风扇一台；创维牌电视机一台；HONGDA牌摩托车一辆；FKMEO牌摩托车一辆；HOMGDA牌头盔一

个；远成牌挂扇一台；木沙发一张；沁园先科牌饮水机一台；雅贝斯牌抽纸一包；康贝莱牌电风扇一台；九阳牌豆浆机一台；塑料胶凳若干；大圆木桌一张；储物柜一个；方桌一张。

3. 厨房

厨房就在客厅右侧，面积大概为18平方米。进门右侧，放着一台白色的洗衣机，洗衣机旁边是洗手台，洗手台的右侧是放碗筷的消毒柜，柜子上面放着电饭煲、小煮锅等家用电器，还有几只脸盆和一个红色的水瓢。碗柜的右侧是一个灶台，上面铺着粉色的瓷砖，有三个灶口和四个锅，前面两个锅稍微大些，后面两个锅小些，其中左下方的锅是经常用来煮粥的，灶台的上方有一根通气管和一个排气扇。灶台的右侧堆满了柴火，墙上还挂了一个竹编。

进门的左侧是李静红经常做饭的地方，有一个铁架，一套煤气炉，还有一张调料桌。铁架上放着几个脸盆，煤气炉连着煤气瓶，上面有一口铁锅，调料桌上放着一块砧板、几把刀。四周还随意放着几把椅子，几个塑料盆。

厨房物品如下：

松下洗衣机一台，脸盆五个，钢丝球一个，立白洗洁精一瓶，水龙头两个，电饭煲一个，灶台一座，煤气瓶一个，煤气炉一个，致美斋食醋（630ml）一瓶，致美斋蚝油（730ml）一瓶，厨邦生抽（1620ml）一瓶，厨邦辣椒酱210g一罐，致美斋番茄调味酱（690g）一罐，广合腐乳（335g）一罐，致美斋卤水汁（230ml）一瓶，番茄宝宝婴幼儿营养米粉（850g）一罐，长帝烤箱一个，金灶铁锅一口，能辉烧水壶一个，储物架一个，洗手台一个，希贵三层消毒柜一个，稻草人水壶一个。

4. 厕所兼浴室

厕所和浴室是连在一起的，都在客厅和厨房的中间，在鸡屋的后面，到那里需要通过一个小铁门。浴室门口摆放着几个脸盆，墙壁上装着一个电热水器和一个花洒，有一个煤气热水器，旁边的架子上面放着沐浴露、洗发液、牙膏。

5. 卧室

在小卖部和客厅相连的走廊两则有两扇门，分别通向一间卧室。右边的一间是文超开夫妇和孙子孙女住的，左边的一间原来是儿子住的地方，后来闲置了。两个房间都是水泥地、白色的墙。

文超开夫妇的房间有一张双人床、一张单人床、一个深棕色的大衣柜和一张深棕色的桌子，两张床都装着白色的蚊帐，桌子有两个抽屉，上面放着一台电脑和两个音箱，桌子旁边随意放着一把靠背椅子，单人床的左边有一个白色的窗户。

儿子的卧室里没有窗户，但有两扇门，其中房间后面的那扇银色铁门可以直接通向屋外的柏油马路。铁门的左边有一个黑色的鞋架，还有一个铁桶。铁门的右边有一张床，也挂着蚊帐，床的旁边是一个小小的床头柜，床头柜右边是一个布制的衣柜，床的后面放着两把靠背椅子，一把浅黄色，一把深棕色。

6. 鸡栏和鸡屋

在客厅和厨房中间有一块空地是鸡栏，而在厕所的左前方有一间鸡屋。白天，鸡鸭都在鸡栏内活动，晚上会被李静红赶回鸡屋。

（二）二楼

二楼占地面积为175平方米，结构布局与一层大不相同。由于文超开的儿子媳妇在外打工，文超开与李静红平时仅带着孙子孙女住在一楼的卧室，二楼基本是闲置的，只有在亲友或客人借住时开放。

1. 二楼客厅

二楼的客厅位于主卧旁边，在一楼客厅的正上方，面积与一楼客厅一样，为28平方米。客厅北面有一个铁闸门，门外是一个长6.50米、宽1.40米的阳台，阳台连接着旁边的杂物房。客厅没有窗户，客厅的一角放着一张红木方桌，另一角放着一张椭圆木桌，可以当饭桌用。门旁边的角落有一张红木长方形桌，客厅中间靠墙摆着一套木质沙发，包括一张长形木沙发和一张单人方形木沙发。木沙发前面是一张玻璃茶几，茶几底也是木制的。茶几前方是一个木制的电视柜。在客厅中央放着一个粉红色塑料制的玩具池，里面有五颜六色的塑料球和各式各样的玩具，这里是孙女孝妍和孙子孝斌的游戏乐园。这个客厅由于在二层，除了有时候小孩子在这玩耍，基本没有其余的用途。

二层客厅物品如下：

红木方桌一张（0.89m × 0.89m）；椭圆木桌一张（可做饭桌使用）；红木长方形桌一张（0.93m × 0.56m）；木质沙发两张（3.73m × 0.78m）；玻璃面茶几一座（1.29m × 0.79m；茶几底是木质的）；电视柜一个（1.74m × 0.57m；文超开儿子结婚时，亲戚送的贺礼）；玩具池一个（粉色，塑料材质，文超开的儿媳妇买给孩子的）。

2. 二楼卫生间

卫生间是厕所与浴室两用。卫生间没有排气扇，只有一面大窗户和一面小窗户，大窗户有窗帘挡着，小窗户装有菱形毛玻璃。厕所是蹲厕，装有按钮式冲水系统，冲水机上放着一沓纸巾。洗澡有热水器和花洒，热水器连着煤气罐，旁边装有不锈钢制的洗脸台，上面有一个水龙头，洗脸台下面有下水管，与蹲厕同一个下水口。煤气罐旁边的墙面上悬挂着一个不锈钢的架子，用于放置洗漱用品。架子旁边有一排挂钩，上面挂着两块灰色的抹布，挂钩下面放着两把红色的塑料椅、一把拖把和一把扫把。地上还有叠放的两个红色盆子和一个玩具车。

二层卫生间物品如下：

松下牌热水器一台；煤气罐一个；洗脸盆一个（不锈钢制）；花洒一个；冲水机一个（自动化按钮式冲水系统）；纸巾一沓；立白洗衣粉一袋；镜子一面（台立式）；水龙头两个；红色塑料椅两把（一高一矮）；红色塑料盆两个（一大一小）；不锈钢架一个（用于放置洗漱用品）；不锈钢钩一排（用于悬挂抹布、毛巾）；拖把一把；扫把一把；玩具车一辆。

3. 主卧

这间卧室是文超开儿子回家时住的房间，里面有一扇窗户，一张木质床，床上有床垫、两床被子、两个枕头和一顶蚊帐，房间一角放着一张木桌，木桌上堆着两床被子，床对面有一个红木衣柜。

4. 客房1

这间客房是我们在调查期间借住的屋子，屋子里有一个窗户，一张长2.1米、宽0.79米的铁架床，床上有床垫、床单和棉被，旁边还有一张长0.93米、宽0.55米的木架床，床上铺着草席和一床棉被。

5. 客房2

这间房在客房1的斜对面，是同行的研究生在调查期间住的房间，房间内有一个窗户，一张长2.05米、宽1.56米的木架床，旁边还有一张单薄的木板床，这张床是文超开与李静红结婚时的婚床，床板下面有两条长木凳作为支撑。床上铺着草席和一床棉被。木架床对面有一个红木衣柜。

6. 杂物房

杂物房位于二楼客厅的旁边，二楼的最东边，处在一楼厨房的正上方。杂物房前面有一个阳台通道。由于杂物房的门常年被锁，我们透过窗户记录了里面的物品，房间里没有任何家具，只有少许杂物。房间里有一个不锈钢制的巨大的蒸笼，六屉叠放为一组，有两组堆放在房间的角落里，此外还有三个空的纸质大箱子。

7. 楼梯间

在卫生间的对面是一层至二层、二层至三层的楼梯间。这里堆放着许多杂物具体如下：

竹筛一个；洗澡盆一个（塑料，红色）；竹篮一个；草帽一顶；塑料桶四个（塑料，白色；用于存放稻谷、鸡饲料等）；铁笼一个；电线若干；富华牌小煤气罐一个；干蒜头半箱（自家晒制的）；电风扇一台（品牌是YZH）；柚子干若干（自家晒制的）。干草若干（自家晒制的）；水桶一个（塑料，红色）；大红灯笼一个；圆形桌板三块（木质）；扫把两把；垃圾桶两个（塑料，白色）；蒸笼12屉（不锈钢制）。

（三）三楼

三楼的结构大体与二楼一样，但还没有装修、使用，水泥墙面还未粉刷，地面也未铺设瓷砖，只能够看出房屋的大体结构，处于闲置状态。

三、消费与支出

（一）风俗节日

霞村比较隆重的风俗节日活动主要是每年的中秋节、春节以及每三年一次的“做醮”活动。

村里有个传统风俗，即每隔三年，在农历五月会举行一次做醮。做醮是村里十分隆重、规模也较大的一项地方宗教活动。举办该活动的主要目的是祈求国泰民安、风调雨顺、农业丰收、民生安乐和人丁兴旺。做醮当日，李静红会携带苹果、烧饼、白糕、米酒等物品去到隔壁村的寺庙进行祭拜，许下美好的愿望。祭拜过后，还会点上一串爆竹，寓意赶走霉运。当天寺庙里非常热闹，家家户户都会聚集在此，共同欢庆与祈祷。

中元节，俗称“鬼节”，时间是每年农历七月十五，传说该节日是为了祝福已逝去的亲朋好友。鬼节的传说及内涵现在已经慢慢淡化。李静红对此只是沿袭传统，在鬼节当天进行烧纸钱等活动。

中秋节，即每年农历八月十五。以往中秋节，李静红都会去镇上批发一些月饼，拿回来在自家商铺卖。但随着月饼种类的多样化以及出行的方便性，越来越少村民到超开商店买月饼了，因此今年商铺没有再进货。除了月饼，文超开一家还会买些栗子、柚子、葡萄，炒上一盘田螺，一边赏月一边享受美食。

春节，在中国一直以来是十分喜庆的节日，霞村也不例外。每年春节，文超开及李静红都会遵循走亲戚的传统，带着水果等礼品去村里或镇上的亲戚家拜访问候，送上一年的美好祝愿。

（二）娱乐活动

由于需要经营店铺与看管幼小的孙子孙女，文超开夫妇平常的娱乐活动主要是看电视，用智能手机上网看新闻，通过微信关注老友动态，跟来买东西的村民聊天等，文超开还会跟战友聚会。

至于电视节目，文超开与李静红各有偏好。文超开喜欢看南方电视台的节目，如抗战电视剧、情感调解节目、午间及晚间新闻。南方电视台的节目多用粤语播放。而李静红喜欢看中央电视台电影频道的节目，特别是下午时段的《非常6+1》节目，其次还喜欢看农业、军事类节目。

文超开和李静红各有一部小米智能手机，都是由儿子在外买给他们的。他们家接通了宽带，因此能随意查看网络信息，闲暇时也可以看网络新闻、听音乐。特别是文超开加了许多战友的微信，平时会通过微信与战友交流，或者查看战友们的朋友圈，了解他们的生活动态。有时文超开还会参与战友们的聚会，如今年的8月1日建军节，一位家境富裕的战友便组织了大型的聚会。

同时，每天都会有许多村民来超开商店买东西。文超开自家酿制的米酒，特别受中老年男性村民欢迎，一块钱一杯。村民们端着米酒，坐在小板凳上，便会和文超开、李静红闲聊起来，谈谈家常小事，或者是村里的动态。

（三）消费支出

水费：一年交一次，每年250～280元，用专门交水电费的存折转账给负责的村委委员，再由该村委委员统一交付给水电公司。

电费：夏季用电的电器有三台冰箱、一台空调、一台风扇，平均400元/月，最高500元/月；冬季平均300元/月，用水电费存折交付，交付方式同水费一样。

通信费：购买网络套餐，149元/月，套餐包括1台电脑、3部手机、2个路由器（WiFi）。由于李静红购买了一部新手机，（2018年）12月1日起套餐费升为159元/月。电脑主要用于文超开夫妇带孙子孙女每日与在外打工的儿子和儿媳妇视频，手机用于日常打电话，上网看新闻、看朋友圈。

煤气：每月使用两罐煤气，一罐用于浴室热水器，一罐用于厨房。每罐煤气100元，每月煤气费200元，一年大约花费2400元。

摩托车：家中有两辆摩托车，摩托车加一次油50元，每辆摩托车每月加两次油，两辆摩托车每月油费共200元，一年大约花费2400元。

伙食：超开商店对面的住户兼卖猪肉，李静红每次在这里买10元左右的五花肉，一周买3～4次，每月大约花费150元买肉；鸡蛋由自家养的鸡所生，没有鸡蛋的时候不会去市场买；食用油在村里的榨油店购买，10元/斤，有时用猪油（肥肉熬制）替代食用油，每月消耗食用油4～5斤，每月平均花费45元，一年大约花费540元；大米全部来自自家种的水稻，自给自足。稻谷一年两收，供全家人一年的主食，稻谷收割后会拿到L镇上加工脱壳，加工费6元/100斤。青菜全部来自自家菜田，自给自足，从未在市场上买过青菜，女儿过节回娘家时喜欢吃家里种的菜，带了五六十斤青菜回深圳——城市买菜贵，二老自己不吃青菜也会先满足女儿的需要，收割了青菜让女儿带回家。

衣服：衣服一般是不够穿时才买，平均2年买1～2件。夫妻俩现在的衣服主要是由儿子、儿媳妇外出打工时购买。

购买保险：老人保险100元/年。文超开享受退伍老兵的福利，由国家统一给老兵买保险；李静红需自费交钱。医疗保险每人220元/年。全家共五人购买：李静红、儿子、儿媳妇、孙子、孙女，每年共交1100元。农业保险2元/亩。家里共2亩田，每年共交4元，由村干部每年年末统一向农户收取。

学费：孙女文孝妍上幼儿园1500元/学期，每年2个学期；食宿费200元/月，包括每天中午一餐饭和午休寄宿，每年交8个月，每年交学费和食宿费共4600元。

文超开家庭的消费支出并不多，衣服由孩子购买，食物大部分也可以自给自足，比较大的支出在于孩子的教育费用。

四、生产与经济

（一）土地与农业

霞村迄今为止一共分过两次田，第一次分田是在1983年，按照每个人分4分田的标准，文超开家五口人共分得2亩田，这些田主要种植水稻；到1994年，霞村实行第二次分田，主要是分渡槽下面的菜地，文超开家当时分得0.2亩，位置邻近稻田，用来种植菜心、芥蓝、油麦菜等蔬菜。稻田及菜地分布如图3-3所示。

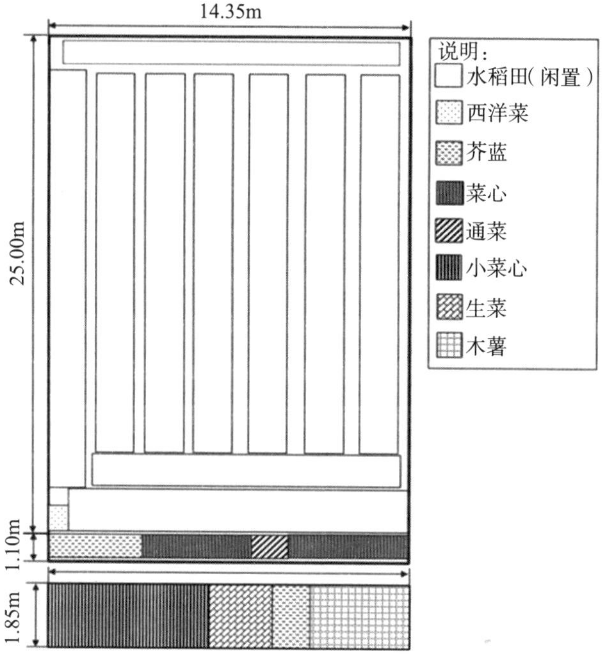

图3-3 文超开家农田分布图

从1993年定居霞村至今，由于文超开腿脚不便，一直都是李静红在田地里劳作，她种植的水稻、蔬菜能基本满足家中的日常需求，并且还会有多余的用以出售或赠予他人。以下将从稻田及种植的水稻、菜地及种植的蔬菜两个方面介绍文超开家的土地与农业生产情况。

1. 稻田及种植的水稻

霞村的水稻田基本分布在长岗坡渡槽下，灌溉时用渡槽中的水库水。文超开家一共有2亩稻田，当年，村里分配下来的时候已分成9块，每块稻田的分布呈规则的长方形。

霞村的水稻分早稻和晚稻两种，每年会种两次。早稻在清明节时插秧，晚稻在大暑前后插秧。早稻在清明节前一个月即农历3月份时，便会播种，待种子长成小秧苗后翻地松土，于清明节（4月5日）把秧苗插到水田里。插秧一星期以后就要喷洒除草剂，两亩地大概需要两包除草剂。三天后，要去田里查看稻田是否缺水、是否长草等。如果缺水就要引水，长草就要除草。半个月后开始施肥，一开始主要施磷肥，后来慢慢施复合肥，连续三个星期，之后每隔一个星期施一次肥即可。假如发现水稻长虫，便要施防枯芯瓶、防灰虱瓶农药，整个种植过程大约要施1～3次农药，详细的农药种类、作用及花费见表3-3。播种后120～125天便可以收割水稻了。割完水稻后剩下的稻秆，以往是烧掉，但现在会用收割机打碎，用作肥料。我们的调查时间在11月底，此时李静红早已经割完了水稻，稻田处于闲置状态，我们没有机会亲身体验水稻收割。

表3–3 稻田每批作物喷洒农药情况

农药	作用	喷洒次数	花费
闻枯瓶	作物出芽时喷洒以防虫卵	第一次	20元
防枯芯瓶	作物抽穗、出谷前喷洒以防生虫	第二次	50元
防灰虱瓶	预防虫虱，杀虫	第三次	20元
合计	90元		

至于水稻的收成，往年一般900～1000斤/亩，但今年受“山竹”等台风影响，抽水机损坏了，影响了水稻生长，两亩稻田的收成分别为700斤和500斤。收割好的水稻一部分用以自家食用，一部分卖给上门收购的人。今年文超开家卖了500斤稻谷，每斤1.8元。

2. 稻田及种植的油菜

在我们拜访霞村时，村委正动员村民翻田松土，利用闲置的稻田播种油菜。种植油菜用以观赏是政府的提议，响应了共建和谐美丽乡村的号召。关于种植油菜，部分群众是不太赞成的，因为播种油菜会耽误农时，对此政府按照每亩300元的标准对农户进行补贴。文超开家收到了600元补贴。油菜在12月播种，来年3～4月份便可以摘收，摘收后农户又会开始新一轮的播种、插秧等水稻种植工作。

3. 菜地及种植的蔬菜

文超开家的菜地与稻田接壤，一共有0.2亩，分为四块。菜地里分别种了芥蓝、菜心、空心菜、西洋菜、生菜和木薯等。除了秋天较少种植蔬菜外，其余三季皆可种植。如，春季种豆角、丝瓜、冬瓜，夏天种菜心，冬天种豌豆等。蔬菜的种类及其种植面积、种植时长，见表3–4。

表3–4 农作物一览表

蔬菜名称	种植面积（平方米）	种植时长	田间管理
芥蓝	5.95	约20天	幼苗期，需要多浇水，保持土壤湿润
小菜心	7.94	约20天	幼苗期，需要多浇水，保持土壤湿润
菜心	9.96	约30天	成熟期，可以采摘

续上表

蔬菜名称	种植面积（平方米）	种植时长	田间管理
空心菜	1.54	约2个月	成熟期，可以采摘
西洋菜	0.88	约10天	幼苗期，需要多浇水，保持土壤湿润
生菜	3.05	约20天	成熟期，可以采摘
木薯	4.81	约10个月	成熟期，可以采摘

注：蔬菜的成长过程包括播种期、出苗期、幼苗期、发棵期、成熟期。

一般而言，李静红每隔两三天就会去菜地施肥、灌溉以及摘取一天所需食用的蔬菜。为了保证蔬菜的新鲜及营养，李静红所选取的肥料都是天然的有机肥，也就是家中的人畜粪便经过稀释发酵而成。如，水和人尿以6∶1冲兑，鸡粪鸭粪等与柴木灰混合，发酵一星期便得到了有机肥。以此得到的有机肥能改良土壤，提高蔬菜品质。在这么多蔬菜种类中，除西洋菜和木薯比较特殊外，其他蔬菜的灌溉都用水淋湿即可。西洋菜需水量最多。因为西洋菜生性喜湿润、忌干旱，因此在种植西洋菜的时候是水栽。李静红会一次性灌溉较多水，同时保持一个较低的水位。木薯则视情况浇水，其耐旱忌积水，因此土壤湿润时则不需要频繁浇水。

李静红种植的蔬菜菜种是从L镇的商贩处购买的，售价约为1元/包。她种植的蔬菜能满足家中的日常需求，并且还会有多余的赠予在外打工的子女，用李静红的话说，“城市的蔬菜贵，自家种植的蔬菜就多让子女们带回去吃”。表3–5是文超开家一年四季的劳作内容。

表3–5　文超开家庭二十四节气劳作的内容

节气	劳作内容
立春	新种植的油菜需要追肥、排水、除草
雨水	加强水稻田间管理、进行病虫防害、除杂草
惊蛰	收油菜籽，进行水稻播种、育秧
春分	翻土、搭田基
清明	插秧
谷雨	喷洒农药，除草、施肥、除虫等
立夏	去稻田里查看是否需要除草施肥
小满	同上
芒种	播种通菜、菜心、生菜、西洋菜等蔬菜
夏至	播晚稻

续上表

节气	劳作内容
小暑	一年中最忙的时节，收割水稻，打谷
大暑	同上，还要开始种晚稻
立秋	去稻田里查看是否需要除草施肥
处暑	同上
白露	同上
秋分	同上
寒露	同上
霜降	同上
立冬	收晚稻
小雪	稻田闲置，日常去菜地施肥浇水
大雪	同上
冬至	同上
小寒	同上
大寒	同上

（二）家禽饲养

李静红饲养的家禽有乌骨鸡、土鸡、白鸽和鸭子，具体见表3–6。

表3–6　家禽饲养情况

种类/数量	养殖时长	每日喂养次数	喂养时间	饲料种类	备注
乌骨鸡/3只	半年	两次	8:00—16:00	糠、米	乌骨鸡苗4元一只。乌骨鸡市场价130元/只，一般自用
土鸡/7只	半年	两次	8:00—16:00	糠、米	鸡苗3元一只，鸡蛋1.5元/个。一般自用，多的出售
白鸽/9只	1个月～3年	两次	8:00—16:00	黄豆、谷、菜、糠	雏鸽每只6元；饲料成本为每月4元。成年白鸽70元/个。自用
鸭子/15只	10天～8个月	两次	8:00—16:00	糠、米	雏鸭每只5元；鸭子饲料成本每月36元，鸭子市场价平均160元/个。一般自用

①家禽性别及数量：乌骨鸡3只都为雄性，7只土鸡中有4只雄性和3只雌性，9只白鸽中有4只雌性，5只雄性、鸭子15只都为雄性；②养殖成本：由于白鸽有每天清晨7点飞出去觅食，下午5点才飞回家中的习惯，白鸽多在菜地里或其他村民家中食用菜、黄豆等，在家中食用饲料较少，饲料成本支出较少。

在2018年6月份时，为了响应乡村振兴战略，减少家畜排泄物等对环境的影响，村委会曾向村民倡议限制农户家中的养殖数量，因此大多村民如今养殖家禽的规模都比较小。

（三）商业

文超开家开了一间小卖部，地方不大但是商品种类很齐全，包括食品、日用品等，还有一些药品。小卖部的经营方式以线下零售为主，基本没有受到电子商务的影响，但收款方式除收现金以外，还在收银台旁设置了支付宝收款和微信收款的二维码，以便没有零钱的顾客线上支付。商店平时没有固定的进货时间，一般等到货架上的货品差不多卖完了，李静红就会骑着摩托车去L镇的批发部拿一些轻便的货物，重的货物例如饮料等是直接电话订购并要求对方送货上门。生意好的时候，取货的频率是隔天去一次，往年在过节和旅游旺季生意会好些，2018年自从10月份村建完成后，小卖部的生意就一直不错，月收入有1万元左右，利润率千分之一，每月利润有上千元。平时收入一般在600～800元/月，目前已经足够一家四口的基本生活开支。

表3–7　超开商店商品清单

食品	棒冰	三彩杯冰淇淋、颖泉思源脆皮甜筒、粤宝提子脆筒、颖泉红枣味糯米冰棍、精制绿豆冰棍、瓜子脆皮香草味雪糕、文斯达尼炼奶夹心雪糕
	面食	甲天下黑芝麻汤圆、业昌牌竹筒面、喜万家牌双喜挂面、罗秀米粉以及散装面条
	饮料	酷仔饮料（番石榴味、橙子味），五羊甜橙味汽水，五羊可乐，健力宝运动饮料，椰树牌椰汁，天地一号，可口可乐（瓶装+罐装），百事可乐，雪碧（瓶装+罐装），东鹏特饮，红牛，银鹭花生牛奶，康师傅冰红茶、冰糖雪梨，统一阿萨姆奶茶，娃哈哈大红枣酸奶饮品、营养快线，AD钙奶、乳酸菌饮品，日康豆奶饮品，果园大叔草莓果汁饮料、果蔬汁，伊利纯牛奶、优酸乳，达能脉动，怡宝矿泉水，椰牛椰汁，夏宝牌菊花植物饮料，旺仔牛奶
	酒类	红荔牌红米酒、中国劲酒、九江双蒸、青岛啤酒、珠江纯生啤酒、张裕金奖白兰地以及自酿米酒
	粮油类	致美斋蚝油（小瓶装、大瓶装）、番茄调味酱、食醋（9° 米醋、糯米甜醋）、调味料卤水汁、海天牌陈醋、柱侯酱，厨邦双璜生抽王、酱油（特级生抽）、鸡粉、蒜蓉辣椒酱，加加牌金标生抽，味事达味极鲜酱油，粤盐海水自然盐，甘竹牌豆豉鲮鱼罐头，奥桑双桥味精，广合腐乳

续上表

食品	零食	碧江牌紫菜、散装小面包、欢夫口香糖、桂康园花生沙琪马、康剑超大泡泡糖、果真棒棒糖（草莓味+橙子味+青苹果味）、鸿祺香葱味苏打饼干、阿尔卑斯棒棒糖（香橙牛奶味+葡萄牛奶味+高级牛奶味+草莓牛奶味+香草可可牛奶味）、鸿祺木糖醇饼干、旺仔QQ糖（葡萄味+草莓味）、雅斯顿草莓味威化饼干、POP棒棒糖、伊师傅酱香三明治、利口利乐百变手指糖、华圣牌金轮汉堡、椰蓉排包、硬质棒棒糖、步步升盐焗腰果、裕盛酸溜梅、冠州大妹子香辣烤翅、韩妞白味棒、香可比盐焗小腿王、杭源盐焗小腿、洞庭渔邻酱汁鱼、双汇火腿肠、金锣玉米火腿肠、琦德薄荷糖、椰子糖、肯八山椒凤爪、新美奶味糖、吕家乡香辣鸡块、金园竹九制陈皮、花泰园台湾话梅、童年记香瓜子、憨豆源美葫芦串、无限大素凤爪、香油条、龙达牌火辣辣片、大鹏牌素牛筋、家思鑫食品薯我脆、丰煌荷兰豆、欧氏川仔海鲜米线、欧阳帆开胃牛排、口水鸡味麻辣素食、哈仔招牌菜（盐焗鸡翅味）、天禧食品鸡汁笋片、麻辣婆素串烧、嘉益爱上辣串、风味豆制品、杨自立素香葱虾仁、巨新玉林牛巴、天湖辣条、赞佳素烤全羊、德健QQ仔素食及散装水果糖
	其他	散装葡萄干、绿豆、黄冰糖（片糖）、白冰糖、白砂糖、干木耳、干香菇、生粉、腊肠、花生（带壳）、散装花生米、红枣、鸡蛋、鸭蛋
日用品	厨卫清洁	东方红牌乳胶手套、东滔牌乳胶手套、棉制手套，水永牌钢丝球，奇神牌蟑螂药，扑灵杀虫气雾剂（清香型），立白洗洁精
	洗漱	贝诺牌牙刷（四种颜色）、智星牌毛巾、黑人牙膏、黑妹牙膏、维美诗沐浴露、拉芳沐浴露、飘柔去屑洗发水
	其他	天天旺牌卷纸、维达纸手帕、佳期卫生巾、清爽卫生巾、护舒宝卫生巾、彩色皮筋、发夹、恒星电子节能灯、百达打火机、姚记扑克牌、全鼎塑业晶莹杯、二仙粘蝇板以及各种作业本（英语+中方格+方格+生字+双行+单行+图画+拼音）
玩具		塑料竹蜻蜓、吹泡泡玩具、芭比娃娃、气球、乒乓球
其他		鸡饲料

（四）收入与补贴

1. 经济收入

（1）小卖部收入：净利润600～700元/月，一年净收入7200～8400元。因文超开有二级残疾证，故他经营的小卖部免缴税费。

（2）稻谷收入：收割的稻谷一般贮藏起来供全家食用。每年第一批稻谷收割后，6月份村里有人上门收购稻谷，文超开家会卖500斤左右稻谷，收购价格为

1.8元/斤，一年有900元左右的货币收入。

（3）卖鸡蛋：自家养的鸡产的蛋除自己吃以外，多余的会以1.5元/个的价格卖出。今年文超开家卖了两次鸡蛋，每次平均卖60个。文超开介绍，村里的一些风俗需要用到鸡蛋，如妇女坐月子时需要买来吃。

（4）做生意：2005—2007年，由于家庭原因急需用钱，文超开家短暂地做过三次生意。第一次是养猪。只养了一批猪，从2005年养至2006年，2006年就把成年猪都卖掉了；小猪买来时150元一头，总共买了4头，平常用潲水喂养；到2006年每头猪卖了300～400元，没赚到什么钱。第二次是卖豆腐和腐竹，2005年做至2006年。冬季每日净收入30～40元，夏季每日净收入10～20元，夫妇俩每天早晨4点钟起床，用机器磨豆浆做豆腐，做好的豆腐和腐竹放在小卖部门口售卖。第三次是卖蒸包，2006年做至2007年。蒸包不是天天卖，只在清明节前后集中卖15天左右，家里杂物房的不锈钢蒸笼就是那时做蒸包留下来的。每天早晨5点起床和面，包包子，蒸好以后在小卖部门口售卖，一般卖给需要蒸包祭拜祖先的村民们，包子3元/个，一天净收入约100元，生意还算过得去。

（5）外出打工：文超开的儿子儿媳在顺德做外墙装修的泥水工，二人合起来每日收入约300元，工作天数不固定，每月工资共有5000～6000元。文均超夫妻每月生活费约2000元，每个月给父母汇生活费2500元，余下的工资收入留作存款。文超开的大女儿只在逢年过节时以红包的形式给父母800～1000元。

2. 非经济收入

访谈中我们计算了从2018年6月至12月半年的时间内文超开家非经济方面的收入（表3-8）。

（1）养老金：文超开自2018年11月开始领取养老金，156元/月。

（2）农村低保：文超开中风初愈以后，办理了三级残疾证，从2010开始领取残疾补贴，一直领到2017年6月；补贴数额每个月100元，一年共计1200元。2017年6月开始，政策规定只有二级及二级以上的残疾（高残）才能够领取残疾补贴，因此2017年6月至2018年6月无残疾补贴；2018年6月以后，文超开办理了二等残疾证（高残），重新获得补贴210元/月。

（3）农业补贴：每亩田每年补贴140元，一年两亩田补贴收入280元。2010年—2013年由于将家里的两亩田借给村支书耕种，所以这三年没有领取农业补贴。

（4）参战老兵补贴：大约700多元/月，一年补贴收入约8400元。

（5）生态森林补贴：补贴按人头计算（孙子和孙女不算），25元/人，文超开一家四口人（包括儿子儿媳）一年补贴收入约100元，一年发一次。

目前文超开一家可以在收支上做到略有盈余，每年基本可以攒下三四千元的收入。

表3–8　非经济收入

补贴种类	补贴收入（元/月）	补贴收入（元/半年）
养老金	156	936
残疾补贴	210	1260
农业补贴	/	140
参战兵补贴	约700	4200
生态森林补贴	/	50
合计	/	5650

注：统计周期从2018年6—12月。其中养老金从2018年11月开始领取，表中的936元是理论数据。

评语

文超开一家几十年来的生活可以视为中国历史进程中普通农民家庭状况的一个缩影。20世纪中叶，国家发展尚处于探索阶段，进行了农业合作化的社会主义改造，文超开也成了村里生产大队中的一员。20世纪70年代后期，霞村开始修建长岗坡渡槽，文超开一家响应政府的号召，积极投入到这一宏伟的水利工程，付出了自己血汗，最终也分享了水利化的成果。对越自卫反击战时期，文超开应征入伍，成了一名奉献国家的军人。20世纪八九十年代，国家进入快速发展时期，文超开一家经济条件逐渐好转，脱离了贫困并且随着新农村建设的进一步推进，文超开家小店的生意也兴旺起来。

文超开家同时也是典型的仅有老人和儿童在家常住的留守家庭。由于疾病原因，他们夫妻没能通过打工、经商等方式充分分享国家快速工业化、城市化的成果，到了老年，积蓄不多。但有限的承包地基本解决了一家人的吃饭问题，货币负担大大减轻。而且由于可以免费使用宅基地，也使得一家人能够住上比较宽敞的楼房。总之，虽然一家人的生活可能未达到“小康”标准，但基本的“温饱”没有问题。

第二章　留守丈夫——文峰开

郑怡然　邱曼芸　朱玉梅

我们于2018年11月25日到达广东省云浮市罗定市L镇S行政村下辖的自然村霞村，与当地村民“同吃同住同劳动”。在本次调查之前，关于农村、农业和农民，我们完全是门外汉，因此，我们全身心地投入到此次调查中。以下三人在材料上给予我们很大帮助：文峰开（45岁，建筑临时工，本村人，本次调查住户户主），何月莲（48岁，本次调查住户户主文峰开的妻子，家政服务人员，曾任幼儿园教师，小学代课老师，L镇蓓西村人），李琴芳（83岁，农民，本次调查住户文峰开的母亲，系罗定市船步镇人）。

霞村分为八个生产小组，文峰开家属于生产四队，其房屋位于霞村的中部。

调研过程：

2018年11月25日

07:40—13:30 经过四个多小时的车程，到达L镇霞村。

13:30—15:00 入住农户文峰开家，向女主人何月莲初步了解家庭基本状况。

15:00—17:00 参观S村长岗坡纪念馆与长岗坡渡槽。

19:00后　与女主人交流，完成调研日记。

2018年11月26日

09:00—11:30 测量农户住房面积与房屋结构。

12:30—13:20 向何月莲了解其生活经历与家中基本情况，并到田地里考察。

13:40—16:30 到S小学与牵手学生见面并交流。

19:30—20:30 继续向何月莲了解其家中基本情况。

20:30后　完成调研日记，整理笔记。

2018年11月27日

09:00—11:30 测量农户的房屋面积，记录家中摆设和主要家具电器。

13:00—15:30 向文峰开了解其生活经历，并随其到田地测量面积。

2018年11月28日

10:00—11:30 参观村子里一户人家的婚礼，并记录当地的婚礼习俗。

13：00—16：30 整理目前所收集的资料并绘制房屋构造图。

19：00后 完成调研日记，继续绘图。

2018年11月29日

07：30—11：30 观察并详细记录李琴芳的作息情况，测量各块田地及田地之间的距离。

14：30—17：00 观察并详细记录李琴芳的作息情况，了解她的故事。

19：00—20：00 采访文峰开与李琴芳，记录李琴芳的生活经历。

20：00后 完成调研日记，整理笔记。

2018年11月30日

9：30—11：30 整理调研笔记。

15：30—17：00 参加“党政领导，乡村振兴”专题报告讲座。

一、家庭

文峰开家庭共有五口人（图3-4），除去外出打工的何月莲（妻子）、文朝彬（大儿子），家中常住有文峰开（户主），李琴芳（母亲），文朝键（小儿子）三人。

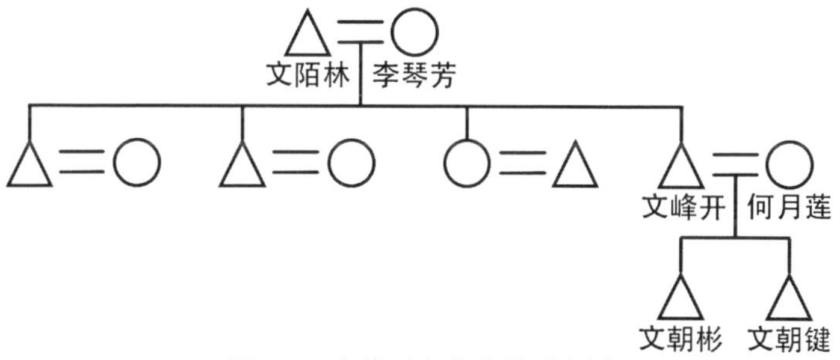

图3-4 文峰开家庭成员示意图

（一）男主人——文峰开

文峰开，1973年生，系L镇霞村人，小学文化。户口所在地为霞村四队。文峰开今年已经45岁了，脸上有了些皱纹，他1.63米的个子，平头，咧嘴笑时露出两颗虎牙。第一次见文峰开的时候，他穿着紫色花纹T恤，外搭一件灰黑色棉夹克，下身是一条藏青色的西裤。

14岁时文峰开读到小学五年级便辍学在家，去附近的建筑工地打工挣钱，补贴家用。24岁时与何月莲喜结连理，此后生下两个儿子。文峰开是家里的幼子，他有两个哥哥，一个姐姐。大哥二哥都是泥水工，做装修的；大哥有两个儿子；二哥有一个儿子两个女儿；姐姐嫁到罗定市船步镇，有两个女儿一个儿子，过年时会回到娘家探望母亲。文峰开的父亲20多年前就去世了。1995年文峰开现在居住的房屋建好后，兄弟便分家了，随后母亲则一直跟随文峰开居住。

1997年2月，文峰开经媒人介绍与何月莲认识，两人看对眼，于一个月后的3月27日领证结婚，何月莲笑称这是“闪婚”。结婚时他们在家里简单地摆了喜酒，宴请双方亲友。男方亲友10多席，女方亲友30多席。翻看他们的结婚相册，结婚当天何月莲穿了一条粉色的新裙子，文峰开穿着白衬衫，胸前还别了一朵红花，何月莲笑得十分开心，文峰开则只是露出了腼腆的微笑。结婚期间的支出大部分是文峰开打工挣的。婚后他们男主外，女主内，2016年何月莲外出做家政阿姨后，文峰开就变成留守丈夫。

文峰开现在在村里的工地上干活，有活干时就骑摩托车出去做工。每日收入约170元，但每月外出做工天数不定，平均每月出去工作15～17天，其余时间休息。每年的七八月份，工地上劳动力需求比较多，因此他每年的这个时候会比较忙碌。以前还会利用空闲时间骑摩托车搭客，但每日收入仅十几元；现在不开工时一般到镇上的商店里坐着或去朋友家喝茶、聊天。

文峰开对儿子的教育比较重视，儿子读小学期间，他会监督他们学习，但儿子读完小学之后，便表示教不了他们了，对初中的课程内容，他一窍不通。

（二）女主人——何月莲

何月莲，1970年8月5日生，系L镇眘西村人，高中文化。结婚时户口从眘西六队迁到霞村四队。何月莲今年48岁，1.5米的小个子，短头发，小小的脸庞，年轻时应该是一个十分活泼机灵的女孩（后来看她以前的结婚照，发现确实如此）。第一次见到何月莲的时候，她穿着红黄条纹的长恤衫，灰色运动裤，从屋里走到院子里热情欢迎我们。

何月莲在家排行老三，有一个哥哥、一个姐姐和一个弟弟，四个孩子都上过学，何月莲在校读书时间最久，那时候刚有高中，她便去学校读了两年高中。她的姐姐上到小学四年级便因不爱学习而辍学，哥哥和弟弟也只上到了初中。何月莲以前平均一个月回一次娘家，现在外出打工，两个多月回家一次，也会抽空去探望父母。一般是文峰开骑摩托车搭载何月莲回娘家，单程需半小时。何月莲的兄弟姐妹都不在眘西村里居住，只有父母还待在原来的村子，成为留守老人。

何月莲从小勤劳而独立，8岁开始跟母亲学种地，每周一到六上学，周日到田里帮母亲插秧；1989年，她19岁时离开家去广州、深圳等地的工厂打工，当时的工资收入约80元/月，仅仅够自己日常生活开销。27岁结婚后，在本村的S小学做代课老师，最开始每月工资86元左右，1993年之后，代课收入增加到每月270元，2004年因为超生了第二个儿子，无法转正，只得继续当代课老师。2013—2016年，开始在S幼儿园做幼教老师，每月工资1000多元。不做老师的其余时间，都待在家里忙农活。

2016年，经熟人介绍，何月莲开始到广州做家政服务，最近月薪从3000元涨至4000元。外出打工时平均两三个月休息一次，回家帮忙种田。我们调查开始的前一天，何月莲正在短暂的休假时间，第三天（2018年11月27日）清晨6点，她便离开家，出门到镇上乘坐开往广州滘口客运站的客车。何月莲目前住在文家祠附近，与雇主一家住在一起，平时的工作是接送雇主家读小学三年级的儿子上学放学（小学校园离她所住的地方步行仅需5～6分钟），平时也帮忙做一下家务，包吃包住。

何月莲生了两个儿子，都是顺产，其中大儿子是在家里由接生婆接生的，小儿子是到镇上的卫生院里生产的。当时何月莲怀孕时还在工作，她表示不做不行，有工作才有收入。坐月子期间，她在家照顾小孩之余还做一些比较轻松的家务活，帮外出干农活的公婆、外出打工做装修的文峰开洗衣服等。生完大儿子后继续回小学做代课老师，大儿子由母亲带到7岁。生完小儿子后，因为属于超生，学校拒绝为她转正，小儿子由婆婆带到4岁。休假时回到家里，就和文峰开、婆婆住在一起，夫妻关系、婆媳关系还很不错。为了方便照顾老人，何月莲跟婆婆一起睡在一楼的房间里，我们调查期间，夫妻俩常协助婆婆一起给我们做饭吃。

何月莲很疼爱两个儿子，儿子外出打工的工资勉强够开销，他们还会给大儿子零花钱，每年总计约3000～5000元。在教育方面，很尊重儿子的选择，她说儿子实在读不下去了也没办法，所以也支持他外出打工。何月莲现在到广州打工存钱也有部分原因是为了将来给大儿子结婚时用。

对于一直以来不太富有的家庭状况，何月莲表示很无奈，“我娘家几个子女中，我读书时间最久，但也是最穷的；我的哥嫂在罗定城里买了房子，姐姐嫁出去也过得不错；我种田没有什么收入，也就这样了，可以说注定是穷的。”

（三）奶奶李琴芳

李琴芳，生于1935年，系罗定市船步镇人，未读过书。李琴芳的父母育有四个儿女，李琴芳是家中的长女，有一个弟弟和两个妹妹。李琴芳小时候家境贫寒，没有条件去上学，不太识字。家中只有她的弟弟、妹妹曾读到小学四、五年级，也没有完成小学学业。由于小时候卫生医疗条件不到位，李琴芳的弟弟在几岁的时候就染病去世，家中只剩下李琴芳和两个妹妹，懂事的她们很小就学会帮助父母干农活。

1956年，李琴芳21岁，经熟人介绍认识了住在邻镇的文陌林。当时的农村男女对爱情没有什么概念，李琴芳和文陌林互相看对眼便结为了夫妻。结婚当日，他们在家里摆了十几围的喜酒。李琴芳刚嫁过来时，文陌林家里尚未分家，李琴芳和公婆以及文陌林的兄弟姐妹同住在一个屋檐下，由于当时公婆还算体壮，加上家中兄弟姐妹帮忙务农，李琴芳当时需要干的农活并不多，负担也不重；那时反而娘家的农活比较多，娘家人忙不过来，于是李琴芳和文陌林还时常回娘家帮忙干农活。

过了两三年，人民公社运动在霞村也火热地开展起来，农村开始以生产队的形式进行生产劳动，每个村民需要干活来计工分，用工分换取口粮。李琴芳当时在生产队里负责的工作是挑粪水，早上通常干到中午12点，在大饭堂吃过午饭没多久便又要开始劳作，直至下午五六点才能结束一天的工作。赶上农忙的时候，甚至晚上也要抓紧时间犁地。李琴芳回忆道，那段日子是最难熬的，大部分时间里，午饭晚饭只能喝白粥、吃番薯，有时白粥稀得只有一点米粒，根本无法饱腹。

婚后第十年即1966年，李琴芳顺产产下第一个孩子，也就是文峰开的大哥。我们问李琴芳这么晚才生孩子会不会受到来自公婆的压力，李琴芳笑笑说公婆对她很好，并没有因此说过什么。又过了两年，文峰开的二哥也出生了，1970年，李琴芳产下了文峰开的大姐，文峰开是李琴芳最小的儿子，生于1973年。据文峰开回忆，当时父母都要到生产队上干活挣工分，所以平时大部分时间都是由他的小叔（文陌林的小弟）照顾他和哥哥姐姐。1976年下半年，长岗坡渡槽开始动工，李琴芳说当时每个生产队都需要派人负责一定长度的修建工程，生产队的成员轮流参加建设，每次10～15人。文陌林当时负责挖凿水库，搬运泥土，连续几天参加建设；李琴芳则留在生产队继续帮忙挑粪水。整个长岗坡渡槽的修建工程持续了近五年之久，直至1981年才竣工通水。

时间到了1979年，当时全国开始实行包产到户的家庭联产承包责任制，文陌林一家也分到了属于自己的田地，不用再到生产队上干活挣口粮了。当时村里主要按每户人家的人口数分田，每个人无论年龄大小都可以分到四五分的田（一次性分配，日后不再进行），当时文陌林家里一共六口人，所以一共分到了两亩多的田。李琴芳说虽然分田后自己什么农活都要干，不仅仅只是挑粪水了，但却比在生产队的时候更有干劲了，而且生活条件也越来越好了，不用再每日靠白粥番薯果腹。

又是十几年过去了，李琴芳的大女儿在1991年经人介绍出嫁，大儿子与二儿子也在1993年的时候分别结婚，并且搬了出去。父母与文峰开三人则继续住在老屋，家里的田地也由三兄弟平均分配，每人大概分得八九分田地，大姐当时已经嫁出去了，没有分地。文峰开和大哥二哥一样，都是靠在村子附近做泥水工为生。在1994年的时候，文峰开做工攒到了一笔钱，便也修建了新屋，也就是现在文峰开一家现在居住的房屋的第一层。新屋建成后，文峰开便把父母接来和自己一起居住，直至后来文峰开结婚，并有两个儿子，一直都与父母在一起生活。

1995年，文陌林离开了人世，只剩下李琴芳继续和文峰开他们一起生活。平时儿媳何月莲需要外出做代课老师，文峰开也需要到村子附近做泥水工，因此家里的农活大都由李琴芳一个人完成，只有到了农忙的时候才需聘请一个人和李琴芳一起分担。李琴芳的娘家离得不远，李琴芳从前经常回娘家探望父母，她的父亲离世较早，母亲于2010年离世，享年90多岁，可谓长寿。至此之后，李琴芳便很少回娘家了，只有娘家人办喜事的时候，侄子侄女开车来接李琴芳回去喝喜酒时，李琴芳才会回娘家看看。

近几年，李琴芳只有在插秧的时候会到田里帮忙，其他喷洒农药化肥的工作则多由文峰开负责，李琴芳主要是到家里的菜园地浇水除草，每日喂一下家里养的鸡鸭，便没有其他的农活了。目前，李琴芳每个月会从镇上领到130元的养老补贴，这些钱都由李琴芳自己花销使用，平时逢年过节的时候另外的三个儿女也会回家探望李琴芳，每次都会给她两三百元以表孝心。李琴芳现在的身体还十分健康，平时身子有什么病痛的时候孙子也会马上带她去看病，一家人生活相处十分融洽和谐。李琴芳目前主要在家干些农活，负责家里人的一日三餐，闲暇无事时便会到附近邻居家走动聊天，日子过得忙碌但也算是幸福。

（四）大儿子——文朝彬

文峰开的大儿子名叫文朝彬，1997年出生，今年21岁，身材不高。原来在云浮市打工，现在处于待业状态。文朝彬出生于早上7点30分，即辰时，何月莲说儿子小时候十分顽皮，希望他长大后做一个彬彬有礼的人，故给他取名“朝彬”。他读到初三就读不下去，于是去位于罗定县城的技术学校学习电子维修技术，当时住在技校，周六、周日才回家。朝彬在技校的学习持续到了2015年初，只读了一年半，他就选择外出打工了。朝彬原本在云浮市区的一家快餐店打工，但由于3000多元的工资不够其日常开销，我们调查期间他已经辞职回家，打算过一段时间再出去找别的工作。一年前，何月莲花费4000多元给他报名学车，于是趁这段时间在家待业，他每日都到镇上的驾校学车。我们调查期间，朝彬还在家，空闲时会用手机打游戏，有时也会到镇上找朋友玩。在与朝彬短暂的接触中，我们感受到他和妈妈何月莲一样，是个热心肠的人，帮我们抱来棉被时，脸上一直带着腼腆的笑容。除此之外，朝彬对长辈也十分孝顺，平时会主动替奶奶李琴芳分担做菜等家务，吃饭时还会不停地帮奶奶夹菜。

（五）小儿子——文朝键

文峰开的小儿子名叫文朝键，出生于2004年，今年14岁，个子1.5米左右，身材偏瘦，锅盖头。户口所在地与文峰开一致。他现在在镇上的L中学读初二，平时住校，每天傍晚骑自行车回家，快速洗澡吃饭后又回到学校上晚自修，周末才放假回家休息。文朝键十分腼腆，在外人面前很少说话，周五晚放假回家，在饭桌上一直低头默默吃饭。朝键出生于早上7点45分，也是辰时。当时何月莲即将从代课老师转正为教师，小儿子在这种“关键”时期出生了，所以给他取名为“朝键”。文朝键小学时成绩还不错，一楼饭厅墙上张贴着他小学二年级时的奖状——“期中检测成绩三等奖”；他喜欢打乒乓球，被罗定中心小学评为乒乓球社团的优秀学员。还喜欢玩手机游戏，周五晚放学时和一个男同学一起坐在门口打游戏。朝键也无心读书，跟哥哥一样，计划初中毕业后就去读技校。

二、住房与用品

文峰开家位于霞村，距离镇上约4000米。从公路口进入，走最近的小路，连续穿过三户人家即可到达。这是一幢三层高、自带庭院的普通民宅（图3–5），三层面积总共236.07平方米（不含庭院面积）。环顾庭院，文家共有五户邻居，其中四户的外墙由红砖砌成，一户外观为白墙白砖房，只有文家的外墙是鲜明的米黄色，墙面由带有浮雕花纹的瓷砖铺成，在周围一片红砖外墙的房屋中特别显眼。

图3–5　文峰开家的楼房

文宅门口也如其他家一样贴着对联：一年好运随春到，四季财源顺意来；横批：鸿福。春联底部已有些褪色剥落。文宅带有一个矮墙围住的不规则五边形庭院，面积有73.02平方米，庭院可以见到太阳，晴天时可将稻谷铺在地上晾晒。站在房屋的正门，庭院偏左方有一扇0.838米高的不锈钢小门，主要用以阻拦庭院外的鸡。旁边的矮墙上摆着两罐拜神用的香烛和一袋正在晾晒的陈皮。

（一）一楼

站在庭院中可以看到，房子左侧从前到后分别是独立于楼房的厨房和卫生间，还有一个储物室在一楼楼体左侧，在整栋楼的后方还有一块围起来的鸡舍和鸭舍。文宅一楼进门是饭厅，右手边是两个房间（图3–6）。

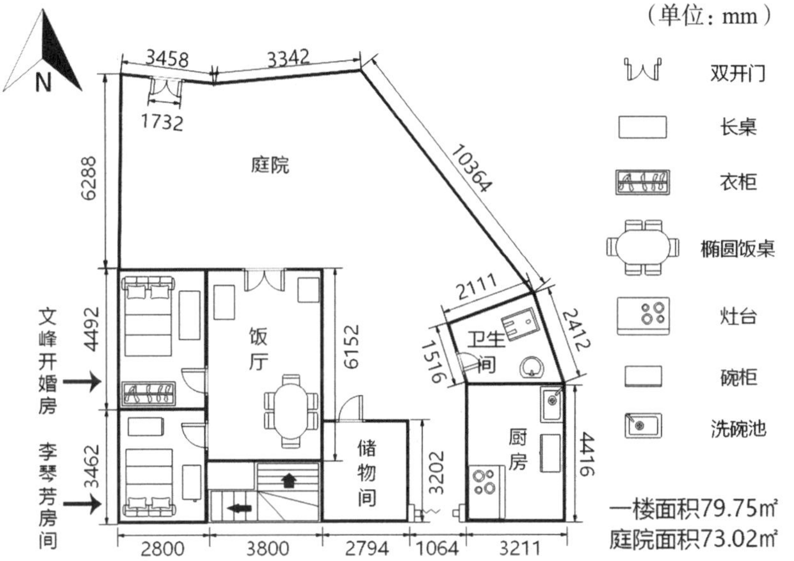

图3–6　一楼平面图

1. 一楼饭厅

一进屋就是饭厅，水泥地，墙壁在1.4米以下的地方从上往下依次贴上了一片白绿相间的瓷砖和三片白色的瓷砖，其余地方的墙体只涂了白灰，由于年代久远，整个墙体布满了星星点点的黑块。靠左墙一侧放着一张木制长方形木桌，配有七把靠背木椅。木桌上方悬挂着一座绘有毛泽东画像的数码日历挂钟，挂钟右下方悬挂着一个带有“福”字的挂历，挂历的旁边是小儿子文朝键“荣获学习成绩三等奖”的奖状。门的左右两侧各有一张小木桌，木桌旁边是一个储物柜。

文峰井的两辆摩托车白大就停在庭院里，晚上就把饭厅的桌子移到左上角，腾出空间后把摩托车停在屋子里。

一楼饭厅有如下物品：

墙上悬挂着一座挂钟（0.42m×0.72m，85元）和一本挂历（每月占一页，上面印着一个“福”字）；墙角放着一个储物柜（白色；两层：上层有放置豆类的罐子，下层是放置茶叶的罐子）和两张小木桌（右侧桌上：两个热水壶，一个茶水壶，七个玻璃杯；右侧桌下：一黑一灰两双男式运动鞋。左侧桌上：一个电饭煲），饭厅中间放着一张棕色的椭圆形木质饭桌。

2. 一楼房间

一楼有两个房间，两个房间的门都向着饭厅。靠近大门口的一间曾经是文峰开的婚房，但是他们现在住在二楼比较多，何月莲有时回来会住在这个房间。这个房间是水泥地板，白灰墙壁，木制防火门。靠屋子大门那边有一扇红色铁窗，靠着窗户有一把有靠背的木椅，上面放着叠好的衣服。椅子旁边放着一张铺着印有绿竹子桌布的木桌子，桌子有两个抽屉，桌子上有三摞书靠墙摆放，书的旁边放着一面粉色边框的梳妆镜。木桌旁边是一张方桌，方桌上放置着热水器，平日就在这里烧热水。桌子的对面放置了一张双人床，床的面积占了整个房间的四分之三。床的对面是一个大衣柜。

婆婆李琴芳住在靠里面的那间房，房间布局和文峰开的婚房一样。房间里总共有一张木床，一个粉色的储物柜，两张木桌和一个长木柜。木桌的上方放着两个纸箱，里面是李琴芳的衣服。储物柜和木柜里放置的是腐竹、乒乓球等各式各样的杂物。这间房的窗户后面对着他们家的鸡舍和鸭舍，所以房间里弥漫着鸡鸭屎的骚臭味。

3. 一楼厨房

一进厨房，右侧靠墙安放着一张木桌，木桌上是煮稀饭用的一个电饭煲。木桌的右侧便是厨房的灶台，灶台一共有三个灶口，最右边的灶口火力最大，上面安放着一口直径大概有0.64米的黑色大铁锅，平日炒菜主要用的就是这个灶口。中间的灶口最小，附近放有两口锅，型号偏小，其中靠灶口较远的那口锅最小，直径0.22米，平日煲汤会用到。左边的灶口大小居中，上面两口锅的大小也居中，同样是靠近灶口的锅稍微大些。灶台的右侧以及对面靠墙角的地方放着一堆柴草，是李琴芳捡回来的。灶台的附近有一个矮木凳，是李琴芳平日烧火时坐的地方。墙的另外一边是水泥砌的洗碗池，外壁贴着粉红色瓷砖，洗碗池下面有一个隔层，上面放着洗过的碗。洗碗池的水龙头已经锈迹斑斑，如今已不再使用了，平时洗碗主要用的是旁边的白色塑胶水龙头，水龙头下面有一个木桶盛水，李琴芳平时就在这个木桶里洗碗。洗碗池的上方悬挂着一个蓝色的盒子，用来放洗好的筷子。

4. 一楼储物间

一进储物间，成堆的鸡饲料和鸭饲料映入眼帘，大概占了储物间的三分之一。其中，堆积在墙角还没有开封的有11包，已经开封的鸡饲料有两包，均剩下不到一半，鸭饲料已开封的只有一包，并且基本见底。鸡饲料的对面靠墙放置了一个没有柜门的两层木柜。两层都放满了碗筷，应该是平时用不到的都放在这个木柜，但因为没有柜门，碗筷上都是灰尘。木柜上面有两个圆竹篮，里面放着过年时用的碗筷和酒杯等。木柜下方的地面上放着李琴芳种的番薯。木柜的旁边有一个放着煤气灶的木桌，木桌旁边是一罐煤气，不过李琴芳说基本没有用过。煤气罐的上方是窗户，窗户的右下方是一张木桌，上面放着用红色袋子和玻璃瓶装着的黄豆（自家种的）。桌子的下方放了一个直径0.53米、高0.52米的米缸。米缸旁边是一个直径0.33米的酱油缸。

5. 一楼卫生间

进门的左侧悬挂着一个带有粉红色塑料边的镜子，镜子下边挂着一袋洗衣粉。镜子旁边有一个三层的铁架，分别用来放置漱口杯、牙膏和多余的刷子。我们没有看到洗发水和沐浴液。靠近马桶的墙上钉了一颗钉子，用电线挂着一个粉红色的篮子，里面装着纸巾。此外有两个蓝色的桶，一个红色的桶，一个粉红色的盆。其中，粉红色的盆里养了一只巴掌大的乌龟，平日缩着头，不大爱见人。

6. 楼梯转角

一楼通往二楼的楼梯转角处有一块储物空间，里面放置了一台约1.6米高的电冰箱。在冰箱的旁边有一张石桌，上面堆了一些杂物。文宅的楼梯很高，但没有安装楼梯扶手，从上往下看的时候有点陡。据了解，装修的时候由于资金不够没能装上护栏。文峰开正在努力攒钱，打算来年就把楼梯的护栏装好。

（二）二楼

二楼的装修比一楼精致，文峰开一家平时就住在二楼（图3–7）。二楼总共三个房间，三个房间基本上同等大小，小儿子的房间稍微大些。文峰开和小儿子的房间连在一起，去大儿子的房间要走过一段弧形的小阳台才到达。经过大儿子的房间就是二楼的卫生间。

二楼的架构跟一楼基本一样，一楼的厨房对应的是二楼的卫生间，一楼的储物间对应的是二楼大儿子的房间，其他空间结构一楼也与二楼一致。因为文峰开一家基本在二楼居住，所以二楼的装修较好，摆设也比较整洁明了。二楼的地面铺了橙红色瓷砖，墙壁也贴了1米高的白色方形瓷砖。

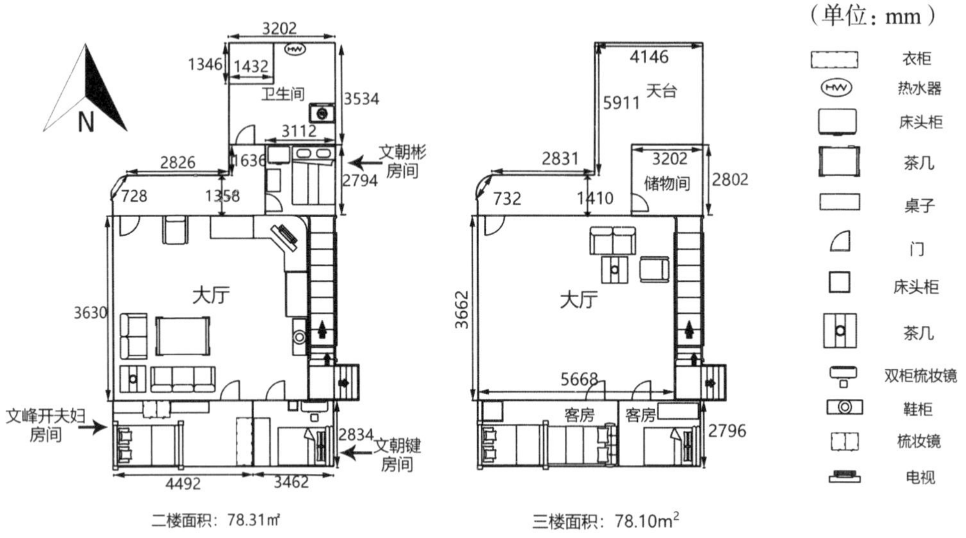

图3-7　二楼、三楼平面图

1. 二楼客厅

一进二楼首先看到客厅里的一套木质家具，共七件：一张大茶几（宽0.71米，长1.35米）、一张小茶几（边长0.69米）、一张三人沙发（长1.86米）、这一张两人沙发（长1.31米）、一张单人沙发（长0.86米），大茶几下还有两个小板凳，一套总共花了4000多元。大茶几桌面上铺着三层桌布，从上到下分别是金黄色向日葵镂空花纹塑料桌布、白色花边镂空布制桌布和红白格子塑料桌布；三张木制沙发上都铺着红白绵羊图案的毛绒坐垫；小茶几上铺着两层桌布，底下一层是同大茶几一样的红白格子塑料桌布，上面一层是绿底印花的塑料桌布，台面上摆放着一小盆塑料兰花；墙角有个花瓶，插着透明塑料袋包住的塑料桃花枝。厅里还有一个使用了十多年看起来却依旧崭新的电视柜，柜上摆着一台42寸海信牌液晶电视（价值2889元），一个中国电信的机顶盒，一个中国电信天翼2.4G网关，转角处有一台用黄色镂空毛线桌布盖着的德赛牌的DVD机，一盆塑料花和泡沫橘子装饰品（2013年购买）。进门右墙上贴了五张幼儿学习识图，还有一张中国电信送的2007年日历海报，电视机左上方装裱着一个何月莲亲自绣的红色底纹十字绣菱形福字牌，右墙灯管下还有一座金色边框装裱的花篮花纹时钟；左墙上挂着一个“福”字挂饰和写有“永泓建材”字样的2018年挂历。

2. 二楼房间

文峰开夫妇的房间在靠楼梯的一边，房间里面有一张（1.8m × 2.0m）大床，床上铺着玫红色的床单，床上有套着红色“囍”字的被子，蚊帐是粉白色的。床的一边有一个梳妆台，梳妆台上有一面椭圆形梳妆镜，梳妆台上摆着一盆假花，花盆旁是一个梳妆盒，里面有墨镜等物品。梳妆台的旁边是一个木桌，木桌上方放着一个布袋和一床被子。床的另一边对面是一个高约2.38米的三层木柜。

大儿子的房间位于阳台外面，在二楼卫生间的旁边。房间里放了一张床（1.5m × 2.0m），床上铺着粉红色的印着大牡丹花的床单，被子是白底红月季花样，蚊帐是粉红色的。窗户在床尾的方向，窗帘橙白相间，白边上印有粉色小花。床尾靠墙的位置有一个比床稍窄的晾衣架，上面挂满了男式的衣服。床头旁边放置了一个床头柜，上面放了一个长方形的盒子，里面盛满了袜子，有三双扔在了盒子外面。床头柜旁是一个电脑桌。桌子上是一台台式电脑和一个WiFi路由器。桌旁是配套的软垫电脑椅。

小儿子的房间面积不大（2.8m × 4.4m）左右，地上铺着粉红色方形瓷砖（0.4m × 0.4m），墙上简单地粉刷了一层白石灰，部分墙面因为潮湿长了星星点点的黑色霉斑。进门正对面是一个2.3米高的米黄色木质衣柜，衣柜分上下两层，底下一层高约1.8米，总共有四扇宽约0.4米的门，主要用于悬挂衣服；上面一层高约0.5米，有一对宽约0.8米的门，主要用于放置棉被及不常用衣物。房门对角处是一张木架床（1.5m × 2.0m），床上有一张约0.3米厚的牡丹花纹床垫，床垫上还铺了一条浅蓝色床单，床单上是一个红蓝格子的毛绒软垫，床上只有一个枕头，包着白底粉红花纹的枕套。木架床的床头连接着一个高出床面约0.5米的床头储物架，储物架中间放置着一本红色封面的文氏族谱，旁边还放着一本字典、一本百科全书以及一些本子。床头方向墙上有一个玻璃推拉窗（1.1m × 1.4m），挂着米黄色底纹紫色花样的窗帘。窗户旁边有一张老式木桌，上面铺着一张红白格子的桌布，桌上放了两盒感冒药、一瓶活络油以及一个竹制笔筒，里面有两三支水笔，桌子正上方还安装着一盏白色日光灯管。木桌旁有一个稍矮的深褐色木柜，柜上贴着红色的“福”字，柜上放有一部银色的电话座机，但座机已经报废不再使用。墙上挂了一本2011年的月式挂历，挂历旁贴了一张文峰开整个家族的全家福，全家福上的李琴芳和文峰开、何月莲都还比较年轻，大概是在10多年前拍摄的。

3. 二楼卫生间

卫生间面积较小（3.1m × 3.5m），卫生间地砖是边长0.3米的粉红色格子方砖，四面的墙自下而上贴了1.9米高的白底蓝花的长方形瓷砖，瓷砖上方的墙面简单地涂刷了一层白石灰，上面有一些霉斑。卫生间的西北角是水泥墙围起来的约1.8米高的厕所，里面有一个水龙头，水龙头下有个白色乳胶桶用于接水，桶内还有一个红色水勺，角落放置着一个紫色的垃圾桶。厕所外面的墙上安装着一个银色的万宝热水器，热水器旁是一个白色的塑料花洒，旁边的墙上钉着一排挂钩，上面挂着一蓝一红两把塑胶扫把以及两条浅黄色毛巾。热水器主要靠煤气提供燃料加热，煤气罐则放置在卫生间进门正对的墙边，总共有两罐（其中一罐作为备用）。煤气罐旁还有一个红色水桶和一把朱红色并略微有点掉漆的木椅，木椅平时主要用来放置换洗衣物，木椅旁的地面放置着大瓶的洗发水与沐浴露。洗衣机放置在卫生间的东南角，是威力牌的直筒洗衣机，洗衣机旁还放置着一大瓶洗衣液和桶装洗衣粉，旁边还放置着一个直径约60厘米的红色塑料盆以及一个红色塑料桶。

（三）三楼

三楼的架构跟一楼基本一样，三楼有两间卧室，走出阳台，右手边还有一个储物间，里面堆放了一些杂物如床板等。文峰开说三楼的房间是以后用来给儿子娶媳妇准备的，于2006年修建，现在家里人住一、二层就足够，目前也没有多余的资金对三楼进行装修，所以三楼整层还保持毛坯状态，没有通水通电。水泥地板上只有一套1000多元的木制桌椅（一张长方形木桌，三张木沙发）。由于三楼没有装修，在此不进行过多的赘述。

何月莲告诉我们，1994年的时候就开始了楼房的建设，1995年只建成现在的一楼。二楼是1999年建的，建造的原因是大儿子出生了，原来的居住空间满足不了一家子的居住需求。三楼是2006年建造的，当时生完小儿子，有些闲钱就建造了三楼。由于房基不牢固，最高只能建造到三楼。一楼建房的资金来自文峰开多年的积蓄（从14岁开始干活），二楼和三楼建房的资金来源主要是夫妻俩共同的劳动积蓄。

以下是文峰开家基本电器的概况：

42寸液晶彩色电视机一台（海信牌，1.22m × 0.12m × 0.67m，型号为LED42A300；2015年购买，花了2899元，其包装箱上标有“节能产品，惠民工程”的字样，政府补贴金额400元），机顶盒一个（标有“中国电信”；高清电视），DVD一台（德赛牌，10年前购买，文峰开忘了价格），双频千兆无线路由器一台（友华通信，型号WR330，标有“中国电信”；2018年2月安装，安装费及服务费共300元），网关一部（标有“中国电信天翼2.4G”），电脑显示屏一台（飞利浦牌），电脑主机一台（金刚之星牌，0.38m × 0.17m × 0.35m），音响一台（技腾牌），键盘及鼠标一套（优想牌），热水器一台（万宝牌，型号为JSD12；烟道式，使用煤气燃气），电冰箱一台（海尔牌，暗红色，上下双层，上有大朵红色牡丹花花纹；0.56m × 0.57m × 1.46m），洗衣机一台（威力牌，6.0kg重），壁挂式空调两部（大儿子房间里的是科龙牌，约2000元；小儿子房间的是美的牌，约2500元；都是2017年夏天才安装的，但平时较少使用），电饭煲一台（妈妈牌，165元），电磁炉一台（艾美特牌，型号为CE2137-Z，价格179元），电热水壶一台（万宝牌，大红色，容量2L；价格60元）。

三、生活与消费

1. 衣

家里平时较少买新衣服，过年或者换季时文峰开和何月莲会给李琴芳和自己买一些，开学前会给儿子买些。购买衣服一般到镇上的服装店，夫妻俩没有任何网购经验。文峰开常穿一件黑色棉服，衣着都是暗色系。何月莲的衣服较鲜艳，有红色、黄色等。这个季节昼夜温差有些许大，但李琴芳常穿的衣服不多，未见穿外套，每天都是一件单衣搭配一条长裤，四五件衣服轮流替换，一件暗红色长袖T恤，一件深褐色打底长袖，一件蓝色长袖，还有一套紫色花布薄开衫。文峰开家对服装的款式、品牌都没什么大高的要求，只要合身实用即可。

2. 食

家里一般都是李琴芳煮饭，文峰开有时收工回家也会亲自下厨。我们调查期间，李琴芳、何月莲、文峰开都给我们做过饭。因为自家有菜地，所以无需花钱买青菜（第一天晚饭吃的青菜是何月莲同学家种的，吃不完所以送来给他们，他们平时也会互相送菜）。村里没有菜肉市场，但每日早上八九点，钟村路边有流动的商贩推车卖猪肉（图3-8），还有在敞开的车尾处放置砧板剁肉的烧腊车。早上李琴芳很早起床干活，去自家菜地摘菜，作为午餐的青菜。早饭通常是用自家种的米煮的粥，有时配上自家旱地种的番薯，口感清甜。文家下午6点开始做晚饭，用时一般35～40分钟，午餐和晚餐的菜都很新鲜、丰盛，每顿都有肉有菜。调查期间，文峰开会到镇上买烧鸡、烧鸭以及当地的特色小吃，如虾堆、煎香芋、白糖薄餐（一种糯米粉制成的广式点心）等回来，给我们加菜。

以下是我们下乡一周的食谱：

11月25日：晚餐有胡萝卜筒骨汤、爆炒鸭肉、什锦炒鸡杂、炒菜心。

11月26日：早餐有白粥、拌豆腐渣。午餐有炒菜心、爆炒鸭肉、韭菜炒豆腐。晚餐有韭菜炒豆腐、炒菜心。

图3-8　用推车卖猪肉的商贩

11月27日：早餐有白粥、榨菜。午餐有酿豆腐、炒菜心、煮土猪肉。晚餐有青瓜木耳炒腊肠、炒芥菜、煮土猪肉。

11月28日：早餐有白粥、番薯。午餐有烧鸭（镇上买的）、炒芥菜。晚餐有烧鸡（镇上买的）、炒芥菜、番茄炒蛋。

11月29日：早餐有白粥。午餐有卤鸭（镇上买的）、青瓜腐竹炒腊肠、炒芥菜。晚餐有酿豆腐泡（内馅为鱼滑、韭菜和花生）、炒芥菜、胡萝卜排骨汤。

11月30日：早餐有白粥。午餐有酱油排骨、腐竹炒五花肉、炒芥菜。晚餐有白萝卜煮酿豆腐泡（内馅为鱼滑、韭菜和花生米）、腐竹炒五花肉、炒芥菜。

12月1日：早餐有白粥。午餐有木耳笋干炒五花肉、腊肠炒青瓜、炒芥菜。

3. 行

村里交通较便利，修了一条沥青公路，双行道。村里的人要买衣服等一般都去离得不远的镇上，到镇上骑摩托车七八分钟，自行车15分钟，步行20多分钟。文峰开家去远些的地方才骑摩托车，近处多用电动车。何月莲远行去广州得先乘摩托车到镇上的车站，再乘坐大巴车去广州滘口客运站（表3-9）。

表3-9　文家主要的交通工具

种类	数量及品牌（辆）	说明
女式摩托车	1（本田）	2014年购买，银色车身，价格1000～2000元；一直由文峰开在使用
电动车	1（台铃）	蓝色车身，何月莲的兄弟外出，便把电动车存放在文家；平时大儿子使用
28寸自行车	1（喜德盛）	250元左右；七八年前购买，小儿子去镇上上学使用

4. 作息

李琴芳、文峰开一天的生活作息（表3-10、表3-11）。

表3-10　李琴芳一天的生活作息

时间	作息安排
04:40—05:30	天亮自然醒、洗漱；到厨房下米煲粥，李琴芳习惯在白粥里面加一勺盐，这样有味道
05:30—07:00	吃早餐；拌好食物，去房后的鸡鸭圈喂鸡喂鸭
07:20—07:40	洗衣服（总用时16分钟）。在卫生间里用塑料桶手洗头天晚上的衣服，双手把衣服拧到半干，最后把桶里的衣服提到院子里的简易竹制衣杆上晾晒

续上表

时间	作息安排
07:45—08:00	摘菜（用时约10分钟）。李琴芳到庭院外的菜园，把挑选好的菜摘下来抱在怀里，回到庭院放在矮墙上
08:05—08:25	赶鸡、到庭院外菜园浇菜（总用时17分27秒）。嘴里“噢——噢”喊着，用一根竹竿把家养鸡从屋后的鸡圈赶到庭院外；翻开一楼卫生间外面铺在地面的两块板砖，用勺子舀起化粪池里的水，把两个塑料桶都盛到九成满（水面离桶边约5厘米），挑起来，光着脚，一步一步地走向庭院外（40步）的小菜园，路程不长，担子左右晃动得不太明显。娴熟地解开绑在门上的绳子，推开菜园的小铁门，侧身挑担通过狭窄的门口，到了菜地放下担子，再把门关上以防鸡进来，用勺子装粪水仔仔细细地泼洒到菜地里，每一个角落都不放过，直到两个桶都空了，再提回来装上干净的水。如刚才的过程，再到菜园里泼洒清水，其间还要赶走几只顽皮地跟过来的鸡，结束后提空桶回屋
08:30—09:10	到2分地浇菜（来回总用时36分钟）。到化粪池装水，比前一次更满一点（水面离桶边只有2～3厘米），双肩挑起担子，到小铁门时稍蹲一下伸手打开门，出门后再小心地把门关上，慢慢走向离家稍远一点（270步左右）的2分菜地。半路停下一次歇了5秒左右继续前行，走到一半路程时才放下担子，休息了不到1分钟，走到菜地，全程未见大口喘气
09:15—09:25	散步（约4分钟）；清扫庭院（约5分13秒）。在房子外围慢走一圈，身后跟着一群鸡；拿起细竹枝制成的扫帚清扫庭院中央
09:25—10:32	晒谷。李琴芳看见出太阳了，便脱下拖鞋，把堆在房门口的小谷堆用簸箕铲到空地，用竹木做成的七齿耙子把稻谷在空地上铺开、摊薄。稻谷大致沿着庭院边沿铺开，据目测，面积约占庭院空地面积的85%，只留了一条出门的小道和停放摩托车的位置
10:33—10:40	洗菜等。李琴芳蹲在庭院外的水龙头前，先把菜茎搓一遍，然后再冲洗叶面
10:40—10:45	收拾厨房，用干丝瓜瓤刷洗炒菜的大锅
10:46—10:58	下米。首先用钥匙打开储物室铁门，拿上电饭锅内胆去盛米，装水淘米，淘米水倒进水桶，把洗好的米拿至饭厅；淘米水端到菜园
10:58—11:12	烧开水，短暂地休息，靠着门口坐在小板凳上晒太阳，正好邻居经过，就进来与李琴芳攀谈了几句，其间文峰开从镇上买菜回来
11:12—11:37	做菜（总用时24分钟）。李琴芳与儿子文峰开一起进了厨房，自己洗菜，儿子切菜，炒菜，其间一直在交流；文峰开炒菜时，李琴芳拿起扫帚把处于阴凉处的稻谷扫到有太阳的地方
11:37—12:10	端菜上桌，吃午饭（包括淘米在内，两人做饭过程总共用时约35分40秒）

续上表

时间	作息安排
12:15—12:25	收拾桌子。每次吃完饭李琴芳都要从我们手里“抢”过碗碟，不让我们收拾。“姐姐（对我们的称呼，类似“靓女”），放下来放下来，不用你们收，油弄到手污糟（脏），你们上二楼坐着……”，趁她端着碗走出饭厅，我们便迅速端起剩下的碗碟跟着她到厨房
12:25—12:46	喂鸡喂鸭。从锅中抓出五六捧米，加入中午剩下的青菜，并掺入水，倒进在一个大塑料盆里，再加两大碗米糠；另一个小桶里则是将剩饭掺水，加入鸭饲料，用一个小木棒搅拌均匀，把桶拿进鸭圈喂鸭，把庭院外的鸡赶回屋后的空地喂食。鸡鸭进食期间，李琴芳走到外面靠着院子的矮墙边跟隔壁邻居聊天，中气比较足
12:46—13:20	洗碗；收拾好厨房后走去外面扔垃圾，在路上遇到村里某阿姨，聊了一会
13:20—14:10	洗衣服。回家把早上忙活完换下的衣裳泡在水桶里清洗
14:15—14:40	砍竹子。在厨房门口竖起一段竹子，用砍刀从中间劈成两半，砍好后拿进厨房；跟中午一样，翻晒稻谷
14:40—15:35	煲汤。到楼梯转角处从冰箱里取出两根胡萝卜，坐在厨房门槛上削皮。削好后，进厨房开始为今晚的胡萝卜排骨汤做准备。坐在矮木凳上，李琴芳先用火柴点燃了一小撮稻草，然后慢慢引燃木片，村子里大部分都是用柴灶做饭，很少用煤气灶。生好火后，开始切起刚刚削好的胡萝卜。将切好的胡萝卜放入汤锅后，到附近邻居家门口闲聊，其间不时回到家中查看火候
15:35—16:40	先去鸭圈看看，然后走去2分菜地里看看，到周围闲逛
16:45—17:10	喂鸡喂鸭；其间跟放学回家的小孙子聊一会天
17:10—17:25	收稻谷。李琴芳用耙子把晾晒的稻谷集中起来，文峰开搬来一个铁架子，用铲子把稻谷铲进架上的开口麻袋里，放到一边
17:25—17:50	开始下米；启动电饭煲后，踱到庭院旁隔着窗户和邻居聊天
17:50—18:15	开始炒菜。文峰开炒菜，李琴芳辅助
18:15—18:45	端菜上桌，吃晚饭（包括下米在内，做晚饭过程总共用时约40分钟）；饭后，李琴芳常在自己的饭碗里倒入温开水，将碗里的米粒和酱汁全部喝下去
18:50—19:20	洗碗，收拾厨房
19:25—19:45	洗澡，李琴芳在一楼的卫生间洗漱。据观察，里面的洗漱用品只有香皂和一瓶洗发水
19:45—20:00	坐在客厅里用碗喝水
20:00后	锁上一楼铁门，进屋睡觉

注：表中记录的是2018年11月29日李琴芳的生活情况。

表3–11　文峰开一天的生活作息

时间	作息安排
06:00—06:30	起床，刷牙洗脸
06:30—07:00	吃早餐后，骑摩托车出门做工
12:00—12:30	收工路上顺便从镇上买了点熟食和菜回家，烧菜做饭
12:30—13:00	与我们一起吃中午饭
13:30—17:30	骑摩托出门做工；空闲时去镇上转转，去朋友家聊天；
17:30—18:00	收工，回家帮忙做饭
18:00—18:30	吃晚饭
18:30—21:30	看电视，微信聊天
21:30	睡觉

注：表中记录的是2018年11月28日文峰开的生活情况。

5. 通信

文峰开使用的是OPPO A1手机，大儿子2017年在云浮市给他买的，花费约999元。使用的是中国移动38元的月租套餐，文峰开一般用手机打电话、微信语音，上个月（2018年10月，下同）话费100多元；何月莲原来的手机老是死机，电话也打不进来，前几天刚在罗定市购买了899元的华为手机，使用的也是中国移动38元的月租卡。何月莲一般用手机打电话，用微信与家人朋友同学等聊天，无聊时也会在手机上看看新闻。11月27日晚，何月莲到广州当晚还通过文峰开的微信与我们视频聊天。

大儿子文朝彬现在使用OPPO A7x手机（1799元），他上个月在云浮市买的，以前曾用过OPPO A59s手机（1799元）。小儿子文朝键放学回家打游戏用的是哥哥以前用过的OPPO A59s手机。

家里的千兆无线WiFi是今年2月安装的，首次交费229元，之后网络月租为129元。家里的高清电视机顶盒也是办理无线网络时赠送的。

6. 卫生

文家二楼的客厅和卧室都比较干净，三楼还未装修，平时无人居住，两个房间都是空的，过年时才会集中做大扫除。文峰开夫妇不在家时，李琴芳定期会爬上楼做清洁，清洁的家务活大多落在她的肩上。李琴芳换衣服很勤，也习惯了手洗衣服，不觉得麻烦。每天早上干完农活出了汗，会换下衣服，下午清洗，下田回来会冲洗双脚，换上另一双拖鞋。

7. 健康

文峰开一家的身体状况都很好。李琴芳83岁高龄没有什么病痛。文峰开两个儿子小的时候常感冒发烧，长大后平时也没有什么病痛。何月莲平时上火、喉咙不舒服时，会到家附近的商店或到镇上的药店买点祛湿茶包回家冲着喝。文家人很注意健康，今年全家人都购买了医疗保险，无论老少，购买费用都为220元/人（2017年只需180元）。但医疗门诊只能报销25元/人，文家人必要时才去镇上的医院，去门诊次数更是屈指可数，故很少享受到医保的福利。S村村委会办公地点附近有一个卫生站，还有一个私人小诊所，何月莲多年前因小病小痛去过一次。村里原有一个诊所，后来诊所的医生退休了，也就关门了。

8. 娱乐

以前村里很多人赌博，但近几年很多青年都外出打工了，赌博现象比较少了，文峰开家没人有赌博的习惯。文峰开和何月莲没有太多娱乐方式。何月莲以前喜欢看电视，特别是珠江电视台的电视剧，最近两年外出做家政工作，不怎么有时间看电视了。有了手机后，无聊的时候她会在手机上看看新闻、视频等，消磨时间。村里有大妈晚饭后会去S小学的操场上跳广场舞，但何月莲没有这个爱好。村里打牌（如“锄大地”等）的村民比较多，过年的时候外出务工人员返乡，打麻将的比较多。文峰开空闲时会到商店里看别人打牌，或去朋友家喝茶、聊天，到时间再回家做饭。

9. 家庭的风俗习惯

文峰开家只在过年的时候才去祠堂拜祭祖先。大年初一全家人去（李琴芳留在家里）拜年，结束后回家煮面吃，大年初二到正月十六，仅何月莲一人去拜祭，其他人都不会去。村里在过年时也没有什么特别大型的祭祀活动，但每隔四年的农历十一月初，村里会请人来举办一次灯会，每户捐20元就可得到一盏油灯。上一次举办灯会是在2016年，当时何月莲买了一盏写有“丁财两旺”、画有金色元宝的红色油灯，放在家里的主卧室里。关于摆酒席的习俗，除了新屋乔迁和举办婚礼需要办宴席以外，孩子出生也会在家里简单地宴请亲友，但没有办满月酒的习惯，只在婴儿出生九天或十二天时，宴请亲朋好友，在家一起吃饭喝酒等。文家没有为家庭成员过生日的习惯。

10. 教育

村里只有一所S小学（罗定市中心小学S教学区）和一所S幼儿园，小学仅一年级至五年级的学生在此上课，六年级的学生都到镇上的中心小学上课。何月莲的两个儿子都是在这所小学上的，相比大儿子，小儿子学习成绩较好。文家也不是没钱让他们上学，只是儿子们都无心向学，都想外出打工。表3-12是文峰开一家每年的主要生活开支。

表3-12 家庭主要生活开支

主要费用	说明
水费	用水免费（输水设备为几户人家共同出资修建，建好后每年仅需平摊维护费，每户每年150元）
电费	两个月扣一次电费，存折上显示四、五两个月支出123.46元，六、七两个月共支出229.87元
网费	每月129元
话费	何月莲每月月租38元，文峰开10月话费支出100多元
伙食费	家里只有文峰开、李琴芳和文朝键在家时，每日25～30元，何月莲和文朝彬回来时，每日最多40元；平均每月1000元
固定出行费	何月莲来回广州坐大巴车费160元，两个月回来一次，平均每个月80元；摩托车每3～4天加一次油，每次24～25元，平均每月加油费210元；出行费每月290元
煤气费	约110元/瓶，每月用一瓶
小儿子书杂费	每学期800～900元
其他	具体数额视每月具体情况而定
总计	2500～3000元/月，约34000元/年

四、生产与经济

（一）种植业

文峰开家本有1.3亩地，分为5块，分布比较零散，其中有两块地面积稍大，分别是0.8亩大的水田和0.4亩大的山地。水田离家大概走五六分钟，一般种植水稻；山地位于公路旁的半山上，以前主要用于种植木薯出售，一年收入在100元左右，四年前将这块地租给别人种植木瓜，每年租金收入180元。其余土地都比较细碎分散，一块就在家门口，大小在0.018亩左右，一块离家大概走三四分钟，大小不到0.015亩，这两块地平时主要用于种植家中常吃的青菜。剩下的一块是在进村公路旁的旱地，大小在0.06亩左右，主要种植黄豆、花生与番薯等耐旱作物，但今年开始便没有继续种植了。

文峰开家在2017年以前还会租别人家的水田种植水稻，加上自家的田地共种植10余亩田地。当时1亩水田长租一年的租金是900斤稻谷，后来由于肥料、人工等成本太高，加上虫害、天气等不确定因素的影响，种植水稻的收入并不理想，何月莲决定到广州打工贴补家用，因此自2017年开始，文峰开一家便不再租种他人的土地了，只保留了自家的0.8亩稻田以供自家用米。

文峰开家的水稻一年两熟，0.8亩地水稻一季大概收500斤左右的稻谷，一年下来总共能收1000斤稻谷，刚好供一家人一年食用和喂养鸡鸭的需求。种植水稻主要是在播种、插秧、收割这三个时间段比较忙。播种前需要翻土，这一工作主要由打田机（1万元购入）完成，自家的水田翻完后还会将机器租借给别人使用，租金为130元/亩。插秧主要由人工完成，通常1亩地插秧需要一天时间，文峰开家的0.8亩地大约一个早上多一点就能完成。水稻收割也主要由机器完成，每到收割时会有来自四川、湖南、广西等地的人开着机器帮忙收割，收费一般在110～120元/亩。平时则主要是施肥和喷洒农药以及日常的稻田打理（如割杂草等），其他时间就处于农闲时间。根据何月莲的介绍，我们制作了水稻生产周期表（表3-13）。

表3-13　水稻种植节气表

水稻	节气	劳作内容
早稻	惊蛰	播种
	清明	插秧，施复合肥（早稻通常施两次）
	芒种	施农药
	小暑	收割，随后播种
晚稻	大暑	插秧，施复合肥（晚稻通常施三次）
	立秋	施农药
	立冬	收割

种植水稻除了农忙时雇用机器和人工的成本，还有种子、农药以及化肥等方面的支出（表3-14）。文峰开家的种子购于L镇，每斤种子45元，早稻一般用量为1.5斤/亩，晚稻一般用量为1.2斤/亩。插秧后就要施复合肥，价格为每100斤150元，每亩地需要施肥100斤。早稻与晚稻施肥次数不同，通常早稻施两次，晚稻施三次。除此之外，生长期为避免虫害还得施各种农药，具体农药的种类与用量要根据镇上的农药公司配比指导完成。

表3–14　种植水稻的各项成本

分类	说明	价格	成本	合计
种子	购于镇上的种子公司，早稻用量为1.5斤/亩，晚稻用量为1.2斤/亩	45元/斤	97.2元	997.2元
化肥	主要使用复合肥，偶尔使用水稻肥，每亩用量在100斤左右，通常早稻喷两次，晚稻喷三次	复合肥：1.5元/斤 水稻肥：1.8元/斤	600元	
农药	主要害虫：稻飞虱、蚜虫等 具体喷洒时间、农药种类以及用法用量由镇上的农药公司张贴告示公布，村民自行联系农药公司前往喷洒农药，通常一季只喷一次	30元/亩	48元	
收割	主要由机器完成	120元/亩	192元	
打米	在镇上用打米机脱壳	6元/一百斤	60元	

注：成本以8分地为标准。

目前文峰开家中种植水稻大多使用机器，家中的农具不算太多，主要有两个用于晒谷的木耙（其中一个是七齿耙，另一个无齿），两把翻土的锄头，三个竹簸箕，以及前些年购买的打田机（大约1万元）。

收完晚稻后，村里的稻田都会种上油菜，油菜田是政府发展旅游业的招牌景点之一，种植时间一般为12月（收完晚稻后）至来年3月（种植早稻前），最佳观赏时间为过年前后的一二月份。油菜籽与用于翻田的机器租金都由政府提供，平日的管理工作则由田地的主人负责。通常政府会统一组织村民清理油菜田的杂草以及进行喷洒化肥、农药的工作，化肥、农药等物品也统一由政府提供，并且政府向参与清理喷洒工作的农民提供每天80～100元/人的报酬。

除了水稻外，文峰开家还在家门口的一小块土地（约0.1亩地）种了点蔬菜，加上离家不远的0.2亩菜地，所种植的蔬菜刚好够一家人每天的青菜食用量。菜地里种植各种菜品，主要根据时节来种，通常3～4月会种植通心菜与青瓜，5～6月会种豆角与苦瓜，其余的菜心、芥菜等青菜则一年四季皆可种植，土地的角落还会种上平时做菜需要用到的葱与韭菜等。菜种都是从镇上买的，一般2～3元一包，用量则视当时的季节与种植范围而定，因为收完菜又可以继续播种，李琴芳并没有专门计算蔬菜的种植周期。农药通常只在害虫严重时才会喷洒，平时除草以及浇灌都由李琴芳一个人完成，在儿媳何月莲外出打工后，稻田的管理也主要由李琴芳一个人负责。

公路旁的旱地原本主要种植黄豆、花生与番薯等耐旱作物，黄豆主要用于自家磨豆腐，霞村几乎每户人家都会自己磨制豆腐，大家一般都是在早晨到固定的石磨处磨豆腐，剩下的豆腐渣还能作为家里当天的早餐。文峰开家的花生主要是红衣花生，番薯主要以白心番薯与黄心番薯为主，种植的量都不算多，主要供家里食用。现在由于何月莲到广州打工，李琴芳一个人无暇顾及旱地的打理，现在旱地便荒废了。我们前往查看时发现地上已经长满了杂草，旁边的小路都已经被杂草覆盖，行走时有些许困难。图3-9是文峰开家田地的分布图，以及每块之间的距离（以正常步行速度来计量时间）。

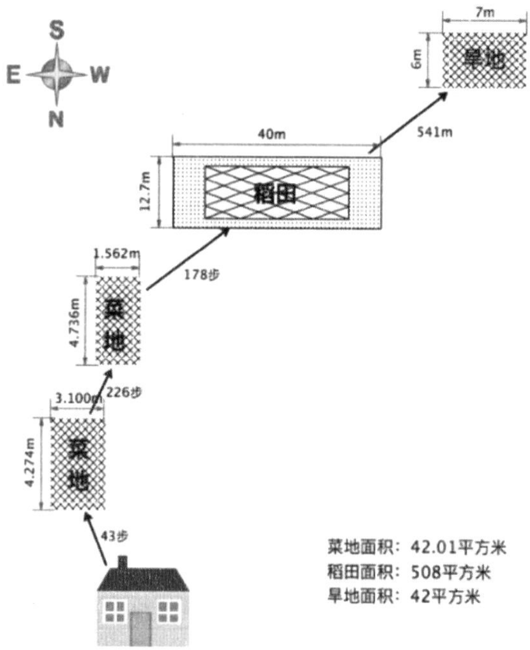

图3-9　文峰开家田地分布图

从家门口到农田的距离（以步数与时间为基准）：

菜地一：43步（38秒）；菜地二：269步（3分14秒）；8分水稻田：447步（5分36秒）；旱地：988步（12分23秒）。

（二）林业

据村里一位阿姨说，本村的山林地按人口进行分配。文峰开分配到0.4亩左右的山林。山地比较干旱，只能种植旱作物。四年前文家的山地用来种木薯，卖给专门来村里收木薯的人，每斤约0.4元，种木薯一年的收入大概是100元。最近四年把林地承包给别人种植木瓜，每年的租金收入有180元左右。

（三）养殖业

文峰开家一共养了20只肉鸡、10只肉鸭，其中有两只母鸡，可下蛋但数量不多；没有母鸭（何月莲说一般不养母鸭，因为母鸭很长时间才会下蛋）。鸡的外观各有特色，鸡尾颜色各异，鸡爪全为黄色；鸭子毛色呈灰黑色掺杂褐色，鸭足全为橙色。这些鸡鸭的幼崽都于今年10月份在镇上的市场购得，是为明年过年时自家食用以及赠送亲友准备的。鸡鸭平时主要由李琴芳一人照料，鸡白天主要散养在庭院外，晚上喂食前，李琴芳会把所有鸡赶回屋后的空地；鸭则一直圈养在房子后面的鸭圈里。小鸡仔一般每只9～12元，小鸭仔一般每只8元，鸡鸭饲养时间一般为3～4个月。鸡鸭每日需要喂食早、中、晚共三次，食物主要是大米与糠渣的搅拌物，有时家里的剩饭剩菜也会用来喂养鸡鸭。养殖三四个月需消耗大概3包稻谷（2～3包稻谷不到500元），鸡鸭养殖总成本在600多元，加上购买时的花费，平均每只鸡鸭的养殖成本在30元/只左右。

据观察，鸡鸭进食时，20只鸡分别围在两盆鸡饲料周围争先恐后地啄食；10只鸭围在一桶饲料边，平均每进食5～7口就踱步到旁边的水盆里喝一次水，憨态可掬。

（四）经济收入

1. 工资收入

文峰开：在村子附近建筑工地打工，170元/天，每月工作天数不定，平均每月工作16天，一年总收入约32640元。

何月莲：外出广州从事家政服务，4000元/月，一年总收入约45000元。

文朝彬：外出云浮从事餐饮服务，3100元/月，一年总收入约33000元（其收入仅供自己花销，有时还需父母补贴）。

2. 租金收入

文峰开把山地承租给别人种植木瓜，租金180元/年。出租打田机，租金130元/亩，每年租金总收入视情况而定。

3. 非经济收入

养老补贴：李琴芳养老补贴130元/月，一年补贴收入约1560元；农业补贴：补贴标准每年140元/亩，文峰开家8分田每年补贴收入112元；生态森林补贴：补贴按人头计算，25元/人，文峰开一家五口人一年补贴125元。

李琴芳的女儿逢年过节都会回来看望老母亲，每次都会给李琴芳300元左右。李琴芳会用其补贴家用，一年总共约1000元。

4. 农业收入

农业收入主要是水稻、蔬菜和养殖的鸡鸭。由于自给自足、很少拿到市场上销售，这部分收入并非直接的货币收入，而是对货币收入的替代，一年下来折合约4500元。

评语

文峰开一家的经济状况属于农村“温饱型”家庭中的上层。家中全年收入可以维持日常开销，积蓄不多，但没有欠债。家里的楼房也盖起来了，而且还有农耕之乐，这种乡村家庭的幸福指数其实是比较高的。这主要得益于中国特有的土地集体所有制。如果说有一些经济压力，可能主要就是两个儿子将来需要娶妻成家。所以文峰开夫妻一方面比较安于现状，另一方面也力所能及地外出打工。他们夫妻二人自己所受教育不多，对两个儿子的教育也不算重视。大儿子初中毕业后便外出打工，小儿子虽在读初中，但也没有继续读高中的打算。

对于大多数的农民家庭，外出打工要承受家庭分离的痛苦，但打工才是改变目前贫困生活的唯一出路，这是我国多数农村地区的现状。如果一个家庭没有劳动力外出打工，这个家庭一般是比较困难的。细碎的承包地及农业的价值更多的是作为一种就业保障，或对货币支出的一种替代，而不能成为货币收入主要的来源。文峰开家庭还有一个特点，留守在家的是身为丈夫的文峰开，而不是作为妻子何月莲，这可以纠正对“386199”（“38”指妇女，“61”指儿童，“99”指老人）的极端认识。原因有以下几点：首先，文峰开所受教育程度较低，无法用普通话交流，这在广东肯定会影响就业；其次，文峰开的母亲年事已高，小儿子仍在校读书，家中需要有人照料，所以文峰开无法与妻子一同外出打工；第三，城镇用工环境也在变化，一些劳动密集型行业、家政行业可能更需要女性而不是男性。当女性的就业机会明显较多时，所谓的“留守妇女”就不成立了，男性与女性的传统角色就会发生对换，妇女就必须走出家庭，成为家庭经济的支柱。

文峰开的母亲李琴芳老人已经83岁了，但每天还在养鸡、养鸭、种菜、煮饭，她完全没有“退休”的概念，其勤劳、善良、节俭、乐观、爱卫生的美德，也是这个家庭幸福美满的主要原因之一。

第三章　打工家庭——文越开

叶嘉琳　曾倩　李津成

我们小组的调查对象是霞村村民文越开一家，这是一个三代家庭。我们围绕文越开家的住户基本情况、住宅与土地状况、生产及经济状况、生活消费状况等方面进行调查。其中，重点是文越开和刘珍妹的外出打工历程及其家庭收支情况。

文中家庭情况和口述史的部分，主要由村民文越开和刘珍妹叙述，然后由我们小组成员整理而得。家庭住宅地、楼层平面图和农田面积等相关数据，主要由我们小组成员进行测量和计算得出。其中，由于无法测量二三四楼的建筑面积，故本文统一按实用面积计算。除此之外，我们小组还使用了专业建筑绘图软件——亿图图示和AutoCAD（Autodesk Computer Aided Design）软件自制了文越开家的楼层平面图，同时借助了Google卫星地图精准定位并绘制文越开家的农田。

调查对象：文越开、刘珍妹、赵明芬、文叶飞、文漫明、文君才、文国开。

调查时间：2018年11月25日至12月1日。

调查地点：广东省云浮市罗定市L镇S行政村霞村223号。

一、家庭

文越开一家有七口人，分别是妻子刘珍妹、大女儿文叶飞、小女儿文漫明、儿子文君才、母亲赵明芬、弟弟文国开，平时家里主要是老人赵明芬，周末文漫明、文君才回家住。其中文越开、刘珍妹、文叶飞、文漫明、文君才属于同一个户口，而赵明芬和文国开则属于另一户。而文国开常年不在霞村，所以母亲赵明芬和文越开一家住在一起（图3-10）。

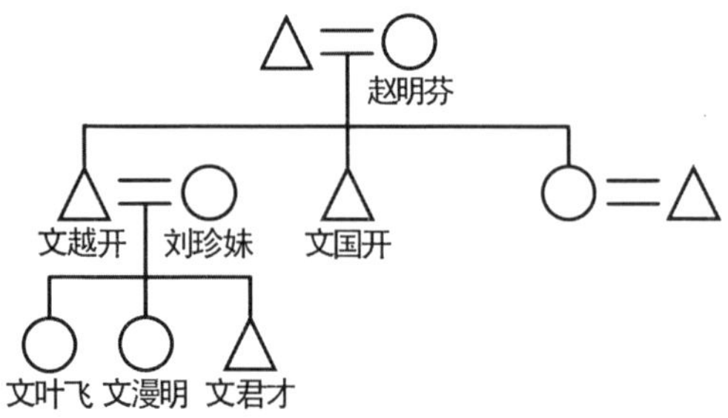

图 3-10　文越开家庭成员示意图

（一）男主人——文越开

文越开，1970年11月2日出生，现年48岁，罗定市L镇S行政村霞村人。谈到童年时代，文越开说他从有记忆以来就一直在田地里帮家里干农活，生活得非常忙碌。等到八岁的时候，他才开始念S小学。回忆起求学时代，文越开感慨万分，以前念二三年级的时候一个学期学费要七块钱，念四五年级则要十块钱，初中时的学费就更贵了。而由于父亲在他16岁那年去世了，家里没有了顶梁柱，因此变得十分贫穷，实在负担不起初中的学费，所以文越开在小学毕业后就外出打工了。一开始是在镇里做苦工，后来便跟着熟识的小学老师去广州市打工，但是因为年纪太小了而被工厂拒绝，于是文越开就去伯父所在的工厂里打工。几个月后他因待遇问题辞去了工作。为了找工作，先后辗转广州、佛山、中山、深圳和珠海等地。等文越开到了谈婚论嫁的年纪时，就回到家乡。1995年，经媒人介绍，文越开和刘珍妹相识了，最后两人在1996年正月结婚。由于家境贫寒，当时给岳父家的礼金2200元还是文越开向亲戚借的，结婚时他们也没有摆酒，只是简单地去登记领证。婚后，两人就一起到深圳去做生意，直到2002年才回到霞村的家中。回家以后，文越开就在L墟开摩托车搭客赚钱养家。过了两年，文越开觉得在L墟搭客的收入太低了，于是又回到了深圳搭客和做生意。2009年，文越开借钱盖了房子的第一层。为了还债，经广州市的职业介绍所介绍，他只身一人到中山市坦洲镇打工。做了两个月以后因为要帮女儿们上户口，又辞工回到了霞村。接下来的一段时间文越开一直赋闲在家，帮忙做农活和带孩子。几年后，文越开想要加建房子，但是积蓄不多，就又开始了辗转各地打工的生活。2015年的时候，文越开带着打工赚来的钱回家盖了两层楼。房子竣工以后，文越开又接着到珠海市拱北打工赚钱。直到2018年7月份，文越开才有钱回家开始装修房子。装修结束后，文越开一直赋闲在家，打算过完春节后再出去珠海市香洲区拱北找工作。

文越开的一天安排

时间	事项
8:30—9:00	起床，洗漱
9:00—10:00	下楼吃早餐，然后开洗衣机洗衣服
10:00—10:30	和邻居聊天，或者在家附近走走
10:30—11:30	出去L墟买菜及生活用品
11:30—12:30	煮饭，吃饭，洗碗
12:30—13:00	饭后休息，喝茶
13:00—14:30	午睡
14:30—16:00	和邻居聊天、串门
16:00—17:30	在家附近走走
17:30—18:30	煮饭，吃饭，洗碗
18:30—19:00	在家附近散步
19:00—21:00	和妻子刘珍妹打电话
21:00—21:30	洗澡
21:30—22:00	准备睡觉

（二）女主人——刘珍妹

刘珍妹，1968年8月15日出生，现年50岁，罗定市L镇沙莨人士，家里排行第二（家里有一个哥哥，两个弟弟和两个妹妹）。刘珍妹回忆起童年时，她说大部分时间都在田地里帮父母干农活。到了入学年纪，刘珍妹就去念小学了，一直到五年级毕业。由于父母忙于农作，因此照顾弟弟妹妹的重担就落在刘珍妹身上，于是刘珍妹回家帮忙看牛和带弟弟妹妹。17岁的时候，因为改革开放掀起了一股打工潮，刘珍妹随大流跑到了广州市打工。到了1995年的时候，经媒人介绍刘珍妹认识了文越开，后来他们在1996年正月结婚了。结婚后，文越开就带着刘珍妹去深圳摆摊卖日用品。谈到那段打工生涯时，刘珍妹说他们1996年末在深圳与三家人合租了三房一厅，一个月房租是250元，加上水电费后一共300元，直到2002年，刘珍妹才跟着文越开回到L镇的家中。由于生育的关系，刘珍妹在家休息了几年，负责带孩子和料理家务。但是2009年那会儿为了还盖房子而欠下的债务以及赚加建房子的资金，刘珍妹就又跟着文越开辗转到中山、珠海和澳门打工。刘珍妹补充道，她那时一年只能回两次家：春分回来一次，中秋节回来一次，因为过年的时候所就职的酒店不允许休假。而现在，由于在澳门的酒店工作太辛苦以及身体状况不太好，刘珍妹又回到了珠海市香洲区拱北的酒店打工。

（三）奶奶赵明芬

赵明芬，1950年4月14日出生，罗定市L镇沙莨营下大队（乡）人。赵明芬读到小学四年级就辍学回家帮父母的忙。经别人介绍，赵明芬在1969年与S乡霞村村民文清林相识并结婚，并于1970年生下大儿子文越开，1973年生下女儿文广娥，1979年生下二儿子文国开。1986年，丈夫文清林去世了，赵明芬一个人挑起了家里的担子。后来大儿子开始帮补家庭，赵明芬肩上的担子才减轻了。赵明芬现在和大儿子文越开住在一起，平时负责下田耕种和照顾孙子文君才。赵明芬很少离开家，连去L墟的次数都屈指可数。

赵明芬典型的一天

时间	事项
5:30—6:00	起床，洗漱
6:00—7:30	烧柴煮早餐，吃早餐
7:30—8:30	喂鸡、喂鸭、给菜园浇水
8:30—11:30	做手工，累了就在家附近走一走
11:30—12:30	煮饭，吃饭，洗碗
12:30—13:00	饭后休息，喝茶
13:00—14:30	午睡
14:30—17:30	做手工，累了就在家附近走一走
17:30—18:30	煮饭，吃饭，洗碗
18:30—19:00	休息，在家附近散步
19:00—19:30	洗澡
19:30—21:00	做手工
21:00—21:30	准备睡觉

（四）大女儿——文叶飞

1998年2月5日出生，现年20岁，罗定市L镇S行政村霞村人。小学在S小学就读，初中在L镇中学就读，高中就读于罗定中学，现就读于江门中医药职业学院护理系，在念大二。文叶飞还补充道，她每年都会申请助学金和利用寒暑假去珠海市香洲区拱北的酒店里做兼职来获取学费和生活费。由于回家路程遥远且车费昂贵，文叶飞只有每年寒暑假才会回到霞村的家中。

（五）小女儿——文漫明

2000年3月1日出生，现年18岁，罗定市L镇S行政村霞村人。小学在S小学就读，初中就读于L镇二中，现就读于泷州中学，在念高三。高一时，文漫明是美术艺术生。后来由于美术天分不高、学习美术花销太大以及成绩不理想，她高二便转读文科，准备参加2019年普通高考。

（六）小儿子——文君才

2004年10月12日出生，现年14岁，罗定市L镇S行政村霞村人。小学在S小学就读，现就读于L镇二中，在念初二。由于早上上课的时间太早，文君才晚上便在学校住宿，只有星期一到星期五回家吃一顿晚饭和洗澡，然后又骑自行车回到学校上晚修。据文君才说，从L镇二中骑自行车回家大概要15分钟。

（七）文国开

1979年出生，现年39岁，罗定市L镇S行政村霞村人，至今未婚。文国开在L镇二中学毕业后，便出去广州和中山等地打工。打工后，因为身体不好，看病要花很多钱，还要交房租，导致每个月的工资所剩无几，所以他很少寄钱给母亲赵明芬。文国开很少回家，也很少与家人联系，直到现在杳无音讯。

二、住房与用品

（一）房屋

1. 新屋

文越开一家有七口人，而原来的旧屋面积比较小，不能满足全家人居住的需要。另外，旧屋年久失修，破旧不堪，为了安全起见，文越开于2008年向村委会提出申请：将自己分到的一部分水田改作居住用途。而后，村委会审核批准后递交L镇政府审核。2009年年初镇政府同意了文越开的申请。于是文越开在2009年8月请了村子里的建筑工人开始盖房子的第一层，2010年2月第一层建筑完毕，房屋和院子占地总面积为525.29平方米。其中第一层楼高4米，经我们小组测量，实用面积为90.57平方米。装修工人刷墙按照建筑面积计算成本，要价55元/平方米。装修完毕后，文越开一家在同年4月搬入第一层居住。

至于为什么要加建第二三层，文越开解释道："在霞村有一种观念：居住的房屋盖得越高越好，而且新屋只修建了一层，面积比较小，仍然不太够地方住。”“而且由于之前居住的房子比较矮小、破旧，村子里有些人看不起我们，有时候就连在路上碰见了也不跟我们打招呼，因此我们下定决心要攒钱建多两层。”刘珍妹补充道。于是在外打工多年，有了一定积蓄的文越开夫妇在2015年7月又请了建筑工人开始加盖房屋的第二、三、四层。其中，第二层和第三层建筑结构相同，楼高3.5米，实用面积均为104.09平方米，而第四层是天台，其实用面积为113.20平方米。2015年11月建成，但是直到2018年9月30日文越开一家才举办新居入伙仪式。2018年10月镇政府帮忙装修房屋外墙，月底装修完毕。房屋外墙是纯白色，楼层分界线用灰色线条表示。

文越开家院子有围墙，入口面朝马路，没有大门，一进去就看见房屋前方有一片空地。空地平时用来停放文越开的摩托车和小儿子的自行车，靠近房屋的一侧还安置了两米长的晾衣架。空地旁边分别是菜园和鸡圈。菜园的占地面积为115.49平方米，鸡圈的占地总面积为193.46平方米。菜园被分割为几块小菜田，上面分别种着不同的作物。此外，菜园里还种了一棵龙眼树。菜园和鸡圈之间用破旧的竹编篮子、汽车轮胎以及木板分隔开，鸡圈里还种了两棵黄皮树。鸡圈里除了饲养5只阉鸡，还有10只小鸭子。

走进屋子里，映入眼帘的是方方正正的大厅。大厅里有两张黄色的大木桌，其中一张大木桌上摆了两个电饭锅、一个电热水壶和一个1988年的保温壶。门口左侧是赵明芬日常做手工的旧木桌，右侧是舅舅赠予的、日常吃饭用的红色圆木桌和多年前找人定做的木沙发。木沙发左侧有两条和圆木桌配套的红色木凳，木沙发右侧是一个纸皮箱，这是小猫的窝，纸皮箱上放了一件旧衣服供它取暖。大厅左侧悬挂了一个LED电子钟，可以用来看日期、时间和充当闹钟，电子钟的显示屏会有两幅旋转交替出现的画。电子钟下面放置了一台落地扇，天花板悬挂着一台绿色的吊扇。正对门口一侧的地面上放了一块长1.74米、宽1.21米的大镜子，镜子上还写有恭贺新居入伙的祝词。大厅里有几张红胶凳零散地放置在木桌底下，还有几张红胶凳被叠起来放在木凳边。

沿着大厅走进去就是放杂物的偏厅，偏厅的正中间安置了一张办宴席用的圆木桌。偏厅的另一端有一辆破旧的斗车，晚上文越开会将摩托车推进偏厅里。偏厅的右侧便是赵明芬的房间，文越开夫妇考虑到老人容易有突发情况，就没有在母亲的房间装门。走进赵明芬的房间，左手边是一张带抽屉的大木桌，大木桌上放了些生活用品。右手边是一个木衣柜和一张带抽屉的小木桌，小木桌上堆放着一些衣服。另外，房间里还有一张带蚊帐的双人床。房间里的这些家具都十分陈旧了。

而一楼大厅的左手边依次是楼梯间、厨房和洗手间。楼梯间里堆放着一些生活杂物和水桶，还有两辆破旧的自行车。厨房里有一个红砖砌成的烧火灶台和一个煤气炉，旁边是洗手台，台上还有一个已经坏了的煤气灶。洗手台下面有放置碗筷和碟子的塑料盒，靠近洗手台的地面上还放了一个塑料垃圾桶。烧火灶台上有四个烧水煲和一口炒菜的铁锅，煤气炉上也有一口炒菜的铁锅。靠近楼梯间的一侧墙壁放置了不少木柴和一个装水的桶，厨房左侧顶部安装了一个直达楼顶的烟囱，厨房和洗手间中间的墙壁旁放置了一瓶煤气，煤气瓶上还写着文越开的名字。洗手间里放置着一台洗衣机，洗衣机用绿色的布罩盖住顶端，洗手间的墙上还安装着一台天然气热水器。而洗发水和沐浴露等物品则放在旁边的阶梯上，靠近厨房的那面墙上还安装着2.5米长的毛巾架，毛巾架上挂着四条毛巾。为了节省水费，文越开在洗手间的两个水龙头下都分别放着一个水桶用来接水。

来到二楼，首先看到的是半圆形的悬挑阳台。从阳台走进去就是二楼的大厅，大厅右侧放置着一把藤椅、一把竹躺椅以及一些红胶凳，而正对着阳台的一侧放置着一个电视柜，电视柜上放了许多杂物。电视柜旁边堆放着几袋刚刚收割完的谷子和放置着扫帚和簸箕。大厅左手边是小儿子的房间，房间里只放了一张带蚊帐的双人床。从大厅里的走廊走进去，右手边依次是文越开的房间、大女儿的房间和小女儿的房间，左手边是洗手间。文越开的房间右侧有一个木衣柜，中间放置了一张双人床。大女儿的房间里只有一张带蚊帐的双人床和一些杂物，靠近门口的地上还放了两台坏掉了的电视机。小女儿的房间有一张双层床，门口右侧的地上还放置着一些衣物被褥。洗手间右侧墙壁上安装着2.5米长的毛巾架，上面挂着两条毛巾。洗手间还装了三个塑料管水龙头和抽水型蹲厕。

沿着楼梯往上走，可以看到在二楼和三楼连接处的平台上放着一个2.5米长的晾衣架，上面挂满了衣架。继续向上走便是三楼。三楼由于还在装修，堆放着许多建筑材料、塑料袋、爬梯以及长木凳。

接着往上走，便来到天台了。这是房屋的最顶层，在这里可以眺望到整个霞村（图3–11），特别是著名景点——长岗坡纪念馆。

图3–11　从文越开家天台上看到的风景

2. 旧屋

文越开一家在搬进新家之前，一家七口都居住在旧屋，旧屋距离新屋不到五分钟的路程。文越开的旧屋有两层楼，一楼仅有两个房间，二楼是阁楼。旧屋如今因无人居住而变得破败不堪，也正因如此，我们没有办法对旧屋进行测绘。

（二）新屋的楼层平面图

1. 一楼平面图（含院子）[①]

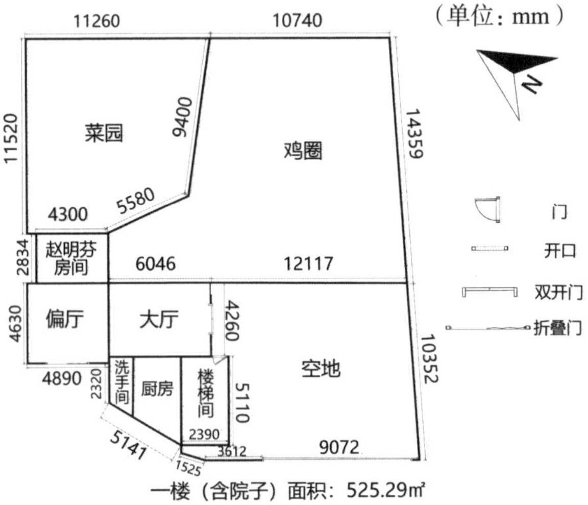

图3-12　一楼（院子）平面图

2. 一、二楼平面图

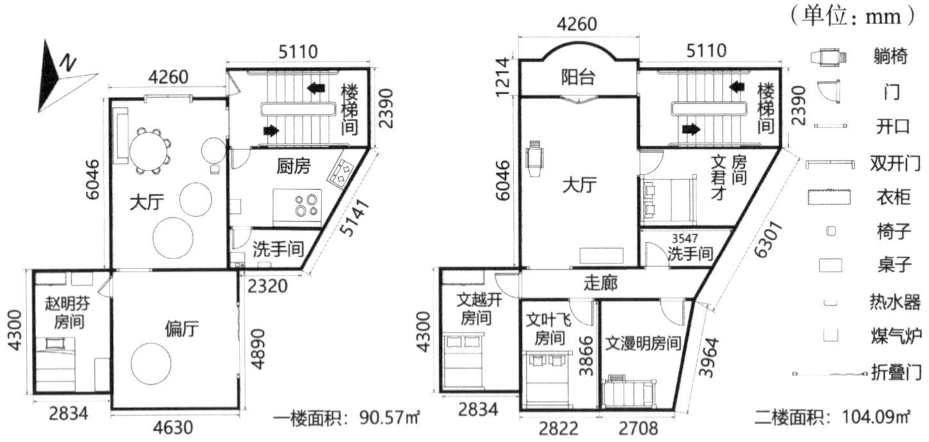

图3-13　一、二楼房屋平面图

---

①各楼层数据均由我们小组成员于2018年11月26日在调查住户家实际测量而得，其面积则用AutoCAD软件求得。

3. 三、四楼平面图

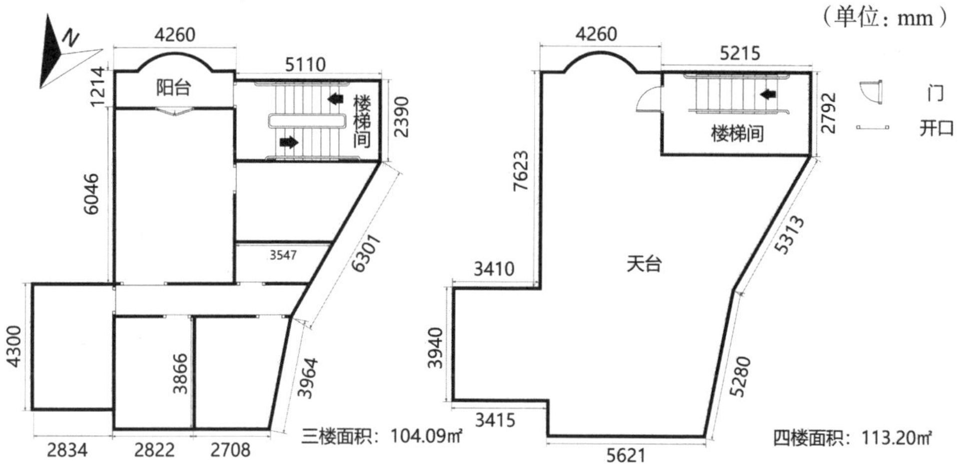

图3-14　三、四楼平面图

（三）家具及电器[①]

1. 一楼大厅

一楼大厅有两张黄色圆木桌，直径都为1.48米，第一张黄色圆木桌于2015年3月在L墟家具店以300元购入，第二张于2018年9月因为新居入伙（扩建房屋，建成入住）在L墟杂货店以250元购入。一张红色圆木桌（直径为1.2米，于2003年在L墟家私店以120元购入），一张可折叠饭桌和六把椅子（其中，桌子直径为1.38米，是2018年9月两个舅舅送的，价格为1700元），一张旧木桌（直径为0.92米，这张旧木桌是赵明芬专门用来做手工的，因为年代过于久远，赵明芬已经记不清购买事项了），12个红胶凳（规格为0.28m×0.46m×0.37m，其中10个于2013年在L墟杂货店购入，价格为15元/个；另外两个于2015年在L墟家私店购入，价格为16元/个），一面大镜子（规格为1.74m×1.21m，是在2018年9月新居入伙时，两个舅舅给钱，文越开去L墟家具店买的，价格为250元），一个数码LED电子挂钟（规格为0.96m×0.55m，于2013年在L墟以150元购入，是中山市意航宇灯饰厂生产的），一台落地扇（高度为1.5米，因为工人装修新屋时太热，文越开便于2018年7月在L墟杂货店以250元购入），一个不锈钢水壶

①具体数据均由我们小组成员于2018年11月27日在调查住户家实际测量而得。

（1987年文越开在广州市长征钢板弹簧厂工作，水壶是年末厂里发放的员工福利，用来留作纪念，当时的价格约为33元），一张木沙发（规格为2.02m × 0.55m，是文越开于1990年叫人定做的，木板由自己提供。人工费是10元/天，做了两天，共花费20元），一台吊扇（2015年在L镇日杂店以125元的价格购入）。

另外，赵明芳的房间也在一楼大厅。赵明芳的房间有一张大床（规格为1.93m × 1.44m，于1985年在L墟赶集时购入，价格已经忘记了）、一个衣柜（规格为1.13m × 0.48m × 1.52m，于1988年以70元价格在L墟买入，质量比较差）、一张带抽屉的小桌（规格为0.82m × 0.46m × 0.84m，于1990年在L墟赶集时购入，价格已经忘记了）和一张带抽屉的大桌（规格为1.18m × 0.59m × 0.81m，于1992年在L墟家私店购入，价格已经忘记了）。

2. 一楼厨房

一楼厨房有一个大灶台（规格为1.8m × 1.35m × 0.71m）、一个煤气炉（规格为0.52m × 0.43m × 0.64m）、一个煤气瓶（该煤气瓶是文越开在L墟买回来的，价格为125元，上面写着文越开的名字。据文越开说，充满一瓶煤气要105元）、一个大保温式自动电饭煲（其额定功率为1550W，额定容量为4.2L，容积为10L，于2018年11月在L墟日杂店购入，其标价为160元，经议价后为150元）和一个小保温式自动电饭煲（其额定功率为950W，额定容量为2.8L，容积为6L，于2016年8月中旬在L墟电器店以125元购入；据文越开说，以前买的“西施煲”①不耐用，已经坏了好几个，现在改用老式电饭煲）。

3. 一楼浴室

一楼浴室有一台热水器（万家乐牌，额定功率为5L/分，1998年在深圳市龙岗区布吉镇天虹商场以709元购入，牌子是顺德的。热水器有很多功能，可以调节火力、水流量大小以及切换冬夏季模式）和一台洗衣机（威力牌，规格为0.55m × 0.55m × 0.92m，洗涤容量为7.5kg，2012年在L墟科技电器店以1580元价格购入）。

4. 二楼大厅

二楼大厅有一个电视柜（规格为1.86m × 0.56m × 0.61m，2015年3月在L墟家具店以600元购入）、12个红胶凳（2018年因为新居入伙文越开在L墟杂货店购入，价格为15元/个）、一张竹躺椅（2013年5月在L墟家私店以65元购入）、一把藤椅（2015年11月底文越开在L墟家私店看见竹藤椅，当时觉得很新奇，

---

①一种电饭煲的类型。

于是就以50元购入）和一台吊扇（2018年9月因新居入伙在L日杂店以135元购入）。

5. 二楼文越开房间

二楼文越开房间有一张双人床（规格为2.06m×1.56m，2012年3月在L镇二中附近的木工店以600元购入；据文越开说，刚过完年，家具会比较便宜）和一个衣柜（规格为1.54m×0.56m×2.02m，2016年3月在L墟派出所隔壁的雅居乐家具店以1000元购入，原来店铺标价为1250元）。

6. 二楼大女儿房间

二楼大女儿文叶飞的房间有一张不锈钢双人床（规格为2.09m×1.87m，2014年以600元从当时开车进村做买卖的生意人处购入；购买双人床时老板附赠了一套床上用品，床上用品包括床、席子和蚊帐）、一台大电视（乐声牌电视①，1998年在深圳市龙岗区布吉镇永隆电器店买入，标价为3800元，加上天线一共4000元②。因为太久没有使用，电视在五年前烧坏了。电视有环绕声、立体声、丽声③的功能），还有一台小电视（在深圳市龙岗区布吉镇二手店以300元购入，后来坏掉了拿去L墟现代电器店里维修，维修价格为50元，修了两次才修好）。

7. 二楼小女儿房间

二楼小女儿文漫明房间有一张双层床（下层规格为2.02m×1.5m，上层规格为2.02m×1.24m，2013年在L墟以900元购入，当时房子在装修，选择双层床是因为可以多睡几个人）。

8. 二楼小儿子房间

二楼小儿子文君才的房间有一张不锈钢双人床（规格为2.09m×1.87m，2014年以600元从当时开车进村的生意人处买的；购买时除了床还包括席子和蚊帐）。

三、生活与消费

1. 衣服支出

文越开说他们家比较少买衣服，夫妇两人现在穿的衣服基本上是几年甚至十几年以前在打工的地方买的，或者是在L墟的地摊上买的，价格一般是几十元。比如，文越开现在经常穿的卡其色外套就是2002年在L墟以50元的价格购入的。而孩子们和婆婆的衣服也是文越开和刘珍妹在外打工时候买的，等到放假的时候

①乐声牌是当时松下电器旗下的一个牌子。

②1998年的4000元相当于当时文越开半年的工资。

③丽声即转换声道。

他们再带回家来。上一年（2017年），文越开一家在衣服上的支出微乎其微。可今年比较特殊，由于新居入伙的风俗要求，文越开9月份在L墟买了两条（每条19元）夏天穿的短裤。

2. 食品支出

据了解，文越开家在食物方面的支出也是比较少的。文越开表示，因为酒店工作人员享有包吃包住待遇，所以他们在酒店里工作的，能够省下一笔费用（今年7月文越开为了装修房屋和政府粉刷外墙的事情才辞工回家的，来年农历正月又会继续外出务工）。同时，大女儿和小女儿都在外求学，故平日只剩下母亲赵明芬和小儿子文君才在家吃饭。而赵明芬种植了各类蔬菜瓜果，养了鸡和鸭，因此每个星期只需要外出到L墟两三次或者在楼下商店门口的猪肉档买点猪肉或者鲩鱼，有时候还会买些豆腐回来加餐。据赵明芬说，市场里的猪肉一般是11元/斤，鲩鱼一般是6.5元/斤，豆腐一般是1元/块（每块豆腐大概15厘米长，7厘米宽，4厘米高）。她和孙子文君才两人一个星期大概消耗两斤猪肉和三斤鱼肉。另外，由于自家种有蔬菜以及平时不怎么吃水果，因此家里在蔬菜瓜果方面的支出微乎其微。

在柴米油盐酱醋茶等零星的支出方面，文越开说平时做饭很少用到煤气，一般都是用灶台烧火做饭。空闲时，赵明芬会收集稻田里被割下的秸秆以及拾捡别人遗弃在马路上的木板、木柴等来充当做饭所用的柴火。大米则是赵明芬自己在水田种的，而文越开只需要把收获好的稻谷载到L墟的小作坊里碾米。碾米的加工费是7元/斤，但因为小作坊的老板是文越开的小学同学，所以老板给文越开优惠至6元/斤。除此之外，文越开家一个半月大概能消耗10斤食用油。文越开说他一般都是在L墟的威记油铺购买花生油，油价是10元/斤。另外，刘珍妹每年还会在L墟的市场里购买30～60斤食用盐，食盐约2.5元/包，每包净重400克。家里的酱油是刘珍妹在L墟的酱油铺买入的，特级酱油价格为20元/瓶，普通酱油价格为16元/瓶，每年要买两瓶酱油，一瓶酱油约7斤。考虑到糖分摄入过多对身体不好，刘珍妹很少买食用糖做饭。

3. 盖房支出

一楼。文越开于2009年8月份开始建造房屋的一楼，在2010年2月份的时候房子竣工了，其中建筑支出约6万元，装修支出约2万元，共花费约8万元（盖房资金中只有两三万元是通过打工赚来的储蓄，而其余的资金是向亲戚借的）。房子盖好后文越开一家当即从旧屋搬到了新屋。表3-15是文越开家盖一楼的部分支出事项。

表3-15　建造一楼部分支出事项表

支出事项	支出金额	备注
砖头	0.39元/块	一楼的修建消耗了约3万块砖头
大块的瓷砖	4.5元/块	规格0.3m × 0.6m
有图案的瓷砖	3.5元/块	
地砖	30元/块	规格0.8m × 0.8m
工人贴瓷砖的费用	30元/平方米	
工人粉刷墙壁的费用	65元/平方米	
工人贴地砖的费用	30元/平方米	
工人盖房子的费用	55元/平方米	房屋的总平方数是按照投影面积算的

注：本部分表格的内容是我们小组根据文越开的叙述整理而得。

二、三、四楼。文越开家于2015年7月时加盖了二楼和三楼以及天台并于同年11月竣工（加盖楼层时文越开一家一直住在新房的一楼，而他们在同年9月30日举办了新居入伙仪式），建筑支出约10万元，装修支出[①]约7万元（由于资金有限，故只有二楼进行了装修），共花费约17万元。表3-16是文越开家盖二、三、四楼的部分支出事项（大部分资金都是通过打工赚来的，只有小部分是向亲戚借的，另外暂时拖欠了店家少量的装修材料尾款）。

表3-16　建造二、三、四楼部分支出事项表

支出事项	支出金额	备注
砖头	0.39元/块	二、三、四楼的修建共消耗了5.1万块砖头
工人盖二楼的费用	160元/平方米	因为三楼比二楼高一层，所以费用会多一点
工人盖三楼的费用	170元平方米	
工人盖四楼（天台）的费用	160元/人/天	盖四楼时工人的费用是按天算的，而且还要包工人们的午饭
厕所的防滑地砖	3.5元/块	规格0.3m × 0.3m
大块的瓷砖	4.5元/块	规格0.3m × 0.6m

①装修支出包括购买以及安装门窗的费用。

续上表

支出事项	支出金额	备注
有图案的瓷砖	3.5元/块	
地砖	33元/块	规格0.8m×0.8m
工人贴瓷砖的费用	35元/平方米	
工人粉刷墙壁的费用	65元/平方米	
工人贴地砖的费用	30元/平方米	
蹲厕冲水器	150元	
工人安装蹲厕的费用	300元	
工人安装排水管的费用	50元/个×2	水管1的直径为0.75米，水管2的直径为1.1米
门窗	2.8万元	文叔仅支付了8000元，剩余部分则暂时拖欠，准备于来年元旦时还

注：本部分表格的内容是我们小组根据文越开的叙述整理而得。

3. 交通支出

表3-17　交通支出一览表

交通工具	交通开支	备注
文越开的摩托车（现已报废）	价格150元；维修费约800元；油费约150元/月	2014年在S小学附近从一个隔壁村的熟人处买入这辆二手摩托车，后因放置太久，现在打不着火。据文越开说，每隔4～5天他就要到L镇的加油站加25元的汽油
文越开的摩托车（使用中）	价格500元；维修费为80元；油费约100元/月	因为上一辆摩托车油耗太大，所以在2015年从同一个人手中买入这辆二手摩托车，摩托车一买回来就拿去L墟的维修店维修。据文越开说，每隔7～8天他就要到L镇的加油站加25元的汽油。文越开从家里开摩托车去L墟耗时7分钟
文君才的自行车	价格为300元	2018年春分时，文越开出钱让小儿子去L墟自行车店购入，用作小儿子上学的交通工具；文越开家距离L镇二中约15分钟的自行车车程

续上表

交通工具	交通开支	备注
赵明芬的自行车		2014年赵明芬的女婿在L墟的自行车店购入，赠送给岳母；赵明芬平时骑着它去L墟市场购物；文越开家距离L墟市场至少25分钟的自行车车程
公交车	车费为2元/次	每天只有两班车：早上七点半和八点半从霞村发车前往L墟集市；九点半和十点半从L墟集市发车返回霞村
珠海市香洲区拱北的直通车	车票100～180元/张	平时票价为100元/张，节假日涨到130元/张，春节则180元/张

注：本部分表格的内容是我们小组根据文越开的叙述整理而得。

5. 娱乐和人情往来支出

谈到娱乐方式，因为文越开一家经济情况不好并且霞村娱乐设施建设不完善，故一家人没有多样化的娱乐方式。文越开2012年在L墟现代电器店买入一台价格为200元的机顶盒，包含天线。其中，机顶盒的套餐内容包含一年免费观看35个电视频道，第二年开始收费，价格是10元/月。文越开说，小孩子喜欢看动画片，而一家人则喜欢在吃饭的时候收看珠江电视台的《今日关注》栏目，文越开自己就尤为喜欢（说话）一针见血、学富五车的主持人郑达和薛乐。2013年机顶盒全面升级，若用户不升级就无法观看电视频道。但是升级机顶盒就要花费300元重新购入一个新的机顶盒，文越开觉得太贵了就没有再买了。

人情往来支出方面，文越开因为自己的孩子们还没有到嫁娶的年龄，所以不清楚摆宴席的花费和礼金的数额。如果是同村的村民邀请文越开一家去喝喜酒，文越开表示，最少要给180元的红包（因为在当地“8”与“发”同音，寓意好兆头，而别人结婚时作为人情的红包金额不宜太少，所以最低是180元）。如果是亲戚邀请他们一家去喝喜酒，那么最少要给500元的人情。由于文越开夫妇常年在外打工，在家的时间通常比较短，人情往来较少，故不太清楚其他方面的人情往来标准。

6. 医疗保险支出

2018年11月18日文越开为家人购买了医疗保险，价格为220元/人，六口人一共1320元。2017年医保价格为120元/人。据刘珍妹说，镇上的卫生院看病非常贵，而医保的报销程度有限。一次普通的感冒，要去卫生院看好几次，每次收费100多元。医保大概花费160元到170元才报销20元。

7. 通信支出

文越开的手机品牌是华为，手机界面很简单，没有过多的应用程序。他表示手机一般用来和家人打电话和进行微信视频，平时都是用WiFi上网，基本不使用流量。文越开夫妇以及赵明芬使用的电话卡是中山移动的，因为中山市的电话卡比较便宜。他们用的套餐是移动最低消费套餐，月租为10元。文越开还专门开了家庭网服务以方便家里人相互联系，2017年家庭网收费每人每月5块钱，今年收费为2元/月。

8. 负债情况

1996年文越开和刘珍妹结婚前，文越开向亲戚借了2200元用作下聘礼金。婚后，夫妻俩一起在外打工赚钱，该笔款项已还清。

2009年8月，文越开夫妇为了盖房屋的第一层，两人向刘珍妹的父亲和姐妹以及亲戚借了6万元。后来两夫妻外出打工赚钱，已经还清该笔债务。

2018年9月，还欠L墟五金店老板2万元的门窗费用，暂时约定于2019年元旦前后归还。

9. 其他

在文越开的带领下，我们小组成员来到了L墟。随后，我们走访了集市上的摊档，记录了当地的物价水平，表3–18是当地部分商品的价格。

表3–18　L镇部分商品价格水平

商品类别	商品名称	价格
蔬菜瓜果	苹果	红富士6元/斤，普通苹果5.5元/斤
	橙子	甜橙4元/斤，普通橙子10元3斤
	香蕉	2.5元/斤
	橘子	2.5元/斤
	柿子	2.5元/斤
	油麦菜	5元/斤
	青菜	2元/斤
肉、鱼类	瘦肉	13元/斤
	五花肉	11元/斤
	鲩鱼	6.5元/斤

续上表

商品类别	商品名称	价格
蛋及豆制品类	鹌鹑蛋	10元3斤
	豆腐	1元/块
生活用品类	煤气	105元/瓶
	花生油	10元/斤
	食盐	2.5元/包
	酱油	特级酱油20元/瓶，普通酱油16元/瓶

注：表格的内容是我们小组在2018年11月26日去L墟走访记录而得。

四、生产与经济

（一）农田平面图

1. 农田平面图[①]

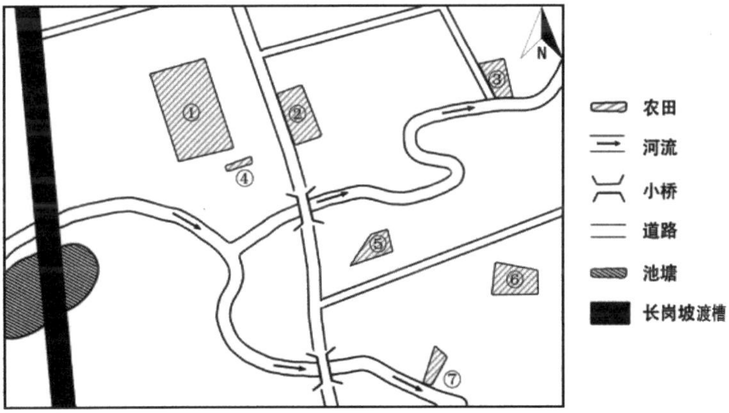

图3–15　农田平面图

①以下数据均由我们小组成员于2018年11月28日实地测量而得。

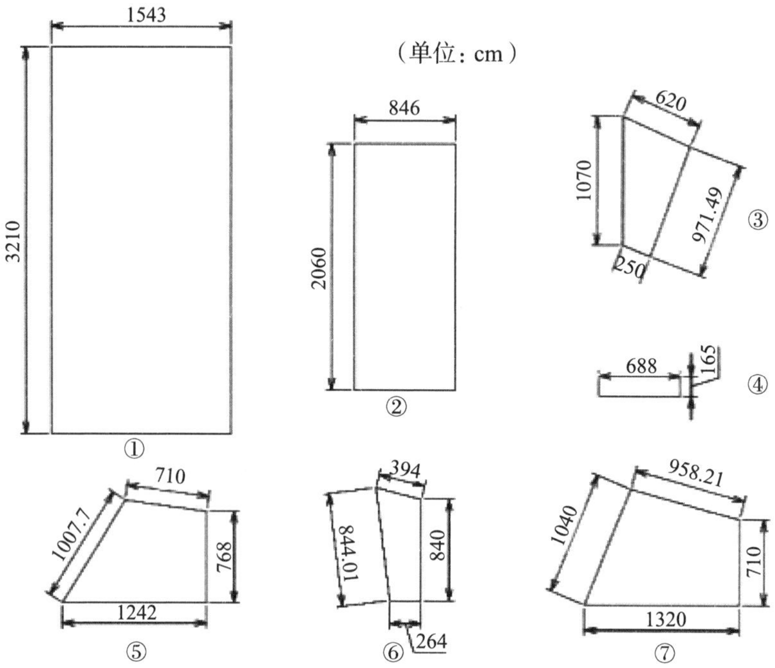

图3–16　农田的面积示意图

农田面积：①1 495.303m²；②2 173.430m²；③3 42.439m²；④4 11.352m²；⑤5 79.261m²；⑥6 28.406m²；⑦7 96.304m²；总共：926.495m²，约合1.390亩。

2. 农田概况

文越开家里共有7块耕地（图3–15、图3–16），其中除了④号田因为其面积太小，且与其他农户的田地连在一起，耕种和灌溉都比较麻烦并且收成很少，因而无偿提供给别人耕种外，其余6块农田均由自己耕种。而在这6块农田中，目前仍在耕种的有4块，分别是①②③⑤号田，其面积之和为790.433平方米，约合1.186亩。据赵明芬说，剩余两块农田（⑥和⑦）曾经种过花生，但由于鼠害过于严重以至于花生的收成非常少，后来就不再耕种，故两块农田一直荒废至今。

从文越开口中得知，霞村的农田有肥瘦之分。越靠近水源的农田，引水灌溉越方便，因此土壤也越肥沃。1982年分田到户的时候为了公平起见，村干部便按照土地的肥瘦程度（即离水源的远近）将其加权平均分配，越靠近水源的土地权重越大，以确保每户人家都会分到其应得份额的土地，因此便出现了文越开家的农田非常分散的情况。

（二）土地收入

据文越开说，他的家里本来有一块旱地（下称⑧号地）在836乡道的交叉处

（交叉处有两架水车），离家大约1000米。这块地在2018年5月的时候被征去用来扩宽公路，征地补偿一共1902.95元，钱款已于当月30日转到了母亲赵明芬的银行账户中。

此外文越开家之前还有0.5亩水田（下称⑨号地）在836乡道上，其中16米长、5米宽（共80平方米，合0.12亩）的部分在2018年9月上旬被征了去修公路。当初征地的时候相关负责人说是会给2000元补偿款，但是直至现在（2018年12月1日）钱款还没有到账。这块地的其他部分（0.38亩）则租给别人当停车场了，租金标准是每亩每年1000元，文越开说这笔钱现在也没有到账。

除了上述的两块地外，他家还有一块16米长、2米宽的土地（下称⑩号地）也被征去修成栈道以扩宽公路了（共32平方米，合0.048亩）。这块地也是水田，原本是与家中的②号田连在一起的。据赵明芬的银行存折显示，这块地的征收补偿款已于2018年10月18日入账，金额为4831.70元。

据刘珍妹说，他们在离⑧号地不远处还有一块地，面积不大，只有0.18亩，租给别人种木瓜了，租金标准是每亩每年400元。另外还有0.2亩地租给别人做鱼塘，租金标准是每亩每年600元。

（三）土地流转、使用

刘珍妹说，霞村的农田大致可以分为两种类型：一种是机动田，这种田地属于村子集体所有，使用权也属于农村集体经济组织；另一种则是承包田，承包地也属于村子集体所有，但土地承包者依法享有承包地使用、收益和土地承包经营权流转的权利。

一般来说，个人持有的承包责任田的面积是固定不变的。至于机动田，据刘珍妹讲述，每年的分田标准都不一样，其面积也是时常变化的："有非本村人嫁到霞村的时候，村里就会分一点机动田给嫁来的人；当村民家里有人去世或嫁出去别的地方的时候，村里就把这个人名下的机动田收回来；而当村里有人生了子女，则村里又会把一部分机动田分到所生子女的名下。"这样就保证了一旦发生人地矛盾，可以用机动田来解决，不必进行土地调整，既解决了无地农民的土地问题，也有利于保持土地承包关系的稳定。

刘珍妹跟我们说，因为公公文清林很早就去世了（1986年），村子里面有些人就恃强凌弱，欺负婆婆。本来机动田是按人数来进行分配的，之前小姑子（文越开的妹妹文广娥）从霞村嫁出去了，婆婆按照规矩把小姑子名下的机动田归还给集体了。然而当村子里面有的农户家里有人嫁出去或者去世的时候，本应把其名下的机动田归还集体，但是他们却不照办，从而导致霞村的机动田面积越来越少，进而导致1996年自己嫁过来的时候并没有分到田地。直到1998年刘珍妹生了大女儿文叶飞后，村里面有人说要是再不分田地给刘珍妹母女就过分了，这时候母女俩才得以分到一点机动田，但是面积很小，只有区区8厘（0.08亩，约合53.33平方米）。刘珍妹说，别人知道后都笑她，说8厘田连种菜都不够吃。

刘珍妹他们也想过要讨个公道，但是负责管理这方面工作的村委会人员自身家里也存在类似情况，所以只好不了了之了。

分到机动田后又过了一段时间（具体时间刘珍妹记不清楚了），村子要修一条引水渠，所以就把机动田全都收回去然后减去引水渠所用面积后再重新分配。这时候每个人所拥有的机动田面积都会减少一点，而刘珍妹的机动田实在太小了，所以修完引水渠后就没了。刘珍妹说这种征收是没有补偿的，因为机动田实际上是公家田，属于集体所有。

从1999年开始，村子里面就再也没有分过机动田了，所以刘珍妹和她的三个子女名下都没有田地，全家只有婆婆赵明芬和丈夫文越开有田地。要是村里因为集体田地被国家征收而获得征地补偿的时候，刘珍妹及其三个子女是分不到补偿款的。

另外刘珍妹还补充道，2018年8月政府打算在⑨号地旁边修建乡道（如今的836乡道）。而修路的时候发现当初规划的地方不够大，所以修建的过程中还占用了他们那块田的一部分。但是村里有些人妒忌刘珍妹家的田地被征收了，就说被征收的这块地是属于村里机动田的一部分，不是承包田。更有甚者，说修路的时候根本没有用到刘珍妹家的田地，不应该给征地补偿款。后来经过刘珍妹据理力争才得以争取到补偿，但是补偿款截至2018年12月1日仍未到账。

据文越开说，他们当地的征收补偿标准是水田5万元/亩，旱地3万元/亩。但是我们小组成员回去算了一下，⑨号地因为修路而被征收了0.12亩，那块地原本是水田，根据征收补偿标准，文越开一家理应得到5万 ×0.12=6000元征收补偿款，这不仅与文越开所言金额（2000元）对不上，而且二者之间差距很大。于是我们向文越开提出了这个疑惑，文越开说：“我也不清楚，都是相关人员给多少我们就收多少的。而且我自己的数学也不太好，所以从来没有算过这个事情。”随后我们又打电话向刘珍妹提出了这个疑惑，刘珍妹说：“因为我们都是平民百姓，也不懂这方面的事情，都是他们（村干部）给多少我们就收多少的，我们也没办法去据理力争。”然后我们又转而向村干部询问了有关征地补贴的问题，但村干部并没有给出明确的答复。我们问村干部：“霞村2018年跟村民征地的补贴标准是什么样的呢?”村干部回复了四个字：“云茂高速。”我们再问：“一亩地大概有多少补贴?”村干部回复：“高速不经过霞村。”于是我们又进一步问：

“文越开家是不是有些地被征收了?”村干部就再也没回复了。

而说到这块地的被征收时间时，刘珍妹说大概是2018年的3月份，具体时间已经记不清了，她只记得在2018年4月份的时候田地里面已经被填上泥了（道路的地基）。说到这里的时候，刘珍妹还跟我们说，本来他们家是不愿意把这块地拿出来修路的，比起被征收，他们更愿意留着自己耕种。但是负责征地修路的人不肯，一开始那些人说无论是否征收，这块地都不让刘珍妹他们种田的了，不给种其他东西，只能种花草等等。后来那些人的态度有所缓和，说这块地征也行不征也行，全凭自愿，于是刘珍妹一家便说不愿意。但是即便如此，那些人后来还是运了泥过来把田填了。这时候刘珍妹就想着这块田地都已经被填了，没法用来种农作物了，于是只能做出了让步。

后来2009年文越开家建房屋又用了“七分多接近八分田”（据我们测量，实际是525.29平方米，约合0.79亩）。据文越开说，他们家现在用来作为菜园和鸡圈那块地（面积为308.94平方米，约合0.46亩）的大部分实际上是属于他的弟弟文国开的，建房的这块地实际上是他与弟弟一人占一半的。随后文越开还补充道：“农村家庭若是有两个儿子的话，分地的时候一般是一人一半的。”

（四）种植业

由于文越开家有一片菜园和一亩多的耕地可供种植，因此在种植业方面分为菜园劳作和耕地劳作两部分。通过采访赵明芬可知，现在菜园种有番薯藤、塘蒿、甘蔗、红萝卜、芥蓝头和菠菜等农作物，以下是赵明芬每年在菜园种植作物的时间表：

表3-19　菜园劳作时间表[①]

蔬菜种类	种植时间	生长周期	备注
生菜	1—3月份，9—12月份	90天	每隔一两个星期要施一次肥（农家肥和复合肥混用）；每天要浇1～2次水；杀虫周期视虫害情况而定
塘蒿	2—3月份，9—12月份	60～90天	
芋头	2—3月份	180天	
姜	2—3月份	120～150天	
白菜	2—3月份，9—12月份	60天	
油麦菜	2—3月份，9—12月份	90～100天	

①这节表格的内容均是由我们小组根据赵明芬的叙述整理而得。

续上表

蔬菜种类	种植时间	生长周期	备注
豆角	3—4月份	90天	每隔一两个星期要施一次肥（农家肥和复合肥混用）；每天要浇1～2次水；杀虫周期视虫害情况而定
冬瓜	3—4月份	100天	
节瓜	3—4月份	50～60天	
白瓜	3—4月份	50～60天	
黄瓜	3—4月份	30～60天	
甘蔗	4月份	180天	
葱	8月份	30～40天	
番薯藤	8—9月	100天	
大蒜	9月份	150天	
西洋菜	9—12月份	30～40天	
春菜	9—12月份	80～90天	
苦麦菜	9—12月份	90天	
菜心	9—12月份	60～90天	
荷兰豆	9—11月份	120天	
芥蓝	8—10月份	60～70天	
芥蓝头	8—12月份	90天	
菠菜	9—12月份	80～90天	
红萝卜	9—12月份	90天	

不仅如此，赵明芬和文越开还在菜园和鸡圈里种植了两棵黄皮树、一棵龙眼树和一棵石榴树。但是石榴树因为与黄皮树种得太接近而难以吸收到阳光，于是就逐渐枯萎了。另外，赵明芬提到耕地时补充道，耕地现在基本上都是用来种植水稻和油菜，11月底已经收割完晚稻了，文越开准备12月初到镇政府处领油菜的种子。

以下是赵明芬每年按照二十四节气在耕地种植的时间表：

表3-20 耕地劳作时间表

节气	时间	劳作事项	周期	备注	农业谚语
立春	2月3日—2月5日	犁田、下秧	1～2天（秧苗的生长周期约50天）	下秧为当地说法，即播谷种	
雨水	2月18日—2月20日	料理秧苗			
惊蛰	3月5日—3月7日	种花生、犁田垄	1～2天	很少种花生，主要种水稻。田基是赵明芬去田里犁的	
春分	3月20日—3月21日	料理秧苗			惊蛰到春分，春分定禾苗。[1]
清明	4月4日—4月6日	插秧	4～5天	赵明芬一人完成插秧	
谷雨	4月19日—4月21日	施肥、除草、杀虫	100天	插秧七天后施一次肥，往后的施肥和杀虫周期视水稻的生长情况而定	
立夏	5月5日—5月7日				
小满	5月20日—5月22日				
芒种	6月5日—6月7日				芒种节食吾切平[2]；芒种禾夏至芋[3]
夏至	6月21日—6月22日				六七月天抓鬼使，边有闲人坐树阴[3]
小暑	7月6日—7月8日	割禾（早熟）、下秧（播谷种）、收花生	1～2天	赵明芬请人用收割机来收割水稻，费用一共200元	小暑小割，大暑大割[5]
大暑	7月22日—7月24日	割禾（晚熟）			大暑热食吾切，大暑凉冇米量[6]

①春分时节开始插秧。
②形容芒种时节瓜果以及水稻快要成熟的丰收景象。
③说明芒种时节水稻和夏至时节芋头将近成熟。
④形容农忙时节家家忙于农作的景象。
⑤说明割水稻的时节。
⑥大暑的天气情况决定了农民的生活状况。

续上表

节气	时间	劳作事项	周期	备注	农业谚语
立秋	8月7日—8月9日	插秧	4~5天		立秋有雨秋秋有，立秋无雨旱秧头①
处暑	8月22日—8月24日	施肥、除草、杀虫	100天	插秧七天后施一次肥，往后的施肥和杀虫周期视水稻的生长情况而定	
白露	9月7日—9月9日				
秋分	9月22日—9月24日				
寒露	10月8日—10月9日				寒露过三朝，迟早一起标②
霜降	10月23日—10月24日	割禾	1~2天	赵明芬请人用收割机来收割所有的水稻，费用一共200元	霜降满田红③
立冬	11月7日—11月8日	晒谷	天气晴朗的时候只需要晒1天		
小雪	11月22日—11月23日	收柴	1~2天	文越开家还有烧柴做饭的习惯，因此赵明芬要到田地里收集秸秆	
大雪	12月6日—12月8日	种油菜	3个月	镇政府要求统一种植，用作冬季旅游观光	
冬至	12月21日—12月23日				
小寒	1月5日—1月7日				
大寒	1月20日—1月21日				

①立秋插下的秧苗的生长状况与天气息息相关。

②预示着快要到晚稻收获的时节。

③晚稻收割的时间。

以下是赵明芬所种植的水稻、油菜与蔬菜瓜果的基本情况。

表3-21　主要农业项目基本情况表

种植作物	面积	产量	生产周期	劳动投入	价格	收益
水稻	1.13亩	好田[①]900斤/亩[②] 坏田[③]800斤/亩[④]	早稻：3月下旬至7月 晚稻：8月至10月下旬	视二十四节气劳作事项而定，所有耕地均由赵明芬一人耕种	早稻1.4元/斤（现涨价至1.6元/斤） 晚稻1.8元/斤	今年卖了800斤早稻稻谷和100斤晚稻稻谷，总收入为1300元，剩余稻谷自留
油菜/紫云英	1.13亩	没有统计	大雪至立春前	无[⑤]	用于观光用途，不做买卖	若农户自行耕种，则政府提供劳动补贴
花生	暂无	暂无	暂无	暂无	自留	
蔬菜瓜果	115.49平方米	蔬菜没有统计，两棵黄皮树共产50斤，龙眼树尚未结果	视蔬菜瓜果种类而定	菜园由赵明芬一人料理，平均2小时/天	自留	

种植水稻成本：种子约40元/斤（早、晚稻各用2斤）；复合肥100元/包（早、晚稻各用2包）；农药10元/瓶（一瓶8两，早、晚稻的农药使用量视具体的害虫情况而定）；拖拉机犁田200元/次（早、晚稻各犁田一次）；收割机120元/亩（早、晚稻各收割一次）。

种植油菜/紫云英成本：由于油菜和紫云英是镇政府统一要求种的，镇政府会派拖拉机来播种，因此对于文越开家来说不存在成本。

种植花生成本：花生的种子是从往年收获的花生中挑选出来的，不用购买。近几年鼠灾严重，赵明芬就不再种花生了。

种植蔬菜瓜果成本：菜种3元/包，今年买了三四包菜种，除此之外的菜种都是邻居赠予的。复合肥100元/包；农药（敌敌畏）10元/瓶（一瓶8两，早、晚

①田地的好坏等级与田地到渡槽的距离有关，离渡槽越近则田地质量越好。

②半年的产量，因为该地是一年两熟制。

③田地的好坏等级与田地到渡槽的距离有关，离渡槽越远则田地质量越差。

④半年的产量，因为该地是一年两熟制。

⑤镇政府派拖拉机来犁田和播种，文越开不需要料理田地。

稻农药用量视当年虫害情况而定)。

种植龙眼树的成本：龙眼树是4年前从龙眼核开始种，到现在尚未结果。文越开说一般不需要施肥，在还没结果时暂不需要杀虫，总成本为0。

种植黄皮树的成本：黄皮树是6年前从别处嫁接到鸡圈的，移植的时候高0.50米左右，嫁接成本为15元/棵。黄皮摘果后需要修枝和施肥，文越开说一般是施农家肥。由于黄皮自身的气味能驱虫，所以一般不用杀虫。因此料理黄皮树的总成本为0。

(五)养殖业

文越开家在院子里特意划出了一块空地作养殖牲畜之用，该空地的面积为193.45平方米，表3–22是文越开家养殖方面的基本情况。

表3–22 养殖业基本情况

种类	数量(只)	饲养方式	购买地点	成本	周期	效益
鸡(阉鸡)	5	喂鸡饲料、米糠、饭和粥的混合物	L墟	鸡13元/只，饲料1.9元/斤	农历八月买入，打算养到过年	自己食用，不出售
鸭	10	喂鸭饲料、米糠、饭和粥的混合物		鸭8元/只，饲料1.25元/斤	农历十月十五买入，打算养到过年	
猫	1	剩饭剩菜	小儿子在河边捡回来的	无	已养两年	养来抓老鼠

(六)家庭手工业

赵明芬为了帮补家用，就到S小学附近的家庭手工业小作坊里接手工活。

内容：赵明芬做的手工活就是在一个直径约3厘米的绿色塑料线圈内绕84圈铜线。每天做完后将成品送回小作坊，而小作坊会用机器检查圈数是否正确，若圈数不正确则会扣工钱。

所耗费时间：赵明芬做一个铜线圈大概需要2～3分钟，一小时大约能做好20个铜线圈。

取货和交货方式：一般会有专人把做手工活的原材料送到家里，而有手工活做的时候基本上每天(不定时)都会有专人来收做好了的手工活。

收益：0.17元/个，赵明芬在农忙时节一天只能做七八十个，在农闲时节一天能做一百四五十个。一个月收益多则四五百元，少则两三百元。

历史：赵明芬说她大概已经做了几年的手工活。由于赵明芬年纪较大，记性不好，实在无法回忆起来具体是什么时候开始从事手工业。

虽然赵明芬觉得做这手工活的收益比较少，但是报酬基本上能应付每个月的饮食花销。

（七）外出打工

由于在村子里没有工作岗位，而L镇的工资普遍比其他城市要低，因此文越开和刘珍妹便选择外出打工。

1. 文越开

文越开在小学毕业后就开始了他的打工生涯。他于1986年9月底至1987年2月在罗定市素龙镇的大山里摘柠檬桉的叶子并用担子挑出山，供人做柠檬桉油（柠檬桉油市价6元/斤）。当时他每天都要工作11小时，老板包两餐，每顿都吃青菜和肥猪肉。但是由于工作非常辛苦，而且工资比较少——通常来说一个成年人薪酬是5元/天，当时的文越开还没成年，工资只有2元/天，于是文越开就辞职了，想要离开L镇去外面闯荡。

文越开碰巧在S小学认识一个打算辞工的老师，当时那名老师辞工是因为国家规定教师必须要遵守计划生育政策，不能超生，但他还有继续生育的意愿。这样文越开和另一个学生跟着老师去了广州市黄埔区，打算进厂安装电线杆。当时他们三人去L墟坐车（车费9.2元），坐了大半天才到达广东省汽车客运站，然后从广东省汽车客运站走到广州火车站，接着搭7路车去广卫路，再转14路到赤岗（车票约0.07元），又转乘专线车（车票约0.5元）到新洲。他们到达新洲的时候已经下午6点了，只能先去吃晚饭。晚饭过后，老师带着文越开和另一个学生去电线厂找工作，厂里的工头以两个孩子年纪太小为由拒收。老师就每人分别给了10块钱让他们自行回L镇，然而文越开当时没有回去，而是自己一个人搭车去了广州火车站。他记得伯父在广州市西华路洗家庄25号工作，于是就坐34路车到西华路口，找到了位于洗家庄25号的广州长征钢板弹簧厂。经伯父介绍，文越开成了弹簧厂的一名工人，每天工作10小时，工资为5元/天。据文越开说，他从1987年3月起一直在这里工作，直到1988年3月才离职。

1988年4月—7月，文越开在弹簧厂附近的机床厂当技术工人。据文越开说，在那里白天工作12个小时后还要上夜班，每天的薪酬根据完成的工作量而定，并且上夜班没有额外的补贴。由于工作实在太辛苦，而且工资较少，所以文越开只做了短短3个月便离职了。

1988年8月—10月，经工友介绍，文越开到了广东广州盐业公司当包装食盐的工人。每天需要工作10小时，而薪酬是采取计件的方式结算，结算标准是0.4分/袋。文越开还补充道，当年的包装的标准是粗盐2斤/包，精细盐1斤/包。后来，文越开觉得薪酬太少便辞职了。

1988年11月—12月，文越开在广州市西华路彩虹桥的大明餐馆里当服务员，主要负责传菜。每天的工作时间视顾客量而定，而每个月的工资为120元且包吃包住。但是文越开觉得这份工作没有足够的休息时间，而且居住环境不好——晚上睡觉的“床”都是用8张凳子勉强拼凑起来的，所以做了一个月就走了。

文越开为了找到合意的工作，到位于广州市龙津路的一家职业介绍所找工作。文越开说在该介绍所支付5元可以得到3份工作的信息。此后，文越开就根据职业介绍所介绍的信息开始了接下来的工作生涯。

1989年2月—5月，文越开到佛山市张槎镇当搬运装修模板的工人。每天的工作时间视工作量而定，工厂包住不包吃。据文越开说，居住环境也不太好，所有的工人都一起住在工棚里。文越开说，虽然一个月能赚60元，但是工厂扣完伙食费后就只剩下20元了。1989年6月—7月，文越开又去了广州市三元里先达眼镜厂里当装配眼镜的工人，每天工作的时长视工厂订单量而定，工资是60元一个月。

1989年8月—10月，文越开去了眼镜店旁边的五金电器厂当工人，负责做变压器轧钢片，每天需工作11小时。据文越开说，打了两个月工也赚到没什么钱，最后觉得薪酬太少便辞职回家了，接着便在家赋闲了好几年。

此后，文越开为了维持生计就跟着同乡到中山市做短工。在1992年10月—11月这段时间里，他去了中山市板芙镇当水泥工（短工），负责帮镇政府（的工程）砌围墙、贴马赛克砖、搬石头修小桥和开搅拌机等工作。文越开每天的工作时间根据工头分配的工作量而定，获得的酬劳也非常不稳定。

1992年12月—1993年3月，文越开去了中山市张溪镇当苦工，专门到码头给人打桩。每天的工作内容是与另一个工人用铁锤合力将木桩敲打进地下，然后在地面铺上水泥。每根松木桩大约4米长，几个月下来两个人一共打了上百根木桩。文越开每天的工作量根据安排表而定，因为年代久远，他已经记不清每月工资是多少，最后辞职时总共拿到了550元的报酬。

离开中山市后，文越开又去了广州务工。以下在广州的工作是他在广州龙津路的职业介绍所找的。1993年4月，文越开经介绍到了广州市同德围的私人小作坊当制作莲蓉的工人。每天的工作时间视工作量而定，而工资不定，基本上包吃但每天只有一顿饭。提到这段经历，文越开想起了他第一天做莲蓉的场景：先将莲子放进大蒸锅里蒸熟，然后用大水冲走莲子的外衣。在冲刷莲子外衣的过程中，文越开不慎将几颗莲子掉在地上，老板娘便对他又打又骂。处理好莲子后，将莲子和眉豆、绿豆、红豆按比例混合起来，然后用机器打碎，再加入白糖进行混合，最终制成莲蓉。由于工作量太大以及与老板的关系恶劣，因此文越开做了两天后连工资都没有拿就辞职了，此后大半年都是赋闲在家。

文越开坦言，1993年到1994年他在广州市都没找到什么工作。由于当时广州的用人单位会优先招用有广州户口的求职者，外来民工不仅就业困难，而且待遇较差，于是文越开便决定回家务工了。

1994年3月—7月，文越开先后到了罗定市的茶亭市场和L墟当流动摊贩。他先是在罗定市茶亭市场摆卖苦瓜等蔬菜瓜果去赚取两三毛的差价，一天大约能赚10元；后来在L墟菜市场里卖大头鱼和埃及塘鲺，一天大概能赚60元。文越开每天摆摊的时间视顾客量而定，一般是早上6点摆摊直到晚上六七点才回家。回忆起当时贩卖埃及塘鲺的细节，文越开表示埃及塘鲺生命力顽强，在运输的路上不容易死亡，买卖有利可图。他每天都要早上5点起床，然后到L镇搭公交车去罗定买鱼。买好了埃及塘鲺，文越开用两个塑料桶把它们装起来，原路返回，到L墟的菜市场贩卖。

1994年8月—1996年2月，文越开继续在L墟当流动摊贩帮人杀鱼（加工费0.8元/斤），然后用电搅拌机搅碎，做成鲮鱼饼（搅拌机价格为180元，支架花20元，找人帮忙焊接成一体花了10元；一开始用人工转动搅拌机，后来文越开花100元买了电动马达）。每天的工作时间和收入都视当天的客流量而定。

1996年3月—5月，文越开外出到惠阳市陈岗镇当流动摊贩，每天骑自行车到镇上卖洗发水等其他日用品，每天摆摊的时间和收入视顾客量和销售量而定。

1996年6月—2002年2月，文越开夫妇一起到深圳市龙岗区布吉镇当流动摊贩，他们主要售卖生活用品，每天的工作时间不规律，收入则视销售量而定。文越开说当时摆摊的收入还是非常可观的，刚开始的时候收入与支出刚好持平，到后来安顿下来，生活步入正轨以后他们摆摊的收入不断增加，这六年间每个月大概赚5000元。

2002年3月—2004年7月，文越开先后在罗定市L镇沙莨和深圳市龙岗区布吉镇当摩托车司机，用重庆嘉陵牌男装摩托车去载客赚钱（摩托车价格为4800元，上牌照花费了2400元，买驾驶证耗费了1200元）。他每天载客的时间视顾客量而定，一般都是晚上去搭客。文越开说当时的收费标准是每千米1元，这样算下来一天多则赚60元，少则40元。过年的时候，文越开就回家休息了一段时间，然后又继续回到深圳市龙岗区布吉镇载客了。有时候遇上禁摩查车，没有摩的司机敢出来开车，文越开偷偷出门载客，一天下来大概能赚400元。文越开说，深圳当时禁摩，摩托车司机如果被交警抓到了要交400元赎车费才能取车。而自己总是每次赚了约500元时便被扣车，到最后差点连房租也交不起，于是只能把摩托车以900元的价格卖给了别人。

2004年8月—12月，文越开买了一辆电动车当起了搭客司机，在深圳市中心搭客赚钱，每天载客时间视顾客量而定，一般是晚上10点至第二天七八点。当时很多人下班以后都会选择乘坐自行车回家，所以文越开还是有一定的客源。文越开的起步价是5元，大约每千米收取5元，一天生意多则赚120元，少则没有钱赚。后来，深圳市因为禁摩之后自行车载客现象随处可见，于是也开始禁止自行车载客。文越开由于经常冒风险搭客而多次被扣车，因此到后来连房租都交不起，只能又换了一份工作养家糊口。

2005年2月—2010年2月，文越开重新回到深圳市中心当流动摊贩，每天摆摊的时间不固定，收入视销售量而定。

2010年3月—5月，文越开经熟人介绍去了中山市坦洲镇的酒楼当厨师，每天的工作时间随饭市时间而变，工资大约是1000元/月。做了两个月后老板没有加工资的意愿，于是文越开就辞职回家了。

2010年5月文越开回到家，准备给女儿们上户口。但由于两个女儿都是私人接生而没有医院的出生证明，因此入户失败。此后文越开就赋闲在家。

2010年9月—12月，文越开到了增城市[①]当装模板的工人，每天大约工作9小时，收入主要视工厂的订货量而定，并没有固定的收入。

2011年3月，文越开去到了中山市坦洲镇欣锠鞋厂当制鞋工人，每天工作11小时（不包括中午1小时的休息时间），工资根据工厂的订货量而定。文越开还提到当时工厂要求员工须持健康证方可上岗，于是他就花了80元去办了一个健康证。最后，文越开因为与工友有感情纠纷，所以就辞职离开了。

2011年4月—12月，文越开到中山市坦洲镇的大兴酒店当保安。酒店实行轮班制，文越开每天需要工作12小时，月收入是1500元。据文越开说，酒店经理非常严厉，时常检查保安有没有偷懒。

2012年2月—2013年2月，文越开经别人介绍去到了珠海市香洲区拱北情侣路的庆华国际大酒店当保安，每天工作12小时（早上8点至晚上8点）。至于工资

① 2014年增城市撤市设区，变为广州市增城区。

方面，刚开始工作的时候是1800元/月，三个月后工资涨到了2000元/月。可是文越开觉得酒店里的经理不太友好，于是就辞职回家了。

2014年3月—2018年7月，文越开应同乡的邀请到了珠海市香洲区拱北情侣路的金悦轩海鲜火锅酒家当点心师和服务员。文越开的每天工作是负责做点心和收拾碗碟，一天要工作10小时，工资由刚开始的1800元/月，在2018年初涨到了3000元/月。

2. 刘珍妹

1985年6月至1986年6月，刘珍妹随着改革开放后出现的打工潮去了广州市找工作，但由于不是广州户口，刘珍妹很难找到一份合意的工作。后来，刘珍妹到了一家从事加工制造的小作坊工作，每天负责给商品贴商标，而每天的工资只有2元。刘珍妹回忆道，当时因为年纪太小了，所以只做了两天就被小作坊的负责人辞退了。于是，刘珍妹就投奔了在广州市的亲戚，在亲戚家打工。

1986年7月—1989年6月，刘珍妹经工友介绍去了广州市海珠区燕子岗路的眼镜厂工作，月工资60～90元。1989年眼镜厂因经营不善破产倒闭，刘珍妹就此失业。

1989年7月—1993年7月，刘珍妹经亲戚介绍去了深圳市布吉镇的一家电子厂工作，薪酬230元/月且包吃包住，每天负责组装电子设备。

1993年8月—1995年10月，因为父亲有朋友在劳动局工作，刘珍妹得以在珠海的一家磁头厂找到了一份工资比较高的工作。工作内容是用机器压制零件，接着在零件里插入磁头。说到这里，刘珍妹不禁向我们抱怨道："那些零件比纸还薄，我每次插磁头都要用放大镜看，于是做了几年后就近视了。"据刘珍妹说，她在磁头厂的薪酬比较多，如果加班的话每个月的工资会有700元，如果不加班的话每个月的工资也有500～600元。

1996年3月—5月，婚后的刘珍妹迫于生计，又重新回到了珠海市的磁头厂工作。工作了几个月后，考虑到要照顾家庭和准备要孩子，刘珍妹又返回霞村的家中。

1996年6月—2002年2月，刘珍妹考虑到本地的工作机会少且工资水平低，便跟着丈夫文越开到深圳做生意，具体的工作地点、内容、时间和收入都与上一节文越开所述的情况相同。

2010年2月—2012年12月，刘珍妹经同乡介绍去了中山市坦洲镇的一酒楼里打杂，工作时间是早上8点至晚上10点，月收入900元。

2013年2月—2015年6月，刘珍妹跟着同乡到了澳门的富豪酒店里当洗碗工，每个月的工资折合人民币为4200元。可每天要工作至少10个小时，客流量大时还得加夜班，工作非常辛苦，甚至因此熬坏了身体，患上了肾结石。于是刘珍妹只能辞工回家养身体。

2015年6月—2016年12月，刘珍妹为了偿还盖第一层房子时欠下的债务以及积攒加建二、三、四层楼的资金，就又回到了珠海市工作。据她回忆，当时是在珠海市香洲区拱北的金悦轩海鲜酒家当杂工，每天负责洗菜和煮粥，每个月的工资是1800元。

2016年12月—2018年5月，刘珍妹被金悦轩海鲜酒家的经理调去集团在澳门的分店里工作。在澳门，刘珍妹每天工作12个小时，假期也比较少，因此一般只有在春分和年末时才能回家一趟。刘珍妹补充道，酒店规定过年期间也要上班，过年初一到初三双倍工资。谈及收入，她说2015年的月收入折合人民币为4000元，而每隔一段时间老板会涨工资，到后来每个月的薪酬达到了5000元。

2018年6月至今，刘珍妹又被澳门分店的经理调回珠海市香洲区拱北的金悦轩海鲜酒家当点心师，每个月的工资为3300元，每天早上5点半上班，下午3点半下班。

（八）非经济收入

文越开家的非经济收入主要有两个来源：政府补偿（贴）和亲戚赠予，表3–23是这两方面的具体情况。

表3–23　非经济收入情况表

收入种类	具体事项	数额	时间	备注
政府补偿（贴）	耕地补贴	146.8元	2018年2月26日	
	⑨号地征地政府补偿	约2000元	尚未入账	修路征用了80平方米，合0.12亩（16米长，5米宽）
	⑧号地征地政府补偿	1902.95元	2018年5月30日	
	公益林补贴	207.99元	2018年10月1日	
	⑩号地征地政府补偿	4831.70元	2018年10月18日	⑩号地征地面积为32平方米，合0.048亩（16米长，2米宽）
亲戚赠予	舅舅购买镜子作新居入伙之礼	250元	2018年9月	镜子在L镇家具店购入

注：表格的内容是我们小组根据文越开、赵明芬的叙述以及其存折中的数据整理而得。

评语

文越开的家庭经济状况不是很好，主要是货币支出较多而取得货币收入的途径却很有限。由于三个子女尚未毕业，因此文家的货币收入主要依靠夫妻俩在外打工。他们两人的工资加起来一年有8万元左右，但在除去城市里日常的生活开销后，一年就只剩下5万元左右。货币支出主要是要供养三个子女上学，一年的学费（高中、大学）、伙食费加起来至少要4万元以上，这是承包地上（不到两亩）的农业收入完全不可能负担的。另外由于此前建房用了10多万元，因此文家的财政有些紧张，现在不仅没有什么积蓄，还欠下了门窗的费用两万元，而且楼房还没有装修完。文越开夫妻二人堪称农民打工的典型——虽然他们不是文盲，但也无特殊的技能，并且不断更换工种，所以不可能通过“干中学”成长为一种“熟练”的产业工人，而只能永远是漂泊不定的打工者。这种特征造成他们的劳动时间长、劳动强度比较大，但收入却很有限。为此，年迈的奶奶还必须不停地劳动。在中国，农民工与标准的“产业工人”还是有所区别的。

文家的成员比较分散，一家共有七口人，兄弟在外打工数年未回，夫妻二人平时也是在外打工，一年只能回家两次。大女儿在外上大学，一年也是回来两次左右。二女儿在罗定市L镇上中学，一周回家一次。所以霞村的家中平时只有小儿子和奶奶居住。只有在节假日，这一家三代同堂的家庭才可能团聚在一起。

第四章　独居家庭——王序英

胡慧　朱晓彤　彭思灵

我们小组的调查对象是霞村的王序英家，这基本上是一个老人独居的家庭。调查过程如下：

2018年11月25日 8:00—12:00，乘坐大巴到达镇上；13:30—22:00，到达住户家，并对住户进行初步的了解。

2018年11月26日8:40—12:00，在住户家进行调查学习，测量住户的楼房与宅基地面积，了解住户房屋结构；13:40—18:30，前往S小学与牵手对象进行交流，并接他们放学，送他们回家，交换联系方式。

2018年11月27日8:50—12:20，测量住户家的房屋并清点主要家具；14:30—18:00，继续测量住户家的房屋并清点主要家具，整理数据，并与住户家庭成员交流。

2018年11月28日9:30—11:45，帮助住户王序英酿豆腐；14:20—16:15，随王序英去田里观察土地；16:20—17:30，前往S小学与牵手对象进行交流。

2018年11月29日8:45—12:10，测量住户家的田地，整理数据；14:20—18:00，我们对王序英进行访谈。

2018年11月30日9:00—12:15，整理数据；15:00—17:30，前往纪念馆听讲座。

一、家庭

我们这次调查的住户家中常住的只有王序英一人，她的丈夫已经去世了。王序英有两儿一女，分别是大儿子于家志，小儿子于家发，以及女儿于家飞（图3-17）。于家志与于家发均在L镇上从事摩托车的修理工作，平时住在镇上。女儿已嫁人。

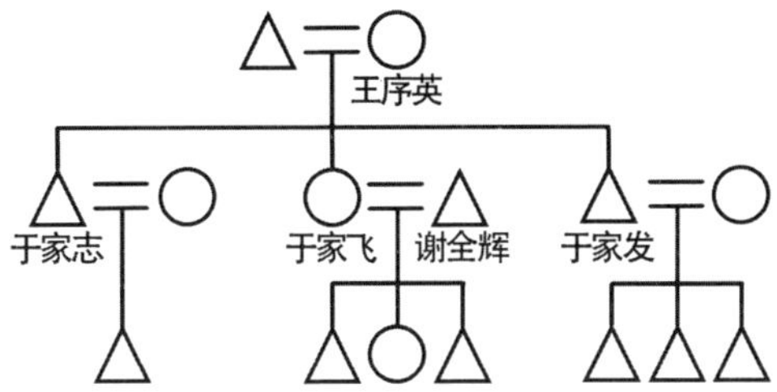

图 3-17　王序英家庭成员示意图

（一）主人——王序英

王序英出生于1953年，今年65岁。王序英未曾读过书，24岁便结了婚，娘家位于罗定市船步镇。王序英的丈夫以前是木匠，在肇庆的一家装饰公司工作，后来积劳成疾，在1996年便因病去世了。王序英育有两儿一女，四个孙子，一个外孙，两个外孙女。

王序英年轻的时候在生产队劳作。生产队每天以工分计量个人劳动量，工分等级分为三级，第一级12个工分，很勤劳又干得好的人才拿第一级，第二级10个工分，第三级8个工分。1个工分可以换2毛钱。小孩子去干活只有不到5个工分，至少要16岁才能去做。那时候每亩田只能产出不到500斤的稻谷。每天的伙食是粥水，也经常吃木薯，有时候吃芋头番薯，甚至吃芋头皮，只能勉强果腹。村里修渡槽时，王序英每天干活的时间是上午7点到11点，下午2点到6点。后来她在番禺种菜、卖菜。2008年和大儿媳妇在L镇开大排档，卖夜宵，2009年档口租金上涨后就没有再开下去了。

王序英现在患有高血压，需要按时吃药控制病情。家里人也时刻注意王序英的身体，一旦王序英身体有不舒服，就会赶回来帮她量血压，带她看医生。王序英的房间常备着电子血压测量仪。据大儿子说，只要按时吃药，王序英的身体一般都不会出现什么问题。大儿子还告诉我们，在王序英年轻的时候，她的腰曾因被木头撞到，做过手术。

农闲时，王序英一般在家里种菜养鸡，所以她的作息时间比较自由。王序英日常唯一的消遣就是打电话，或者出去找朋友聊天，以此打发时间。通常她早晨6点就起床，然后洗漱、煮粥。吃早饭前，王序英会先去浇菜，提上一个尿桶和一簸箕的柴火灰烬。浇菜回来，她便拌好糠饭来喂鸡。虽然王序英家里种有蔬菜，但有时候那些蔬菜都没长成的时候，她便去墟上买菜。她去趁墟，或走路或骑自行车，走路一趟需要花一个半到两个小时，而骑自行车则需要20多分钟。有需要的时候，王序英会一个星期去一到两次，农忙的时候一个星期去不了一次。王序英吃早饭的时间不太固定，有时候8点多，有时候9点多。早饭一般是白粥、番薯。早饭后，她或去村子里找人谈天，或电话闲聊。我们问她为什么打这么多电话打，她说因为兄弟姐妹很多，或跟女儿打电话，通话时间或长或短。我们曾记录她的通话时间，平均一通电话可以聊半个小时。我们班进村调查，有7个同学被分配到王序英家里住，所以她会提早准备午饭的食材，上午9点半就开始择菜、洗菜，准备一个小时左右。在11点半开始做菜，半小时后便开饭了，有荤有素。午饭后，王序英去喂鸡，我们收拾碗筷。王序英有午睡的习惯，通常从下午1点开始睡，一般睡半小时到一个小时不等。若午觉时间被事情打断（譬如有电话进来），她一般不会继续午休。起床之后，她又出去闲聊。下午5点左右，她便回家，喂鸡，准备晚饭，同时烧洗澡水。吃完晚饭后就去洗澡，花15分钟洗完澡，王序英又出去聊天。周三晚上王序英没有出去玩，在屋里跟我们玩扑克牌，王序英娴熟的出牌技巧，以及处变不惊的表情管理，俨然电影中的赌神一般。平常晚上的时候，王序英不看电视，打完电话或者出去玩，回来以后就睡觉了，时间大概是9点钟（表3–24）。

表3–24　王序英一天的时间安排

时间	事情	说明
6:00—6:30	起床	在房间里坐一会儿
6:30—6:40	洗漱、洗米煮粥	
6:40—7:00	浇菜	工具：一个木瓢，一个尿桶，一簸箕柴火灰烬
7:00—7:10	喂鸡	鸡糠、粥和油饼拌在一起
7:15—9:15	去趁墟买菜	买菜时一般是早上9点；早饭时间不固定
8:00—8:10	吃早餐	
9:30—10:30	准备午饭的食材	荤素搭配
10:30—11:30	空闲时间	聊天，讲电话，洗米煮饭
11:30—12:00	炒菜	用柴火
12:00—12:40	吃午饭	
12:40—12:50	喂鸡	鸡糠和粥、剩饭拌在一起
13:00—14:00	午睡	
14:00—17:00	空闲时间	聊天，打电话
17:00—17:10	喂鸡	鸡糠和剩饭拌在一起
17:10—17:20	洗米煮饭	
17:30—18:00	准备晚饭的食材	择菜，洗菜，切菜，腌制肉类

续上表

时间	事情	说明
18：00—18：20	烧洗澡水	用柴火和灶台，不用热水器
18：20—18：45	炒菜	用柴火
18：45—19：10	吃晚饭	
19：20—19：35	洗澡	
19：35—21：00	空闲时间	聊天，打电话
21：00	回房间睡觉	

注：数据记录于2018年11月28日，彭思灵记录。

（二）大儿子——于家志

王序英的大儿子，名叫于家志，生于1976年，只有初中学历。由于当年在广州番禺读初中，但却不能在番禺参加中考，若要回L镇中考则需再读一年，而家里没有条件，便没有继续读书了，而是出去工作了一年。一年后，他接着去了广州白云职业学校学习了几个月摩托维修，结业后做了一年学徒。1999年，于家志与妻子结婚。2000年，于家志回到L镇开了一个摩托维修的档口。2009年，于家志去阳江开泥头车，因为开泥头车常常需要上下车，频繁的冷热交替使得他患上了鼻炎。2012年，他又去云浮开拖车。2014年，他再次回到L镇修摩托。现在是一名摩托车维修工，在L镇上开了一间小小的摩托车维修档。平时大儿子和大儿媳都住在档口，一周回家吃一次或两次饭，但一般都不过夜，因为档口离不开人。2017年，于家志购买了一辆二手橙色三菱锐翼小轿车，加上手续费一共花2.5万元左右。这年，他也尝试从卖摩托的店里进货，在他的小档口卖摩托，但是这生意没能做下去。因为这些摩托车不是直接从厂里进货，价格较高，且门面小，竞争力较小，一般顾客都是进来看看，然后就去价格更便宜的摩托车店里面买。于家志档口的租金是一个月1000元，每个月的利润大约只有6000元，所以没有请工人，只是自己和媳妇亲力亲为。在访谈时，于家志感慨道，维修摩托的生意越来越难做了。但是他并没有转行的念头，他说："现在年纪大了，转行换业也不那么容易了。"每年4～5月农忙的时候，也是修摩托的淡季，生意不好做，他和弟弟就会去水库抓鱼，以帮补家用。

于家志育有一子。他的儿子，即王序英的大孙子于2001年出生，如今（调研期间）在广州的一家私人化妆品公司工作。儿子也是初中毕业，毕业后学习了半年的汽修，就出来工作了。据于家志说，在学习汽修的半年里，儿子每个星期回家一次，偶尔两周回家一次，每次都要从家里拿钱，有时拿200～300元，有时拿500～600元。在这半年里，儿子一共花了一万多元。有时候儿子甚至会向王序英要钱，但偶尔也会寄钱回来给王序英。

（三）女儿——于家飞

王序英的女儿名叫于家飞，生于1979年。因为无心向学，希望早点出去赚钱，于家飞读完初中就出去工作了。据于家志说，于家飞曾经做过许多不同的工作，例如酒店服务员、收银员等。大概在四年前，她回罗定开始卖团体保险。王序英说，女儿每个星期都会打两到三次电话回来，通话时间有时长达一个小时，短则半个小时。于家飞平时也会回来探望王序英，工作繁忙时一个月不回来一次，不忙时一个月可能回来两次，没有什么规律。1997年，于家飞嫁去了罗定，其户口也转到她的丈夫那边，现育有一子二女，其中儿子22岁，在罗定工作，大女儿20岁，在广州工作，二女儿13岁，在罗定二中读初中。她的丈夫名叫谢全辉。

（四）小儿子——于家发

王序英的小儿子名叫于家发，生于1983年，也是初中学历。小学就读于村里的S小学，初中就读于L镇二中。于家发读初二初三的这两年，是他的大哥出钱资助的。中学毕业后，他便出去打工了。年轻时，他在于家志的指导下自学了如何维修摩托，后来便到镇上开了一家摩托修理店。修理店距离王序英家大约有15千米，他骑摩托回家一般需要花费15分钟。因此，通常他一周回来住两个晚上。如果有特殊事情（比如村里开会）也会回来，平时就住在店里，但他说住在家里比较舒服。店铺的租金是一个月1000元，现在行情不好，于家发并没有请学徒，一切工作都是亲力亲为，一个月的利润大约有7000～8000元。

于家发在20岁时便结婚了，育有三个儿子。2005年，第一个儿子出生时他们未到法定年龄，因此被罚款了3万元。但是他那时没有钱，无房无车，便迟迟未交足罚款，至今只交了3000元。如今他的大儿子在永巷读小学，二儿子在读幼儿园，最小的儿子还未到学龄。他主动将王序英现在住的主屋让给了他的大哥，然后在主屋的旁边建了一栋房子（见图3-18）。于家发在1997年买了一辆摩托

图3-18　王序英两个儿子的房子
（朱晓彤摄）

车，在2006年花费两万买了一辆二手比亚迪汽车，但平日一般使用摩托车，因为它比较方便快捷。他平时喜欢去水库摸鱼，也会去旅游，一般都在省内。

二、住房与用品

（单位：mm）

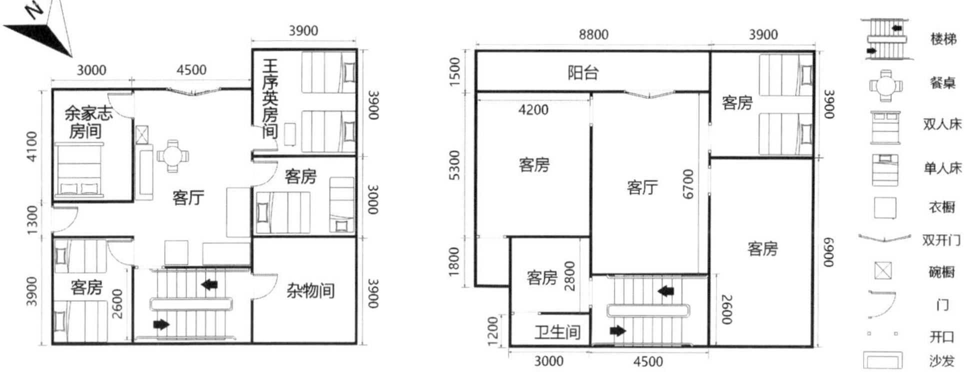

图3-19　大儿子家的一、二楼平面图

（单位：mm）

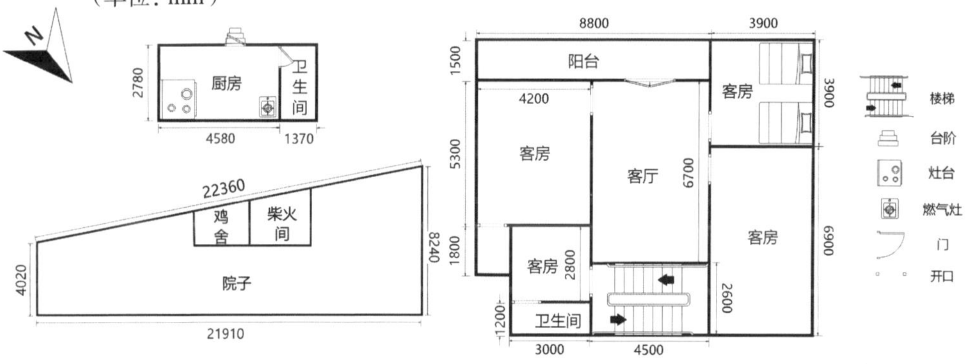

图3-20　大儿子家的三楼及院子平面图

（一）大儿子的楼房

王序英现在住的这栋房子是大儿子于家志的，于家志和妻子在L镇上住。这栋房子坐东北向西南，一共两层半，占地面积120平方米，一层建于1994年，是王序英的丈夫设计的，二层以上建于2016年。一层有五个房间，一个客厅。二层还未装修，有一个客厅，三个房间，一个洗手间，一个阳台。三层是天台，仅有一个房间，未装修。整栋房子外围的墙面是青白相间的，由于这栋房子靠近街道，霞村需要发展旅游业，所以由政府出钱于2018年初对临近街道的房屋进行统一粉刷。

1. 一楼

一楼的大门前被归置成了一片院子，院中有一个鸡舍和一间放置柴火的小屋，停放了一辆三菱牌橘红色小轿车，车身用白色塑料布覆盖住。车子背后堆起了一米高的砖头，旁边还有一棵树。大门是不锈钢的，门上并未贴任何装饰品，门左侧有一个长宽均约0.2米的狗洞。在大门旁边放着一辆广州广本牌的灰色女装摩托车，价格3000元，但王序英不会骑，平时就放在客厅里。

（1）客厅（4.5m × 6.7m）。一进屋便是客厅。客厅地板铺着深红棕色石板砖，蒙着一层不薄的灰尘。客厅正上方吊着一台绿色的电风扇，正对门口的墙壁上挂着一幅毛泽东画像（1.47m × 0.98m），画像上面悬挂着一面镜子（0.7m × 1.0m），上面用繁体从左到右写着“大展鸿图”四个大字，镜面两边是竖着排列的“鹏程万里”和“雄心奋发”。正对门紧贴墙放着一张桌子（1.81m × 0.8m × 0.74m），桌子上放有一部旧的闲置的TCL数字防护王电视机（画面发红，有故障），这是三年前于家飞拿回来的，但王序英平时并不看电视。电视左边是一个消毒柜，里面放着碗筷，已经坏了，如今只有存放碗筷的作用。王序英洗完且沥干碗筷后，便把碗筷直接放在消毒柜里面。在电视右面放着一个三角牌的电磁炉和一个康宝牌的电热水壶，王序英平时就用这个壶煮水喝。这张桌子下面放着一个竹篓，竹篓里面放着若干小番薯。在这桌子的旁边，还有一张八仙桌（0.88m × 0.88m × 0.88m），八仙桌上放着一口三角牌的中型电饭锅和一口三角牌的小电饭锅，平时煮饭用中型电饭锅。电饭锅后面放着一个闲置的黑色亚博科牌饭菜保温板，是王序英女儿去年拿来的。

紧贴左面墙壁的是一张带滚轮的银色不锈钢大桌子（1.8m × 0.9m × 0.88m），靠墙角的地方还叠着27把粉色胶椅（50元/把）。据王序英描述，这些是一年前她开餐馆时用的，桌子下面堆满了杂物，已经蒙上了很厚的灰尘。桌子上面放着一红一紫的两个暖壶；一个凉水壶；三罐花生油，一大一中一小；两个广口玻璃瓶，其瓶内分别装着蛇酒（由白酒浸制，已浸泡两年）和毛鸡酒（鸡是于家志在云浮开拖车时，在高速公路撞到捡回来的。现在瓶内的酒已是三年前泡的第二次了），这些酒都分了一些送给了亲戚朋友，逢年过节亲戚朋友来吃饭时也会喝）；一口三角牌大电饭锅。桌子正上方的墙面上贴着一张宝宝图（1.45m × 0.95m），挂着一本挂历。

紧贴右边墙壁的是一张木制沙发（2.02m × 0.67m × 0.9m），是王序英的丈夫做的。沙发旁边放着一个三层碗橱（0.65m × 0.45m × 1.1m），是王序英的堂侄送的。顶层放着三瓶调味料、粉色保温杯、塑料碗、扑克牌、牙签筒，第二层堆放着红色塑料袋，第三层则堆放着一个七喜的空饮料瓶。沙发前面是一张圆形大餐桌（直径1.17米，高0.66米），平时吃饭就在这张桌子上吃，碗橱上面放着一筒卷纸以及一些杂物。右面墙壁上贴着“十大将军”挂图（1.5m × 0.98m）。在客厅零落放着五个土黄色的木凳。整个客厅的大部分物品都蒙上了灰尘。

五个房间门上均贴着年画（0.5m × 0.36m），年画上是两个福娃，一男一女，画上写着两行字“富贵有余，迎春接福”。其中四个房间的门均为黄色，尺寸均为2m × 0.8m，剩下一个为蓝色，尺寸为1.89m × 0.85m。这些门都是丈夫亲手做的。五个房间的窗都一样大，尺寸为1.44m × 0.9m。

（2）王序英的房间（3.9m × 3.9m）。王序英的房间位于大门进去的左手边的第一间。房间里放置着两张旧床，一张是由两把长椅和木板搭起的简易床（1.9m × 1.7m × 0.5m），而另一把则是传统的高脚床（2.0m × 1.5m × 0.5m），两张床上均挂了白色蚊帐。床头有一把粉红色胶椅。王序英睡的是木板床，床上垫着厚厚的棉被和毛毯，而另一张高脚床上铺的是凉席，并且挂着两台电扇（一台是亚美牌，另一台是聪超牌）。高脚床是王序英的孙子回来时候睡的。木板床的前方放置着一张茶几（1.3m × 0.7m × 0.44m），茶几上有一个小木箱（0.52m × 0.36m × 0.19m）。茶几旁放置着一个传统嫁妆箱（0.78m × 0.53m × 0.5m）。在箱子上面放着一篮子的衣服和一个欧姆龙的血压测量仪，衣服底下放着王序英和她丈夫的照片，王序英的照片是2014年照的，丈夫的照片是将以前的老照片拿去照相馆重新添加了背景。嫁妆箱旁堆积着一红一白的两双拖鞋、五双雨靴（其中一双儿童用）、三双布鞋（一黑一蓝一红）和三双凉鞋（两紫一粉），除了拖鞋和布鞋外，其他均已蒙上了一层厚厚的灰尘。茶几背靠的那面墙以及它左侧的那面墙分别挂了一幅“十大将军”挂图（1.0m × 0.7m）和“金马献宝”图（1.5m × 1.0m），两张图片均保存完整。高脚床的床位放置了一个衣柜（0.8m × 0.42m × 1.6m），是那种老式的木柜，除此之外，还有一把土黄色的木椅，王序英平时也会坐。

（3）王序英隔壁的房间（3.0m × 3.9m）。王序英隔壁的房间是一间闲置的客房，平时没有人。房间里面放置着一张旧式的高脚床（2.0m × 1.5m），床上挂着已发黄的白色蚊帐。在高脚床的床尾，还靠墙放置了一张较小的木板床（2.0m × 1.1m）。木板床上有一床红色的花毛毯，一床白色的花被单，以及两个紫色花纹的枕头。木板床的右侧放置着一台海尔牌的落地扇，木板床左侧放置着一张蒙尘的桌子（1.2m × 0.55m × 0.75m），桌子上有一台闲置的KOGKZ牌电视机。电视机前是一台坏掉了的白绿相间的电扇。电扇左侧上下堆着一大一小的两个纸箱，纸箱左侧放着一个已蒙尘的无盖玻璃缸（0.6m × 0.4m × 0.4m），缸内放置着四个卷纸、四个一次性碗以及一盒一次性薄膜手套，一袋一次性纸杯放在缸旁。玻璃缸的背后堆着四个黄色竹篮，两口不锈钢锅。除了两张床，这个房间主要是被用来放置大米和饲料。在门边靠墙的位置，放置着一个装着鸡糠的缸（直径0.45米，高0.52米）和一个不锈钢米桶（直径0.35米，高0.34米）。门的后面立着两张卷起的黄色竹席。房间里面还有一箱陈村牌猪骨浓汤面，两个红棕色木凳。

（4）于家志房间（3.0m × 4.1m）。从大门进屋的右边第一间是于家志的房间。屋内铺上了绿色的地毯，一张有靠垫的大床（2.0m × 1.8m）被放置在右侧，床上有一床红色花纹的棉被和两个红白花纹的枕头，枕头下还有一红一黄的两只公仔。在床尾，地上堆着三个纸箱，纸箱与床之间只有一条小小的过道。纸箱旁是一台闲置的TCL电脑显示屏，显示屏前方放置了卷起的白色地毯。对着床、靠墙的地方有一个有两扇门的衣柜（1.56m × 0.55m × 2.0m），衣柜正上方装着整幢楼里唯一的科龙牌空调。衣柜的左侧有一个橙黄色的木箱，其上放置着两台CD机（牌子分别为LG和LANGFENG）。衣柜的右侧摆放着一个三层的鞋架，鞋架上有一双耐克跑步鞋和一双女士靴。运动鞋旁堆着一摞课本和练习册，一共21本。鞋架前方有两个银白色的哑铃。一把带轮子的椅子放置在门内的左侧，下方竖立着一个黑的塑料工具箱。一字排开的电脑桌（1.2m × 0.58m × 0.76m）和写字台（1.14m × 0.53m × 0.76m）紧贴着椅子。电脑桌上放置着DAEWOO牌彩色纯平显示器，写字台有两个抽屉和柜门，桌上堆积着一些破旧的杂物和一个粉色熨斗，桌下放着白色的华硕的电脑主机。靠床头以及靠写字台的墙壁上均贴着两张山水画（0.5m × 0.4m），山水画旁贴着三张较大的海报（0.37m × 0.51m，人物分别为张娜拉、刘亦菲、林依晨），两面墙还贴满了其他明星海报。房门的后侧挂着一黄一绿的两把牙刷，放着一把红色扫把。

（5）杂物间（3.9m × 3.9m）。杂物间是用来放置杂物和工具的。房门后面堆积着16把耕作用具，左前方放置着一卷白色的水管，两个黄色竹篓交叠在一起。竹篓上方是一个圆柱形铁皮圈（直径1.1米，高0.5米），左方是一个闲置的直径为1米的轮胎。屋内还停着一辆贵族牌自行车。房间右侧靠墙放置着一台白色容声牌冰柜（1.04m × 0.55m × 0.9m），冰柜是正常使用的，柜内是王序英卖剩下的食物。紧靠冰柜的是剩下的两个圆柱形铁皮圈，在里面放着一些耕作工具（四把锄头、四把鱼捞、两支船桨、一把用于匀谷的扒钩、一把谷耙、两个大鱼杆、一把铁铲），均已蒙上了厚厚的灰尘。门外还有一张闲置的木桌子（直径1.1米，高1米），桌板和桌腿被拆开以后，竖着放置，是王序英的丈夫自己做的。

（6）我们借住的房间（3.0m × 3.9m）。房间内放置了两张床（2.0m × 1.5m），一左一右靠墙放置。左边的床是由两张板凳和木板搭起的，右边的床则是普通床。右侧的床的正上方有一扇窗，房间靠外侧的墙上贴着百事可乐的大海报（1.9m × 0.77m），海报后面贴着三张小鸟画报（0.7m × 0.38m），另外两张则贴在左侧的墙面上。

2. 厨房

厨房（3.38m × 5.95m）位于楼房的后侧，与楼房是隔开单独存在的。厨房有一扇门（0.95m × 2.1m）和一扇窗（1.2m × 1m）。厨房内部依然保留了大灶台（1.43m × 1.37m × 0.67m），使用烧柴火的做饭方式。大灶台上开了三个大小不一的灶口，其上放着三口锅（直径分别是0.59米、0.45米、0.35米），但灶台只开了两个灶门，里面堆积着一些燃尽的柴火灰烬。灶门的正前方有一个小小的木凳，上面布满了王序英忙碌的痕迹。木凳旁堆满了柴火。厨房的角落里放置着四摞碗碟，但是已经蒙上了灰尘。灶台隔壁放置了许多做饭所需的调料，有生抽（加加牌，800ml）、食盐、醋（2瓶，分别为致美斋糯米甜醋，630ml；致美斋米醋，630ml）、蚝油（海天牌，260g）、柱侯酱（海天牌，240g）。除了大灶台，里面还有一个百福牌煤气罐和一个用煤气的单灶台，其上也有一口锅（直径0.45米）。厨房的外侧有一个水龙头，王序英平时洗碗洗菜均是在那里完成的。水龙头的水可以放到水缸（直径0.5米，高0.58米）之中，水是王序英两个儿子从山上引下来的，在阳光的照射下，水面上还可以看到一层薄薄的油花。不管何时去看，水缸里总是满的，水缸中有一个盛水用的木瓢。水缸旁有一张简易的木桌子，其上放置砧板和刀，还有一瓶洗洁精。那片地方总是被收拾得干干净净的。厨房是王序英经常活动的地方。

厨房内主要用品有：72个白色盘子，17个白色大碗，两个白色大陶瓷盆，八个不锈钢盆，四个菜篮子，一个竹篓，一个铁蒸屉，一台型号为WL90L-4百洋牌的家用电动磨粉磨浆机，一个清和牌凉茶桶（直径0.13米，高0.46米），一个蓝色打火机，一把红色扫把，两把雨伞，一条橙色围裙，八把刀（其中七把刀已经闲置，另外一把正在使用中，为十八子切片刀），一把镰刀，一个圆形砧板（直径为0.42米），一瓶立白洗洁精（1.26kg）。

3. 卫生间

进入厨房，左手边是一个直通的卫生间，那是王序英使用的。厕所内有一扇门（0.83m × 1.93m）和窗（1.2m × 1.0m）。虽说卫生间里有一台小型热水器，但是王序英过惯了节俭的生活，总是习惯烧水洗澡。卫生间内有三个水桶，一字排开在厕坑的正前方，里面装着满满的水，用来冲厕所用。其中一个水桶内有一个红色的塑料水瓢。洗手间里除了王序英日常所需要的洗漱用品、沐浴用品以及纸巾，还有一台坏掉的冰箱（0.95m × 0.52m × 0.75m）。卫生间比较简陋，门没有装锁，只是用绳子拴门。墙壁均是水泥刷的，摸上去比较粗糙，但是整个卫生间却非常整洁、干净。

卫生间的用品：一袋立白洗衣粉（1.068kg），两个洗脚盆（直径0.5米），八条毛巾（五条白色，一条橙白色花纹，另外两条一紫一绿），八个水桶（三个白色，五个彩色），四把牙刷（一把白紫相间，三把白灰相间），一瓶舒肤佳沐浴露（容量1L），一瓶飘柔洗发水（容量200ml），一筒卷纸，一台美的烟道式热水器（容量6L）。

4. 二楼

二楼还未装修，地板还是水泥地，墙壁露出红砖和水泥。二楼有一个阳台，阳台门是不锈钢的。面对阳台的右侧一前一后有两个房间，而左侧靠近大门的地方也有一个房间。房间内还有一个洗手间，洗手间未装门，仅是用黄色花纹的窗帘遮住。洗手间里只有一个白色蹲厕，蹲厕前方有一个白色的水龙头，水龙头下方放置着一大一小的两个水桶，水桶里装满了冲厕所的水，左侧的水桶里放置着一个红色的塑料水瓢。

5. 三楼

三楼并无装修，且是露天的天台。仅有一个房间在楼梯间的后方，它的门口开在了楼梯口的右后方，房间内有四袋碎砖块、一个水桶以及三袋水泥。

（二）小儿子的楼房

这栋房子是王序英的小儿子于家发在2016年建的，2017年只盖好了两层楼（图3-21）。村里面的很多房屋都是分批建造和装修的，这栋房子也不例外。一楼是已经装修好的，一般在过年过节或者周末的时候，于家发一家回来，就会住在这栋房子的一楼。二楼还只是未装修的毛坯房，三楼待建。

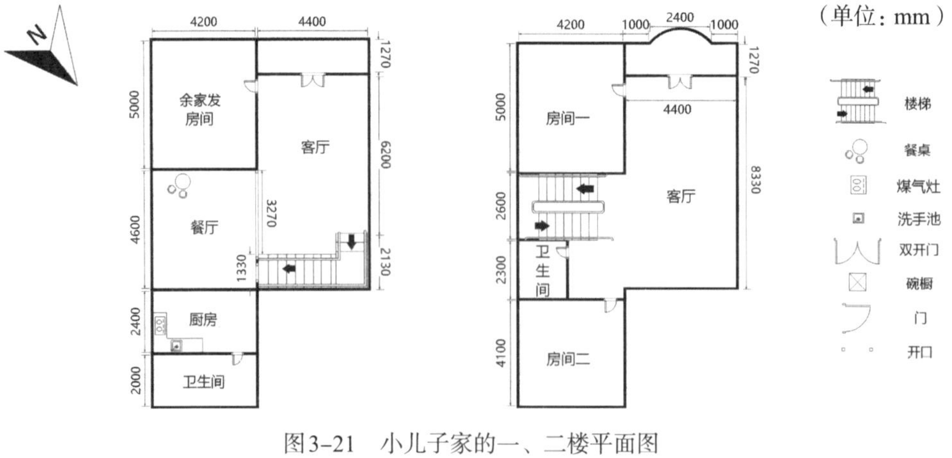

图3-21 小儿子家的一、二楼平面图

房子是于家发设计的，施工队根据于家发提供的设计稿进行施工。现已建好的两层楼以及已经装修好的一楼，大约一共花费了30万元，于家发出了约20万元，借了10万元。据于家发介绍，这栋房子计划是要盖五层的，他希望在5年内把这栋房子建好，剩余没建好和没有装修好的地方还需要70万元左右的费用。要完全把这幢房子建好，保守估计一共需要100万元。

这栋房子坐东北向西南，其占地面积是110平方米，不包括前面的空地。房子前面的空地是半开放式的，只有门前的一堵墙，左右两边是没有墙的，所以也就没有传统意义上的门楼，我们把进屋的第一扇大门称为这栋房子的大门。

建这栋房子所用的部分地是王序英一家用在别处的一块宅基地和邻居换的，因为王序英一家希望兄弟二人的房子不要相隔太远，都在一处地方。这栋房子的前面空地原本有一部分是属于王序英家的，但这部分被用来与邻居家交换了，现在已经属于邻居了。在换地期间，王序英一家本也与另外一户邻居协商换地事宜，但换地过程中双方发生了矛盾，引起了一些争议。这也造成了这栋房子的北面缺了一个角，使得这栋房子呈现出加粗的“L”形。在测量房子的前方空地时，与之有矛盾的这户邻居告诉我们，这块地是属于他们家的，但是王序英持有相左的意见。王序英说，当时该交割的地都交割完毕了，并没有争议的地方。这栋房子缺角的地方也建起了一栋小房子，是属于邻居的。

值得注意的是，这栋房子是村里少有的复式楼房（复试楼房每一层4米多，一般楼房一层2.8～3米，复式楼房从外面看是一层实际里面有两层）。从严格意义上来说，一楼里面是分两层的。但在这里，为了方便叙述，姑且把这两层楼分别称为地下一楼和阁楼。

1. 一楼

由于王序英的小儿子在外谋生，不常回来住，所以一楼也只是装修了，但是家具其实并不多，也堆放了一些杂物。因为是复式的设计，所以一楼的总楼高是5.1米。一楼大门的墙上开了两个天窗，长0.5米，宽0.32米，用于采光。

一楼有客厅、厨房、卫生间、餐厅，还有一个房间。除了客厅的高度可以达到5.1米以外，其他地方的高度都只是3米。地下一楼的所有空间都进行装修，墙壁也粉刷成白色的，很明亮。厨房和厕所的墙壁都贴上了米白色的带纹理的瓷砖。全部地板都贴上了瓷砖，客厅和餐厅的地板瓷砖是红、黑、白混杂的带有大理石纹理的瓷砖，厨房的瓷砖是偏黄的防滑瓷砖，厕所地上又是另一种花色的瓷砖。

（1）客厅（7.88m×4.23m）。走进客厅，一眼看到是一辆闲置的摩托车（HONDA牌，型号：Honest CB125T，深灰色，购买于1997年）。王序英的小儿子有多辆摩托车，他的档口空间有限，就把其中的一辆摩托车摆放在房子的客厅里。客厅左边的墙壁上挂着大小两幅刺绣，大的是“家和万事兴”（1.36m×075m），小的是“大展鸿图”（1.28m×0.54m）。“家和万事兴”下方，放着一个液化石油气瓶（沃华牌，生产者：梧州市沃华机械有限公司）和一个煤气灶（珠江明月牌，执行标准：GB16410-2007），它们之间用一根橙色的煤气胶管（美的牌）连着。煤气灶旁边摆了一个木凳，还有若干个番薯。再向前就是微微突出的梁柱子，柱子前放着一口铁锅（直径0.42米）。“大展鸿图”下方也放着一个木凳，它的旁边开了一扇窗（铝合金，1.5m×1.2m），用于采光。在客厅的左边，一把收起来的遮阳伞（摆摊用，半径1.5米，小儿子去买机油的时候别人送的）放在靠门的角落里。遮阳伞的旁边放着两把尘封的可以前后晃动的竹躺椅。客厅的右边有一把较新的躺椅（铁竹结构）和两把木凳子，还有大小两双轮滑鞋（浅蓝色，大的38码，小的35码），角落里的竹躺椅旁还有一把扫把。客厅5米高的顶部有两个大的白炽灯灯泡，右侧3米高的顶部装有三个小白炽灯灯泡。大门是不锈钢材质的（银色，规格为2.73m×1.82m）。

（2）餐厅（4.04m×4.6m）。在客厅的右侧是一个开放式的餐厅，没有门。餐厅的右侧有一扇窗（铝合金，1.5m×1.2m），窗外就是王序英现在居住的房子（两栋楼房紧挨着），采光不佳。餐厅里摆放着一张圆形的木餐桌（直径1.28米）、七个红色胶凳（牌子：兴润利，型号：No.15103，每个13元）、两把木椅子。餐桌上还摆着一个烟灰缸，里面有五个烟头。餐厅的另一边摆放着14袋稻谷，这些都是今年的晚稻，王序英还没有来得及去碾成米。餐厅的顶部有一个节能电灯泡，用于照明。

（3）厨房（4.6m×4.04m）。从餐厅往里面走就是厨房。厨房没有装门（门框1.96m×0.93m）。厨房里面只有简单的灶台（左边的规格为1.46m×0.55m×0.8m，右边的为1.54m×0.55m×0.8m），灶台是两层的，呈L型，灶台上面还有一个新的燃气灶（喜儿牌，生产者：中山市世纪德龙电器有限公司，规格型号：JZY-QT101，热效率：59%，0.7m×0.4m），灶台下还有一个液化石油气瓶（建设牌，生产者：广州胜安消防设备有限公司，放在灶台下）。灶台的右侧放置着两个架子（一个两层，0.73m×0.7m×0.36m；另一个五层，第一层1.5m×0.3m×0.3m，第二层和第四层长1.1米，第三层长0.6米，第五层0.4米）。灶台下放着两个胶桶（一个是蓝色透明的，直径0.35米，高0.3米；另一个是红色不透明的，直径0.36米，高0.33米）。面向燃气灶的右上方墙上开了一个窗户（铝合金，1.5m×0.76m），用于通风。由于采光不足，厨房的光线比较昏暗。

（4）厕所（4.05m×1.12m）。厕所和厨房是连在一起的，走进厨房的门口，再走三步，就可以走进厕所。厕所的俯视图是一个细长的长方形，里面有一个不锈钢的衣服架子（钉在墙上，不锈钢材质）、一台密闭型储水电热水器（美的牌，型号：F60-21BM5Y），额定功率：2100W，防水等级IPX40，有遥控器）、一个厕坑（牌子：LESSO联塑）和一个抽水马桶。衣服架子的隔壁是一个小窗户（铝合金，1.54m × 0.97m），用于通风和采光。厕所门是红色的（规格1.96m × 0.79m）。

（5）楼梯间。村里的人家都会充分利用一楼的楼梯间的空间，或用作杂物间，或用作厕所。这栋房子的楼梯间是用作杂物间，里面一辆铁斗车，斗车上放着一袋早稻，用一个原来装鱼饲料的蛇皮袋装着。

（6）房间（4.0m × 3.67m）。这个房间是王序英的小儿子夫妇的房间，房间上了锁。我们测量的时候，两个人不在，王序英也没有这个房间的钥匙，所以我们没能进入房间调查测量，只取得了窗户（铝合金，1.55m × 1.2m）和门（铝合金，1.55m × 1.2m）的数据。

2. 阁楼

这个阁楼是一楼的第二层，有两间房间、一间厕所还有楼梯。除了上二楼的楼梯没有装修之外，其他地方都已装修。阁楼高2.1米，面积不大。除了厕所的门，阁楼其他房间的门都是一样的。有一个红色的顺天胜牌胶桶（型号：DB4417503-2008）和一把福源牌的扫把。

（1）房间一（4.8m × 3.76m）。这个房间靠近院子，门是铝合金的（规格为1.8m × 0.9m）。它的窗户（铝合金，1.15m × 0.9m）开在了临街的一边，比较明亮。房间里面有一张床（铁架木板，2.0m × 1.47m × 0.27m）和一张梳妆台，床垫（2.0m × 1.5m × 0.04m）有透明的保护膜，都靠着与窗户相对的那面墙。床边还有一张梳妆台（1.18m × 0.42m × 0.88m，棕色，带镜子）。除此之外，里面还有两个红色胶凳（牌子：兴润利，型号：No.15103，每个13元）。

（2）房间二（4.12m × 3.82m）。这个房间是不临街的，与厕所相邻。走进房间，右侧是一张床垫和与床板一体的床（2.4m × 1.5m × 0.38m），床边放着一张梳妆台（1.18m × 0.42m × 0.88m，棕色，带镜子）。门的对面开了一扇窗（铝合金，1.15m × 0.9m），窗户隔壁钉了一把壁扇。房间里还有两把木椅，一些用蛇皮袋装着的旧衣服。

（3）厕所（2.16m × 1.36m）。厕所夹在房间二和楼梯之间，面积比较小。挨着房门（2.0m × 0.8m）的左边就是蹲式厕坑。厕所里面有一扇小窗（0.8m × 0.8m）用于通风，旁边有一个拖把。

从阁楼到二楼的楼梯转角处（即楼台），有一个长1.53米、宽1米的窗户，用于采光。

3. 二楼

二楼是毛坯的，除了安装了阳台门和窗户以外，并没有进行其他装修，房间没有安装门。二楼的高度只有3.6米，有一个客厅、一个厕所、两个房间、一个阳台和楼梯。

（1）客厅（7.88m × 4.25m）。与一楼的客厅相比，二楼的客厅显得更大一些，也更空旷一些，门（2.73m × 1.82m）是不锈钢的，窗户（2.73m × 0.82m）是铝合金的。客厅的地面上放置着两幅刺绣，一幅是“年年有余”（金色框，0.82m × 0.55m），另一幅是“相遇”（银色框，0.75m × 0.55m）。客厅里还留了两根白色水管（白色，长4.18米，直径0.11米）、五个水泥桶和一把铁铲。客厅还附有一个延伸出去的阳台，朝向房屋的院子。

（2）房间。二楼一共有两个房间。不临街的房间长4.2米，宽3.9米，靠近院子的房间长4.9米，宽3.84米。两个房间的门和窗的大小都是一样的。

（3）厕所（2.24m × 1.98m）。厕所里面就只有厕坑和窗户。厕所门（2.0m × 0.8m）还未装，窗户（1.2m × 0.85m）是铝合金的。

（4）阳台（4.42m × 1.27m）。

阳台有一块地方是向外凸出的，呈扇形。客厅与阳台相连的最长处有1.77米。

4. 三楼

三楼只盖了半截高的墙，并未封顶（图3–22）。墙高1.16米，梁柱的位置还留了一些裸露的钢筋。楼梯处只是临时搭建了一个简易的棚，还有一截宽1.3米的墙。三楼有五个水泥桶和一把铁铲。

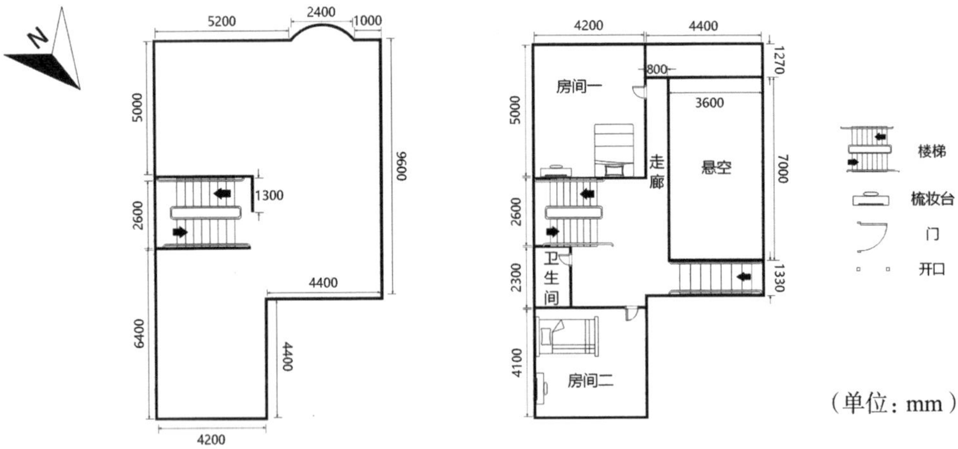

（单位：mm）

图3–22　小儿子家的三楼、阁楼

三、生活与消费

以下主要是王序英一个人的日常收支，其中的一小部分也包含两个儿子家在村里时的收支。

电费，0.78元/度，一年在360元以内。村里每家每户按年收取。

电话费，约60元/月，王序英特别喜欢打电话，大概一天会打四五个电话，有时聊10分钟，有时聊半个小时，有时甚至可以聊一个小时。

煤气，105元/罐，可以用半年。平时王序英洗澡烧水、烧菜用的都是柴火，煮饭用电饭锅。

花生油，一年榨油4次，500元/次。其中500元包括榨油的费用50元以及买100斤花生的费用。100斤花生能榨出40斤左右的油，剩下的就是花生饼（榨花生油所剩下的渣）。王序英一般会把花生饼也要回来，做鸡饲料。

一人在家时，王序英一斤猪肉可以吃三四顿，一斤桂花鱼吃两三顿。猪肉每斤约20元，桂花鱼每斤约15元。猪肉有时是去墟上买的，有时是村里买的（几乎每天都会有一个开摩托的中年男人拉着猪肉到村里售卖）。王序英并不是每餐都会吃肉。她每次做一人份的饭菜都会吃三四顿，这三四顿中除了第一顿是新鲜的，剩下的两三顿都是剩菜，隔夜菜有时候放冰箱，频率比较少，甚至有时米饭也是剩的，都仅仅用电饭煲加热后食用。

王序英偶尔去趁墟，或走路，或骑自行车，或搭乘公交车。王序英有一张老人卡，搭乘公交车是免费的。因此，王序英每个月用在出行的花费上并没有多少钱，甚至是零花费。

王序英现在用的手机是去年买的，花了99元。她的手机一年要换好几部，因为那些手机总是出现一些问题，譬如听不到声音、打不了电话。

王序英并不经常买衣服，一年中只有快过年或者换季的时候，她才会去买一两件衣服，两三年不买衣服也是有的。她的衣服一般都是在墟上买的，有些衣服是她自己缝制的。厚衣服一般一件才70～80元，薄的衣服就更加便宜了的，一件才20～30元。一件衣服她可以穿很久。

王序英说不清楚自己一个月用多少钱，没钱了就找儿子要，儿子一次给500元，大概可以用半个月。王序英的副业就是在周末的时候摆摊卖虾堆、鱼仔以及零食饮料，收入约在200～300元。她种的菜和水稻都是自给自足，不对外出售，养的鸡也是自己吃。但是今年有游客买了两只鸡，价格为25元/斤，一只100元，两只一共卖了200元。

四、生产与经济

（一）种植业

据王序英说，土地分配在1982年调整过一次，然后一直维持到现在。据那时的分配方式，王序英家里总共分到6亩地，其中水田有4.45亩，旱田有1.55亩（图3–23、图3–24）。

6亩土地由14块地组成，其中水田9块，旱地5块。分布得比较零散，有的地大，有的地小；有的离家远，有的离家近。除了离家很远的2.55亩地荒废了，王序英留了1.1亩地自己耕种，其余的都出让给村里田地少甚至没有土地的人耕种。由于家里的主要劳动力外出务工，还有2.35亩的土地无人耕种。土地一旦荒废，便会被村里收走。王序英为了保住土地，只能将其出租且不收租金。离家很远的2.55亩地中，有1.55亩的地是旱地。因为那旱地在离家很远的山脚处，王序英并没有带我们调查小组的人去测量。王序英说，去那里需要半天的时间，而且那里荒废了许久，杂草都有半人高，很难走进去，所以我们并没有拿到旱地具体的测量数据。

家里留的1.1亩地都是王序英自己一个人种，她的子女、儿媳都在L镇上或者罗定工作，但是王序英从来没有请过别人帮忙。她说，种1.1亩田，工作量其实不大，她可以自己一个人完成，所以也没有请人帮忙。而且割禾的时候有收割的机器，两天以内就能把稻谷给收完。收割完成后要晒谷，晒谷一般是在王序英现在住的房子的天台进行。如果阳光足够猛烈，一般只需要晒三天；如果阳光不足或者天气不好，则需要五六天的时间。晒谷完成后并不会立即去碾米，而是将稻谷装袋。只有米缸里的米将要吃完的时候，王序英才会去碾米。将一包约有100斤的稻谷碾成米需要7元钱。

王序英只种水稻，一年两熟，播种、插秧、收割这三个时间段，王序英都会比较忙碌。而其他时间都处于农闲时间。现在王序英是不需要清理水渠的，因为现在田里的水渠是水泥砌成的，到了春天就会统一放水（为吸引游客，现在只要游客足够多，村口水排也会开闸放水）。农闲时候，王序英一般都待在家里，空闲的时候就找邻居朋友聊天，或者和亲戚朋友打电话沟通情感。表3–25是根据王序英的介绍制作的水稻生产周期表。

表3–25　水稻生产周期表

<table>
<tr><th></th><th>节气</th><th>活动</th></tr>
<tr><td rowspan="3">早稻</td><td>惊蛰前</td><td>播种水稻；播种前需要喷一次药，杀干净土里面的虫子；播种10天后除草，整理田基，需要除草三四次</td></tr>
<tr><td>春分前</td><td>在播种约20天后插秧；插秧前，需要用拖拉机犁田，将秧苗整理好放在一边，然后喷药；耙田插秧；插秧后施一次肥，过一段日子，看长势如何，再决定是否施肥，若秧苗黄则施肥；插秧10天后除草，整理田基，需要除草三四次</td></tr>
<tr><td>夏至</td><td>割禾，一般一到两天可以完成</td></tr>
<tr><td rowspan="3">晚稻</td><td>夏至</td><td>播种前需要喷一次药，杀干净土里面的虫子；播种10天后除草，整理田基，需要除草三四次</td></tr>
<tr><td>小暑后</td><td>在播种约20天后插秧；插秧前，需要用拖拉机犁田，将秧苗整理好放在一边，喷药；耙田插秧；插秧后施一次肥，过一段日子，看长势如何，再决定是否施肥，若秧苗黄则施肥；插秧10天后除草，整理田基，需要除草三四次</td></tr>
<tr><td>秋分</td><td>割禾，一般一到两天可以完成</td></tr>
</table>

注：数据记录于2018年11月30日，朱晓彤记录。

王序英说，她种的水稻每一季可以收获1100斤左右的稻谷，一分地能有100斤谷，100斤的稻谷可以碾出50～60斤的大米。耕种所需要的锄头和铁铲都要20元左右，耙田机器要1.6万多元。家中具体用什么农药和化肥，她自己也说不清楚，调查期间并没有留下任何可识别的袋子或瓶子。现在王序英家的米并没有售卖，都是自家食用，一年也不会剩下多少。晚稻的米比早稻的米好吃，但早稻比晚稻的产量高。晚稻卖得也比早稻贵，晚稻的谷子100斤能卖170～180元，而早稻的谷子100斤只卖130～140元。村里没有人买米，卖米的却一直有。调查期间，她家里早稻的谷还没碾。只有之前的米快吃完了，王序英才会再去碾米。王序英一般是先吃完早稻，再吃晚稻。以前，她都是把早稻卖出去，留下晚稻自己吃。

除了上述的田地以外，王序英家还有0.15亩的菜地（图3–25）。在这块小菜地上，王序英现在种了蒜、葱、生菜、芥菜、油麦菜、龙牙白、芫荽、白菜，这些菜一般都是种来自己吃的，一个月就能吃了。王序英种菜都是按照农历的时间进行的，一般一个菜可以种两到三个月，不同的时间种不同的菜，正月种菜心、苦瓜，三月份可以收。四月种通心菜、油麦菜，这些菜只要不拔掉可以一直吃到十到十一月；四月还可以种黄瓜、丝瓜、青瓜、冬瓜，冬瓜成熟时间较晚，其他三个两个月可以成熟。七月种玉米，十月可以收。十一月种白菜、西兰花，正月可以收。但葱、蒜、芫荽一年四季都种。每年的三月种芋头或木薯，但要到十一月才能收成。我们来之前种了生菜，但被鸡吃完了，现在又种了些生菜。虽然那片菜地围得很严实，但鸡还是能钻进去吃菜。王序英很少种萝卜（表3-26）。

表3-26 蔬菜生产周期表

播种时间（农历）	品种	说明
正月	苦麦菜、通菜	
三月	芋头或木薯	但要到十一月才能收成；木薯对应菜园图中的⑦地块
四月	芥菜	
七月	白菜、上海青	白菜对应菜园图中的⑧地块
八月	生菜	
九月	油麦菜	油麦菜对应菜园图中的③④地块
十月	龙牙白	龙牙白对应菜园图中的⑤地块
全年	葱、蒜、芫荽	葱对应菜园图中的①②地块，蒜对应菜园图中的⑨地块，芫荽对应菜园图中的⑥地块

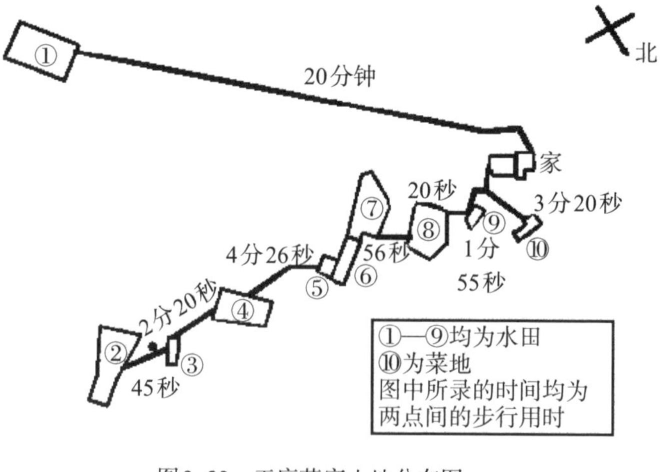

图3-23 王序英家土地分布图

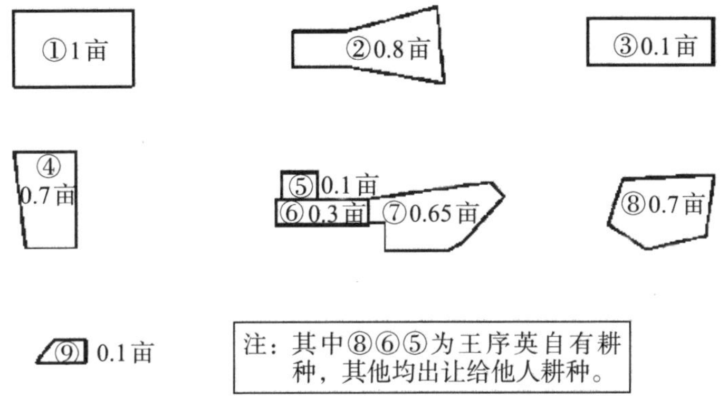

图3–24　王序英家水田状况图

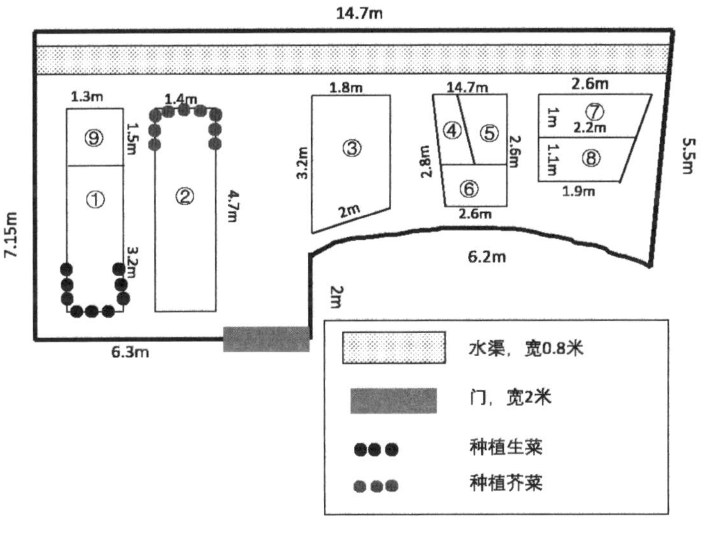

图3–25　王序英家菜园图①

（二）养殖业

王序英家里养了30只鸡，买的时候已经长了两个月，是半大的鸡，再养两三个月就能出售。王序英卖了一只阉鸡和一只未下蛋的母鸡给游客，杀了一只未下蛋的母鸡来吃。在我们下乡期间，她又杀了一只乌鸡给女儿带走，现在剩下4

① 土地、水田、菜园的数据由胡慧、朱晓彤、彭思灵于2018年11月27日测量所得。

只乌鸡、9只未下蛋的母鸡、9只阉鸡和4只生蛋的母鸡。

三四年前，王序英家也养了狗。那时候小偷比较猖獗，偷走了家里的7只狗，其中一只公狗和一只母狗均有30多斤，另外5只也都有20斤了，且都是在8月份被偷的。王序英本来打算在年底把这些狗卖掉，70～80斤的大狗可以卖200元左右，10来斤的小狗可以卖50～60元。出了这样的事，她很生气，现在也不养狗了。那5只小一点的狗，已经养得十分通人性，每次听到她儿子回来的摩托车声，都会摇着尾巴去接他。那些狗都是被打针麻醉后偷走的。那一年，还被偷了3只鸡，全是养了一年的大阉鸡。现在偷狗的行为还是比较多，近年村里很少有人丢鸡，之前偷鸡的也比较多。

（三）摆摊

2018年10月30日长岗坡纪念馆正式开放。开馆之后，每逢周六周日就会有很多人来参观，王序英和她的儿媳妇周末就在初心广场附近摆起小摊。王序英摆摊的物品有：虾堆、辣条、矿泉水、菊花茶、凉茶、小鱼仔、玉米。

虾堆，是当地小吃。卖给不讲价的客人1.5元/个，卖给讲价的客人1元/个。原料：米粉，3元/斤；芋头，3元/斤；葱，6元/斤；虾是自家儿子从水渠抓回来的，储存在冰箱里。其做法如下：芋头切丁磨碎，然后大火翻炒，用小火焖12分钟，至芋头熟透。据王序英介绍，芋头需要熟透了，吃下去喉咙才不会痒。芋头煮熟后，加入米粉浆搅拌，再加入切碎的葱，搅拌均匀。用勺子舀一勺芋头米浆，再在上面放一只虾，放进锅里高温油炸，炸制4分15秒的时间就可以出锅了。前面的准备步骤一般是在家里完成的，后面炸制的部分是她在街上摆摊的时候直接完成的。

辣条，售价5毛/包，成本1毛/包。

矿泉水，售价2元/瓶，成本1.5元/瓶，一般是整箱进货。

菊花茶，售价1元/盒，成本0.8元/盒，一般是整箱进货。

凉茶，售价1元/杯，王序英亲自上山采摘原料，其中包含十几种草药，例如淡竹叶、九千菜等，其功效是清热祛湿解毒。

小鱼仔，售价30元/斤。在周一至周五的时候，如果来纪念馆参观的人多，王序英也会在初心广场搭起桌子来卖。在我们调查期间，王序英在周二早上9点到10点半之间卖出了130元的小鱼仔，其中两名游客各买了1斤，其他均是每单10元卖出。

玉米，售价3元/根，成本10元/3斤。

炸芋头，售价1.5元/块，成本3元/斤。炸芋头需要的时间更长一点，需要7

分31秒。

热狗，售价2元/根，需要炸制30秒。

（四）土地纠纷

王序英和她的儿子儿媳以及孙子的户口都在本地，但是分地的时候，因为女儿还未出嫁，小儿子还未出生，大儿子还没结婚，所以现在家里的田地有女儿的一份，大儿子的一份，小儿子、两个儿媳和孙子都是没有地的。生产队的地是属于集体的，1999年开始，不再进行分配，只是分配征地补偿款。从2017年11月开始，村里已经开了10次会议，讨论如何分配征地补偿款（主要涉及各个生产队开荒的土地），各利益方意见不一。不仅八个生产队（霞村一共有八个生产队）各有不同的意见，各个生产队内部也存在分歧，至今没有定论，征地所得的钱也还没到账。很久以前，邻里之间有人为了土地打架，现在没有了。

小儿子建房的时候和两户邻居换了地。一开始，换地的事情都提前协商好的。其中一户邻居（于光兴），用庭院里的一小块宅基地和王序英家交换。另一户邻居（文书芳）后来反悔了，在所要交换的地方提前建了一间小房，导致王序英小儿子的房子建成后是“L”形的。在我们对王序英的房子进行测量的时候，王序英的这位邻居（文书芳）过来告诉我们，是因为王序英家反悔，不出让厨房所在的那块地，他们家才不换地的。王序英后来告诉我们，是那位邻居提前建了房子，不挪地，自己家里才把厨房粉刷好的。这次的土地纷争并没有上升到武力层面。于家志、于家发兄弟之间没有宅基地的纠纷，两座房子的归属明确。

评语

王序英常年一人居住，她是国家城镇化、工业化进程中的一个比较典型的农村独居老人。因为外出务工，她的大儿子、二儿子只在周末或假期才会回来住，而已经成家的女儿则是偶尔回来探望。幸运的是，王序英的家人均身体健康，因此生活能够稳定在“温饱”以上的水平。王序英是一个勤劳、节俭、开朗的老人。她非常习惯耕田务农的农村生活，自己也不愿意给子女带来更多的负担，年逾65岁了仍然积极从事水稻生产、种菜、养鸡等农业劳动，节假日还努力摆摊赚钱，所以财政方面没有太大问题，家里的楼房也盖得不错。但反过来看，如果她如城市人口一般，在55岁时就“退休”，拒绝农业劳动，那么她现在的养老就将是三个儿女沉重的经济负担。这也是“老人农业”在农村普遍存在的经济原因之一。“老人农业”基本上是一种自给自足的“小农”经济，本质是对货币支出的一种替代，对养老保险的替代。王序英自己的生活是真正的“量入为出”，不贪不嗔，所以她比较满足、比较有幸福感。儿女们在外工作、忙碌，但都是从事低技术含量的简单的服务业，收入并不多，仅能维系他们自己在城镇基本的生活。他们经常打电话回来，对老人更多的是精神上的关心，经济上的支持更像是一种保障或养老保障的补充。

【注释】

1. 趁墟：亦作“趁虚”，即赶集之意。南方谓趁墟，北方谓赶集。
2. 拖车：处理高速公路事故的拖车。
3. 公仔：即卡通玩偶。

第五章　困难家庭——肖萍连

罗逸楷　陈建锰　李祥威

我们小组调查的对象是霞村里的肖萍连一家（图3-26），这是一个典型的儿女外出打工的祖孙留守家庭。在报告上给予我们帮助的有跟我们住在一起的陈依楠小组（她们组调查的是村中留守老人），还有肖萍连老人的大孙子文敏华。

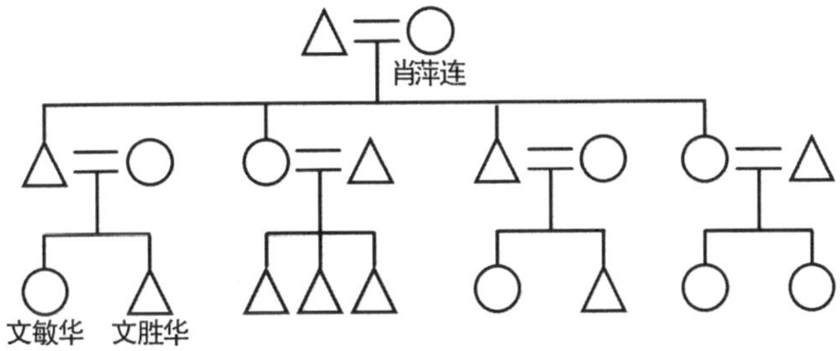

图3-26　肖萍连家庭成员示意图

调查过程：

2018年11月25日14:10—16:00，参观了长岗坡纪念馆。

2018年11月26日08:00—11:00，测绘了住户家的平面图；14:00—14:30，牵手留守儿童。

2018年11月27日07:30—11:00，测量住户田地；13:30—16:00，测绘从住户到田地的地图；19:30—21:00，向住户了解基本情况。

2018年11月28日08:00—11:00，计量住户家里的各种物品；13:30—16:00，测绘旧屋。

2018年11月29日14:00—16:00，和住户进行深入交流，了解基本情况。

2018年11月30日14:00—16:00，再次和住户交流，完成收尾工作。

一、家庭

肖萍连家庭共有三个常住人口，他们分别是肖萍连，大孙子文敏华，大孙女文胜华。

肖萍连和丈夫育有两儿两女。大儿子于1971年出生，2008年去世，有一儿一女（即现在与女主人肖萍连一起生活的大孙子和大孙女），其儿子（文敏华）上初中，女儿（文胜华）上小学五年级；大女儿于1974年出生，嫁到山田村，育有三子，其大儿子在广州工作，二儿子在罗定工作，三儿子在广州工作了几年又重新念书；小女儿于1975年出生，现在嫁到了阳春，育有一儿一女，其大女儿在阳春上初中，小儿子在阳春上小学；小儿子于1977年出生，现在东莞工作，育有两女，其大女儿上初中，小女儿三岁。

肖萍连今年68岁，在三男三女六兄妹中排行老大，居住在霞村友谊商店路口直入第三栋房屋，附近住的邻居都是自己的婶母之类的亲戚。她的父亲有三兄弟，住在她家前面的是最小的叔父，住斜对门的是肖萍连的二叔父。肖萍连带着孙子（文敏华）和孙女（文胜华）三个人一起住，自己平时住的房屋是大儿子的，装修齐全。隔壁相连的房子是小儿子的但没有装修。由于大儿子2008年不幸患肠癌去世，又做手术又做化疗，把装修房屋的钱拿去治病，最后落得人财两空。房子是去年才装修完成的，这也是为什么房屋看着比较新。为了生活，大儿媳妇去番禺的塑胶厂打工，一两个月会回来一次，因此肖萍连都是一个人拉扯着孙子孙女。肖萍连的小儿子在东莞打工，但是他也育有两个女儿。谈到她的几个儿女，肖萍连说他们都非常有孝心，大女儿因为住得近所以会经常去探望她，其他几位一般在春节、春分、清明、肖萍连生日的时候都会回来看望，几个子女时不时会给她钱。虽然肖萍连不是霞村人，但是她也是L镇附近的村子里出生的，20岁的时候结婚，随后她的大儿子也出生了，肖萍连当年正是修建渡槽的那一代人，肖萍连由于需要养育几个孩子，因此她并不需要去参与修建渡槽，但是她的丈夫以及其他不需要带孩子的妇女都去参与了渡槽的修建。当时修建渡槽的时候都算工分，没有工资，公社里的人基本都去参与渡槽的修建了，“当时（场面）也是非常的壮观”，肖萍连如此说道。肖萍连的丈夫在50多岁的时候患骨癌去世了，我们访谈到这一部分的时候，她的声音变得哽咽起来，并说道：“我真是命苦啊，大儿子治病的时候花了十几万元，老公治病的时候也花了十几万元，加加埋埋（加在一起）就成30多万元，要是没有发生这事，我们家比上不足也比下有余，可怜我的孙女连他老爸的样子都没看到。”而肖萍连的小儿子已经养育有两个女儿，也没条件再给肖萍连生个孙子，所以在她的眼中他们家唯一的后代就是大孙子文敏华。

谈到这个孙子，肖萍连也是忧虑重重，文敏华患有慢性肾炎，经常发病，一旦发病就要去广州的珠江医院住院，住一次就要花几千块，去年就病了一次。文敏华由于慢性肾炎，饮食上有不少禁忌，比如不能吃油豆腐、豆腐等燥热的食物，他去年念六年级转到镇上读书的时候，肖萍连每天都要接送他上下学，每天来回六趟学校（中午给他送饭）。文敏华今年念初一，医生采用中西医结合的治疗方法，将其病情稳定了下来，现在他可以自己踩单车上下学，但在学校仍然要避免剧烈运动，不做早操。现在文敏华在学校都是勉强吃一顿午餐，晚饭回家吃，在家里也是给他做瘦肉、排骨等适合他吃的食物。在学校的时候，他也会尝试去吃一些其他食物，学校周二的时候杀鸡，会给他留一个鸡腿吃，但也得把鸡皮这些油脂多的部分剥掉，牛奶之类的高蛋白食品、肥肉之类的不能吃。肖萍连说，自己和胜华在吃饭的时候也会迁就着敏华，吃他能吃的东西；如果吃他不能吃的，敏华会“眼红”。现在在罗定找老中医开中药，一瓶200元，一瓶药能喝两天，一个月15瓶就需要3000元的支出，而这些自己找中医开的药，医保没法报销。大儿媳一家有低保，低保里面也包含了医保在内，但去门诊开的药医保是无法报销的，这部分的药费一个月就要1300元，算起来文敏华吃药一个月就要花去4300元。现在敏华和胜华两个人不需要交学费，而且两个人每学期各有1500元的补贴，一年一共6000元。补贴基本上都拿去给敏华买药吃了，两个人每个月的低保加起来有几百元，够他们家里买菜用。文敏华是2008年患上的慢性肾炎，最初的三年，每年都要去珠江医院住院两次，由于一直吃药导致不怎么长个子，现在妹妹已经比他高了。他的病经常半年就复发一次。小时候有一次高烧到39度半，每天打两次针也不见好转，后恶化成重肺炎，罗定的医生叮嘱肖萍连：“他现在是重肺炎，趁还没到口黑面黑的程度就抓紧时间，直接去广州的医院医治。”那时找不到能帮忙的亲戚，只能打的士，的士直接开到广州滘口，那次车费就花了600元，开到三水又修路，高速公路还塞车，到达医院的时候直接接呼吸机送去重症监护室了，在里面呆了十几天才好转，尿蛋白吊了8瓶，一瓶就要1000多元。肖萍连的大儿子有个同学过去也患有肾病，姓钟，现在在某处做市长，已经很久没有联系了，但他通过以前的同学，联系上了肖萍连。他每年资助3000元给老同学的孩子读书，每年春季开耕的时候也会给1500元。肖萍连往年都会养几只鸡，在他回乡下过年的时候送给他，但是去年他悄悄返乡又悄悄离开，不想让肖萍连破费。那位老同学之前在肖萍连送鸡给他的时候也多次婉拒：“唔使啦（不用了），有心就可以啦，阿姨有什么困难就可以跟我说，人多力量大，你自己就很难负担，我的同学也成立了同学基金会，你有什么困难都可以跟我说。”这位老同学本身也患有肾炎，因此很理解文敏华的痛苦。谈到两个孩子的教育时，肖萍连也十分烦恼，担心孙子孙女一直玩手机，两个人成绩中等。虽然肖萍连对孙子孙女总是很严厉，但更多的还是担心。讲完这些伤心的事情，肖萍连总结道，自己虽然命苦，但也是看得开的人；虽然现在生活也不是很富裕，但自己也无病无痛，身体健康，还能继续干活就接着做。她的小儿子都直呼两个女儿养不起，所以肖萍连也就带着孙子孙女在老家生活，也算是减轻小儿子的负担。迫于生活压力，小儿子一直没有回来装修自己的房屋，平时在外工作租房住，自己的两个女儿也是请岳母来照顾。

大女儿有三个儿子，大外孙在广州工作，二外孙在罗定工作，第三个外孙则是工作了几年后又去广州念书了。在阳春的二女儿在家做家庭主妇，陪着自己的两个儿女。小儿子的两个女儿都不会说白话，几个外孙也不怎么给肖萍连打电话，但肖萍连会跟自己的小儿子视频通话。

二、住房与用品

肖萍连家有两处房子，一处现住（图3-27、图3-28），另一处为旧屋。

图3-27　肖萍连家正面

图3-28　肖萍连家背面

旧屋（图3-29）是长岗坡渡槽修建完成后拆迁分配的，面积为248.32平方米。房屋主要由黄泥砖块建成，目前已经是危楼，无人居住，主要用于堆放柴火等杂物。尽管已无法住人，但还是不能拆掉，因为房子拆掉之后土地会归属国家。房屋面前有一块菜地，目前这块菜地正处于四季轮作的环节，菜地的正中间没有种植作物，但在两边都种植了作物，一边种了芋头，另一边种了甘蔗和黄皮。

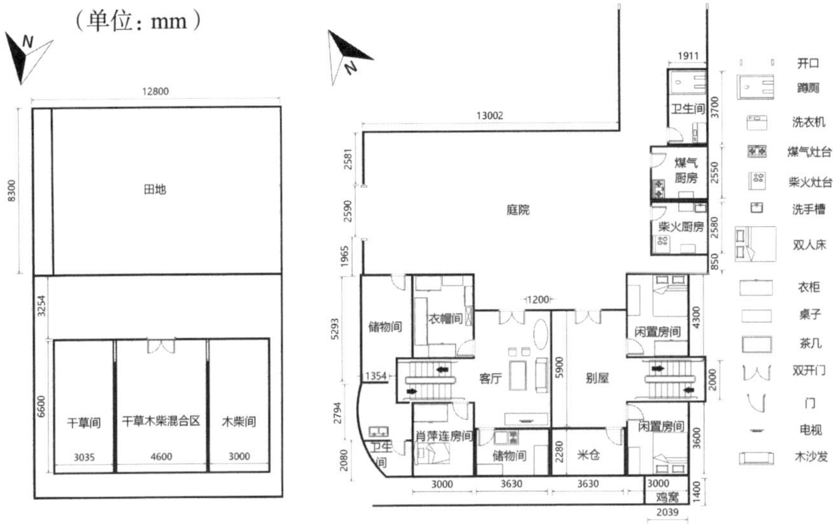

图3-29　旧屋平面图

图3-30　肖萍连家的二楼平面图

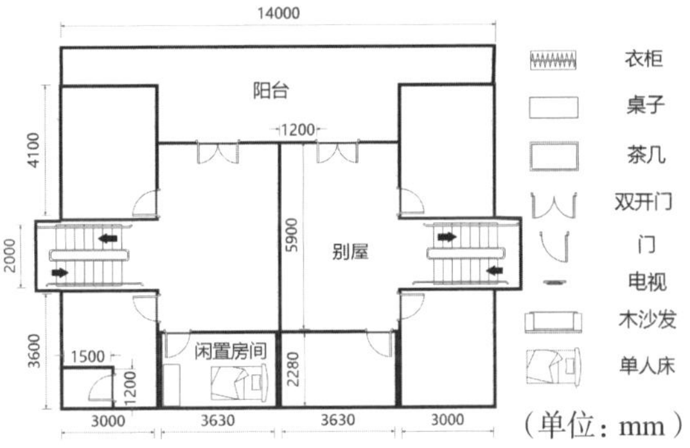

图3-31　肖萍连家的三楼平面图

肖萍连现居房屋坐北朝南，是两个儿子在1995年筹资合建的，大概花费了20万元，装修大概花费了 15万元，房屋由两栋紧挨着的楼房构成，占地面积为320平方米。位于主干道友谊商店旁边的一条小道，直走大约三分钟左右会到达一栋贴着黄色瓷砖的房屋，贴着黄色瓷砖房屋的旁边是一栋外墙没有装修的房屋，两栋房子之间有一条小道，这条小道也是进入肖萍连老人家的路。肖萍连老人家的房屋外墙贴有米色瓷砖，与主干道两旁的房屋的外墙装修不一样。房屋内部的装修则是自家出钱，大儿子已经结婚，他的那栋楼房（即右侧的房屋）内部已经装修完成，肖萍连一家人也居住在装修的那一侧；由于小儿子长期在东莞打工，也不常回来住，他的那栋楼房（即左侧的房屋）并未装修，目前用于放置杂物，处于闲置状态。

（一）主屋

1. 一楼

（1）庭院。进入肖萍连老人的家里，我们首先经过一栋独立的小平房（西面），这是和主楼独立的厨卫区，平房包括有一个卫浴和两个厨房。进入庭院，院子的面积为104平方米，没有放置太多东西，在靠近入口的地方有一个水龙头，一般是老人用来洗菜的。院子的东面有一个缺口，足够一辆小汽车通过。在晚上的时候老人会放置一道木栅栏在庭院的缺口处。

以下是庭院的物品：靠近卫生间门口的墙上挂着两顶斗笠，庭院墙边的水龙头旁挂着三块砧板，旁边依次摆放着一把丝瓜刷、一把菜刀；靠近屋子的门口摆放着两根晾衣竿、一把扫帚、一把垃圾铲；墙角堆放着两捆蒜头和一根洗车用的水管。

（2）庭院里的卫浴。卫浴紧挨着厨房，面积为7平方米，四堵墙都贴了白色瓷砖，但是没有贴满，大约贴了三分之二的墙体，地板铺了有花纹的马赛克瓷砖。进入卫浴，门口放置一罐液化石油气，前方有一台洗衣机（价格1200元，香港三菱牌；规格0.53m×0.54m×0.93m，在L镇上买的），墙上挂着两条毛巾。再往里是一个蹲厕。卫浴间里有两个水龙头，旁边都放置了一个水桶，桶里放置了一个舀水用的瓢。卫浴门口摆放着一个塑料凳子，靠近里面的墙上依次摆着一瓶洗衣液（威露士牌）、洗衣液一瓶（妈咪宝宝牌）、洁厕精一瓶（超威牌），旁边有一把洗衣服用的刷子、一个香皂盒、若干牙刷和一个洗衣袋。墙上安装了一台热水器，是肖萍连老人的小儿子买的；角落里有一把马桶刷。

（3）庭院里的煤气厨房。厨房位于柴火厨房的旁边，面积为9.6平方米，是2016年新建成的，当时大概花费了2万元。厨房四堵墙都贴了白色瓷砖，屋顶贴了马赛克瓷砖，地上铺了红色较大块的瓷砖。正对着门口的墙上有一个窗户，窗户为黄色铝合金所制。厨房的右侧放置了一个柜子，柜子里装的是日常用的碗筷和盘子（10把勺子、15个碗、4个盘子、23双筷子），上方放置了一些家常的调味品。厨房的另一边是一个三层的架子的洗碗台，均为铁质。靠近门的位置放置了一个煤气灶（规格：1.18m×0.6m×0.76m），煤气灶下垫着一块大理石。以下是厨房的物品：煤气灶上放着一个鼎，鼎里有一把锅铲。旁边的架子上摆放着12个铁盆，一个药煲、两口铁锅、电饭煲一个（优玥牌）、一瓶洗洁精（雕牌）、一把菜刀，墙上挂着三条抹布（一条旧裤子改的）和一条围裙。洗碗台上摆着两个丝瓜刷，洗碗台（0.55m×0.45m×0.78m）旁边有一个铁架（三层，0.8m×0.44m×0.68m）和一个柜子（放碗筷，0.6m×0.42m×1.13m），米罐一个。

铁架上放着四个塑料篮子和一套刀具，柜子里有钢丝球两个（未拆封）、调和油一瓶、生抽一瓶（加加牌）、南乳一瓶（美味鲜牌）、红豆一罐、胡椒粉一罐（天之宝牌）、鸡精一罐（加加牌）、薏米一包，墙角摆着一罐液化石油气、一个垃圾桶。

（4）庭院里的柴火厨房。柴火厨房位于院子的西面，面积为7.15平方米，这里一般用来烧饭用。四面墙只是刷白，没有贴瓷砖，地面上也没有铺瓷砖，只是普通的水泥地。内有一个水泥砌的灶台（1.2m × 1.27m × 0.72m），灶台上贴着红色瓷砖，其上放置着一口小锅和一口炒锅，灶台正前方放置着许多柴火，柴火是从旧屋搬过来的。灶台侧边有一个小柜子，里面放置了一些闲置的碗筷和一些杂物。以下是柴火厨房的物品：墙角有一个柜子（0.62m × 0.4m × 0.8m），上摆放了三口铁锅、18个碗、25个碟子（一个铁制，其余为瓷器）、两个钢丝球、两个打火器、29双筷子，最上面摆放着一把锅刷、两个瓢、一把丝瓜刷，灶台旁边的小柜子里有一罐石膏、一根木制的研磨棒、两瓶米酒（品牌分别为九江、红荔）、一瓶醋（高迪牌）、一袋盐（雪天牌加碘盐），墙角摆着三个塑料桶、一把扫把、一袋番薯和一袋玉米。

（5）客厅。客厅的面积是21.4平方米，四面墙都贴了瓷砖，地板上也铺了瓷砖。跨过院子，进入客厅，会先看到一台显像管电视（肖萍连大儿媳妇20年前的嫁妆；规格：0.56m × 0.47m × 0.46m），电视的品牌是长虹，是肖萍连的大儿子娶媳妇时的嫁妆，有很多年的历史了，不过也由于使用时间过长，电视的喇叭也出了一些问题，电视也连接着机顶盒。电视放置在电视柜上，电视柜（1.9m × 0.55m × 0.75m）也是当年和电视一起的嫁妆，价值600多元，电视柜上放置了很多杂物，有三个水瓶、一部固定电话（宝泰尔牌）和一台风扇（卡帝亚牌）等，电视柜内也有很多东西，几个保温瓶和两个热水壶等都放在里面。电视柜上方挂着一个圆形时钟。客厅的左侧放置着木沙发，一大一小（规格分别为1.59m × 0.55m × 0.76m、0.62m × 0.55m × 0.76m），大的木沙发可以坐三个人，小的只能坐一个人。木沙发前面有一张茶几，旁边有另外两张茶几（规格分别为1.07m × 0.58m × 0.48m、0.55m × 0.3m × 0.5m；来源：七八年前肖萍连的大儿媳妇买的），肖萍连一家的晚饭一般都在这张小桌子上解决。在木沙发旁边有一张餐桌（1.56m × 0.88m × 0.7m），一般只有客人来的时候肖萍连才会把这张桌子搬出来使用。墙角叠放着五个胶凳（0.28m × 0.28m × 0.48m，肖萍连的大儿子娶媳妇时亲戚送的嫁妆），七把椅子（小：0.35m × 0.3m × 0.75m；大：0.41m × 0.37m × 0.85m。其中五把是老人自己请人做的，有20多年的历史），电视柜旁边摆着两双拖鞋。

（6）储物间一。客厅的正前方有一个房间，面积为8.21平方米，主要用来放置杂物，内部四堵墙刷了白色油漆，地板没有装修，还是水泥地。房间内放置了两张破旧的木沙发（大：1.95m×0.64m×0.9m；小：0.62m×0.64m×0.84m），一台坏了的显像管电视，一台残破的缝纫机（极少使用，是肖萍连的公婆留下来的）和一个柜子（1.26m×0.53m×0.82m）。沙发放在入口的正对面，柜子和一台冰箱（0.45m×0.5m×1.12m，肖萍连的大儿媳妇六七年前买的）放在靠近门的那堵墙边，电视（0.58m×0.5m×0.46m，已损坏）放在房间的最深处，墙角放着两把木椅。

（7）衣帽间。客厅的右手边有一个房间，面积为12.9平方米，房间的四面墙均刷了白色油漆，地板仍然是没有装修的水泥地。房间里四面墙都摆放了一个柜子（规格分别为1.51m×0.63m×2.0m、1.18m×0.6m×2.09m、1.14m×0.52m×2.17m、1.17m×0.33m×1.10m），入口的右手边放置了一张桌子（1.23m×0.53m×0.82m），靠近入口的那堵墙边还放置了一个鞋架（0.53m×0.21m×0.85m），上面摆有八双鞋，入口正对面的柜子前放置了一个挂满衣服的衣架（1.6m×1.33m）。

（8）肖萍连房间。这间房间是肖萍连的房间，由于老人每天都要锁门，所以我们无法记录房间里的物品。

（9）储物间二。在客厅的右手边有一处楼梯和一条通道，楼梯正下方有一个储物间，因为家人少，只能闲置，长10米，宽2米，面积为20平方米。储物间的右半边没有贴瓷砖，与前面的储物间一样，四堵墙刷了白色油漆，地面是没有整理的水泥地，但左半边房间的墙上贴了瓷砖。储物间里面放置了许多杂物。有两辆电动摩托车，品牌分别为麦科特和宏达，有一张木桌（1.2m×0.54m×0.8m），一台风扇。靠墙的地方有两个拆开的床架，角落里堆了三把棉拖把。在藏储室外墙有一个洗手台（1.1m×0.45m×0.8m），上方放置着一台用塑料布盖着的微波炉（美的牌），墙上挂着一块塑料砧板和一把菜刀，下面摆放着两瓶洗洁精（白猫牌）和两台闲置的电饭煲（品牌分别为红三角、九阳）。楼梯下面有一个鞋架，鞋架上有16双鞋子。

（10）浴室。浴室长2.2米，宽2米，面积4.4平方米，浴室的装修与卫浴的装修一样，四面贴了半墙高的瓷砖，地板铺了马赛克瓷砖。走进浴室，正前方摆放着一个较矮的塑料凳，凳子上放着一个瓢，一般是肖萍连洗澡用。凳子靠着的墙上挂着一个储物篮和一面镜子。入口正对着的角落放着一罐液化石油气，对角安装着一台电热水器（真金牌，肖萍连的大儿子买的）。

2. 二楼

（1）二楼客厅。顺着楼梯到达二楼（图3–30），二楼客厅长5.9米，宽3.6米，面积是21.24平方米，客厅四面墙贴了米黄色的瓷砖，同样是半墙，地板铺了颜色一样的米黄色瓷砖。客厅的北面放置着一个电视柜（主柜：1.4m × 0.49m × 0.53m，小柜：0.45m × 0.43m × 0.67m），电视柜右边放着一张小木桌，而电视柜上放着一台薄屏液晶电视（KONKA牌，电视屏1.0m × 0.55m），这两个都是肖萍连的大儿媳买的。客厅正中间放着一套木沙发（大：1.7m × 0.6m × 0.9m；小：0.67m × 0.6m × 0.9m），沙发旁边放着一张小木桌（1.2m × 0.6m × 0.4m），前面放着一张较大的木桌（0.6m × 0.6m × 0.4m）。

（2）文胜华房间。走进房间，面积较小，长3.6米，宽2.28米，面积约为8.21平方米，房间四面墙都刷了白色油漆，墙与地面的接缝处贴了红色长条状的瓷砖，地上铺了米黄色瓷砖。房间正中间放着一张床（2.13m × 1.86m × 2.0m，肖萍连的大儿媳妇买的），几乎占了房间的全部面积，右边有一张书桌（0.21m × 0.61m × 0.74m），是文胜华平时学习所用。

（3）闲置房间。与文胜华房间装修一致，均为墙刷白色油漆，墙与地面接缝处贴了红色长条状的瓷砖，地板铺了米黄色瓷砖，房间面积为10.8平方米，厕所面积为1.86平方米。房间内只放置了一个柜子（1.51m × 0.53m × 2.0m），还有一个面积较小的厕所，但厕所损坏，里面有漏水问题，厕所四堵墙都贴了米黄色瓷砖直至天花板接缝处，地板铺了马赛克瓷砖。由于家里平时居住的人少因此只是闲置房间。

（4）文敏华房间。与文胜华房间装修一致，房间面积为13.2平方米。房间正中间放着一张床（2.14m × 1.89m × 2.1m），床上挂着蚊帐，旁边放着一张书桌（1.21m × 0.6m × 0.75m）。

3. 主屋三楼

三楼的装修和二楼一致，整层楼面积为159.4平方米（图3–31）。

三楼只有一个房间，里面放着家具。房间面积较小，四面墙都刷了白色油漆，墙与地面的接缝处贴了红色长条状的瓷砖，地上铺了米黄色瓷砖。房间正中放着一张床（2.13m × 1.86m × 2.0m），几乎占了整个房间，右边有一张书桌（1.21m × 0.61m × 0.74m）。

（二）别屋

别屋，是为小儿子准备的，现在主要做仓库用，里面储存了大量的农具。

1. 一楼

（1）客厅。一楼的布局和主屋一楼的布局一致，不过在楼梯下没有储物间。

走进一楼客厅，客厅的地板上铺了大理石瓷砖，墙上贴了瓷砖（高度：1.28米），客厅的右侧的木架子上堆了12袋鸡饲料，架子旁边放了一辆摩托车（品牌：洪都）和一辆儿童自行车。架子的另外一侧摆放了两张圆桌和两个梯子，一把扫帚，一罐液化石油气，三罐晒干的柚子皮。再往里是一张木桌和一个柜子，木桌上摆放了两袋晒干的柚子皮和六个空罐子，柜子上放了30个鸡蛋。柜子里面放着安全帽和雨衣。客厅正中间摆有一辆电动车（爱玛牌，2350元），客厅左手边的楼梯前两阶上摆着两袋肥料。靠近门的位置还有一个白色大桶，里面装的是大米，平时吃的米也是从这里舀的。

（2）米仓。这个房间一般都上锁了，里面堆满了平时吃的大米。

（3）闲置房间一。这个房间在客厅的左手边。房间没有贴瓷砖，地板是普通的水泥地。房间的窗户对着庭院，采光较差。房间里有一张木板床（2.0m × 1.5m × 2.02m）、一个书架（0.74m × 0.25m × 0.78m；本来应该是鞋架，但是堆放了几本杂志）、一个衣柜（1.18m × 2.1m × 0.6m）和一张木桌（1.15m × 0.53m × 0.78m），柜子里放置了平时不用的棉被，床底下有一台坏掉的风扇，这个房间平时没有人住。

（4）闲置房间二。房间没有贴瓷砖，地板是普通的水泥地。房间门正对着窗户，窗户后就是鸡窝，所以房间时不时会有一些异味。房间内正中间有一张床，旁边有一张木桌。房间里还有一些罐子酿着水果酒。

2. 二楼

这里完全没有装修，红砖都暴露在外面，地板是没有处理过的水泥地，较粗糙。客厅中堆放着23个箩筐，分成两摞堆放。靠墙的位置有一台鼓风机（0.55m × 1.65m × 1.24m）和五个瓦罐（内装有水稻），再往里的墙上靠着门板，旁边放着九个水泥桶。客厅里还架着18根木棍。房间里堆放着一些装修房子剩下的一些水泥桶和木棍。

3. 三楼

三楼的情况和二楼相同，但是没有放置任何物品，在客厅的一角堆放着一堆沙子。

三、生活与消费

1. 生活习惯及风俗

肖萍连老人一般早上6点起床，在洗漱完毕后会到厨房煮早餐，早餐一般为白粥。7点左右进房间收拾自己的东西，7点半左右会出来吃早餐，如果没有下雨，老人8点左右会去田里浇水，双数日肖萍连在10点多会去逛墟，即到镇上买东西。因为孙女11点20分下课，所以肖萍连会在10点半左右准备午饭，12点左右吃饭。下午3点左右肖萍连会去初心广场和人聊天，4点回到房子门口，到门口的商店看人打牌，十几分钟后回到家里准备晚饭，5点40分左右吃晚饭。晚上7点多会去街坊家串门，逢周二、周四、周六会在晚上8点和朋友一起看“六合彩”开码，其他时间会在一楼客厅看电视，一般都是看珠江电视台，电视台播什么看什么。

家里没有贴春联，只在没有装修的那栋楼的一楼贴着“上落平安”“心想事成”“一本万利”“横财就手”“万事如意”“恭喜发财”“金玉满堂”“丁财两旺”“龙马精神”的红色贴纸。二楼则没有贴。

平时肖萍连出门都会把主楼的门都锁上，但是不会把院子里的房间门锁上，也没有出现失窃的情况。

L镇这边没有人情支出攀比的情况，但是阳春（小女儿生活的地方）那边就有。遇到大事会摆酒席之类的，这里没有大规模全镇人一起吃的酒席，酒席一般不用给钱，而阳春那边一次要随两百多元。如果这边是兄弟叔侄等人的酒席，去帮忙打打下手就可以参加酒席了，不需要随份子钱；如果是外嫁的那些姑请吃的酒席，则需要带份礼物过去。一般不给红包，礼物大都是酒柜、凳子等家具，比较实用。肖萍连平时会和亲戚合着一起给一份礼物。

2. 娱乐

肖萍连平时的娱乐活动以看电视和与邻居聊天为主。下午或者晚上肖萍连有空的时候会打开一楼的电视（比较旧），看珠江频道。肖萍连一般不换频道，所以珠江频道播什么肖萍连就看什么。下午播的是《七十二家房客》，晚上播的是《外来媳妇本地郎》。肖萍连有时也会去旁边的小卖部门前看人打扑克牌，他们打的是“锄大地”，其中牌从大到小的顺序为2、A、K、Q、J、10、9、8、7、6、5、4、3，通常的牌型有联单、对子、顺子（五张连续的牌）、同花（五张花色相同的牌）、葫芦（三张一样的牌和两张一样的牌）、同花顺（五张花色相同并且连续的牌）等。有时候也会有街坊邻里过来肖萍连家聊天，一般是肖萍连在院子里洗菜或者在一楼客厅看电视的时候，就有邻居过来拉拉家常。

孙子文敏华平时爱玩手机，打游戏，肖萍连说他放学一回来就会躲在房间里打，也有多次批评和教育，但好像没有什么效果。

孙女文胜华平时的娱乐活动以看电视和玩为主。她一般在二楼的客厅看电视（比较新），看一些电视连续剧。附近的一个女生也经常过来跟胜华一起玩、一起学习，有时也会一起唱歌，把声音录下来然后发表到手机的App上。有天晚上我们在二楼客厅讨论的时候，就顺便给她们俩出了一些简单的计算题让她们做，出题的时候既怕太难她们做不出来又怕太简单，当时她们觉得一点难度都没有，结果最终她们花了10分钟左右就做完了，并且全部正确。

3. 日常消费

肖萍连的衣服一般都会去墟镇上买，几十块钱一件，质量也还可以。

平时吃的菜都是肖萍连自己种的；肉的话，肖萍连的堂叔侄是宰猪的，每天早上都会开着摩托车来村里卖，很方便。如果想吃鸡和鱼则会去墟镇上买。平时三个人吃饭，一般买一斤左右的猪瘦肉，如果孙子去学校就少买一些。买菜的时候会照顾孙子的感受，因为孙子吃不了会“眼红”。孙子喜欢吃鸡和鱼，特别是鸡腿。

通过肖萍连口述，我们了解到肉类价格：猪肉，16元/斤；鸡肉（生的），15元/斤；鸭肉（生的），11元/斤；鸭肉（熟的），18元/斤。

家里用的是山上的泉水，所以不需要给水费。铺设引水管的时候是附近几户一起自行去修的。所以一般只有水管需要维修的时候才要交维修费。

肖萍连家里现在都是用煤气炉做饭，用热水器来洗澡。液化石油气一瓶要105元。因为现在只有一家公司供应液化石油气，所以比较贵。平时用完的时候打电话让人过来收然后换新的就可以了，非常方便。

电费是用在L镇住院时报销费用的剩余部分交的。当时大儿子得了肠癌，医疗费用报销了5000多元，但最后大儿子因病情较严重过世了，报销费用没有用完，就把剩下的钱存在银行里专门拿来扣电费，所以刚开始扣的时候并不知道实际支出。后来肖萍连去银行查，查到每个月电费大概七八十元，之后肖萍连两三个月才会去看一次电费账单。在我们调查的第四天晚上遇到了停电，肖萍连说是因为那几天用电比平时稍多，线路过载，保险丝烧掉了。当时肖萍连叫了隔壁熟悉电工的叔侄来帮忙查看，然后更换保险丝。

肖萍连平时出门去菜田的话会骑自行车去，去墟镇的话则会骑电动摩托车去。

4. 制作豆腐

要做豆腐的前一天，会根据食用的量取一到两斤的黄豆泡在水里。第二天一早会拿到附近专门磨黄豆的地方磨成豆浆，因为是邻居，所以每次去磨黄豆的时候只会象征性地收一两元电费。回来后将桶里磨好的豆浆倒入厨房的大锅中，然后点火，直至大锅中的豆浆都已经沸腾才会舀出来。在做豆腐的过程中，除了要时刻关注灶台内火的大小，时常加干草外，肖萍连还要把石膏放入铁盆中并加入水，先用研磨棒进行搅拌，搅拌均匀后，将浆状液体倒入另外一个铁盆，然后继续在原来的铁盆中研磨（剩下没化开的石膏），反复几次后放在一旁备用。沸腾的豆浆舀出来倒进桶里，然后拿出洗好的布用来滤渣。滤完渣以后在滤好的豆浆中加入之前准备好的石膏水进行化学反应，然后向桶中插入一根筷子以观察反应情况。待反应到一定程度后将液体倒入布中包好并放入模具里，把水分都压出来。等水分压完，豆腐就成型了（表3–27）。

表3–27 豆腐的制作过程

事项	时间
浸泡黄豆	一晚上
将黄豆磨成豆浆	5分钟（机器打磨）
煮豆浆	10分钟达到沸腾状态
研磨石膏水	8分钟（与煮豆浆同时进行）
过滤	5分钟
加石膏水	1分钟
化学反应	50分钟
倒入模具压水	50分钟
豆腐成型	

四、生产与经济

（一）水稻种植

肖萍连家有三块水稻田，其中有两块田已经给别人种植，没有收取费用。以前3亩地都自己种，有多余的粮食会卖给别人，现在因为家里只有自己能种田，所以只留了1亩地来种植，而另外两亩田荒废着也是浪费，不如让别人种。

种植方面，在种植前，需要打田，现在打田都是统一用机器来打，每亩田要收费140元。谷种一斤需要40多元，肖萍连先把谷种种在路边的那块菜田里，等它长成秧苗，再将其转移至水稻田中。据肖萍连说，她把秧苗全部插完需要两天时间，早上7点去，中午回来吃饭休息后又接着插，到晚上天黑了才回来。秧苗插好以后，需要适时浇水和施肥。因为田地旁边就有水渠，所以浇水很方便，平时都是肖萍连拿好水瓢和桶过来，用水瓢从水渠里舀水，然后洒到田里。如果遇到下大雨，也不需要担心田里的水太多，因为田垄在前期就已经控制好了高度，多余的水会自己漫出来。有时候如果遇到隔壁的田施了肥，自家的田是不可以排水的，如果排水的话会导致肥力流失。肖萍连说到这个的时候有点气恼，因为别人的原因导致自己不能排水，会影响自己的收成。然后还需要打虫药，如果是自己打虫药则需要两次，总共五六十元，但如果刚好遇到农科站来检测的话，则农科站会免费帮忙打虫药。收割的时候是大家统一时间用机器收割，操控机器的人都是从外省来的，一亩田需要收费100元。肖萍连现在一次收成能有七八百斤稻谷。一年会种植两季水稻，第一季是清明前后播种，农历五月收割；第二季是大暑（节气）以后立秋之前，九月底之前收割。一年下来有1500斤左右的稻谷，刚好够肖萍连家三口人一年的消耗量。

（二）蔬菜种植

肖萍连有四块菜田，其中一块菜田在旧屋。一块在路边，夹在其中一块水稻田和道路之间，还有两块在渡槽下方（图3-32）。旧屋的菜田种植了芋头、甘蔗和黄皮，在路边的菜田种植了菜心，在渡槽下的菜田分别有种荷兰豆、菜心、葱、韭菜（肖萍连将其称为“快”菜，因为它长得很快）、多心菜。每天来菜地取菜的时候都会顺便浇水，有时会施肥。肖萍连一般是将锄头、水瓢、水桶挂在自行车把上，然后骑自行车到渡槽下方的路边，拿下工具前往菜田。肖萍连浇水的时候并不是一瓢水一次洒完，而是一次洒大概三分之一，总共洒三次，计时3.5秒。肖萍连收完菜后会直接在田旁边挑菜，把不好的部分去掉丢掉，如果剩

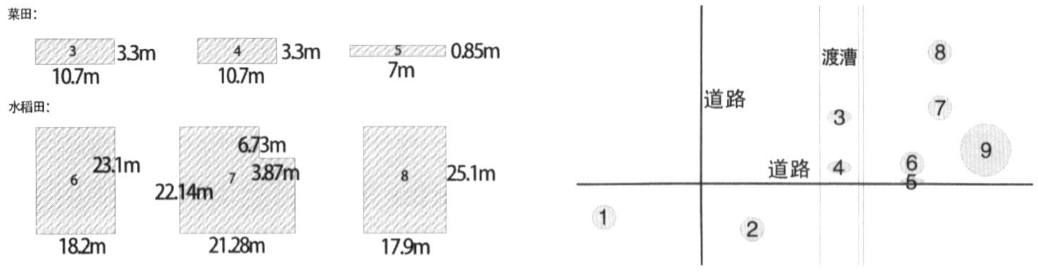

图3-32　土地情况

其中：1为现居楼房，2为旧屋，3、4、5为菜田（3、4菜田在渡漕下），6、7、8为水稻田，9为学校。

下的比较少的话会放在自行车的车篮里，如果比较多的话会放进桶里。

菜种一包要两三块钱，在墟上买，一包就可以种半块田地，大概0.0225亩。每隔四五天要淋一次肥，如果没有下雨则每天都要去浇水。

（三）外出打工

肖萍连家人在外打工的情况见表3–28。

表3–28 外出务工

人员	就业状况	收入状况	备注
大儿媳妇	在广州番禺的塑料厂打工	按件计工资，一般有两三千元	不定期回家住，一般每年在家住一个月
大女儿的大儿子	在广州打工		
二女儿的二儿子	在罗定工作		
小儿子	在东莞的机械厂打工	一个月两千元左右	在东莞租房住，极少回家，一般每年在家住一个月

（四）家禽饲养

肖萍连饲养了16只母鸡，其中有3只乌骨鸡和3只麒麟鸡。所有的鸡都是别人养到三四斤之后，自己买过来继续养，过春节的时候才会宰杀。因为鸡都是养来自己吃的，不会拿出去卖，所以一般鸡没到生蛋的时候就被宰掉了。目前能生蛋的鸡只有两只，一只因为比较老了所以生不出蛋了，另一只则一两天会生一个蛋。调研期间，一天下午，我们发现有两只鸡精神不太好，肖萍连给它们喂了药（就是把药放在鸡饲料盆里让它们自己吃）。平时喂食的话，把前一天泡在水里吃剩的饭拿出来，倒进鸡饲料盆中，加入米糠，搅拌后拿到房子后面的鸡窝喂鸡，等鸡快吃完后，会回到屋子里拿鸡饲料出来再喂一次，喂一次鸡饲料花了平均3分43秒。

（五）其他收入

现在孙子文敏华和孙女文胜华念书都不用交费，两兄妹每年都有总共6000元的低保补贴，每人一学期1500元，是这两年才有的。根据肖萍连述说，敏华、胜华和他们母亲三个人单独开一个户口有低保拿，而肖萍连因为跟小儿子一个户口所以没有低保拿。

大儿媳每隔一两个月会回来一次，也会给肖萍连补贴。小儿子每年过年、春分、清明、肖萍连生日的时候回来，最少也会回来三次，中秋不会回来，有时候自己驾车回来，有时会坐大巴回来。今年清明节的时候给了肖萍连3500元，肖萍连11月过生日的时候小儿媳给了1500元。不过有时候肖萍连不收他们的钱，因为怕他们自己生活不够用，而自己这边平时也没什么开销。

评语

肖萍连家是一个典型的留守家庭，家里青壮年劳力均外出打工了，只有一个老人和两个孩子在家里。大儿媳一年很少回家，平均每年只会回家住一个月；两个女儿因为已经出嫁，一般不回家住；小儿子则因为在东莞打工也很少回家，一般回来也是住一个月左右。这个大家庭处于明显的分裂状态。肖萍连老人的日常生活主要是依靠自给自足性质的务农、政府的低保和外出打工的子女们给的数量不确定的生活费。所以，这一家人的生活水平只能算“温饱”状态，比贫困户要好一些，居住条件还不差。但如果没有政府的低保、补助，或者这位愈见衰老的老人无法劳动，这一家人就会立即陷入入不敷出的贫困。主要的原因是肖萍连的丈夫、大儿子先后生病、去世，孙子患有慢性肾炎，这几乎消耗掉了这个平凡农家的所有积蓄，也基本湮灭了“小康”的希望。这说明失去了组织化的中国农民在工业化、城市化进程中的脆弱性。但从另外的角度看，社会主义性质的土地集体所有制度及由此产生的家庭承包经营制度、宅基地制度，确实为农村这些弱势的家庭提供了最基本、最稳定的“安全网”，使得他们在村庄里还能有尊严地劳动和生活，只要家庭中健康的成员能够务农、打工，则基本的吃、穿、住就没有太大问题。

第六章 母子家庭——赵欣珍

秦羽 赖伊哲 罗雯君

我们小组调查的对象是赵欣珍一家，调查日程如下：

时间	调查内容
2018年11月26日（星期一）	
8:00—11:30	对赵欣珍进行访谈，内容是住户个人情况，即职业、宗族、亲人关系等；
13:40—14:20	前往S小学参加互助共进牵手活动，为牵手儿童赠送礼物；
16:25—17:20	接送牵手儿童放学回家；
19:00—22:00	整理上午访谈内容。
2018年11月27日（星期二）	
7:30—11:00	测量住宅屋一楼面积、家具尺寸，记录家具品牌；
14:00—16:00	整理测量资料；
16:30—17:30	接送牵手儿童放学回家；
19:00—21:30	继续对赵欣珍访谈，访谈内容为收入情况，并整理内容。
2018年11月28日（星期三）	
7:30—11:00	测量住宅屋二、三楼面积、家具尺寸，记录家具品牌；
14:00—16:20	整理测量资料；
16:30—17:00	对邻居老爷爷进行访谈，内容为其对赵欣珍家庭的了解情况；
19:00—21:30	就缺失内容对赵欣珍继续访谈，并整理访谈内容。
2018年11月29日（星期四）	
9:30—10:30	下田考察（测量田地面积、记录种植品种）；

14:00—17:00	整理田地考察内容；
20:00—21:00	访谈宅基地情况。
2018年11月30日（星期五）	
9:30—10:10	跟随住户到集市买菜；
10:20—11:00	再次下田测量，补充遗漏数据；
15:15—17:00	前往纪念馆听L镇委书记做“党建引领乡村振兴”专题报告；
19:00—21:00	访谈及资料整理。

一、家庭

我们调查的住户一家有五口人。父亲文望林（1968年生，已去世）、母亲赵欣珍（1971年生）、大女儿文戴莉（1994年生）、二儿子文承明（1997年生）、小儿子文新明（1999年生）。我们调查的时候，只有赵欣珍和小儿子文新明在家，其他两人分别在中山、深圳打工。文新明平日在广州打工，因考驾照回家，已回家一个半月。这家人主要以种田和外出打工谋生。目前，种田以赵欣珍为主力，她农闲时到附近的工厂打散工。三个子女外出打工，不务农。女儿在深圳工厂做文员，大儿子在深圳公司做模具，小儿子在广州做餐饮类工作（图3-33）。

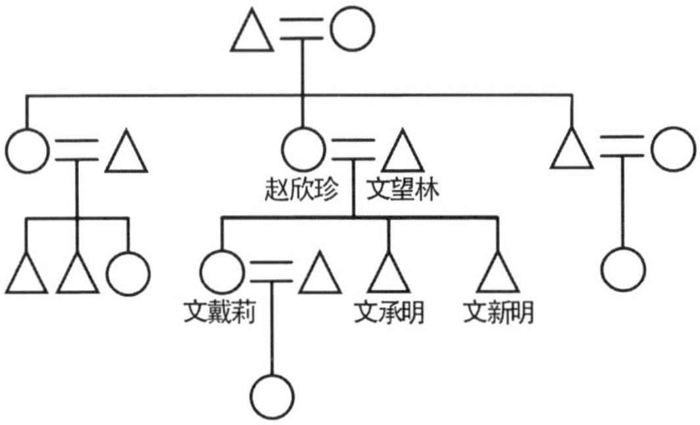

图3-33　赵欣珍家庭成员示意图

（一）女主人——赵欣珍

领我们过来的那天，赵欣珍穿着一件橙色的针织上衣和一条普通的黑色长裤，典型的中年农村妇女的打扮，比较整洁。赵欣珍中等身材，稍微偏胖，肤色偏黑；爱笑，看起来比较朴实。

目前家里只有她和小儿子住着，小儿子要上班，很少露脸，赵欣珍是我们的主要采访对象。赵欣珍1971年出生，是广东茂名信宜市人，小学毕业。和那个年代大多数的农村女孩一样，赵欣珍十六七岁就去了东莞打工，做针织工人。也是在那里，她遇到了丈夫文望林，文望林当时也在东莞做泥水工。据她回忆，那时在工厂每天工作8～10小时，加班是常态。

1992年，赵欣珍21岁，嫁给了文望林，在霞村安了家。信宜距离霞村大概30千米，骑摩托车需要一个小时。结婚之后，为谋生计，她和丈夫去珠海承包了一家公司的鱼塘，做了六年。在这期间，夫妻俩生了三个小孩。之后，夫妇两人带着小孩回到了霞村。回来后，赵欣珍去距离较近的罗定市打工，小孩交给婆婆照顾。她在罗定市的工厂干了四年，负责的也是一些散活。据她回忆，那时在工厂一般每天工作8～10小时。因为丈夫家里有田，到了农忙时节，她就会请假耕作。霞村的大多数农民都是这样，平日里到工厂上班赚钱，农忙时期就挤时间干农活。干农活的收获一般都是家里人自己消费。但由于现在家里基本上只有赵欣珍一个人，收割了的稻谷或者有多余的菜就拿去卖。在罗定打工的时候，由于三个小孩还小，她基本上每个星期都回家一次。有时也会早上出门晚上回家。从家到打工的地方，要搭半小时公交车，大约五块钱。

赵欣珍在罗定打工的时间大概是在十多年前，加班约两块钱一个小时，一个月加班费上百元，在那时算是不错的收入。工资计件，工厂能接多少订单则要看行情。据赵欣珍回忆，一日大概能赚个几十块，一个月大概有七八百元的收入。遇到行情好，工厂订单多的时候，就会有1000多元一个月。工厂的活比较辛苦，需要体力。现在赵欣珍已经47岁了，工厂已经不招这个年纪的人了，工厂需要18～35岁的年轻劳力。如今闲下来的赵欣珍会去跳广场舞，也会在家看看电视，晚上10点左右就睡觉。

赵欣珍每天都跟大儿子打电话，还会跟儿子聊聊我们在她家调查的情况。她能把我们的特点和做过的调查都描述得很清楚。在我们调查的几天时间里，都是赵欣珍给我们做饭。她非常大方，总是做好几个菜，还不停地招呼我们多吃一点。知道我们当中有人爱吃辣，她还特意让小儿子给我们买辣椒酱之类的调料。

生活贫困的时候，赵欣珍的父亲给了她很大帮助。她的父亲是个老兵，每月有700元补贴。赵欣珍父母“五保”的钱加起来也有1400元左右，足够养老。前些年赵欣珍父亲的地被征收了，有十二三万元的补贴。由于儿子出了车祸，只剩两个女儿，父亲也分给了赵欣珍一些钱。

表3-29是赵欣珍一年二十四节气的活动内容表：

表3-29　赵欣珍家二十四节气活动内容

节气	活动内容
立春	打工或在家休息（打牌、找人聊天）
雨水	同上
惊蛰	下谷种
春分	搭田基
清明	插秧；种花生、白菜、通心菜等
谷雨	除草、施肥、除虫等
立夏	打工或在家休息
小满	同上
芒种	同上
夏至	收割；播晚稻；种菜心、西洋菜、番薯
小暑	插秧
大暑	除草、施肥、除虫等
立秋	打散工或在家休息
处暑	同上
白露	同上
秋分	同上
寒露	收割
霜降	打散工或在家休息
立冬	种菜心、芥菜可以过年时吃
小雪	打散工或在家休息
大雪	同上
冬至	同上
小寒	同上
大寒	种豆角、通心菜、丝瓜、花生等

（二）男主人——文望林

文望林是赵欣珍的丈夫，也就是家里的男主人。他出生于1968年，2012年因病去世。文望林以前主要在家耕田，非农忙时节出外打散工，收入不多。他做散工的地点有时是广西，有时是东莞。一般一两个月就回来一趟。他的收入一般是寄回家，或者托人把钱捎回来。后来因为得了大病得去县城治疗，其间花掉了家里很多积蓄。也许是因为丈夫因病去世不久，赵欣珍不想谈及太多。

邻居老爷爷的父亲和文望林的父亲是堂兄弟。虽然这种亲属关系在农村不是特别紧密，但对彼此也有一定的了解。邻居老爷爷表示，他也不知道文望林得的是什么病。文望林原本在县里治病，但病情严重，家里的积蓄也差不多用完了，赵欣珍就把他接回了家。据老爷爷描述，文望林被接回家时眼球突出，而且泛红。文望林去世后，家里开始领低保，一直到小儿子文新明18岁。

文望林病了两三年，四处借钱，家里情况比较困难。赵欣珍除了耕田还打散工赚钱。但现在子女都外出赚钱了，家里的情况好了点，也有了钱装修自己的房子，生活才逐渐得到了改善。

（三）女儿——文戴莉

女儿文戴莉排行老大，出生于1994年，今年24岁，高中毕业。旧屋的墙壁上还贴着她从小学到高中的各类奖状，大大小小，共有35张。她学习成绩很好，但高中期间因为父亲患病而成绩有所退步。上学期间，文戴莉一直都是班干部，还多次担任班长。但她考虑到家里条件困难就放弃了读大学的机会，高中毕业后出来打工，做的是文员工作。她的丈夫是经别人介绍认识的，比她小两岁，S村人。夫妻俩目前都在中山打工，夫家一家人也基本都在中山定居，只留下其丈夫的祖父母在S村。她在今年6月生了个女儿，孩子由她的婆婆照顾。他们已经在中山买了地皮准备自己盖楼，花了四五十万元。在我们调查期间刚好遇到文戴莉的小姑子出嫁，全家都回来筹办婚宴。小姑子的酒席就在S村的家里办的。

（四）大儿子——文承明

文承明排行老二，是家里的大儿子，出生于1997年，初中没读完就外出打工了。他在深圳找了第一份工，本来是暑期工，但做着比较满意就没有继续读书。工作是他表哥介绍的（赵欣珍姐姐的儿子），是模具工人。早期当学徒工资是2000元左右。现在做了几年已经是师傅级别了，工资有五六千元。他有时会寄钱回来，但一般只够自己花。目前已经谈了一个稳定的女朋友，是读初中时认识的。女朋友还在佛山读大学，没有毕业。工厂提供宿舍，但他嫌环境不好就自己租了房，积蓄不多。

（五）小儿子——文新明

小儿子文新明是一个半月前回家的，回来的目的是学车，已经考完了科目一、二，正在准备科目三的考试，（2018年）12月6日正式考试。他出生于1999年，初中学历。他辍学后跟着朋友学厨，一直以来都从事餐饮类的工作，例如切菜或者掌勺。他四处去打工，深圳、东莞、广州都去过，最远还去过安徽。最近的一份工作是在广州的一家茶餐厅，工资4000元左右。学车的这段时间，他在镇上的宵夜摊找了份兼职，3000元一个月，用于补贴家用。他有抽烟的习惯，钱也花得比较多。据我们观察，他一天在家能抽四五支烟。由于他做的是宵夜摊，工作时间是晚上6点半到第二天凌晨3点。他通常是傍晚6点开摩托车去上班，宵夜摊提供晚餐，然后一直工作到第二日凌晨4点左右才回到家。回到家后他会睡到下午2点，醒来后自己煮点东西吃。由于多年学厨，调查期间赵欣珍不在家时(赴喜宴)，文新明为我们做午饭，我们都认为他的厨艺有一定水平。调查的第三天早上，我们围在一起吃早餐，他看我们在吃红薯，就热情地给我们做了炒面。

戴莉、承明、新明都在村里的S小学就读，初中时去L镇第二中学读书。高中时戴莉去L镇读书。L高中分新旧两个校区：高一在旧校区，高二、高三在新校区。

由于文戴莉、文承明在外打工，本部分内容主要记录赵欣珍、文新明在家的生活作息。其中，文新明由于在家期间到宵夜摊打工，作息时间较为特殊。

在我们调查期间，赵欣珍没农活要处理，也没打散工，处于空闲状态。她每天大约早上6点起床，6点15分开始做早餐。早餐一般是白粥加咸菜，白粥用高压锅煮，半小时就能出锅。吃完早餐，赵欣珍会跟邻居闲聊。到了9点半左右，她就骑着摩托车到镇上买菜。从家里出发到买完菜回来，大概需要40分钟。到了11点15分，赵欣珍开始煮中午饭。我们调查期间，有8个女生住在她家，相对来说做饭时间比较长，除去煲汤用时40分钟。但平时，只有她自己吃饭，只做一个青菜，一个肉菜，用时大概25分钟。

如果需要去工厂打工，她一般早上7点上班，早上6点半骑摩托车从家出发。傍晚6点下班。下班后作息和空闲时间一样。

文新明到宵夜店打工，下午6点半开工，收工时间视客流量而定，通常为第二天凌晨的3：15～3：45。下班后回家洗漱睡觉，一直到下午2点左右起床。起床后玩手机游戏或叫上朋友到家里打麻将，到5点半骑摩托车上班。文新明的作息和闲散时间较为固定。

二、住房与用品

（一）一楼

赵欣珍家的房子是一幢二层楼房（图3-34）。

一楼有客厅、厨房、厕所、两间卧室，屋前是一个小庭院（图3-35），有

3.94米宽，平时会放着她的摩托车和一些晾衣架。赵欣珍的摩托车是台湾三野牌的，车身是橙色的，她每天吃过早饭后都会骑着摩托车去镇上买菜，还带我们去镇上一起买过一次菜。屋子外墙涂着白色和灰色油漆，村里的房屋都统一刷了白色和灰色油漆，显得非常干净整齐。

图3-34　赵欣珍家

图3-35　赵欣珍家的院子

1. 客厅

一进屋就是客厅（7.6m × 4.47m），客厅墙壁有三分之一贴了大理石瓷砖，剩下三分之二是白漆粉刷。除了晚上睡觉一整天都敞开着大门，正午的时候阳光会照进半个客厅，整间房都会暖和很多。大门旁边是一扇铝合金的玻璃窗（1.18m × 1.6m），装饰了精致好看的窗帘，外面安装了防盗栏。正对着大门的是海信牌电视机（0.76m × 0.71m × 0.05m）和米色电视柜（0.238m × 0.39m × 0.41m），电视柜上放置了一部不用了的座机，上面的桌布落满了灰尘，旁边还放着一瓶“五粮液”、两个空水杯和一个广州宾馆五仁双黄白莲蓉月饼盒。月饼盒上放着一袋喜糖（牛乳糖，魏式庄园牌），到赵欣珍家的第一天她就拿出这些糖让我们吃。电视柜的隔层里放了一些生活用品，有一袋百家悦牌的卷筒纸、两包一次性杯子和一盒牙签。电视上方是挂在墙上的正方形蓝色电子钟表（0.09m × 0.09m）和红色挂历（0.37m × 0.68m），挂历是邻居送的，一直没有用过，日期还停留在2018年1月。电子钟表和挂历上方是一面镜子，镜子很大（1.58m × 1.09m），人站在门口全身都可以照到。电视的右边是一台银色的万宝牌冰箱（冷藏室容积117升；冷冻室容积60升）。冰箱里的东西很少，冷藏室里放了两袋青菜、三个红苹果和一罐红枣，冷冻室里冻着三条鱼和两袋鸡肉。冰箱顶上放着三卷保鲜膜袋，还有一块玻璃牌，玻璃牌上是毛泽东、邓小平、江泽民、胡锦涛、习近平几位党和国家领导人的头像。冰箱隔壁是一张茶几（1.26m × 0.66m × 0.67m），有上下两层，上面一层凌乱地放着两个茶壶（一个不锈钢水壶，一个透明玻璃茶壶）、一个水杯、一个保温杯、一包一次性塑料杯（金鼎塑业牌）、一盘花生、一把水果刀和两盒牙签，下面一层放着一个暖瓶（粉色，28元）和一个水桶，这两样东西都是从旧房子里拿过来的。电视的左边是并在一起的红黑相间的三张沙发（大：1.82m×0.76m×0.82m；中：1.42m×0.76m×0.82m；小：1.06m×0.76m×0.82m），沙发上放着两包红双喜香烟。躺椅（0.77m×0.7m×1.12m）在客厅正中间，正对着电视机，赵欣珍每天晚上吃过饭后会躺在上面看电视。躺椅的后面就是餐桌（圆形木制，直径1.3米，高0.6米），餐桌是圆形木制的，有九把木椅（椅子面0.4m×0.41m，椅子背高0.93米）围在桌前，我们每天就和赵欣珍一起在这里吃饭。

2. 厨房

厨房（2.24m×2.76m）的墙壁由白色大理石瓷砖铺砌而成，两面墙是褐色的大理石橱柜（贴着墙壁，宽0.53米）。正对着门的是洗菜池（正方形，0.4m×0.4m），水池旁边放着两个钢丝球和一瓶立白洗洁精。墙上有两个挂钩，挂着一件围裙和一块蓝色的洗碗布。洗菜池左边是煤气灶，炉灶（黑色，0.75m×0.43m）上放着一口黑色的大锅，大锅的直径有0.46米，每顿饭炒的菜都够我们九个人吃。炉灶上方是贺家好太太牌抽油烟机（0.89m×0.5m），黑色曲面，上面附着不少油垢。炉灶旁的平台上放着两瓶金龙鱼调和油、一瓶厨邦生抽（620ml）和一瓶海天蚝油（260ml），还有一包盐和一袋味精。再往左边摆放着一些碗筷（10个白色瓷碗、13个不锈钢碗、13双筷子）、一个白色皇冠电饭煲和一口黑色索宝高压锅。

3. 卧室

一楼有两间卧室，一间提供给我们住，一间赵欣珍自己住。我们住的这间，一进门正对着一堆饲料袋，有五袋猪饲料和五袋鱼饲料，还有一麻袋花生，有半个人那么高。赵欣珍家以前饲养猪，但是现在不养了，猪饲料就堆在这里。饲料旁边放着麻将桌和一盒麻将，想打麻将的时候，赵欣珍会把桌子搬上二楼的麻将房和邻居玩上一个下午。麻将桌旁是一台美的电风扇，风扇旁边是一张双人床（1.8m×2.5m），床上挂着粉色的蚊帐。床的对面是三个木凳子，木凳上放着四床棉被和一床凉席。赵欣珍住的这间卧室不方便给我们进去，只是在几次门半开的时候大致看了一下里面的物品，有一张木制上下床、一张木桌、一个木凳和一个挂满赵欣珍日常衣物的晾衣架。米白色的窗帘每日都拉着，从窗外看不到里面。

4. 卫生间

因为卫生间在楼梯下面，所以屋顶是倾斜的。卫生间的面积很小，长和宽分别只有1.58米和1.2米，墙壁是白色的大理石瓷砖，屋顶贴了蓝、红、黄三种颜色的马赛克。进门的右边是蹲厕和垃圾桶（一个、白色），左边是一台不用

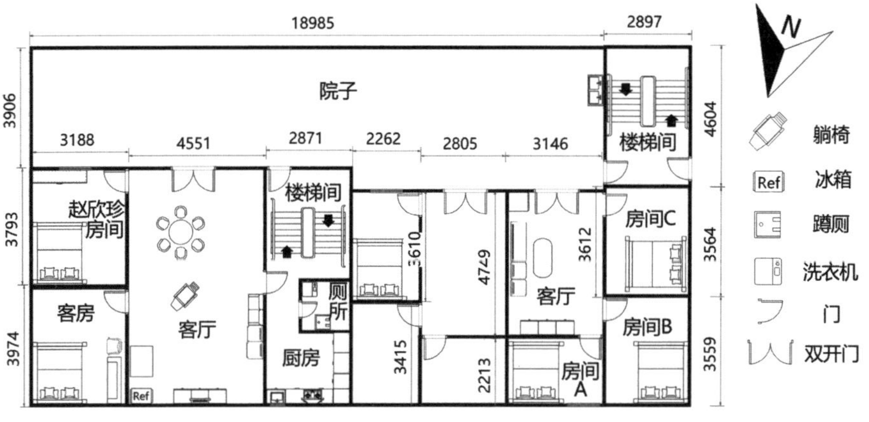

一楼室内面积：173㎡

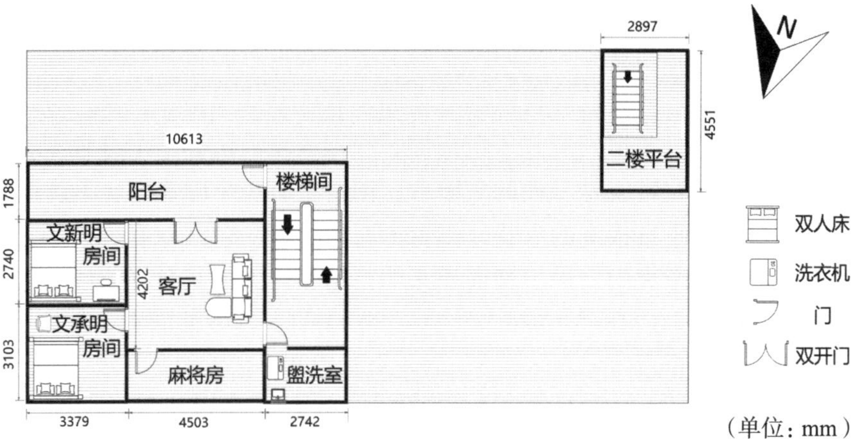

（单位：mm）

三楼面积：82㎡

（单位：mm）

图3-36　一、二、三楼房屋结构图

的JEC（金羚）旧洗衣机（白色）和五个水桶（三红两白）。墙壁上粘着挂钩和储物架，挂钩上挂着三条毛巾（分别为蓝色、黄色、白色）和一袋好爸爸洗衣粉（1.8kg），储物架上放着两个蓝色的塑料牙刷杯、一支牙刷（蓝色）、一支黑人牙膏等洗漱用品和卷筒纸（小菲菲系列）。赵欣珍平时都用二楼的卫生间，一楼的这间在这段时间借给我们用。

5. 楼梯间

楼梯间（2.64m × 10.62m）的空间不大，里面堆放的杂物也很简单，有一缸鸡饲料、一把扫帚、一个煤气罐，还有两个冬瓜和一个南瓜。赵欣珍每天中午吃完饭都会拿碗舀半碗鸡饲料，掺点水和一下然后拿去喂鸡。楼梯间有一扇可以通向院子的门，但是作用不大，一直锁着，没有打开过。

（二）二楼

在得到赵欣珍的同意后，我们跟着她上了二楼进行测量和观察。一上二楼就对着一个大窗户，金黄色的窗帘吊着水晶，有些欧式风格，在窗户旁边则放着一个不锈钢梯子、两把扫帚、一个拖把、一把铁垃圾铲和一个红色塑料垃圾桶。从窗户那边向左转就是二楼的大阳台，阳台上有一个晾衣架（不锈钢制），晾衣架上挂着住户平日换洗的衣物。阳台上时常放着一包红双喜牌香烟。阳台对着的是一扇铝合金大门，进门迎面而来的是两张巨大的灰色祥云纹路布艺沙发（2.90m × 0.93m × 0.74m；2.88m × 0.93m × 0.74m），沙发前面有一张长方形黑色玻璃面茶几（1.3m × 0.7m × 0.56m），煮水台和泡茶台镶嵌在茶几里，连接着茶几下的矿泉水桶以及排水桶。茶几的下面放着两个木制的抽屉，抽屉旁则是一瓶梦蔻牌原液水、一个空的雅培奶粉盒和一个红色华春园月饼盒。而茶几上面则放着整套茶具和两包已拆封的茶叶、七个金鼎塑业的一次性塑料杯，两包双喜牌香烟，一个透明玻璃烟灰缸（直径0.16米）、两把刮胡刀（一把博瑞牌电动的，一把手动的）和一面红色边框塑料圆镜。

站在大门往里面看，右边有两间卧室，听赵欣珍说，靠外的那间是留给大儿子回来住的。里面放着一张一米八的席梦思大木床（2.2m × 1.8m × 0.5m；床垫一个，席梦思牌，厚0.19米）和一张木制梳妆台（台高0.72米，台面0.81m × 0.41m；镜面高0.79米）；而里面那间则是给小儿子平日住的，里面亦有一张一米八的大床，大床旁边放着一个带把手的黄色塑料凳，凳子上放着小儿子的一些衣物。大门对着的是麻将间，里面叠放着红色塑料凳（五个，每个17元）和带扶手的粉色塑料凳（两个，每个50元）。大门的左边是洗漱间，其中有洗手台（0.6m × 0.43m × 0.77m），液化气罐子（连接热水器）、万家乐热水器和白色小天鹅洗衣机（7kg）。洗漱间里面还嵌套着一个小厕所。二楼的每扇门的门框上都贴着红色对联，有“学业进步”“恭贺新禧”“新春大吉”“恭喜发财”“吉星高照”“东成西就”，显得非常喜庆。

屋顶尚未完工，我们上去的时候发现那里还堆着钢筋和水泥。不过因为居住的人不多，也没有继续建造的需要。两个楼层的房间已经足够赵欣珍和儿女居住。

（三）其他

1. 旧屋

旧屋本用于储物，因房间不够，我们有几天就住在了这里。老屋是栋平房，有两间主屋，第一间主屋里有三个房间，第二间主屋里有两个房间。站在老屋的门口，可以看到斑驳的红色木门，门锁用的是金属门闩，木门上贴着门神年画，分别是“尉迟恭”和“秦叔宝”，推开大门就是客厅（4.65m × 3.08m），里面有张砖红色桌子（木制；1.0m × 0.59m × 0.61m），桌子右面是三把中式长椅（一大：1.67m × 0.54m × 1.0m；两小：0.65m × 0.54cm × 1.0m），以及一个铝制碗柜（1.02m × 0.46m × 0.72m），碗柜上放着两个保温壶和主人用过的各类杯子。而厅的正前方则是一个大电视柜（木制，1.95m × 0.51m × 0.78m），一台KONKA（康佳）电视机（28寸，银色，厚0.51米）立于中央。电视前面放着电蚊拍。电视机后的空隙里有几瓶白酒，有金牌飞仙、百年糊涂等。电视右边则是一台康佳DVD机（0.36m × 0.2m × 0.04m），DVD机旁有一包碟片，主要有《我和僵尸有个约会》《佛学问答》《大长今》《鹿鼎记》等。拉开电视柜的抽屉，则是几罐红豆、绿豆和木薯粉。走进客厅，正对着的是一面写着“大展宏图”四个大字的镜子（1.12m × 1.02m），左边是一座停摆了的时钟，其余地方则几乎贴满了主人大女儿的奖状（35张）、幼儿学习图和几个前几年的日历。头顶是一台三叶片铁风扇。屋子里一共有三个房间，木门上皆贴有中国娃娃年画和红色门笺，右边靠外的房间（3.45m × 2.68m）陈设比较简单，里面只有一张床（1.8m × 2.5m）和两个木凳，而靠里的房间（3.44m × 2.7m）内则有床、电视柜和一个衣柜，电视柜（0.95m × 0.5m × 0.9m）有两层，呈阶梯状，电视柜上放着一台HaiHong（海虹）小电视（黑色，14寸，厚0.35米），电视柜旁是一个衣柜（木制，1.19m × 0.5m × 1.73m），里面放满了住户的衣物，衣柜对着一扇窗户。正对着屋门口的房间（3.0m × 2.35m）内主要家具有床、组合书柜和木椅。床（木制，1.8m × 2.5m）放于右面，上面有一个储物隔层，隔层上是一个蓝色塑料桶和一根灯管。左边是一个组合书柜，书柜左边较大的空间（0.4m × 0.42 × 1.55m）用于放衣物，而右边则是书桌和书架（木制，0.4m×0.42m×1.55m）。书架最上面一层放着三盏油灯；第二层则放着针线盒、沙漏等小物品；最下面一层则放满了现代汉语词典和各类教辅书。房门对着一扇窗户（0.86m×1.4m），窗户下面放着带有扶手的木椅。

2. 洗手间及其他

在整个建筑物的最右边有一扇老旧的木门，打开木门，对面是一扇略有些生锈的铁门，铁门外是鸡圈，里面圈养着13只母鸡，周围都是一些老旧的泥瓦房，里面已经没有人居住了。木门的左边是通往二楼楼顶的水泥楼梯，主人很少上楼，上面已经结满了蜘蛛网。楼梯的红砖墙壁上挂着四个斗笠、三把镰刀，其中一个斗笠上面还印着“一帆风顺”四个字。楼梯转折的平台上放着一个竹制的鸡笼，握着把手向上拉，便可以将鸡笼（2.0m×1.0m）的门打开，里面有两只公鸡，放着一盘鸡饲料，听赵欣珍说因为母鸡还没有长大，所以暂时不会将它们放出来。楼梯的顶上用竹子交叉架放着三把扫帚和两个小竹篓，算是一个小型的储物空间。楼梯下面的小空间是一个洗手间（3.0m×2.0m），里面有个小蹲厕（蹲便器是建厦牌的），水泥地面上放有珍妮诗洗发露、飘柔洗发露、澳雪洗衣液、玉兰花洗衣液、立白漂渍液、雕牌洗衣粉，墙壁上挂着一面红色塑料边小镜子。门帘外的松下电热水器连着一瓶煤气罐。

此外家中还有台湾三野牌女式摩托车一辆，价值4600元；苹果手机iPhone8一部，价值6000元，文承明用；OPPO R9S手机一部，价值2000元，赵欣珍用。

三、生活与消费

（一）吃穿住行

由于子女外出打工，赵欣珍基本一人独自在家生活。本次调查所记录的费用主要是家里日常开支和赵欣珍的个人消费（表3-30）。赵欣珍的午餐、晚餐基本是一棵青菜加上二两瘦肉或鸡肉。青菜基本是自家地里种的，地里不够时就外出购买。家里的鸡留待过年用，因此平日所吃的肉都是外购。在衣物方面，赵欣珍每月一次到L镇或罗定市采购，价格每件在80～100元，一次采购1～2件。菜和肉至少10元/天，儿子回家后菜和肉都会买得比较多，花销每人增至15元/天。衣服通常用手洗。电费主要用于电视机、电灯、手机充电。出行费用主要为摩托车加油费，家里仅有一辆摩托车。

另外，赵欣珍购买了医疗保险，每年220元。购买新型农村社会养老保险，每年120元，买够15年在退休后可以返钱。赵欣珍的医保已经交了10年，农村养老保险也买了5年了。

表3–30　生活消费支出

外购部分	消费支出（元/月）	备注
肉	200	附L镇猪肉价格（元/斤）：排骨25、瘦肉15、肥瘦相间12； 赵欣珍种有芥菜、白菜、通心菜，供自家消费；但由于收成和种植数量不稳定，故本调查只记录外购支出
菜	100	
盐、油	30	
米（2.5元/斤）	125	
电费	100～120	单价：1元/度
水费	100～110	单价：1.5元/立方米，外加0.7元污水处理费
煤气	105	单价：105元/瓶
生活用品	250～300	牙膏、洗衣粉、纸巾等
宽带费用	130	
衣服	100～200	
摩托车加油费	120	一周加一次，一次30元
手机话费、网费	103	月租58元，月租外流量、话费共45元
保险	28	
共计	1491～1671元	

（二）娱乐

赵欣珍娱乐活动较少，平时主要与邻居聊天、跳广场舞、打牌、看电视剧、看微信。由于看电视的费用记入电费，打牌输赢基本持平，娱乐方面没有什么开销。

早饭后和中午空闲的时间，赵欣珍爱到邻居家串门、聊天。晚饭后，大约7点半，赵欣珍会换好舞衣到S小学的空地上跳广场舞。跳舞频率随天气与组织者（领舞人）而定。由于领舞者不是特定的舞蹈老师，而是外村的一位比较熟悉广场舞的中年妇女，约40岁。跳舞活动要有领舞的人在场才会开展，在天气允许的情况下，每周开展4～5天。另外，赵欣珍偶尔约朋友在家打牌，玩的游戏是“锄大地”。晚饭后，如果不跳舞，赵欣珍会看珠江电视台19：00—20：00剧场。剧场播的都是家庭情感剧，我们调查期间赵欣珍都在看这个台的电视剧《百万新娘》。此外，赵欣珍使用微信较为频繁，一天约两个小时，主要回复信息、看朋友圈及手机视频。另外，赵欣珍每个月回一次信宜的娘家。一家人出游较少，赵欣珍每年有两到三次到不远的罗定市区赶集购买生活用品。

（三）其他习俗

1. 特色美食

鱼腐是罗定的特色菜，原料主要有豆腐泡、鲮鱼肉、韭菜、花生米、鸡蛋、木薯粉、生粉，调料包括盐、油、酱油、蚝油。有些家庭会加入半肥半瘦的猪肉，使味道更丰富。霞村几乎每家每户都会做这道菜。豆腐泡和鲮鱼肉为必需，加入韭菜也比较常见，是否放花生米则取决于各家的口味。豆腐泡以黄豆为原料，一般还经过煮、炸等程序，由于制作工艺比较复杂，一般家庭都是外购。罗定市各镇区都有多家卖豆腐泡和已经搅拌好鱼肉的店。其中，罗定素龙镇的豆腐泡较为有名。赵欣珍家的豆腐泡也是外购的，购买地为L镇的集市。鲮鱼因其肉质细嫩鲜美、产量大、价格适中，当地人酿青椒、豆腐泡时用的一般都是鲮鱼肉。鲮鱼买回来后，需要去皮去骨去内脏等，只留白色鱼肉。一般商店用搅拌机把鱼肉搅烂，家庭则用菜刀剁烂。赵欣珍一般只外购豆腐泡，鲮鱼肉则自己买鱼剁烂。剁烂的鱼肉加上适量的木薯粉。一般来说，2斤鲮鱼肉加入8两木薯粉，再加入适量生粉，打入5只鸡蛋，加入适量盐、油、酱油、少量蚝油。配料加齐后，用筷子搅拌均匀，即可放入豆腐泡中，塞满整个豆腐泡即完成。酿好后，当地的习惯是与白萝卜一起煮。

2. 婚礼习俗

下乡期间适逢文戴莉小姑子（24岁）婚礼，文戴莉、赵欣珍参加婚礼。据赵欣珍讲述，婚礼的举办日期讲究“择日子”，即根据男女方出生时间和日历上的吉日、凶日由当地专门从事神鬼事宜的“神婆”择定。为了把媳妇娶进门，男方家庭需要给女方家庭送去大公鸡、猪肉、面条、糖果、饼干、龙眼干等礼品。除此之外，还需要给女方关系紧密的亲属1000元以上的红包。此类亲属包括：父母、祖父母、外祖父、伯父、舅舅、阿姨。女方则回赠小鸡、粽子、油糍，即当地俗语所称的“以大鸡换小鸡”。

此类亲属在女孩出嫁时，要给女孩花钱，即把多张纸币折成一朵花的形状，用红绳串起来，挂在女孩脖子上。舅舅还要准备鸡、酒、肉、面给外甥女。同时，女方父母要给女方嫁妆，包括龙凤镯、摩托车、电视机、电冰箱等。男方家庭给女方家庭的礼金，一般以万元计。男方家庭和女方家庭在同一日分别在各自家里举办婚礼宴席，外请厨师，一个厨师1000元左右，一场30桌的婚礼请3个厨师就足够了。宴席的桌数视庭院大小和亲戚朋友多少而定。有钱人家选择到饭店举办。婚礼的宾客给主人的红包一般为100元以上，视与主人关系有所不同。我们以文戴莉小姑子的婚礼为例，赵欣珍当日所包红包为520元。婚礼酒席结束后，主人给宾客回赠喜饼（印有“囍”字的塑料包装饼干）、糖果。男女方酒席需要回赠的礼品都由男方提供。

宴席分中午、晚上两场。中午6菜1汤，晚上15菜1汤。婚礼当天的菜品包括水鸭汤（水鸭煲清补凉）、鸡、鸭、鱼、鱼腐（整个油炸）、鱿鱼、羊肉、虾以及腊肠炒芹菜等。菜是自己买的，一桌的菜以15个算，要1000元。男方到女方家接新娘，吃完午饭则回男方家，晚饭在男方家吃。当天婚礼有9个伴娘，9个伴郎，13辆婚车。

女孩出嫁后第二天需要回娘家，俗称“回门”。之后挑选日子，女方母亲去探望她，给她带去食用油、洗发水等食品和生活用品。

四、生产与经济

赵欣珍家主要从事种植业和养殖业。据赵欣珍说，他们家的田地都是公婆那代人分的，具体是什么年份不大记得了。一共有1.5亩地左右，主要种植水稻、生菜、红薯、花生、花菜、西洋菜和芥菜。丈夫去世之后，主要由她一个人耕种。村里有些人会把土地承包出去供人做花田或种木薯、木瓜之类，但是赵欣珍没有。

他们家的田离家不远，走路七八分钟就可以到了。田地基本都分布在渡槽的两边，而地则在渡槽的下方。因为渡槽会遮挡住雨水，所以正下方相对较为干旱，适合用来种植蔬菜。因为渡槽每两根柱子之间的距离是255.45米，所以我们可以把它当作参照，从图3–37中了解赵欣珍家的田地分布情况。水稻田主要有两块，一块7分、一块8分。两块地每年可以收成两千斤左右的稻谷，其中1000斤出售，剩下的自己吃。稻谷分为晚稻和早稻，若是卖的话，晚稻可以卖1.8元一斤，早稻则1.4元一斤；若是自己吃，晚稻拿来做饭，早稻拿来煮粥，因为晚稻更香。

一般来说，赵欣珍需要干的活就是施肥、插秧、除草、除虫（表3–31）。除草剂25元一瓶，三个瓶盖的量要用一整桶水来稀释，除草剂两三天就干了，50元的除草剂就可以喷完家中全部地块。而除虫剂则多在插秧过后一个月，待到禾苗出来时喷洒。虫多就喷两三次，少就只喷一次，通常花费60元左右。除草剂和除虫剂都是从农科所买回来的。插秧由赵欣珍一人人工完成，家中的一亩半地需要插3天。收割和打田则一般交给机器，收割110元一亩，打田则130元一亩。据赵欣珍说，早年这些机器都是从外地来的，有的是四川的，有的是湖南的，但是现在本地都有人买了机器，所以就直接让本地人来做了。

表3–31　农业支出

种田支出	支出金额
租用收割机	110元/亩
蔬菜种子	15～20元
农药（除草剂）	25元/瓶
除虫剂	20元/瓶

红薯地的产量有三四十斤，一般供自己食用。种植的蔬菜生长周期大都在一个月左右，吃完了就随时播种，没什么计划性。一年大概花费15～20元购买菜种。而花生在寒冷的时候容易出现烂种死苗的现象，所以一般在早春正月尾、二月初的时候播种，六月就收，最多收成二三十斤。收完花生就要收割早稻，一个月后种植晚稻，九月尾、十月初收割晚稻。六月收完花生有时会种黄豆。由于赵欣珍家的田地比较分散，而且家里劳动力少，所以有好几块荒地。

赵欣珍家没有养猪牛羊，和其他村民共同拥有一个鱼塘，承包出去之后每年只能分到几块钱。每年都养十来只鸡，数量不多，仅供家中食用。据她讲述，鸡要喂谷糠和饲料，饲料可以让鸡长得更大。鸡是从市场买回来养的，买的时候一般重1.5斤，养3～4个月方能食用。调查期间家里共有13只母鸡，2只公鸡，每

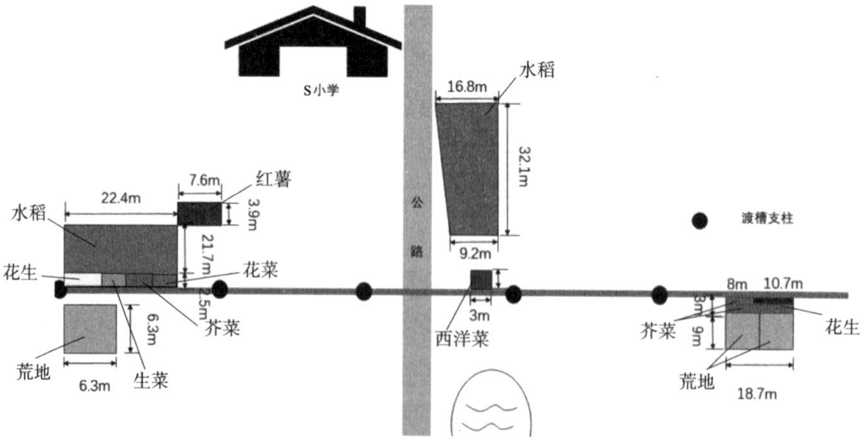

图3–37　赵欣珍家土地分布图

月产蛋20个左右，仅供家中食用。产下的蛋能孵小鸡的较少，且孵出来的小鸡比较难养，养的周期较长，为一年。鸡的品种有普通鸡和卷毛鸡（又称麒麟鸡），卷毛鸡相比普通鸡肥肉较少，因此村里近年也流行养卷毛鸡。

评语

在与赵欣珍一家同吃同住同劳动的一周里，我们这些大学生真切感受到了赵欣珍一家的朴实、热情，也目睹了赵欣珍的勤劳、节俭。赵欣珍一家的生活条件在村里为中等，基本的生活消费没有问题。家庭成员身体都比较健康，外出打工也比较顺利，所以家里顺利建起楼房，一般的家用电器、家具都可以置办，基本的吃穿也能够满足，现代化的手机、网络等也可以消费。这说明一个农民家庭，在农村土地集体所有的制度之下，随着国家对“乡村振兴”的日益重视，只要没有特别的天灾人祸，尽管某些消费可能落后、滞后于城市，基本的生活都能跟上国家发展的步伐，都可以有尊严地生活。但在国家城市化、工业化的大背景下，家庭的分裂状态总是难免的，女儿要外嫁，儿子要打工，所以比起物质资料的供给，赵欣珍这位中年农民更需要的可能是精神、情感上的充实、关怀。

第七章 两栖家庭——钟生金

郑杰坤 姚东鹏 陈旭妍

调查过程：

2018年11月25日

8:00—13:30，经过一番长途跋涉，我们来到要进行调查学习的农户家。

15:30—17:00，前往长岗坡纪念馆进行参观学习，了解长岗坡精神和霞村的基本情况。

19:50—21:45，初步认识了解住户钟生金。

22:00—22:15，小组进行简短的会议。

2018年11月26日

9:00—11:00，测量住户家三楼的结构面积，记录三楼的家具和物品。

13:30—14:45，前往S小学参加牵手活动。

15:15—16:30，跟随钟生金到田地进行初步的实地调查。

20:00—21:20，与住户聊天。

21:30—21:50，小组开会进行当日总结。

2018年11月27日

9:00—11:00，测量住户家的庭院和门前泥砖屋面积，记录庭院和泥砖屋里的家具和物品。

14:30—16:30，测量住户家二楼的结构面积，记录二楼的家具和物品。

19:40—21:15，与住户进行进一步的交流和认识。

21:20—21:45，开会进行当日总结。

2018年11月28日

9:00—11:00，测量住户家一楼的结构面积，记录一楼和二楼的家具和物品。

14:30—16:45，在住户家进行调查学习。

20:00—22:00，整理收集的资料，初步画出房子的平面结构图。

2018年11月29日

8:45—11:00，以聊天的方式对住户进行访谈，基本掌握住户及其家人的信息。

15:00—17:30，跟随钟生金到田地进行未完成的调查。

20:00—21:00，开会进行当日总结并整理资料。

2018年11月30日

9:00—11:00，就前一天晚上开会发现的问题和缺失的数据进行查漏补缺。

15:00—17:30，前往长岗坡纪念馆三楼参加报告会。

一、家庭

此次我们调查的住户是一个六口之家，分别为男主人钟生金、女主人文四娣、大女儿钟华芳、二女儿钟静英、大儿子钟贵球、小儿子钟探球（图3-38）。两个女儿均已出嫁，两个儿子也在外务工，钟生金跟妻子居住在罗定市城区，偶尔会回到村里居住（霞村的房子平常无人居住，只有小狗留守家中，一般农忙时候全家人会回到村里进行劳作）。钟生金家所有人的户口都在村里，虽然几个儿女都已经外出工作，钟家还是愿意保留农村户口，而不打算迁往城市。

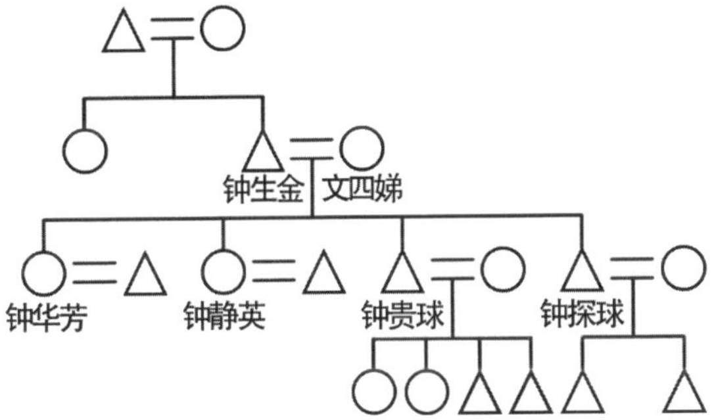

图3-38　钟生金家庭成员示意图

(一)男主人——钟生金

钟生金，1952年出生于罗定市L镇霞村，父母都是农民。

钟生金6岁开始上幼儿园，据他回忆，当时的幼儿园是公费的，不需要自己出钱。之后，他在当地的小学接受过几年的教育，后来到生产队所在的初中继续上学。钟生金18岁高中毕业后就回家务农了。虽然上过高中，可是由于时代的特殊原因，钟生金并没有学到太多的知识。

1972年，钟生金经人介绍跟附近村的一位女性结婚了。1976年，妻子生下了大女儿，两年后二女儿也出生了。

1981年，钟生金前往肇庆市怀集县做建筑工人，当时的工资是1.7元一天，工地上不包伙食，钟生金靠着微薄的收入补贴家用。一年后，钟生金辞去工作返回家中务农。

1984年，钟生金的大儿子出生了，三年后小儿子出生。在这期间，钟生金连续八年都在村里务农，没有外出打工。

1992年，当孩子们岁数大一些的时候，钟生金再一次来到肇庆市的建筑工地打工，继续做建筑工人，工资比原来提高了不少，一个月有六七百块钱。那时候的工作比较艰辛，有时连过年都不能回家，但钟生金的心态比较好，他觉得人生什么都要尝试一下，不要太在意钱。身处艰苦的环境中钟生金仍会善待自己，经常买一些没有吃过的美食犒劳自己，他印象最深的就是当时在工地买了一斤鳄鱼肉来吃，其他人都舍不得买，可是钟生金想尝试看看。逢年过节他还会特意买一些比较好的饭菜。钟生金一直在肇庆市工作到2000年才回乡，八年的时间，他的工资从700元提高到1700元。

2000—2006年，钟生金都在村里进行农业劳作，直到2006年才又一次外出工作。但是由于年纪较大，他没有再做建筑工一类的工作，而是帮人看工地，工资不定，60～100元一天。钟生金觉得自己年纪大了，有一些收入就好，不必太在乎收入的多少。

2011年，钟生金正式回到罗定养老，不再外出务工。他回到村子里，跟妻子一起照顾自己的孙子孙女，减轻儿子们的压力。

在我们跟钟生金一起居住的几天里，他一般都是早上6点钟起床。洗漱后，钟生金会在家门口站一会儿，跟周围的邻居拉几句家常，然后就开始准备早餐。早餐很简单，白粥加上一些小菜。他说，自己习惯了每天早晨都喝白粥，换成其他的反而不习惯。吃完早餐后，他会打开电视收看一些晨间节目。8点钟左右，钟生金会开着他的摩托车（女装款式）去镇上买菜。

钟生金每天的生活基本差不多，表3-32是他一天的时间安排。

表3-32　钟生金的一天

时间	事情	说明
6:15	起床	
6:15—6:30	刷牙、洗脸等	
6:30—7:30	做早餐	自己煮粥，买一些小菜
7:40—8:00	吃早餐	家里自己做，一般是白粥加小菜
8:20—9:30	外出买菜	到镇上买菜
9:40—10:30	看电视	陕西卫视的《五星红旗迎风飘扬》

续上表

时间	事情	说明
10:30—11:30	做午饭	
11:40—12:50	吃午饭	吃午饭的同时收看珠江频道《法案追踪》节目
13:00—14:30	睡午觉	
15:00—17:00	看电视	抗日电视剧
17:30—18:15	做晚饭	
18:30—19:00	吃晚饭	边吃晚饭边看新闻
19:00—22:30	看电视	广东电视台影视频道的《飞哥战队》

钟生金大多数时间居住在罗定市区，偶尔会回到村里居住。在村子里没有太多的娱乐活动，平常在家以看电视为主。钟生金说他喜欢看抗日剧、法治频道和新闻。不看电视的时候，钟生金喜欢跟左邻右舍聊天。

据我们小组一周的观察，钟生金习惯中午12点看法制频道，固定观看珠江频道的《法案追踪》；晚上6点看新闻，固定观看珠江频道的《珠江新闻眼》。除此之外，他都是观看抗日题材的电视剧，早上买完菜回家后便会打开电视观看陕西卫视的《五星红旗迎风飘扬》，下午固定观看某个电视台或某部电视剧，晚上7点观看广东电视台影视频道的《飞哥战队》。

钟生金有一部智能手机，手机的牌子是酷派。晚上他会躺在摇椅上，等到电视剧的广告时间他会拿出手机浏览彩票信息。

钟生金不迷信神佛，平时也不会像其他家庭一样每逢农历初一、十五都会烧香，只有清明节和过年的时候会烧香。清明时节祭祖以烧香、烧纸钱和放鞭炮为主。

钟生金说，家里比较隆重的节日是春节，到了春节会遵循习俗贴对联和挥春，寓意来年会有好兆头。钟生金家每层楼的大门口都贴有对联，而一楼和二楼的每间房间上方都会贴有三张挥春（挥春的内容主要有“富贵”“一本万利”“财源广进”等，有个别的是“学业进步”，这跟钟生金家以前是个体户做生意有关）。三楼的房间因为面向天台，刮风下雨时挥春容易被吹走，有间房的挥春只剩两张，另有一间只剩一张，还有一间的挥春都被吹走了。春节走访亲戚的时候，一般是送镇上能买得到的礼品，比如瑞士糖、旺旺雪饼、水果等。

L镇每逢三月初一、初二、初三这三天会举办请神游街活动，村民集资，主要由村里来组织，从庙里请出神像到街上巡游，街上人山人海，很是热闹。以前人们参加活动主要是祈求神佛保佑，而现在主要是为了逛和吃。

（二）女主人——文四娣

钟生金的妻子是霞村邻村的人，名叫文四娣。1972年经人介绍与钟生金结婚，婚后来到霞村生活。从1972年至2015年一直都生活在村里，在钟生金外出工作的时候，她便留在家中照顾小孩。

从2015年至今，文四娣主要居住在罗定市，跟大儿媳妇一起照顾四个孙子孙女，很少回村。村里的事情大多由钟生金处理，文四娣偶尔才会回到村里兼顾一下家里的事务。目前文四娣居住在大女儿的房子里，离S村20千米左右。大女儿在江西务工，逢年过节才回罗定，因此房子平时没有人居住（房子由大女儿购置，借给父母和弟媳居住，方便孩子上学）。在罗定市，文四娣每天的日程主要是外出买菜、做饭、接送几个孙子孙女往返学校。当村子里有喜事或者农忙的时候，文四娣便会回到村里居住一段时间，一般是一到两周的时间。

（三）户主的儿女

钟生金一共有四个子女，现在都在外地工作。据钟生金述说，他们一般只在过年的时候会回村里过节，其余时间很少回来。

大女儿钟华芳，1976年出生于霞村，初中毕业后外出务工，后嫁往罗定与云浮交界的金鸡镇（隶属罗定），生育有一个儿子，儿子如今在广州市花都区读大专。她在罗定有两套房子，其中一套房子是2018年花费80万元买下的，另一套是在罗定买下的旧房，现在由母亲和弟媳居住。钟华芳跟丈夫现在在江西工作，一般只有过年的时候才会回村。

二女儿钟静英，1978年出生于霞村，初中毕业后外出务工，后嫁到云浮市华城。她有一个儿子，儿子如今在佛山市读大专。

大儿子钟贵球，1984年出生于霞村。7岁上学，读到初中的时候，由于家庭经济条件的限制，初中毕业后就回家操持农活。后来，在L市经人介绍结婚成家，生育有四个儿女，儿女们都是在罗定市的中小学上学。当年为了维持家计，钟贵球在罗定市开起了大排档。由于大排档位于离家不远的地方，所以在做生意期间，几乎全家人都在店里帮忙照顾生意。直到2015年，罗定市的城市规划相关部门进行市容整改，钟贵球的大排档无法继续经营下去，他被迫结业外出务工。2016年，钟贵球前往江苏省徐州市，直至现在已一年有余，一直在酒店做厨房总管，每个月的工资收入有9000～10000元。他约有一年没有回来了。

小儿子钟探球，1987年出生于霞村，是钟生金最小的孩子。钟探球跟哥哥姐姐的命运并没有太大的不同，同样是上完初中之后就没有继续读书，而是回到了家里务农。后来外出至江西省宜春市务工，认识了现在的妻子并结婚，生育有两个儿子。钟探球和哥哥一样，担任厨师的工作，工资在8000元左右。夫妻俩与两个儿子都在宜春定居，他们一家平时很少回来。

虽然钟生金的家人目前都在外务工或者生活，但是家里人的户口都还保留在霞村。据钟生金说，按照现在的户籍制度，若以后村子里分田地，保留农村户口可以分到田地，而如果转为城市户口，以后再想转为农村户口就很难了，因此没有必要把户口迁往城市。

二、住房与用品

钟生金平时居住在罗定市，和自己的妻子照顾四个孙子孙女的生活起居，大概半个月会回一次霞村居住一段时间。钟生金以前居住在老旧矮小的房子里，后来生活条件改善了，就在老房子隔壁花5000元买下了一块地，并于1997年修建了新房（只有一层），2009年在此基础上进行了加建，于是就有了现在的两层半小楼房；而原先居住的老房子现在没人居住，只存放农具，图3-39是老房子的立体结构图。

钟生金现在居住的房子（新屋）一共有两层半，占地面积约165平方米①，坐北朝南（图3-40是新屋立体结构图，图3-41、图3-42是新屋的正面和侧面图）。房子的外墙刷了白色及蓝色的油漆——当地政府为建设红色教育基地，将这一片的房屋都刷成了统一的色调。

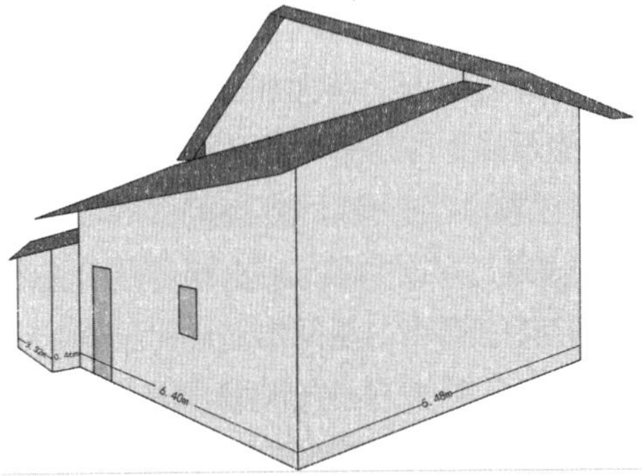

图3-39　老房立体结构图

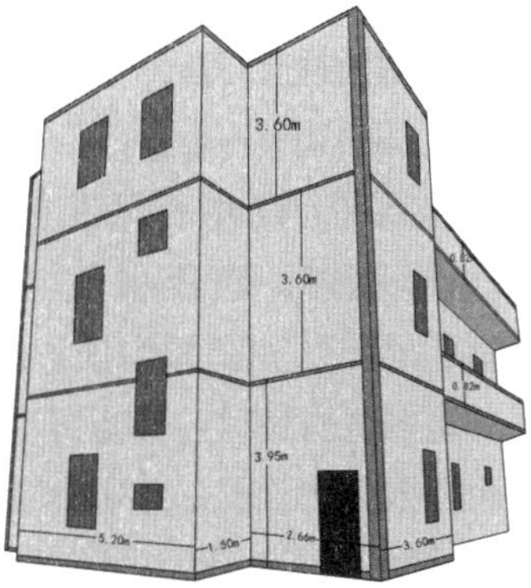

图3-40　新屋立体结构图

①郑杰坤、姚东鹏、陈旭妍于2018年11月28日测量。

图3-41　钟生金居住的房子（正面）

图3-42　钟生金居住的房子（侧面）

（一）新屋一楼

一楼有客厅、厨房、厕所、浴室、两间杂物间、四间住房以及一间食品加工房。大门的门框是木制的，高约2.17米，门上贴着门神，分别是“关羽”和“张飞”，门框上的挥春由于时间长久大多已脱落，只剩下“老少平安”一张。

1. 客厅

一进屋就是客厅（图3-43）。客厅是水泥地面，墙壁约三分之一的高度贴了白色的瓷砖，其余部分只涂石灰水。在大门正对面的墙上挂着一幅毛泽东的立体光栅图像，从不同的角度看过去，图像的人物会从毛泽东变成朱德。图像的下方贴着两个“囍”字，一幅十大将军戎装像（1.1m × 1.5m），一本新式挂历，在挂历的上方悬挂着一座时钟，时钟底面是一幅八卦的图案。在左侧的墙上，用铁丝吊挂着一面镜框（1.0m × 0.75m），上面印有“新居大吉”四个大字和双龙戏珠的画面，镜框两边是一副对联，写着“庭前盛开富贵花，华堂畅叙欢乐源”。在镜框的下方，挂着一幅老人的遗像（钟生金的母亲），上面写着“谭三妹遗像，翻拍于二〇〇一年，享年八十九岁”，遗像下方是一个一次性水杯的存放器。在右侧靠里的墙上贴着一幅中国地图（1.2m × 1.0m），靠外侧的墙上挂着两个悬挂式相框，镜框里有钟生金跟儿子、女儿、孙子们的照片。镜框的右侧是一本旧式挂历，而相框的下面是“基础识字”和“学拼音”两个有声的儿童学习挂图（钟生金的孙子学习时使用）以及一个温度计，挂图下面是一张钟雅婷小朋友（钟生金的孙女）的“好孩子”奖状，在镜框上挂着一盏钟生金用电线接的节能灯。

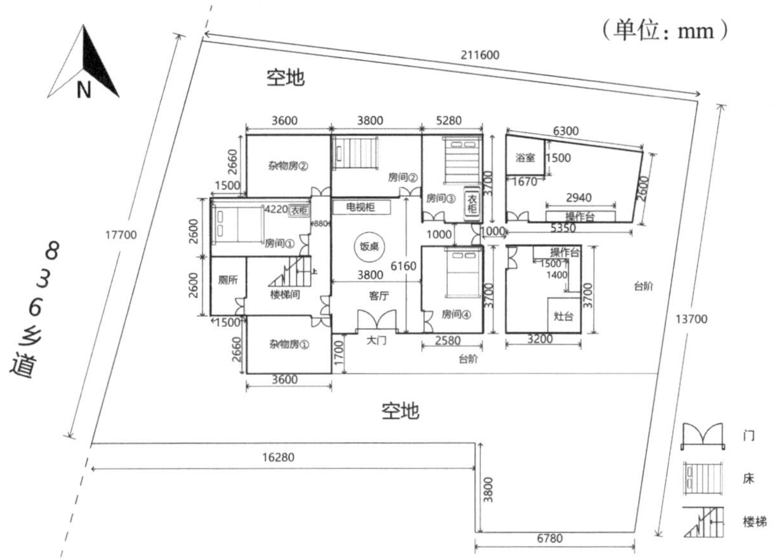

图3-43　一楼平面结构图

正对着大门紧靠墙壁的位置有一个大电视柜（1.59m × 0.55m × 0.76m），上面放着一台电视机。电视柜的四个腿垫着四块红砖，电视柜正中央放着一台数字电视机顶盒，下方是一部DVD机，DVD机下面是一个卡拉OK扩音器，扩音器左边是一个排插，右边是一个中国电信的信号盒。电视柜左侧放着一把红色的热水壶，一个婴儿奶瓶，一个塑料饮水瓶，一个陶瓷水杯，以及潭州大桥牌纯米酒、泷桥牌双喜酒、致美斋食醋、空气清新剂、杀虫剂各一瓶。电视柜右侧放着一个木盒，木盒里面装有一部固定电话，一把水果刀，一个牙签筒，两把剪刀，还有一张“L东方明珠幼儿园大一班师生合影”照片，时间是2015年7月6日。电视柜中间隔层放着一些杂物、一把水枪和钟生金买的两大包烟草，下面的橱柜里放着一罐生粉、一塑料罐红豆、三袋辉山牌中老年高钙多维奶粉。电视柜的两边各有一个音响（1.06m × 0.36m × 0.24m），左侧音响上有一罐切片灵芝，一瓶绿茶跟一个竹编小篮子，右侧音响上放有一个纸巾筒，一罐爆拆灵、一罐郁美净儿童润肤乳、一盒蚊香跟一盏神奇灭蚊灯。与电视柜右侧音响隔着一扇门的地方放着一把竹制的摇椅（1.1m × 0.66m × 0.44m），上面垫着一床毛毯，平时钟生金看电视的时候会把它搬到客厅中央，然后坐在上面看电视。摇椅的对面是一个旧床头柜，上面放着一本《极品幽默笑话》和电视遥控器。床头柜旁（面向厨房方向的右侧）是一把红木长椅（1.56m × 0.66m × 0.91m），长椅旁边是一把木靠椅（0.6m × 0.41m × 0.77m）。在客厅的正中央摆放着一张直径为1.28米的大圆桌，圆桌旁边摆放着一把已有岁月痕迹的木靠椅（0.39m × 0.38m × 0.83m）、

10把塑料椅子（8把蓝色、2把橙色）。在圆桌内侧，摆放着一把黄色木长椅子（1.59m × 0.41m × 0.77m）。长椅旁边（面向厨房方向的左侧）是一张木茶几（0.98m × 0.55m × 0.54m），茶几上面放着两个蓝色的热水壶（一个装茶水，一个装白开水）、一个红色的闲置热水壶、一个烟灰缸、钟生金的茶杯以及一个不锈钢的烧水煲。茶几下面安放着一个印有“L环卫”字样的红色垃圾桶。

在刚进门的左侧，还停放着一辆钟生金的男款摩托车，车牌号为“粤W 2D × × ×”，在门的后面摆放着一台冰柜（已停用，里面放有六个空纸皮箱，外表贴着“和其正凉茶”的广告，是以前开大排档时使用的）。

2. 睡房

进门右侧的第一间房（在图3-43中，标为房间④，下同）是钟生金的妻子回村里时候住的，门框上贴着三张挥春，分别写着“一本万利”、“丁财两旺”和“财运亨通”，门板上贴着一张“龙马精神”的挥春。房间里面摆放着一张高脚床（2.0m × 1.5m）和一张黑色的木桌。床上放着钟生金的衣服和一床毛毯，床旁边的墙上有一面镜子，紧靠着床是一个大衣柜（1.53m × 0.54m × 2.05m）。木桌上放着一个电吹风、一捆针线、两个空酒瓶、几个利是封和一些衣服。书桌旁边有一把木靠椅，上面放着一些钟生金妻子的衣服，墙上有一个木制的挂衣钩，上面挂着钟生金的衣服。门口内侧放着一张婴儿床，已经不再使用了，是钟生金的孙子小时候用的，现在被用来放物品。婴儿床的旁边有一个鞋架和纸箱，都放着一些杂物。

正对着大门口的房间（标为房间②）是钟生金这几天休息的地方，门框上的三张挥春分别写着“富贵双全”、“金玉满堂”和“老少平安”，门板上的挥春写着“学业进步”。门口放着一把木靠椅，上面堆放着一些衣物，椅子下面是钟生金的两双皮鞋。椅子旁边有一个水桶，里面装着一些茶籽树的果实，钟生金说茶籽树的果实是用来榨油的。水桶旁边有一个大纸箱，里面装满了玩具，是钟生金的孙子小时候玩的。一张由两条长板凳加一块木板搭成的床就是钟生金休息的地方，床的旁边有一辆婴儿车和一张木桌，婴儿车里放着一台落地风扇，木桌旁边放着一个箩筐，里面装着一些衣物。在进门左侧的墙上挂着一个老式杆秤和一对皮手套。

从客厅右边的过道进去是另一个房间（标为房间③），也就是我们这几天居住的房间之一。门框上三张挥春分别写着“招财进宝”、“迎春接福”和“龙马精神”，门板上贴着“金童”“玉女”图，上面写着“添丁发财”。从房间进门的右侧是一个黄色木衣柜（1.53m × 0.54m × 2.05m），里面挂着一些衣物，还有一些棉被。衣柜的前面有一把塑料椅子，椅子上面的墙上有一个铁挂衣钩，衣钩上挂着一条皮带。正对着衣柜的是一张高脚床，挂着一顶白色的蚊帐，床的旁边有一张黄色木桌，书桌的旁边还有一把老旧的木靠椅。

客厅左侧的门口（没有装门，用来隔开楼梯和客厅）的墙上也贴有挥春，三张挥春分别写着“富贵双全”、“迎春接福”和“人兴财旺”。从过道里面进去的右侧是第三间住房（标为房间①），门框上三张挥春分别写着“阖家幸福”、“老少平安”和“心想事成”，门板上贴着“金童”“玉女”图，写着“恭喜发财”“万事如意”。进门的右侧是一个黄色木衣柜（1.53m × 0.54m × 2.05m），衣柜的旁边是一把木靠椅跟一张木桌，书桌的前面是一张床（1.5m × 1.8m），床的四周用铁架支起了一顶紫色的蚊帐。床的旁边是窗户，窗户下面是一把木靠椅。

3. 楼梯和厕所

从客厅左侧的门进去是通往二楼的楼梯，楼梯下面堆放了一些杂物跟一大瓶雕牌洗洁精。楼梯旁边放有三个红色的水桶和一罐煤气，煤气罐上方是一台热水器。正对着楼梯的墙上挂着一个塑料储物架，上面放了一个衣刷、一些塑料杯和牙刷，内侧则用铁丝挂起了四把长雨伞，其中一把是红色的，其他是黑色的。雨伞的旁边挂了一个斗笠，对面墙上挂有一顶草帽。从一楼客厅上楼梯的过道上放有一辆少儿自行车。

楼梯下方的区域是钟生金家的厕所。蹲式马桶，有两个水龙头，其中一个套着一根塑胶水管。在厕所的两面墙上都挂有塑料的挂衣钩，上面挂有三条毛巾和一条皮带，右侧的墙上挂着一个热水器的花洒和一个单车篮筐，筐里放着一些纸巾。

4. 杂物间

从客厅往楼梯方向的左手边是一间杂物房（标为杂物房①），门板上贴着“大吉大利”，三张挥春分别写着“横财就手”、“富贵双全”和“一本万利”，门口放着一辆儿童摩托车和一辆儿童滑板车，旁边叠放着九把塑料靠椅和七个塑料凳子，里面还有一辆儿童自行车，车的旁边是一张自动麻将桌，桌上放了一把电热水壶和一顶摩托车头盔。房间左侧的墙上用铁钉挂着一袋纸巾和一个算盘，右侧的墙边靠放着两张竹席，再往里面走会看到一辆女式摩托车，摩托车旁边是一张黄色木桌子和叠放着的35个塑料凳子，凳子前面是一台冰箱，冰箱上面放有一口压力锅，而冰箱的旁边是一台冰柜和一张大的不锈钢桌子。冰柜上面放有两个大型电饭煲，不锈钢桌子上面放着一台微波炉、一个大的储物盒、一台榨汁机以及一顶粉红摩托车头盔。

从客厅往楼梯方向的右手边除了居住的房间外，过道的尽头是一间存放着一些杂物的地方（标为杂物房②）。进门的左侧墙上钉着三个铁钉，分别挂着一捆大排插、一袋卷纸和一捆电线。在这个房间里，存放着一张大的圆桌（桌面和桌脚被拆开了）、两个竹筐、一个纸箱、一个竹筛子、两口不锈钢大锅和一个大肚子瓦罐，另外还有一个黑色的行李箱，是钟生金平时外出时才使用的。房间有一辆推车和一辆儿童的摇摇车，车子的旁边放着一个大的黑棕色瓦罐，在房间的左上角，放着一个大谷仓。最引人注意的是，房间里还放着一台大冰柜，这是钟生金家以前开大排档时使用的，现在闲置了。这间房子的特点在于，在门口的上方，用几根粗木条搭成了一个大约2米宽的储物架，上面放着一些纸箱和瓦罐等物品。

5. 厨房

进到厨房，首先看到的是一个大理石砌成的操作台，从左到右分别是一个不锈钢洗手盆，洗手盆上面用铁钉挂着两块洗碗布跟一个筷子筒，再往里是一些调味品（生粉、盐、海鲜酱、鸡粉、豉油、白糖、料酒、柱侯酱），旁边是家邦牌煤气灶和抽油烟机，再旁边放着两个红色的塑料簸箕。操作台下方三个橱柜，里面放着碗和盘子，还有一个铜水煲，最里面的下方放着一桶水、一块切菜板和一根水管。再旁边是一个传统的柴火灶台（灶台上贴着“定福灶君”字样的红纸），灶台贴了红色的瓷砖，有三个灶位，两个放烧水的锅，一个放了煮菜用的大锅，灶台前面是一堆木柴跟稻草，还有一把竹椅、一把塑料椅加一个木桩，木柴上面用红色塑料绳挂着一条围裙，门口贴着“关羽”和“张飞”的门神画像以及“出入平安”挥春。

6. 浴室及其他房间

门口贴着“关羽”和“张飞”的门神像以及“富贵双全”的挥春，进门左侧墙上用铁钉挂着三袋中草药（用于煲汤），下方放着一个白色的水桶。里面有一间小浴室，用白色瓷砖砌成，左右前方墙上各有一个塑料挂衣钩，左四条毛巾，前两条毛巾，右三条毛巾，左上角挂有一个不锈钢储物架，上面放着一个不锈钢水杯跟一支牙刷牙膏，有一个红色水桶和一把蓝色塑料椅，加两个水龙头。

在浴室外墙边放着一台小天鹅牌洗衣机，洗衣机旁是一个尚海牌洗衣液的罐子，里面放着洗衣粉。洗衣机旁边是一个煤气罐，再旁边是一个黑色水缸，水缸旁边是一个绿色塑胶水桶跟红色塑胶水桶。再旁边，是一个木架子，一共有四层，第一层堆放着一个废弃的煤气灶，和电饭煲包装盒、煤气灶包装盒各一个，第二层放有一个旧电饭煲，一个合生元奶粉罐，一个热水器的包装盒，里面放有一个铁月饼盒，纸箱里面放有一捆保鲜袋跟一捆保鲜膜，还有四瓶胡椒。第三层放着两个大玻璃罐，里面分别用塑料袋装有糙米，旁边是一个旧电饭煲，再旁边是一个加热锅的包装盒，再旁边是一口美的牌电压力锅。第四层叠放着四个铜盘子，一个塑料盖子，一个玻璃罐，一个泉尔思牌的汤粥煲的包装盒。在架子下面的地上，放着一个压力煲跟一个电工工具箱（用于维修电器），五个塑胶水桶叠放在一起，在外侧有一个不锈钢盆跟一个塑胶水桶，里面放着一些生姜。架子的旁边是一台旧冰柜，上面放着一个电饭煲内胆，一台废旧榨汁机，一个鸡蛋托跟两个塑胶储物盒，冰柜前面有一把电钻和一台电动机，电动机旁边有一个米桶，米桶前面是一台冰箱（0.52m×0.51m×1.5m）。冰箱上面有一把10公斤秤。操作台上方用铁棍跟铁钉分别挂着三条毛巾，两个筛子跟一个蒸架，靠左有一个洗手盆，下面放有一个白色水桶，旁边是洗碗布、牙刷、牙膏，一个热水瓶。下面架子上放有一些碗跟一个电压力煲，用簸箕装有一些蒜头和电饭煲内胆。上面放了两个大电饭煲（这几天做饭使用），电饭煲下面放有一个瓦煲，不锈钢盆，两个铜煲，一个中药煲加两个压力煲。旁边放有一把砍柴刀。

钟生金家还有一间特别的房子，就是在新房门前的一间泥砖瓦房，这是钟生金以前居住的房子，当时是靠自己修建起来的，具体修建的时间已经记不起来了。自从修建了新房之后，这间房子便作为存放农具的地方，平常堆放一些闲置的物品等。里面堆放着肥料桶、木棍、木条还有三蛇皮袋的化肥。靠墙摆放着扒钩和锄头等农具，两个水泥桶用来浇水。地板上散布着很多干稻草。

（二）新屋二楼

钟生金家里的二楼和三楼是2007年雇人增建的，当时每平方米人工费花了150元左右。从一楼到二楼的楼梯一共有两层，每层各13级台阶，每层台阶高0.15米。二楼大部分的房间都还没有装修，砖头都还是裸露的，没装修的房间都用来放杂物了。

从楼梯上到二楼后，楼梯口往左是两间未装修的杂物房，往右是一间未装修的杂物房，往前是一间还未装修的水泥地客厅，进客厅往右边走是一扇大门，大门打开后是二楼的阳台，进客厅往左边走还有一间未装修的杂物房，客厅继续往前走是一条走廊，走到尽头是一扇门，门打开后也是通往二楼的阳台。走廊两边各有两个房间，四间房都是装修好的。右边第一个房间是杂物房，门是锁住的，我们从二楼阳台的窗户可以看到这个房间的物品，左边两个房间和右边第二个房间住着我们的六个女同学（图3–44）。

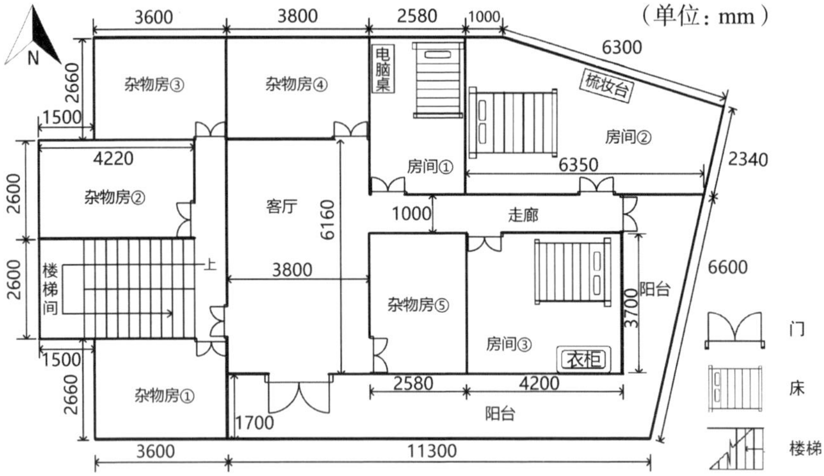

图3-44　二楼平面结构图

1. 杂物房

二楼共有5间杂物房。从楼梯上到二楼后，左边有两间，右边有一间，这三间杂物房（以下在图3-44中分别标为杂物房①、杂物房②、杂物房③）都还没有装修，红砖是裸露的，地面是水泥地。三间杂物房都有一扇窗户，三扇窗户的宽度和高度都为1米和1.5米，三扇窗户都面向西边。

杂物房①长和宽各为3.60米和2.66米，门口面向北边。这间杂物房中有：六块瓷砖，八把木靠椅，五口不锈钢锅，一个箩筐，三个竹筛子，五捆电线，一个信号接收器，一双女式拖鞋，两双儿童布鞋、儿童拖鞋，一堆红砖，一卷已用完的胶纸，一条卡杰特牌塑身纤体带，两台苏泊尔牌电磁炉，一个美的牌电饭煲，一个婴儿充气游戏水池，一根麻绳，一支竹扒，两把秸秆小扫帚，一台小型电箱。

杂物房②长和宽各为4.22米和2.60米，门口面向东边。这间杂物房中有：七张折叠桌，两张八仙桌，五台工业风扇，一台小型饮水机，一台消毒柜，一个小瓦罐，一谷仓加上两蛇皮袋的稻谷，四个箩筐，一条扁担，一辆婴儿学步车，一把大型遮阳伞，一个铁簸箕，七个铜盆，一个五层的不锈钢笼屉（内有33个小瓦碗），五个瓦碗，12个大塑料碗，一袋花生，一个大铁桶（内有三口不锈钢锅），一蛇皮袋的食用盐。

杂物房③和杂物房①大小一样，长和宽也各为3.60米和2.66米，门口面向南边。杂物房③中有一块写着“丙子年置”字样的端菜盘，六个塑料簸箕，一把木梯，一个装满稻谷的谷仓（谷仓上一根管子接通三楼，方便晒谷后将谷运输下楼），一个箩筐，两个废弃塑料瓶，一个塑料凳，52只瓦勺，一把铁勺，一把小塑料勺，34个碟子，七个不锈钢盆，一把漏勺，一把塑料勺，一只小瓦罐，一个瓦盆，一口水缸，七块大小不一的碎砖，一条扁担，一个塑料盆，63双黑竹筷，16双黄竹筷，12个瓦碗。

进入客厅后还有两间杂物房（以下分别标为杂物房④、杂物房⑤）。

杂物房④在客厅的北边，长和宽各为3.80米和2.66米，门口面向南边连接着客厅，还未装修，红砖都裸露着，地板是水泥地，有一扇窗户面向北边，宽度和高度各为1米和1.5米。这间杂物房中有两条长板凳、七块木板、一只狗公仔、一个空奶粉罐、一台海荣牌的风扇、一个小瓦罐、两个箩筐、一双女式拖鞋、一根网线、一副头挂式耳机、一个铜盆、一个信号接收器、一盏日光灯、两个日光灯启动器、一台电子琴、一双帆布鞋、一双棉鞋、一条儿童棉裤、两个红色塑料盆、一盒柴油机配件。

杂物房⑤在客厅的东边，长和宽各为3.70米和2.58米，门口面向西边连接着客厅，有一扇窗户面向南边，宽度和高度各为1米和1.5米，窗户外面就是二楼的阳台。因为房门是锁着的，所以我们只能从阳台的窗户外往里观察这间杂物房。这间杂物房中有两条长板凳、一张短木桌、一张长木桌、一台风扇、一个棉被袋子、一辆婴儿车、若干被单、若干枕头、若干棉被、若干儿童衣服、若干书以及若干废弃的草稿纸。

2. 二楼客厅、走廊及阳台

从楼梯上到二楼后，穿过门口就到了客厅，客厅也是未装修的，红砖是裸露的，地板也是水泥地，客厅的长度和宽度各为6.16米和3.80米。客厅右边是一扇大门，门上贴着门神“尉迟恭”和“秦叔宝”。大门打开后是二楼的阳台，阳台呈东西走向，长度和宽度各为11.3米和1.7米，阳台上放着两根晾衣竿，一根晾衣杆上挂着39个衣架，另一根晾衣竿上挂着47个衣架。客厅的东北角进去是走廊，走廊长度和宽度各为6.78米和1米，走廊地面由浅粉红色瓷砖铺盖，走廊两边各有两个房间，走廊的尽头是一扇小门，门上也贴着门神“尉迟恭”和“秦叔宝”。小门打开后是二楼的阳台，阳台呈东北—西南走向，长度为6.6米，这个小门打开后的阳台和客厅里的大门打开后的阳台通过二楼东南角的拐角处相连。

客厅的西北角堆放着若干杂物，有18根大粗木条，一个旧鸟笼，两辆车——一辆平衡车、一台儿童玩具车，一张八仙桌，一张圆桌，一个塑料水桶，两个竹簸箕（其中一个装有鸡毛），一根铁条，一个纸箱（纸箱内装有一本《洗脑术》、一本皮封面笔记本、一捆大透明胶、一个红色旧皮包、一个小型电线开关盒、一个iPhone5手机包装盒），一个铁栅栏，三捆干粽叶，一个大木筛子，两个蛇皮袋（装着废弃旧衣物），一双女式皮鞋，一只男式拖鞋，一个写着“L环卫”字样的塑料桶，一个羽毛球。

3. 房间

二楼有三个住人的房间（图3–44中分别标为房间①、房间②、房间③），从客厅东北角的走廊走进去，左边有两个房间，右边有一个房间，房间的地面都铺了浅粉红色瓷砖。

房间①门上贴着三张挥春，分别写着“鸿运当头”、“大展鸿图”和“生意兴隆”，房门的宽和高分别为0.77米和1.96米，房间的长度和宽度各为3.70米和2.58米，窗户面向北边，窗户的宽度和高度各为1米和1.5米。这间房中有一张高脚床（1.9m×1.5m），一张电脑桌（1.17m×0.6m×0.77m），一台电脑主机，一台电脑显示器，三台音箱，一个键盘，一个鼠标，一台三角牌的电热扇，一台小挂扇（断了一只扇叶），两个塑料凳，一个矮凳。

房间②门上贴着三张挥春，挥春上分别写着“迎春接福”“财运亨通”和“丁财两旺”，房门的宽和高分别为0.77米和1.96米，房间②的形状是不规则的五边形，北边两面墙的长度分别为1米和6.3米，东墙长度为2.34米，南墙长度为6.35米，西墙长度为3.7米。窗户面向北边，窗户的宽度和高度各为1米和1.5米。这间房中，一张床（1.9m×1.5m，粉红色蚊帐，花样床垫），一张沙发床，五个公仔，一盆假花，一台挂熨机，一张看图学算术（贴在床边墙上），一张看图学说话（贴在床边墙上），一张十二生肖图（贴在床边墙上），一把木靠椅，一台格力牌的空调，一张梳妆台（梳妆台上有一张结婚照、一瓶田七活络油、一瓶驱风油、一瓶德国强力消石素、一瓶牛奶润肤露、一个充电宝、一个小礼盒、一个大发夹、一捆透明胶、两串摩托车钥匙、一个镜子盒、一个铅笔盒、一把摩丝梳；抽屉内有三张照片、两张1985年版的两毛钱、一张1980年版的一毛钱、一个旧钱包、两个打火机、一把小剪刀、若干婴儿照片、一盏灭蚊灯、一个排插、一个不锈钢杯、一瓶空气清新剂、一本学前班科学教材；梳妆台下面柜子有一个风筒、一捆透明胶、一本杂志、一个小矮木凳）。

房间③门上贴着三张挥春，分别写着“一本万利”“富贵双全”和“心想事成”，房门的宽和高分别为0.77米和1.96米，房间的长度和宽度分别为4.2米和3.7米，窗户面向北边，窗户的宽度和高度各为1米和1.5米，窗户外面是二楼的阳台。这间房中有一张床（1.9m×1.5m，床上挂着粉红色蚊帐，铺着床垫），一个三格大衣柜（内有衣物、皮包等物品），一只大型熊公仔，一只中型长颈鹿公仔，一床毛毯，一个塑料凳，一把木靠椅，一个垃圾篮，一台格力牌的空调。

（三）新屋三楼[①]

三楼只能算半层，从二楼到三楼的楼梯一共有两层，每层各13级台阶，每层台阶高0.15米。三楼的一半是露天的天台，地面是水泥地，天气晴朗的时候用于晾晒稻谷和豆子，而另一半是三间房间，均没有装修，砖头都还是裸露的，用于堆放杂物（图3–45）。

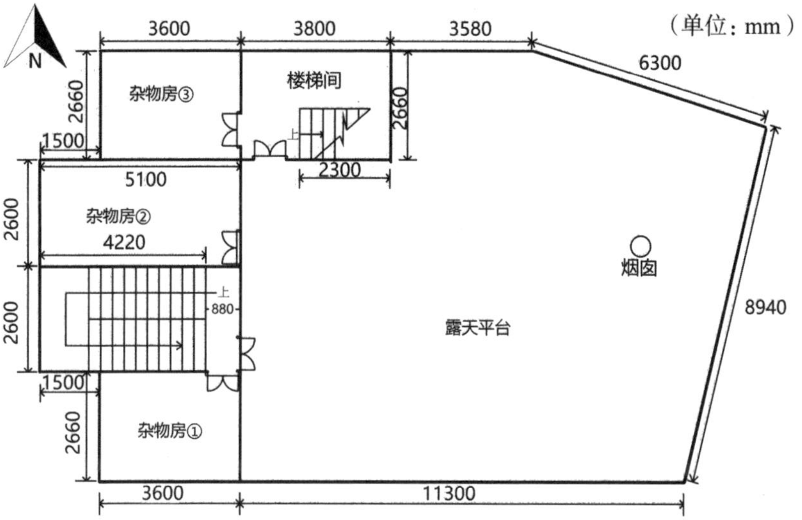

图3–45　三楼平面结构图

面向天台，三楼楼梯口的右边有一间房间（图3–45中标为杂物房①），房间门口对着楼梯，上面贴着两张挥春，挥春内容是“东成西就”和“吉星高照”，原本是三张，但是有一张被风吹掉了。房间里面堆放了3捆黄豆渣和1袋黄豆叶，黄豆渣散放在地上，占地面积约0.25平方米，黄豆叶用蛇皮袋装，可用于做肥料和燃料。除了这些，房间里还有1把铁铲子和1个有孔的竹筛子，当地称为“米箕”，铁铲子放在黄豆渣上，是用来盛装黄豆渣的。房间窗户正对着门口，宽度和高度各为1.02米和1.51米，窗户和门口之间的墙上还有两条绳子挂着一根竹竿。

从房间出来是楼梯的过道（标为过道①），主要堆放一些用于晾晒的工具：一个斗笠、一个菜篮子、一桶谷穗、一块竖着摆放靠在墙上的砧板、一个扒钩和两根粗细不一的竹竿。

楼梯面向天台，面向天台的左边有两间房间。中间的房间（标为杂物房②）的门口面向天台，上面只剩下一张挥春，内容是“横财就手”，沾满了灰尘。窗

①本节涉及的数据由陈旭妍测量得出。

户正对着门口，宽度和高度各为1.02米和1.51米。这个房间主要用来放农具，里面有一个簸箕、一个圆形状的竹筛、两把植物扫帚、两根竹条、一个扒钩、一把铁铲子和一个塑料耙子。

最右边的房间（标为杂物房③）门口正对着通往顶层的楼梯，而房间的窗户也是正对着门口，宽度和高度各为1.02米 和1.51米。这间房间堆放的农具较少，有一把小扫帚、一把塑胶铲子、一根1.14米长的竹竿、六根2.6米长的木条，另有一台起重机，用来把稻谷从一楼吊上三楼；一个直径92.6米的蓝色铁皮桶，一个扒钩，用黑色绳子捆住，收稻谷时一人在前面拉着绳子，一人在后面帮忙推平稻谷。中间的房间和最右边的房间的墙上还有两个小洞（0.12m × 0.12m）。

整栋房子三层高，但从三楼的右边房间的外面还有楼梯通往屋顶，可是楼梯口被砖头封住了，禁止上去。该楼梯的底下一层有9级台阶，上一层有12级台阶。房间门口与该楼梯的过道（标为过道②）间放有一架风车（风车宽0.42米，长1.51米，高1.23米；出谷口宽0.22米，废料口宽0.12米）用于制作稻谷，还有一些工具，有一个较陈旧的信号接收器、九个水泥桶和三块门板。

天台的位置对应一楼是客厅、厨房和三间卧室，对应二楼是客厅和五个房间。天台和房间、楼梯过道间都有门槛，门槛高0.08米，主要是为了防止下雨天雨水漫进房子。天台中间偏外墙的地方有一处烟囱，烟囱正对一楼的厨房，内径0.15米，外径0.18米。

三、生活与消费

此支出仅调查了日常消费的内容。

1. 伙食开销

钟生金平常喜欢购买瘦肉、鱼肉和豆制品。猪肉价格为12元一斤，鱼肉的价格为8元一斤，豆制品价格为10元一斤。平常钟生金一个人居住在村子里的时候，一般不会到镇上买菜，而会在家里等待一些售卖菜肉的商贩将车开到村子里的时候购买一些，每天的花费在15块钱左右。而当家人们都回来时，需到镇上买菜，每天的花费在100元左右。

2. 水电费

电费0.8元一度，家里有电视机、电饭煲、电冰箱等电器，每月电费在60～70元之间。家里用水是从山上自己建设的水窖引下来的，所以用水不需花钱。

3. 烟草开销

钟生金有吸烟的习惯，他不喜欢抽包装的香烟，而是喜欢自己用烟纸卷烟来抽，钟生金经常会到镇上的烟草店购买烟草和烟纸，每天有空就会拿出纸和烟草卷一根烟来抽。烟草的价格是60元一斤，钟生金每个月大约需要1.5斤的烟草，约90元的开销（除了自己抽之外，还要招待客人等）。

4. 交通及其他费用

钟生金的两辆摩托车汽油花费没有固定，每次用完即加。

钟生金家的电视信号跟网络费用使用的是电信家庭套餐，190元一个月，套餐内容包括电视信号（约150个频道），无线信号和三部手机的话费套餐。

钟生金家里有男女款摩托车各一辆，所以钟生金外出都是自己开摩托车。村子里到镇上的公交车从去年（2017年）开始运营，但是钟生金一次都没有坐过。

5. 宠物狗

钟生金家里养着一只宠物狗，品种为蝴蝶犬，它和村子里其他普通的小狗形成非常明显的对比。钟生金给它取名“旺财”。据钟生金说，四年前他们去东莞旅行，在回程的时候，旺财跑到了他们的车上，他们将旺财带回了L镇，并一直养到现在。

旺财很通人性，跟钟生金感情很好，在村子里的几天，旺财也是我们的开心果，它平常对人很好，到了晚上也会很尽责地看护家园。平时钟生金如果到罗定市的房子，旺财就留在村子里，钟生金的邻居会给它食物，旺财也会很认真地照看家门。

四、生产与经济

（一）水稻

因为钟生金家里的年轻人都在外务工，很少回到家里，两位老人年纪较大，也要到市里照顾孙子，所以目前钟生金家种植的农作物只有水稻一类。钟生金家里有四块田地，共约2.6亩，三块田地用于种植水稻，还有一块地因为偏远而荒废了。根据钟生金的介绍，罗定的水稻由于气候的原因，每年两季，一般是春种早稻，夏种晚稻，每年水稻的种植、施肥、喷药情况差不多，时间是根据每年的节气确定的，如表3–33所示。

表3–33　水稻种植时间表

节气	活动内容
清明	播种早稻
谷雨	施肥，喷药

续上表

节气	活动内容
小暑	收割早稻
大暑	播种晚稻
立秋	施肥、喷药
立冬前后	收割晚稻

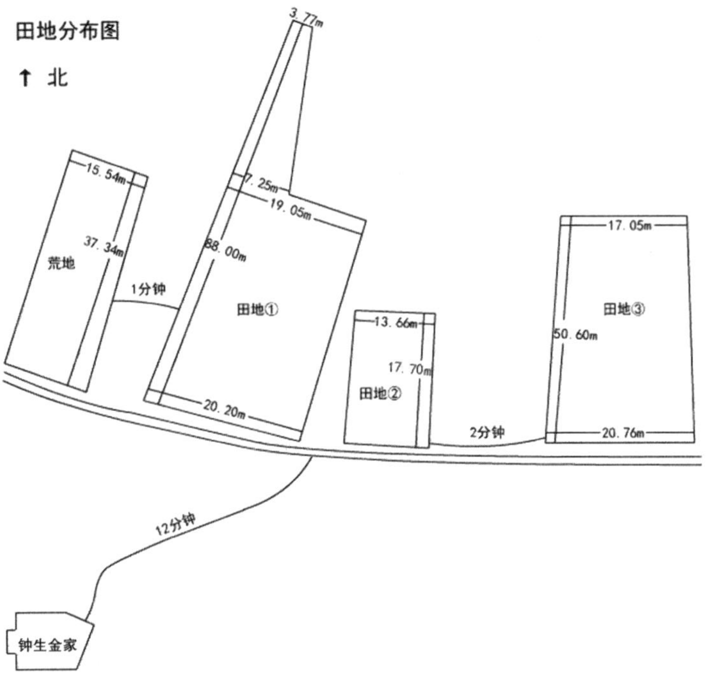

图3–46　田地分布图

钟生金家里共有三块田地和一块荒地，离家1千米左右，是1982年按人口分得的，见图3–46。当时钟生金家里分得了五人份的地，是全村最大的。荒地以前是用来种菜的，现在荒废了，长满了杂草，钟生金说这块地要等着以后征收。三块田地大小分别为2亩、0.25亩、0.4亩，都种了水稻。水稻每亩的种植成本见表3–34。

表3-34　水稻的种植成本

种子	每亩60元
化肥	每亩160元
农药	每亩80元
收割机	每亩100元
请人打田①	每天130元，需两天时间
插秧	每天220元

水稻平时主要是钟生金和妻子在种，如果种得多就全家一起帮忙，忙不过来的时候会请人用收割机收割。水稻一年两收，早稻清明前种，小暑收；晚稻大暑前后种，立冬前后收。三年前由于天气异常，10月10日就收晚稻了。晚稻跟早稻相比会更好吃。

钟生金的田地每亩可以收八九百斤稻谷，丰收时可能会达到1000斤。收成的时候，所有田地收成约20担稻谷（1担约100斤，售价约175元），每担可碾出70斤米，平时自己吃，吃剩的大部分用于出售。

（二）果树

钟生金家里还有一块山地（由于距离较远，行走不便，而且现在没有种植作物，所以钟生金没有带我们前往），去年开始在山上尝试种了一些茶树果，一棵树约收获3斤茶树果。去年种一棵树的成本为1.8元，今年的成本为2.5元。今年一共种了200棵树，但由于天气不好，品种不好，现在只剩下20多棵。钟生金说会尝试继续种植，茶树果是很好的榨油原料。榨取的油可以卖到70元一斤。

（三）其他收入

钟生金因为年纪较大，不再外出工作，因此自己没有工资收入。夫妻二人每人每月领150元养老金。两个儿子在外务工，每人每个月会寄1000元回家。

评语

20世纪80年代，随着中国的城镇化、工业化进程不断推进，村庄里的产业却在不断萎缩、空心化，青壮年农民被迫外出打工，由此造成了中国农村社会普

①打田，就是请人用拖拉机犁地。

遍的留守家庭、留守家园现象。

钟生金家庭就是一个典型的留守家庭。但钟生金家庭有自己的特色，他和老伴基本脱离了农村，搬到城市居住生活去了，在村里居住的时间很少。当然主要是为了照看在城市读书的孙子们，另外城市也可以提供更为完善的生活服务。由此他在霞村的楼房大部分时间处于闲置状态，承包地的利用效率也很低，而且他们也没有改善农村生活条件、发展农业的冲动。但他们一家仍然保留农民身份，宅基地、承包地的使用权仍然牢牢地掌握在自己手中，并且随着“确权”的完成，宅基地、承包地已经成为他们的一种“财产权”。处于这种“留守家园”状态的农民可能不止钟生金一家，以后随着城镇化进程还会出现更多。新修订的《中华人民共和国农村土地承包法》《中华人民共和国土地管理法》已经明确要保护农民“带地进城”的状态。对于钟家来讲，这或许是一种福利、一种“乡愁”，但对于霞村的农业发展来讲，土地资源的低效、浪费将被制度性锁定。在以后乡村振兴的过程中，村庄内承包地、宅基地的任何整治都必须征得他们的同意，这将会产生极为高昂的交易成本。

第八章　三代同堂——钟子阳

卢嘉豪　唐伊雯　黎清霞

我们小组负责的住户调查对象，住址为广东省罗定市L镇霞村83号。在此次调查中给我们小组提供资料以及帮助的是钟子阳（48岁，建筑临时工，做过化工厂质量管理员和大巴跟车员，霞村人）、吴雨英（48岁，临时工，做过服装厂工人、塑料花厂工人和旅游用品公司工人，泗盆村人）、钟杰锋（29岁，自由职业者，大专毕业，做过导游，霞村人）。

调研过程：

2018年11月25日：13:00—14:00，到达住户家并与住户家庭成员进行简单的了解和交谈；15:00—16:30，参观长岗坡纪念馆。

2018年11月26日：8:30—11:00，进行住宅情况调查：13:20—14:30，参加S小学牵手活动；16:25—17:20，与小学牵手对象交谈并留下联系方式。

2018年11月27日：16:10—17:35，受邀前往牵手对象家拜访；19:10—20:35，家庭成员口述史调查。

2018年11月28日：7:15—9:50，调查镇上墟市并了解村子消费及交通情况；13:10—15:30，调查住户新屋情况。

2018年11月29日：8:40—10:50，住户周边环境调查；19:25—21:09，与户主及其妻子进行访谈。

2018年11月30日：15:20—17:00，梁书记座谈会；19:20—21:25，与户主及其妻子进行访谈。

2018年12月1日：12:30，离开霞村。

一、家庭

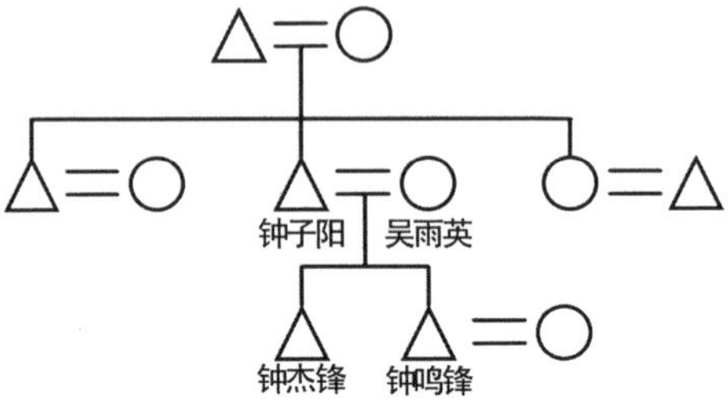

图3-47　钟子阳家庭成员示意图

本次住户调查对象为一家四口——户主钟子阳、他的妻子吴雨英、大儿子钟杰锋和小儿子钟鸣锋（图3-47）。小儿子已经成家，在茂名居住和工作。而户主的母亲与户主的大哥住在一起。因此平常住有三口人。

（一）男主人——钟子阳

钟子阳，初中学历，于1970年1月在广东省云浮市罗定市L镇霞村83号出生，今年48岁，身体状况良好，不高不胖，因常年在外工作（建筑、跟车卖票）比较辛苦，皮肤黝黑。普通话较标准。

钟子阳一家五口，在三兄弟中他排第二。他的哥哥比他大四岁，哥哥的儿子已经结了婚，现在全家在广州生活，一般过年回来一次。他的弟弟比他小三岁，没有离开家乡，高中毕业后去广州的金融培训中心学习，一年后回到镇上接了父亲在镇里农村信用社当柜员的班，平时就在镇上居住。他在村里的房子是父亲在1980年时拆了一栋祖屋建成的，没有装修，1990年他整改了厨房的部分入住，现在是他们的母亲一个人住在那里，离钟子阳一家住的另一栋祖屋相隔很近。他在村口的水车附近还租有一个鱼塘（8亩），请了堂弟在打理，鱼塘里养了鱼，另外养了100多只鸡和10条看门狗，买鱼的人有需要会自己开车来。钟子阳早上有空的话都会去鱼塘看看，吴雨英平时吃剩的饭菜也会让钟子阳拿去鱼塘喂狗。

幼时，钟子阳家里的条件比较艰苦，他的父亲在L镇的农村信用合作社工作，工资微薄，一个月只有10块钱。母亲是当时家里唯一的劳动力，那时实行人民公社，是计工分的，没有分田到户，因此每次分粮食，家里只能分到一点，额外的只能靠父亲的工资去买粮票才能养活兄弟三人。平时一日三餐只有晚上可以有饭吃，白天只能喝粥。钟子阳上学时数理科的成绩较好，他也比较喜欢，后来他曾就读的初中校长还邀请过他回去教自然地理。但是他年轻时觉得老师工资不高就没有答应，现在他觉得有些遗憾。

1986年，钟子阳初中毕业，经乡政府介绍，镇政府出钱让他去了广西南宁学习化工技术，回来后他在L镇一家做复合化工肥料的公办企业担任质量管理人员，一个月的工资是62元，包住宿水电费，伙食费自己出。其间，企业出钱让钟子阳去广州的省办化工研究所培训学习，同在一起学习的一位女厂长（对钟子阳有好感）邀请他去她东莞的工厂担任同样的职位，但当时钟子阳的爸妈反对他去（觉得女方家里只有一个女儿，没有生儿子，家庭条件不好），他也觉得东莞太远，就拒绝了，没再和她联系。两三年后，钟子阳所在的企业倒闭了，那时他和吴雨英刚结婚，去了深圳龙岗区的平湖（当时归属宝安区）找工做。1993年，钟子阳跟兄弟叔侄一起在深圳做起了装修，上门帮人装门窗、水电等。装修的工作做了一年多后，1995年他转行进了表哥的电子厂，300～400元每月，包吃住。因为工资不高，一年多后他又去了广州，还是和兄弟一起做装修。2004年，因为装修辛苦，又赚不了多少钱，而他的大儿子学费花销又高，钟子阳开始另谋出路。他先是给一个老板打工，在长途大巴上跟车卖票（往返深圳和罗定），老板比较吝啬，脾气也不太好，钟子阳春运期间想承包一辆巴士自己做，这样利润会比较高，但老板不答应。两三年后钟子阳就换了个老板，这个老板人比较好，还给他租了房，也允许他春运自己干，一个春运钟子阳就可以赚五六万元。后来，他开始和五个朋友股份制承包了两辆大巴车（一辆51座，一辆57座），几个人轮流负责，两辆车一起走，路线是深圳—罗定龙湾，一天一个来回，通常周五、周六晚上会塞车，晚上经过L镇回到龙湾（表3-35）。当时的生意还不错，也是因为承包了这个大巴车，钟子阳才赚了点钱，建得起房子。平时大巴的票价是90元一人，到了春运期间会涨一倍左右，180～200元一人，他还会去广州番禺的大学城接要回L镇的学生，只收他们80元一人。大年三十晚上钟子阳才会回家过年。跟车卖票那段时间，钟子阳每天都会吸一包多烟，因为坐在大巴上没有事做但又要盯着司机，所以需要抽烟提神，以防司机开错路或者出意外，那时他抽的烟是17元一包的，后来渐渐抽得少了，而且换成了7～8元一包的。

先前吴雨英在罗定市区的汽车总站后面租了一间房住，钟子阳住在老板租的房子里（房租从车票收入里扣）。2010年的时候钟子阳拆了村里原来的祖屋，花近10万元建了现在住着的房子，2012年装修花了5万元（当时政府有农村厕改项目，装化粪池的房屋都会给予补贴三四百元）。去年他们又花了30万元另外建了一栋五层高的新楼房。他们很后悔当时没有在市区买商品房（做房地产行业的好友说要给他们两套房先住着，等经济条件好了再付钱），而是选择了回村再建一套房，现在那里的房价已经涨了一倍多。

巴士一般3～4年一换。最后一次换车，两辆车他们一共花了100多万元，其中一辆90万元。2018年“五一”期间他们商量着卖掉了巴士，钟子阳分得20万元，因为现在有车的人越来越多，而且滴滴等网约顺风车逐渐兴起，又方便又便宜，生意越来越不好做。回村至今钟子阳瘦了有10斤，也黑了，因为不用整天坐着，有工就在外面工作（装修），没事就去走走玩玩（表3-36）。目前他的打算是附近有什么工作，就去做一下，现在他偶尔帮别人做装修，每月都能有2000元，有空就把自家新房阳台的砖砌好，等到新房装修完了，就将它做成一个农家乐、饭店之类的，因为这里的长岗坡渡槽已经打造成了一个较成熟的景点（钟子阳小时喜欢称之为“天桥”），周末都会有各地的人带着老人小孩来这里参观（也有曾经参与建渡槽的人），而这里连一家可以吃东西歇脚的饭店都没有。他设想如果生意好，就让小儿子回来帮忙。

表3-35 钟子阳跟车时的作息表

时间	内容
6:30	起床，洗漱准备
7:20	出车去深圳
12:00	到达深圳
12:00—17:00	在车站吃午饭（快餐），休息
17:00—17:30	在车站吃晚饭（快餐）
17:45	出车回罗定龙湾
22:00	到达龙湾
23:00	回到住房
24:00	睡觉

注：2018年5月前。

表3-36 钟子阳现在的作息表

时间	内容
7:30	起床洗漱
7:50	去鱼塘
12:00	回来吃午饭（家里/大哥家/弟弟家），不看电视
12:30	回房睡午觉
14:00	出门

续上表

时间	内容
18:30	吃晚饭，看广东卫视《高第街记事》和《飞哥大英雄》(喜爱看历史抗日剧)
19:00—23:00	看电视或到邻居家和亲戚家串门
23:00	洗澡
23:30	睡觉

（二）女主人——吴雨英

钟子阳妻子吴雨英，广东省罗定市L镇泗盆村人，生于1970年8月，为家中长女，有两个弟弟和两个妹妹，均生活在L镇。吴雨英个子不高，约1.55米，身材稍微发福，在外工作时体重有128斤，今年回到家里后瘦了，目前为122斤；皮肤黝黑，拥有一头乌黑的短发，双眼皮大眼睛，性格热情开朗，比较健谈，讲话声音较大。吴雨英初中只读了两年，就通过同学介绍，和另一个同学一起到东莞打工，因当时还未满16岁，很多厂不敢招童工，找了很多厂未果，最后央求厂长才得以进厂工作。那时的工资很少，仅够维持基本生活。那段时间吴雨英进的大多是服装厂，其中有一次进过塑料花厂，但因厂里灰尘太多、塑料味道太大，就又选择了相对干净的服装厂。每个月有一两百元的收入，厂里有分配宿舍，但不包吃，伙食费每个月需要花销10～20元。吴雨英18岁时回到L镇工作，进的是机械砖厂，工作比较辛苦。

吴雨英与丈夫在L镇上工作时相识，19岁时成婚，分别在两家举办了简单的婚宴，请了各自的亲朋好友过来。当时嫁妆比较简单，主要是实物如单车、蚊帐、被子等。那时赴婚宴也不是封红包作份子钱，而是送实物如镜子、水壶、布匹等。1990年吴雨英生下长子杰锋，1992年生下次子鸣锋。那时村里没有卫生站，吴雨英生小孩的时候是在家里，请了接生婆来接生，如今村里的医疗环境好了很多，妇女怀孕时检查项目也多了，更有利于了解胎儿的情况，分娩也大都到医院里去。生下大儿子之后，吴雨英就没有出去工作了，留在家里照看孩子，靠做些农活、养猪以及卖豆腐维持生计。当时家里养了三头猪，一头猪要养10个月，可以卖1000元，此外也会做豆腐去卖，一次能卖得10～20元，因此吴雨英平均每月有200多元的收入能够贴补家用，丈夫仍然外出务工赚钱。两个儿子都在村里长大上学，在L镇的二中上初中。

2002年，等到两个儿子能够自己做饭，照顾自己以后，便交由奶奶照看，夫妻俩就到罗定市区务工，在那边租了房子住，较少回家，只有逢年过节或者是有婚宴酒宴等邀请时才回来。吴雨英在罗定市区的一家服装厂做了10年（表3–37），厂长人很好，很赏识她的能力，破例同意将宿舍租给她的丈夫，钟子阳不跟车的时候就去那里住，后来厂长觉得自己一个人管理工厂太辛苦，不想继续开下去了，吴雨英因此换了工作。吴雨英很喜欢吃零食，她说以前在厂里工作的时候会经常买些饼干和水果来吃。厂里有饭堂，吃饭也比较方便。在饭堂就餐一顿几块钱，每月统计就餐次数，餐费从工资里扣，一个月的工资大概有2000元，月底发工资，可以选择发现金，也可以选择转到银行卡里，吴雨英觉得拿现金比较方便。厂里周末也要上班，每个月只休息一两天，早上8点上班，中午11点半下班，下午2点上班，5点50分下班，偶尔加班，加班是上到晚上9点，有加班费，加班的晚饭是厂里包的，在服装厂也上过夜班，但比较少。2012年吴雨英到罗定市品质旅游用品有限公司工作，在那里就不用上夜班。2015年，由于这家公司搬去了附城，吴雨英觉得太远，就没有跟过去，所以辞职换了其他工作，因此在这家公司只工作了两年多。后面进的也是服装厂，和两个好友租了一套三房一厅的屋子，虽然厂里伙食很便宜，才3元一餐，但肉很少又不好吃，所以就经常自己煮饭。厂里每年会组织公费旅游一次，都是去广东省内的旅游景点，去年去的是肇庆市的七星岩和湿地公园，去了一整天，晚上9点才回来。

直至2018年9月23日，吴雨英才辞去工作回到家里，目前在家照看在建的新屋，做些家务活，偶尔和丈夫一起承接村里的一些杂活（表3–38）。问起今后的打算，吴雨英说她之前工作的服装厂多次邀请她回去工作，因此打算下个月重新进厂工作。

表3–37　吴雨英在市区工作时的作息表

时间	内容
7:30	起床
8:00—11:30	上班
11:30—14:00	午饭及休息
14:00—17:30	上班
18:30	晚饭
19:00—22:00	看电视
22:00—22:30	洗澡、洗衣服
22:30	睡觉

表3–38　吴雨英现在的作息表

时间	内容
6:30	起床洗漱
7:00—7:30	做早餐
8:00—11:30	外出（去镇上买菜/种菜/去新屋打扫/做零工）
12:00	煮午饭和吃午饭
13:30—16:30	外出（种菜/去新屋打扫/做零工）
17:00—19:30	煮晚饭和吃晚饭
20:00—22:00	去跳广场舞或在家和丈夫一起看电视
22:30—23:00	洗澡睡觉

（三）大儿子——钟杰锋

大儿子名叫钟杰锋，1990年出生。他的身高约1.59米，皮肤比较白，有刘海，时常穿着一条蓝色运动裤和白色条纹长袖T恤。我们调研期间他一直住在家里，和我们一起吃饭。平常他都是早上8点左右起床，除了午晚饭和睡觉在家里外，很多时候都到隔壁叔叔家玩电脑，玩手机，等等。

他1996年开始在S小学就读，由于S小学只有五个年级，读完五年级后他就升到了罗定L镇第二中学念初中。L镇二中距离他们家约2.9千米。初中毕业后就去了罗定实验中学念高中，实验中学是罗定的一所重点高中。当时高中的学费要2200元一个学期，住宿费也要两百多元一个学期，再加上生活费一年大约要一万元。钟杰锋读书的时候成绩很好，名列前茅。高中毕业后，他就到了位于广州市天河区的广东农工商职业技术学院读大专，专业是旅游管理。钟子阳说那时他和妻子都在外工作，选专业的时候是钟杰锋自己选的，他自己也喜欢这个专业。2010年，读完了三年大专，他就毕业出来工作了。刚出来的时候做了两年导游。他觉得做导游不体面，而且要和不同的人交流，很多人说的家乡话他也听不懂，去学又很难，于是就没有继续做下去。之后有旅游公司请他去工作，他也没去。钟子阳说大儿子不善于和别人交流。2012年钟杰锋去了广州的一所写字楼工作，岗位主要是商务，具体的情况不方便透露。一直做到2018年中秋，他辞工回家就没有出去工作，直到现在，原因是觉得工作太累，不愿意再做。钟杰锋今年28岁，尚未结婚。

（四）小儿子——钟鸣锋

小儿子名叫钟鸣锋，1992年出生。钟鸣锋现在和妻子一起在茂名工作，我们通过访问钟子阳夫妇了解他的经历。钟鸣锋的出生违反了国家计划生育政策，吴雨英生下他的时候被罚了1000多块钱。钟鸣锋跟他哥哥一样，也是在S小学和L镇二中读完了小学和初中。初中毕业之后他到了罗定市技工学校读烹饪专业。他从小对烹饪就很有兴趣。从技校出来后他选择了工作，因为当时家里条件不是很好，他想早点出来工作赚钱，而且自己也没有哥哥成绩那么好，不想让父母再花那么多钱供自己读书。一开始他在深圳做厨师，做了一两年后去了北京工作，然后跟原来的师傅又去了福建做了一段时间，接着到了广州。最后去了茂名的汇丰大酒店一直做到现在。刚开始在汇丰大酒店他做的是杂工，2017年就升了主管，到现在已经做了一年多。钟鸣锋在2016年结婚，和妻子一起生活在茂名市，到现在还没有孩子。钟子阳说，小儿子夫妇都是过年后才有空回来，平时节假日也特别忙，今年中秋小儿子寄了一盒汇丰酒店的月饼回家。

二、住房与用品

图3-48　钟子阳家

图3-49　钟子阳家的新房（在建）

图3-50　新房大门

钟子阳家位于霞村党群服务中心南面的沥青路左侧。党群服务中心是村民集体出钱买地，政府建设的，门前是初心广场，占地面积为1084平方米。从党群服务中心走到第一个路口（长度为43.6米），在路口左转走30米，一栋外墙没有粉刷、表面仍是砖坯的楼房（政府部门会分期派人统一粉刷整个村子的房屋外墙）即为钟家房屋。

房子背后和左侧是一个小山坡（与房子相隔1米），山坡上有一个不规则四边形花基，四条边长分别为15米、15米、11米、20米，是政府统一粉刷民房外墙那段时间，请了50多人耗时一日修好的（吴雨英也去了，一天工钱为120元）。周围生长着各种各样的植物，各种野草和30条甘蔗，还有一株丝瓜藤。房与房中间是破烂的水泥路和泥路相连接的一条小巷。

房子的建筑一共四层楼（四楼是天台和一个杂物间），长9.85米，宽8.39米，高13.8米，外墙楼高均为3.67米，占地面积约73平方米，于2010年建成，坐北朝南，2012年装修了内部并入住（图3-48）。门前和一间土坯砖瓦房（钟子阳小时候住的祖屋，现在已经把窗户钉上，完全不住了）组成了一个直角的三角形小型水泥庭院，两条直角边长4.89米和8.39米，斜边长9.72米，院子里有个铁架子晾着家里的衣服，院子边上长满了青苔，斜边堆放着一些装修工具和杂物，下面是一条长9.72米，宽0.37米，深0.4米的水沟（无水）。院子中间停着一辆黑色雅马哈摩托车，耗油少，每千米约0.2元，主要用途为去镇上买菜，至今已行驶3.26万千米。

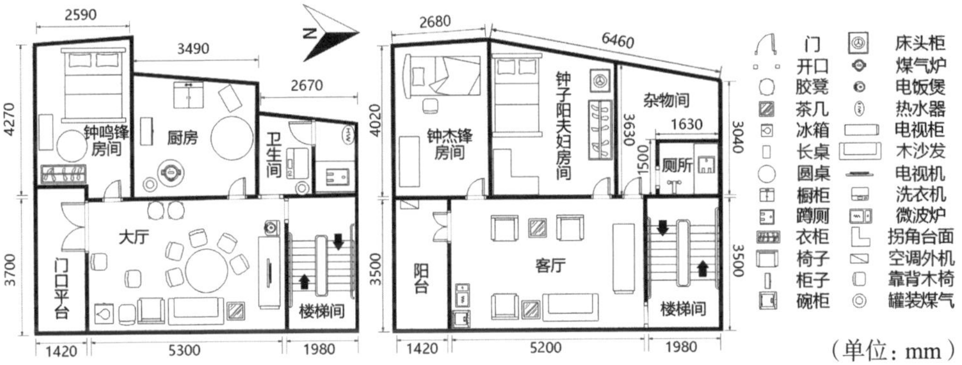

图3-51　一楼、二楼平面图

（一）一楼

一楼有客厅、厨房、厕所（浴室）、一间卧室以及楼梯间（图3-51）。一楼门口前有块贴了瓷砖的小平地，上面对着的是二楼阳台。门高2.3米，宽1.3米，门槛高0.1米，门是双开的不锈钢门，门的上方有一面宽1.3米、高0.4米的不可开的玻璃窗。门的两边贴着“金玉满堂家宅旺，鸿福齐天富贵长”春联，“出入平安”横幅下贴了五张挥春。

1. 客厅

进屋就是客厅（3.5m × 5.3m）。客厅地面铺着青白色的仿砂石阶砖，墙壁刷了白漆，顶上有一把大吊扇，左面有三个门，从外到里分别是房间门、厨房门、厕所门，但厕所门没有装门框。每个门框上都贴着一张挥春。客厅正面最左侧也有一个门口，是通往楼梯间的，这个门口旁边摆放着一把木椅，椅子上方摆放着一个容量为10升、直径为0.36米、功率是1550瓦特的三角牌电饭煲，椅子右边是一个带有七个抽屉的木制的电视柜（1.96m×0.54m×0.7m），柜面中间摆放着一台32寸的乐华牌液晶电视机（0.76m×0.55m），贴着“政府补贴金额300元——节能产品，惠民工程”的标签。柜面两侧摆满了杂物如酒瓶、纸巾等。柜子上方的墙面左边挂着一件“新居大吉”的大型玻璃板挂饰，其下边挂着一本L胜安车行送的挂历（0.34m×0.37m），其右边挂着一本中山市产的电子万年历，上面是一个“家和万事兴”荷花图，下面可显示日期、时间、农历、温度。在这两个物件中间的上方，即客厅正面墙壁中上方贴着写有“金玉满堂”的红纸。柜子前面地上摆放着一台千叶牌风扇、三个0.4米高的老式保温壶以及一个0.25米高、容量为2.3L、功率为1500瓦特的万利达牌电热水瓶。客厅中间摆放着一张高0.7米、直径为1.18米的可拆卸的圆桌，旁边围绕着有八把0.95米高的靠背木椅。客厅的左面墙壁上方贴着写有“囍”字的红纸，下方摆放着七个0.45米高的胶凳、三袋50千克的润丰复合硅酸盐水泥、三个油漆桶、一把0.78米高的长柄榔头、两个蛇皮饲料袋、一个容量为15千克和一个2.5千克的塑料罐以及一台闲置热水器（0.28m×0.12m×0.43m），热水器是钟鸣锋从网上购买的，但用不到一周就坏了。客厅的右面墙壁的上方贴着写有“浩仕——次男鸣锋新婚嘉冠”的红纸，下方摆放着一套木制沙发（2.28m×0.75m×0.87m）和一张小茶几（0.7m×0.48m×0.48m），小木沙发上堆满了衣服和两顶草帽。右面和后面墙壁交集的角落摆放着一台美的牌冰箱（0.52m×0.57m×1.41m），贴有“政府补贴金额260元——节能产品，惠民工程”的标志，冰箱内主要是放有剩菜和腊肠，冷藏格没有物品。

客厅的后面的墙壁上方贴着写有“万宝朝堂”的红纸，嵌有一扇宽0.89米，高1.44米的窗，下方摆放着一把靠背椅，椅子上放着一袋用猪饲料袋子装着的大米。

2. 钟鸣锋的卧室

房间靠近大门口，是钟子阳小儿子钟鸣锋的房间。因为在我们调查期间钟鸣锋不在家，经过吴雨英允许后，由她带着我们进房间参观了一下，因此只能描述房间的大致结构和物件摆设，无法精确测量它们的规格大小以及其他详细情况。一进房间门，就看到一张大床（2.0m×1.8m），床上铺有厚床垫，上面堆放着粉红色的棉被，床上架着粉紫色的蚊帐，在床的正中间的架子上挂着一台白色吊扇。门口的左边是一个带有三扇门的木质衣柜，高度与门框同高，约有2.1米高。

衣柜上方挂着一台白色的三星牌空调。在床和衣柜的中间摆放着一张小圆桌，圆桌桌面为一块未刷漆的圆形薄木板，底座较大，是刷了漆的实木底座，桌面与底座不同材质，吴雨英说是找人拼做的。小圆桌的左边是一张小型的书桌，桌上堆放着衣服和衣架。书桌靠着的墙上有一扇窗户（0.97m × 1.44m），挂有棕黄色的窗帘。

3. 厨房

厨房位于客厅的左边中间，地面铺着与客厅一样的地砖。门口靠厨房的右侧，一进门就看到一张靠着右侧墙壁的高为0.7米、直径为1.18米的大圆桌，桌上摆着一个电饭煲内胆及盖子、一个大型浅边圆铁盘、两个不锈钢铁盘、一把菜刀，桌子下面放着两个塑料菜篮。厨房没有专门修建的炉灶，炒菜的地方位于进门左侧，由一张直径为0.73米、高0.55米的小圆桌和一个直径为0.42米煤气炉构成，连着一罐富华牌液化石油气。进门的对面墙前中间摆放着一个不锈钢橱柜（0.8m × 0.42m × 0.7m），柜子上面和里面摆放着碗碟和筷子，共有46个碗、10个瓷碟、五个不锈钢碟、18双筷子、三个不锈钢铁盘。柜子左边摆放着两个高0.37米、直径为0.5米的大簸箕和一个带有把手高0.48米、直径为0.25米的小簸箕。柜子右边摆放着一个弃置的老旧铁炉，其旁边摆放着两个高0.28米、直径为0.2米的砂煲。厨房的左边墙壁前也摆放着一张陈旧的木制橱柜，柜子上面摆放着1瓶厨邦牌酱油、一瓶加加牌鲜味鲜生抽、一瓶泷江桥牌广东米酒、一瓶塑料罐装的花生油、一瓶海天牌黄豆酱。柜子里有八个瓷碟、四个不锈钢碟、六个碗、两个不锈钢铁盘以及一个雅中惠牌保温瓶，柜子前靠着一个直径为0.87米的玻璃转盘和一个高0.13米、直径为0.17米的药煲。

4. 厕所兼浴室

厕所位于一楼左边第三间，靠近楼梯间，铺着黄棕色带有石头花纹的地板。中间有一道墙将两厕所分为两部分，里边是厕所，外面放着洗衣机以及用来洗碗或者洗菜的两个大铁盆。进门就看到一台白色的海尔牌洗衣机（0.62m × 0.3m × 0.7m），洗衣机与墙壁之间的间隙中放着一罐液化石油气、一块直径为0.4米的木质砧板、一把0.29米长的菜刀、一个直径为0.28米的蓝色塑料菜篮子以及一袋立白洗衣粉。进门对面墙壁左下角有一个高0.9米的水龙头，水龙头前面摆放着两个直径为0.42米的大铁盆，以及一瓶立白洗洁精。厕所门（0.62m × 0.3m × 0.7m）旁边贴有“2012年度重大公共卫生服务农村改厕项目，粤21–56342”的牌子，厕所门是木制的，门把已损坏未修理。厕所里面分两阶，高度差为0.16米。高的一层装有蹲坑，墙边放有一瓶多芬牌洗发乳、一瓶力士牌洗发水、一瓶恩莱芙牌沐浴露以及一瓶超威牌洁厕精；低的一层摆放着一个直径为0.37米的红色塑胶桶，桶里放着一把直径为0.19米的红色塑胶勺。门对面的墙壁中间有一扇窗户，窗台较宽。左边墙壁上有一个高0.66米的水龙头，这个水龙头接连的水管是自家花钱购买的，水管连接至高山上的水源，水质很好。门口对面的墙上挂着一台连着液化石油气的万家乐牌电热水器（用了两三年，修理的人告知虽然其外壳标着万家乐，但里面的配件不是万家乐品牌的），其适用电压为0.02～0.5mpa，额定热负荷为12千瓦。墙壁上有一个窗户（0.76m×1.0m），窗台宽0.2米。右边墙脚挂着一个三层扇形不锈钢架，架上摆放一管高露洁牙膏、一管佳洁士牙膏、一管黑人牙膏、12支牙刷、四个漱口杯、一卷清风牌纸巾等，旁边挂有一个带有10个钩子的不锈钢挂钩，一共挂着五条毛巾。

5. 楼梯间

客厅的后面是通往二楼的楼梯，与客厅隔着一堵墙，楼梯和墙之间摆放着许多的杂物，有两个直径0.3米、高0.3米的白色油漆桶，一个直径为0.28米厚塑料桶，四个直径为0.37米的红色胶桶，一张小茶几，一个小板凳，一把长0.45米的不锈钢材质的大汤勺，一个高和直径皆为0.2米的苏宁电饭煲，一个直径为0.36米的电饭煲内胆，一个长0.28米的铁笼，38个直径为0.17米的大瓷碗，45个直径为0.22米的瓷碟，一台闲置的热水器，一台轴流式高速风机，两双旧鞋，两顶头盔，一捆香以及塑料袋若干。楼梯口高2.4米，墙边瓷砖高0.12米，通往二楼的楼梯有九级台阶（0.85m×0.22m×0.14m），楼梯地砖有两种颜色，中间为淡黄色大理石纹，两边为红棕色大理石纹，三段楼梯为每层楼间隔长度，每段楼梯之间有一个拐角平台（1.67m×0.9m）和一扇窗户。

（二）二楼

二楼有一个和一楼一样大的铺着淡黄色大理石花纹地板砖的客厅（5.3m×3.5m），南面是阳台、西面依次是厕所、吴雨英和钟子阳住的房间和他们的大儿子的房间。

1. 客厅

客厅（5.3m×3.5m）北面靠墙有一个电视柜（长1.88米，宽0.59米，高0.7米），上面堆放着一些废弃不用已经蒙上灰尘的东西，有一把钳子、一把橙色手握毛刷、一瓶500ml的原浆珍藏版茅台、五本A5大小的“六合彩”资讯杂志、三个LED小灯泡、一把生锈的铁钳、三个充电器、四个破损的玻璃烛台和半罐酿制的稔子酒等。东面摆放了一张大的普通木制沙发，长1.54米，宽0.75米，高0.87米，右边是一大袋未开封的40千克的瘦肉型小猪配合饲料，左边是一张小的木沙发，长0.74米，宽0.75米，高0.87米（这一套沙发是2011年吴雨英的母亲赠予的，现已生虫），旁边有个装着用过的九个塑料瓶的红色塑料袋。西面是两张小沙发，中间一张木质小茶几（长0.7米，宽0.48米，高0.48米），沙发上堆放了许多不穿的衣服和衣架。南面是一张茶几上放着一台白色Calanz牌的微波炉，上面盖着一条白色毛巾，旁边是一台新的未使用的科荣牌双层消毒碗柜，说明书还放在里面，上面盖着一件青色短袖衣服。

2. 厕所

进门后的右边一块地方是厕所，无门无顶，门槛高0.12米，其他空间是堆放杂物的地方，有一面拆掉的木质梳妆镜，两台千叶牌电风扇，一台肥城海信牌的工业型电风扇，八袋完整的猪饲料，两个簸箕，角落堆放着两床很旧的快变成黑色的大棉被和三个大小不一的包装箱和四瓶红酒，另外一边有一把木椅子（高0.7米）上面放着两个不锈钢盆，盛着一口不锈钢平底锅，旁边是一个无把手的不锈钢桶，盛着一个底部印着“囍”字的胶盆。二楼厕所（长1.38米，宽1.62米）不能淋浴，厕所地面有两层，高的一层是一个蹲坑，低的是洗手洗衣服用的平台，安装了一个水龙头，水龙头下面放着一红一白两个冲水用的水桶。

3. 钟子阳和吴雨英的房间

因平时房门紧锁，经吴雨英允许并带领才得以参观，因此无法精确测量房内物件的规格（大儿子的房间情况也如此）。吴雨英和钟子阳的房间在中间，门口朝东，窗户在房间的西面，有窗帘，窗下是一把木椅（高0.7米），旁边是一个24寸的黑色行李箱，里面装着一床亮粉色厚棉被。挂着粉紫色蚊帐的铁架木床靠在西南方向的角落，价值600元，上有一床绿色毛毯和一床黄白色薄棉被，左边放着一把同样的木椅。东南角垂直放着棕黄色、红色木桌各一张。房间的北面是一个三层高2.2米的双开门大实木柜，房间的空调是花3800元从镇上买回来的三星牌空调，位于窗户的上方。

4. 大儿子的房间

大儿子的房间靠近阳台，房间的东面有个大箱子装满了他的衣服，南面是一扇和阳台一样的窗户，窗户下是一张木桌，上面堆放着各种杂物，下面摆了一双Newbalance牌黑色鞋子，西面是他睡的床（木床架），和一楼小儿子的床一样，但没有蚊帐。床上有一床棉被，垫了三张垫子，最下面一层为竹席，第二层深紫色格纹床垫，最上面一层为薄的深红色花纹毛毯，有两个枕头。床旁边放了一把木椅，椅背上披着四件衣服，椅子上架着一台小型白色电风扇。

5. 二楼阳台

阳台墙壁没有粉刷，地板是和客厅一样的。宽1.42米，长3.6米，护栏高0.82米，门框高0.4米，双开的不锈钢门边贴着一副普通的红底黑字春联“恭喜发财财到手”和“迎春接福福盈门”，横批“恭喜发财”。门旁边的窗户宽0.89米，高1.84米（平移部分1.44米，窗格部分0.4米），窗户边框为金棕色。

（三）三楼

三楼的架构和二楼基本上是一致的，有一个厅三间房和一个阳台。只不过二楼的第一间房是厕所，而三楼的三间都是房间。吴雨英说是因为三楼水压不够，所以没有修建厕所，一般都是给客人或者亲戚来做客的时候住的。三楼的门口和每一间房的门框上面都贴着一条挥春，一共四条。三楼铺的也是淡黄色大理石纹瓷砖，白灰色墙壁。由于没什么人住，三楼的东西并不多（图3–52）。

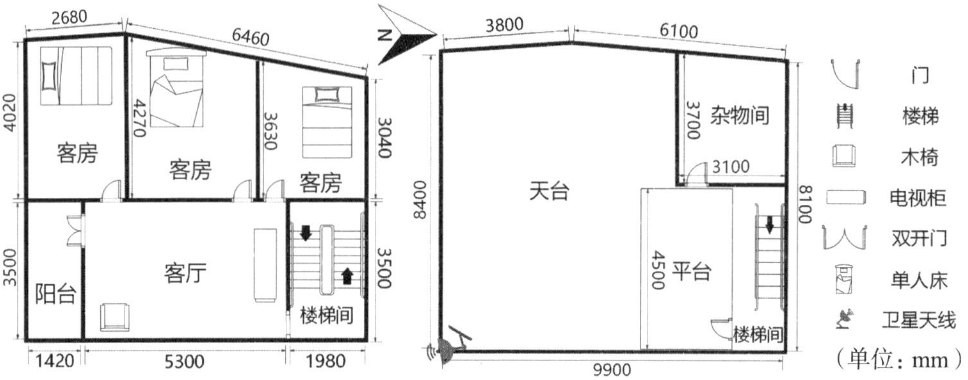

图3–52　三楼、四楼平面图

1. 客厅

客厅（5.3m × 3.5m），有一个电视柜（1.88m × 0.59m × 0.7m），规格跟二楼的电视柜一样。电视柜上堆放着许多杂物，包括两张草席（2.0m × 1.6m），若干个颜色不一、新旧混杂的衣架，旁边靠着四袋40公斤的瘦肉型小猪配合饲料。电视柜里还有一卷直径0.13米的透明胶，三支黑笔和一个威明牌节能王小螺旋灯泡。在阳台门左边的角落里还有一把砖红色的靠背木椅，木椅上有一个花枕头（0.55m × 0.35m × 0.10m）。

2. 第一间房

第一个房间的平面是一个梯形，门口的这一边是它的右腰，长2.77米；对着门口的那一边，也是窗户（1.44m × 0.97m）所在的一边是左腰，长2.81米；在房间里面面向门口，床在左手边靠着墙，床所在的一边是上底，长3.04米；床对着的一边长3.63米。房间里的床是由两条长木凳上面盖一张木板搭成的，长1.83米、宽1.3米。木板上面铺着一张黄色的薄凉席。房间里只有一个螺旋节能灯泡。门口左边的角落里放着两个大纸箱（0.75m × 0.6m × 0.62m），里面堆放着数十本高中教材和《笑傲江湖》等武侠小说，书上面已经封尘。每一间房间都有一个窗户（0.97m × 1.44m），窗帘是黄色普通花纹，上面的帘子有65个黄白相间的流苏垂下来。

3. 第二间房

第二个房间的平面也是一个梯形。朝向和第一间一样，但是面积是三间房里最大的。门口的一边，也就是右腰，长3.37米，窗户的一边，也即左腰长3.49米，上底长3.63米，另一边长4.27米。这个房间的床在面向门口的右手边，比第一间要大，有一个木制床架，长2.03米，宽1.58米，高2.2米。房间里装的是一条日光灯管。窗户和窗帘跟另外两个房间一样。除此之外没有其他的物品。

4. 第三间房

第三间房的平面是一个长方形（4.27m × 2.59m）。床是靠着门口对面的墙壁，和第一间房一样，也是由两条长木凳和一张木板搭起的，上面是一张草席。床板长1.9米，宽1.49米。这间房的窗户在面向门口的右边，和这栋屋子的大门口朝向同一个方向。窗户下面还有一个红色胶凳。这间房有两盏灯，一个螺旋节能灯泡，一条日光灯管。

5. 阳台

三楼阳台的面积与层高和二楼一样。出阳台的门口装了一道双开的不锈钢防盗门。外面贴着一副对联，右边只有上半部分的“合家欢乐”四字，下半部分已经损毁；左边是“内外平安好运来”；横批“出入平安”。阳台外面只有一块红砖头用来撑住门，此外没有其他东西。

（四）四楼

四楼是屋子的天台。在天台和楼梯之间的门口同样装了一道双开的银色不锈钢防盗门。走出门口是一个高2.48米的水泥顶棚，棚下是一个平台（3.0m × 2.4m），地板上面铺的是和二、三楼一样的淡黄色大理石纹瓷砖。平台的右边是一个杂物间，里面堆放着许多陈旧的杂物，包括一个高0.45米的大瓮，一个高0.22米的小瓮，两个28寸的行李箱，两袋40公斤的猪饲料，一台方形电风扇，一顶淡黄色草帽，一个竹耙（9个齿，长约1.5米），一个不锈钢锅盖，三块木板（1.8m × 1.3m），六个包装箱，若干电线和蛇皮袋（颜色不一），等等。平台外面的地是水泥地，没有铺瓷砖，地上面摆放着两个信号接收器（直径0.44米），一根钢管（长5米），一捆铁钉（约70个）和占地面积1.25平方米，高0.79米的一堆红砖头。

（五）住宅与土地状况

钟子阳一家现在拥有两栋房子，分别为一栋在住房和一栋在建房，还有一间共有财产性质的房屋。

1. 在住住宅

在住房2010年开始建造，长9.85米，宽8.39米，高13.8米。因西边有一条东北—西南走向的小路阻挡，房屋西侧墙壁不平直，紧挨着小路向东内折了两段，因此房屋不规则，占地面积约73平方米，房屋共四层，第二层以上因不再受小路限制，西侧墙壁平直，楼层面积约78.5平方米。房屋建造费用包括建筑人工费约1.8万元（按面积算，每平方米70元人工费）、装修费约5万元，加上材料费、临工费等总共八九万元，不足10万元，2012年完成装修后入住，目前为钟子阳一家常住地。

2. 在建房（新屋）

住宅的形状是不规则的，钟子阳他们认为从风水学的角度上看，长方形的住宅才是标准的，而且还有一间土坯老屋横斜在住宅前面，挡住了门口，他们觉得住宅的房屋设计不合理，地理位置不佳，风水不好，因此，他们决定修建新屋。

新屋位于在住房前面12.7米距离的位置，2017年开始建造，目前尚未完工。房子长8.6米，宽11米，占地面积94.6平方米，共有五层，是全村最高的楼房。每层一个客厅、两间房（除一楼因为客厅较大，只有一间房）、一间厕所、一间厨房。该屋目前的建造情况是：外墙除天台围墙还剩正面未建好，其他都建好了。屋内墙壁还未粉刷，一楼的厕所和厨房以及二楼的厕所是完成了装修的，一、二楼的门框都装上了门，其他的区域还未装修。装修材料需要自己购买，装修人工费仍然是按面积算，因楼层不同而不同。一楼每平方米150多元的人工费，二楼每平方米170多元，三楼每平方米180多元，每高一层就加多十几块钱的人工费。

新屋目前虽未完工，但仍出租给了承包村里新农村建设的建筑工人，由政府牵线，钟子阳和承包公司的老板自行协商租金。商量的结果是每一层租金为每月300多元，出租了三至五楼，但目前只收到一部分的租金。

新屋建于钟子阳他们祖屋的旧址之上，祖屋面积约有377平方米，由他们三兄弟平摊这块地。旧址上共建有三栋房，从东向西依次是钟子阳大哥的房子（2017年入住）、钟子阳的房子、钟子阳弟弟的房子（1990年入住，先拆了祖屋的厨房建造的），其中钟子阳家的房子为五层楼高，其余两间为三层楼高，皆为砖坯房。

霞村因发展特色旅游业吸引了大批游客前往，钟子阳发现了商机，因新屋距离公路较近，且与著名的旅游景点——长岗坡纪念馆距离不到1000米，周边缺少餐饮店，因此他设想在新屋开设农家乐，以当地的有机食材为外地游客提供餐饮服务，若农家乐发展较好，则钟子阳的两个儿子也都可以在店里工作，不必外出务工。

3. 未分配房产

在住房门前是一间土坯老屋，占地面积约121.1平方米，包括老屋部分（6.6m × 16.0m）和猪圈部分（3.1m × 5.0m，已损坏和坍塌），是属于钟子阳他们三兄弟共有的未分配房产，目前未损毁，未拆除（老人们不同意拆除），也没有人居住，处于闲置状态。

三、生活与消费

（一）衣食住行

1. 衣

衣服很多都是在镇上买的，购买衣物的时间不固定。在家干重活和进厂工作的时候就穿旧衣服。买衣服的花销平均500元一年，最高时有1000元。他们选购衣服没有硬性的标准，觉得需要和合适就会买。吴雨英的衣服偏花哨一些，钟子阳的衣服偏简洁。

2. 食

因为家里没有种菜，也没有养家禽，所以都要到镇上买，但是偶尔邻居会让他们到自家菜地里摘菜。吴雨英说去年种过菜，邻居帮忙浇水，秋冬季节一般种生菜、西洋菜、菜心，二月份左右种空心菜比较多。在村里猪肉比蔬菜更容易买到，因为有肉贩子到村里售卖，但是没有菜贩子过来，所以经常要到镇上去买菜，水果也需要到镇上买。偶尔吴雨英也会到附近的田野路边挖马齿菜（又名蚂蚁菜）做菜。马齿菜味酸，具有清热祛湿的功效。现在菜钱大约要30元一天，平均每月在饮食上需要花1000元。

3. 住

钟子阳家里的家具大多是自己购买的，一般要到私人家具制作坊定制，他们做好以后会送过来，只有少许的家具如客厅的电视柜和二楼客厅的一套木制沙发是亲戚赠送的。与现在的家具价格相比，吴雨英说在住宅入伙（即2012年）时的家具很便宜，客厅的一套沙发才650元，而现在要2000多元了。

由于钟子阳家用的水是自己铺水管引自山上的泉水，所以不需要交水费。家里有装空调，电费的主要支出是空调电费，夏季的每个月需要交300元的电费（约2个月），冬季每个月70～80元（约6个月），不经常在家就只需要交10～20元的电费（约4个月）。一家人月平均电费为92.5元。

家里的一瓶洗发水和一瓶沐浴露（共50～60元）可以用两三个月，每月要用2～3袋洗衣粉（10～20元），一袋卷纸约17元。钟子阳一家的生活用品月平均支出约为100元。

4. 行

村里的沥青路是今年新农村改造时修建的，同时也扩宽了公路，目前是双行道。村里平时没有公交车到镇上，只有墟日才会有客运巴士在村子和镇上来回，早上从村里到镇上就只有两个班次：7:30班次和8:30班次，返回也只有两个班次：9:30班次和10:30班次，其他时间段不通车，车费为2元一次。吴雨英以前也会骑自行车到镇上买菜，但是车坏了以后就没有了，偶尔也会搭乘邻居的顺风车到镇上买菜或者直接让邻居帮忙买。钟子阳有一辆摩托车，平时出行比较方便，用车多的话，一个星期需要花费50元的油钱。钟子阳一家的出行费用月平均支出约为200元。

（二）医疗卫生

霞村没有卫生站，最近的卫生站是在S村委员会门口隔壁，卫生站占地面积约18平方米，只有一位医生（医生是钟子阳的同学）。钟子阳一家身体康健，很少生病，一年需要花在看病的费用大概100元，钟子阳夫妇都买了医保，每年220元，但没有买其他社保。

（三）娱乐

钟子阳用的手机是三星牌智能手机，电话卡是中国移动的，每月58元的话费套餐；吴雨英用的是老人机，每月的话费约16元。每天在S小学门前的公路边会有村里的阿姨聚集在一起跳广场舞，一般是在晚上8点至9点多的时间段，吴雨英偶尔会去。钟子阳很少打牌、打麻将，一般晚上在家里看电视或者去亲戚、邻居家串门。

（四）教育支出

大儿子钟杰锋高中在罗定实验中学就读，每学期学费2200元，每个月的伙食费200～300元，高中的教育支出每年约6650元。大学在广东农工商职业技术学院就读，学费每学期8000元，每个月的伙食费约600元（大二以后就有勤工俭学补贴伙食费），大学的教育支出每年约2.14万元。

（五）其他消费支出

1. 理发支出

钟子阳每个月需要剪一次头发，费用是10元一次。吴雨英两三个月需要剪一次头发，费用也是10元一次。他们一般都是到镇上去理发。一家人理发年均支出是160元。

2. 个人消费

钟子阳在从事跟车工作时经常抽烟，一个月要花500～600元，回到家就少抽一些；吴雨英喜欢吃零食和水果，一个月要花400～500元。

（六）生产支出

钟子阳家的生产支出主要在种植水稻方面，包括育秧、施肥、农药、收割和脱壳等费用。家里的地一年（两季水稻）的总生产支出为：7.2元（育秧）+40元（农药）+360元（化肥）+200元（收割）+125元（脱壳）=732.2（元）

（七）年平均支出

基于钟子阳一家的生产与生活情况调查，不计教育支出（两个儿子已完成学业）和房屋建设支出，汇总一家的年平均支出如表3–39所示：

表3–39　钟子阳一家的年平均支出表

内容	年平均支出（元 / 年）
衣	500
食	12 000
住	2310
行	2400
医疗卫生	540
娱乐	888
理发	160
个人	12 000
生产劳动支出	732.2
总计	42 370.2

根据钟子阳一家的生产收入和家庭收入以及生产生活消费支出可以得出一年的经济盈余情况。一年的经济盈余为：108 000元（年均收入）-42 730.2元（年均支出）=65 269.8（元）。他们的盈余资金基本上都会存起来。

四、生产与经济

由于钟子阳一家常年外出务工，较少留在村里，因此没有种植瓜果、蔬菜以及经济作物，只种有1亩多的水稻，也没有养殖家禽和牲畜（表3-40）。

（一）种植业

霞村目前人口有1909人，农田面积有557.02亩。据钟子阳描述，村子以前的农田多为梯田，但四五年前被挖掘机铲平了约100多亩。因村民将房屋建在农田上，导致农田面积减少，现在政府已经禁止村民在农田上建房子。

当时分田是按人头分，每人分得0.5亩田，由于钟子阳的父亲在镇上工作，没有参与村里的农业劳动，因此没有分得田地，只有母亲和奶奶分得田地，所以钟子阳一家总共只分得1亩多田，现在主要由钟子阳管理。这1亩多田不是连在一起的，大概分为20块田，很分散，而且相隔距离很远。其中有一部分田是闲置的，也有一部分田免费让其他村民耕种。种植的水稻一年两熟，每年的3月份，钟子阳或吴雨英会从罗定市区回来插秧（秧苗一般是自己拿谷种来育的，两斤谷种育的秧可以插1亩田），到6月份完成第一次收割；收割完之后再插秧，在10月份完成第二次收割。钟子阳平时很少回来打理稻田，平日是拜托邻里帮忙浇灌，同时为了健康也很少喷农药，一般是等农科所的专业人士下田调查后提醒村民农田需要喷农药时才喷一些，1亩地的农药成本为20元。在插秧的时候会顺便给农田施肥，1亩地需要施一袋肥料，肥料每袋180元。如今村里的水稻收割基本实现了机械化，每到水稻成熟时期，会有人主动前来询问是否需要用收割机，费用比较便宜，大概是每亩收100元，机械收割速度很快，1亩多田地半个小时就可以收完了。这样算下来种1亩地一年的总成本约600元。

钟子阳的1亩多田地每次能收获1000斤左右的稻谷，稻谷不卖，主要是供自家人食用及赠送亲戚，每个月大概消耗100多斤的稻谷，因此收获一次的稻谷能够吃上半年多。村里的米有高产米和普产米之分，高产米的颗粒比普产米的要大，没有普产米好吃，市价也比普产米便宜，高产米130元1担（1担约100斤），普产米180元1担。钟子阳种的基本都是普产米。由于村里没有稻谷脱壳专门场所，因此需要自行将稻谷运到镇上去脱壳，因为米难以长时间储存，会生虫，因此一般吃多少就脱多少的谷，钟子阳家大概一个多月去镇里脱壳一次，脱一包（70～80斤）稻谷需要5元。

表3-40　钟子阳夫妇一年的活动内容表

节气/节日	内容	回村时长
春节	回村过年	5天
春分	早稻插秧	2天
—	施肥、喷农药	1天
清明	回村祭祖	2天
夏至	收割早稻	1天
小暑	晚稻插秧	2天
—	施肥、喷农药	1天
中秋	回村团聚	2天
寒露	收割晚稻	1天

注：其余时间钟子阳夫妇都在外务工，除了村里有喜事宴请外基本不回村子。

（二）养殖业

钟子阳家没有养家禽和牲畜，也没有开设鱼塘，但他的弟弟在村里承包了一个鱼塘，所以他们家不需要到镇上去买鱼，可以直接到鱼塘里抓鱼。鱼塘基地总面积15亩，鱼塘占地面积约8亩，每亩租金600元一年，租金每年9000元，租期为20年。鱼塘是人工挖掘的，建造费用约20万元。鱼塘里的水引自渡槽，养的鱼多为罗非鱼和鲩鱼。由于钟子阳的弟弟在镇上居住和工作，较少回到村里，也较少管理鱼塘，因此现在是由他的堂哥负责管理，钟子阳也经常去帮忙照看。鱼塘基地里养了10条狗，钟子阳每天会将家里的剩饭剩菜拿去喂它们。鱼贩子会主动到鱼塘采购，这时候钟子阳一定会去帮忙。鱼塘基地不仅养鱼，以前还养过两次猪，在基地建造时是建有猪圈的，但由于成猪价格下降，又因养猪会导致水源和环境污染，政府对规模养殖进行管制，不能进行商业买卖，因此如今没有继续养猪了。现在基地还养有100只鸡，这些鸡主要供自家食用。

（三）林业

霞村的山林地面积3801亩，主要为松树和桉树（由于桉树有毒会污染水源，因此现在较少种桉树了）。村子的山和树归村子统一所有，没有分给村民，因此钟子阳一家没有分得山地用以种植经济作物和树木。

（四）家庭收入

1. 经济收入

钟子阳2004年以前曾做过装修和在电子厂工作，从2004年到2018年5月，其工作是大巴跟车员。一开始是帮老板做跟车员，做了10年左右，接下来的几年在每个月的休息日以及春运的时候，和五个朋友合伙承包了两辆大巴搭客，两份工作一起做，一直到今年的5月份。吴雨英2002年以前曾经卖过豆腐，养过猪，在塑料花厂、旅游用品公司和服装厂都工作过，从2002年到2018年9月23日（农历八月十四）在罗定市市区工作。由于以前的时间太过久远，而且收支情况比较复杂，他们对以前的记忆有些模糊，我们主要调查了近15年来他们的经济情况。

由于他们长时间不在村里居住，种的稻谷也是自给自足，基本没有农业方面的收入。因此他们近十多年的收入来源主要是这两项工作的收入。但是今年的情况比较特殊，钟子阳从5月份开始就没有再跟车，而是回到L镇做临时工，妻子也在今年9月23日（农历八月十四）辞工回家（表3–41、表3–42）。

（1）2018年5月以前。

①钟子阳跟车的收入。钟子阳帮老板跟车一天的工资约两百多元，但不是每天都有工开，每月这项收入约4000元。每个月可以休息七八天，他就在这几天和朋友包车搭客到深圳一天来回一趟，两辆大巴共108个座，一个乘客收90元，一般节假日或者春运的时候客流量大，能满座。这项收入每个月平均约2000元。两项加在一起总计月平均收入约为6000元。年收入为7.2万元。

②吴雨英在厂里打工的收入。吴雨英从2002年到2018年9月一直都是入厂做临时工，和长工相比，临时工的工作时间更自由，与长工的基本工资（工资按工时计）相差不大，但没有奖金（奖金400～500元），以前的月平均工资在2000元左右，这几年工资提高了，大概有2500元一个月。吴雨英的年收入为2.4万～3万元。

③租地给承包商的收入。2015年有承包商租了村里的一片地种黄豆，一亩地一年租金400元，钟子阳家里占一亩，一年能得到400元。

（2）2018年5月—9月。

①钟子阳在村里做建筑临时工的收入。钟子阳今年5月回到霞村做临时工，一般是在村里面做建筑和装修方面的工作，包括村里的民宿还有纪念馆平台的建造，等等，一天200元，有工就去做。平均一个月收入3000元。

②吴雨英在厂里打工的收入。月平均2500元。

（3）2018年9月至今。

①钟子阳做建筑临时工的收入。月平均3000元。

②吴雨英做临时工的收入。吴雨英今年9月23日辞工回到霞村，也是在村里做临时工。10月份给村子外墙刷漆的工人做了十多天饭，报酬有1200元；租房子给工人住，得到1500元的租金；帮别人种花、扫路每天有100元；和丈夫一起做民宿建筑临时工，做了五天得到了750元。这段时间的月平均收入约2000元。

表3–41　钟子阳的历年工资表

工作时间（年）	工作内容	工资（元／月）
1986—1993	在化工厂工作	62
1993—1995	帮人做装修	150
1995—1997	在电子厂工作	300～400
1997—2004	做装修	1200
2004—2018.5	大巴跟车	4000～6000
2018.5—2018.11	装修临时工	3000

表3–42　吴雨英的历年工资表

工作时间（年）	工作内容	工资（元／月）
1985—1988	在服装厂工作	100～200
1988—1990	在机械砖厂工作	200～300
1990—2002	养猪，卖豆腐	200～300
2002—2012	在服装厂工作	1500～2500
2012—2014	在旅游用品公司工作	2000
2015—2018.9	在服装厂工作	2500

2. 非经济收入

在访问的过程中，我们问到钟子阳的两个儿子平时有没有给家用（钱）他们时，他们表示自己还能做工就不需要拿儿子的家用，只是平常过年的时候儿子会给他们一点钱。其他的非经济收入还有吴雨英妈妈赠送的一套2000元的木制沙发（2012年赠），小儿子钟鸣锋购买的一台300元的东洋樱花牌热水器（2018年），亲戚赠予的一个650元的木制电视柜（2012年赠），还有邻居平时送的蔬菜。钟子阳一家的非经济收入一年约2000元。

2017年以前，年平均收入为72000元+30000元+400元（经济收入）+2000元（非经济收入）+3600元（水稻自给的等值收入）=108000（元）。2017年以后，由于种子阳不再跟车，收入有所下降。

评语

钟子阳家庭在霞村是比较典型的农村小康之家。其主要原因是夫妻二人很早就出去打工，而不是留在村里务农。因此，他们有一定的积蓄，而且每年都能够有较稳定的货币收入，这足以让他们彻底解决“温饱”问题，顺利建起楼房，过上乡村的“小康”生活。而且夫妻二人和一个儿子可以天天住在一起，这种团聚的幸福也是很多乡村家庭没有的。钟子阳家经济条件之所以比较好除了夫妻二人外出打工、创业都较为顺利以外，另外一个关键的原因是农村的宅基地几乎是免费供给的，这是中国农民享有的特殊福利。而建房、装修的三四十万元费用通过夫妻二人一二十年的打工收入完全可以应付下来，由此相比城市白领阶层动辄数百万的购房支出，他们的经济负担大大减轻。但是，经济上外出打工的“成功”，还是不能掩盖村庄的治理问题、发展问题，尤其是村庄产业的“空壳化”及村庄规划、建设的“无序化”问题，此外还有家庭分裂的社会问题。如果村庄治理失败，污水、垃圾等基本的公共服务都缺失，或者山林的生态出现恶化，钟子阳这样的家庭在霞村就不可能幸福地居住下去，搬迁到城镇就将是必然的选择。

下篇

口述史调查

在文献、档案匮乏的情况下，口述史调查是对村庄的过去、历史进行了解、洞察的几乎唯一的方法。霞村的大多数老年村民“生于斯、长于斯、老于斯”，他们本身就是一部村庄的变迁史、一部乡村的档案，国家与社会的一切变迁都会在他们身上留下连续、踉跄的痕迹。因此，对这些老年村民的口述史调查，可以通向村庄历史的深处，可以折射国家与社会发展、变迁、跌宕的轨迹，同时也可以反映政策、制度的积极作用和需要弥补之处。在村委会的帮助下，我们选择了以下六位农民作为口述史对象。

第一章　老党员江国许

潘昕彤　李影彤

江国许，男，1932年3月27日出生于广东省罗定市L镇霞村。1952年加入中国共产党，后被推荐担任国家干部。在担任国家干部期间，与领导发生矛盾，后辞职回村，担任S管理区[①]支部书记。他亲身经历、目睹了中华人民共和国成立后农村的许多变化。我们在霞村的六天时间里，每天到江国许家拜访，对他的少年、青年、中年与老年生活进行了细致、全面的记录。接受采访时，他的健康状况良好，记忆正常。

采访时间：2018年11月26日至2018年12月1日。

一、童年，食不果腹

江国许，出生于1932年3月27日，今年（2018年）已经87岁了，是土生土长的罗定市L镇霞村人。父母也都是霞村人，江国许在家里排行第二，有一个姐姐和一个弟弟。现在，父母、姐姐和弟弟都已经去世了，家里就剩江国许了。

江国许小时候的生活十分艰苦，属于真正的贫农，全家住在一间瓦房里。父亲外出打工，在广西梧州的码头做苦力，每天等着货船来，将货物担到指定的店铺。母亲在村里的大地主家里干活，帮忙耕田、种田、割禾。每天只包吃，早上和晚上喝粥，中午吃饭。江国许和弟弟小时候都是母亲在照顾，跟父亲基本上没什么联系。母亲每天去帮地主干活，中午可以在地主家带一碗饭回来给江国许和弟弟吃。早上和晚上的时候，江国许和弟弟一般都是煮粥吃，没有米的话就只能吃番薯，每天都只能勉强保证有东西吃。当时还没有长岗坡渡槽水利工程，霞村的田地比较干旱，稻田的收成不是很好。村民们一般要靠番薯、芋头填饱肚子，江国许家也不例外。除了平时吃不饱之外，江国许一家还面临着穿不暖的问题。

---

①S管理区即现在的S村，包括平龙村、S村、霞村、黄塘口村四个自然村，在改革开放之前，称为S大队，改革开放到1994年期间，称为S管理区，1994年之后，称为S村。

穿的衣服都是缝缝补补好多次的，几乎没什么新衣服穿。穿的鞋子一般只有木屐，有时候母亲或者姐姐会用布做成布鞋来给家里人穿。最贫穷的时候，连木屐都穿不起，只能光脚走路。

1939年，江国许年满七岁，开始去上L七小。在村里的小学一直上到六年级就不再读书了，因为家庭比较困难，没有办法继续付学费。在小学学的东西很简单，只有语文和算术，因此学生们的学业并不繁重。学校按每个年级分班教学，老师的主要任务是教学生们认字以及一些简单的计算。当时学校里没有普通话的课程，老师们都用粤语或者当地方言教学。要上课的时候，江国许带上一两本书和一支笔就出门了，走十多分钟的路到学校。平时基本上没什么作业，除了在课堂上做练习，老师很少布置额外的作业，因此学习压力并不很大。

二、少年，自食其力

江国许和弟弟、母亲一起勉强维持生活的日子一直持续到了他14岁那一年。1946年，时年14岁的江国许的生活发生了翻天覆地的变化。父亲在梧州做工的时候发生了意外，生病之后殁于他乡。当时江国许和弟弟、母亲却未能得知。不久之后，才被一起去做苦力的邻居告知父亲已在梧州病逝，但不知道父亲为何生病，何时病故，甚至连父亲去世之后葬在哪里都无从得知。家庭遭遇这种变故，逼迫着江国许迅速成长。当时大姐已经外嫁，江国许作为长男，不得不离开家外出谋生，以减轻家里的负担。因此，江国许住进了舅舅家，帮舅舅家干活，江国许的母亲只需要照顾弟弟就行了。江国许每天都要割草、放牛、耕田，舅舅包饭吃，勉强能够吃饱。这种日子过了两年，江国许去广西梧州打工。在梧州，江国许在河边帮别人挖豆芽、豆菜，然后给老板拿去卖。卖豆芽和豆菜不管赚了多少钱都跟江国许没有关系，因为老板不给工资，只是包吃包住。江国许外出打工并不能赚到钱，只是能够让自己有饭吃有屋住，这样至少能够减轻母亲的负担。因为当时江国许的弟弟还很小，没有能力干活，母亲就成了家里唯一的经济支柱。弟弟当时还在上L七小，幸运的是认识了一个老师。在这个老师的帮助下，他可以免费在当地小学读书。弟弟也是读到小学六年级就辍学了。弟弟在读书的时候，晚上不回家睡觉，只在学校地板上铺一张席子睡，由于地上潮湿，因此中了风，双脚不能走路。尽管后来治疗了，双腿仍然行动不便，不能干重活。后来弟弟就留在村里帮别人剪头发，一元钱一次，每天一般只有一两个人找他剪头发，赚的钱也非常少。

在梧州干了两年之后，时年17岁的江国许就回到了村里。当时中华人民共和国已经成立了，但土地改革还未开始。江国许就和别人一起到山上砍柴，如松树的树根，没有单车，没有手推车，只能用肩膀挑着砍下来的木柴到镇上卖。木柴每百斤卖六毛钱，卖给那些蒸酒、晒盐的店。

三、青年，意气风发

1952年对江国许来说也是很重要的。在这一年，江国许加入了中国共产党。当时入党的过程并不困难，只要是愿意加入、思想觉悟比较高，都能顺利加入。江国许自愿加入中国共产党，提交了申请书，就参加入党培训。入党培训主要是对申请人进行教育，增加他们对中国共产党的认识，让他们知道什么是中国共产党，中国共产党是干什么的，中国共产党的目标是什么。培训结束之后，江国许在同年11月加入了中国共产党。如今，在包括平龙村、S村、霞村、黄塘口村在内的整个S管理区中，虽然江国许不是最老的党员，但却是整个管理区党龄最长的党员。

土改时期，土改队进入霞村并在村里住了一段时间。当时霞村有地主、富农、中农、贫农。地主有四家，都是大地主，家里很富裕，有牛、犁、锄头等农活工具，会请长工、丫鬟。地主家里田地都很多，可以租出去给别人种，然后再收回租金。富农有八家，家里有牛、犁、耙子、锄头和田地，也可以请人干活。中农有牛、犁、耙子和锄头，但是没有田地。贫农就什么都没有，生活是村里最艰苦的。土改队的同志在1950年来到霞村，专门找村里最贫困的贫农，然后在贫农家里住下来，培养他们成为村干部，一直住到村里的土地改革结束以后。江国许家当时就属于最贫困的贫农，土改队有两个同志住在了江国许家，江国许也被土改队视为村干部的培养对象之一。两个同志每人每天给江国许家三毛钱，江国许家包他们的吃和住。土改队每天都向农民宣传土地改革，批判地主们的恶行。江国许在那个时候是最主要的村干部培养对象，被叫去组织农民在祠堂开会并且在会上发言，会议的内容都跟土地改革有关，包括要倾听农民的心声、意见，斗地主分田地的时间安排和准备内容等。当时在村里还有几位农民是江国许的得力助手，这些农民以后都当了村干部。

组织农民开会并不困难，因为农民们都很积极，对土地改革的热情很高。接着就开始斗地主。霞村当时主要有四家地主，即文高生、文霞球、文民、文鸿林，四家地主有多少田地，有多少钱财都被查得清清楚楚。农民们要求地主们把田地、钱财、房屋拿出来分给农民，不拿出来就进行批斗。1952年，开始正式分田了。当时分田的标准是按村里的人数分，住在村里的每个人，不论男女老少，都分到一样多的田地。家里的人越多，分到的田就越多。江国许家分到了两亩田地，他那时就和母亲、弟弟一起在家里耕田。但收成不好，一家人还是不够吃，每天能够吃顿米饭都是一种奢望。平时都是靠吃杂粮、番薯、芋头来填饱肚子。

1953年，农村开始有了布票。布票是政府分配的，只要有布票和钱，就一定可以买到布。布票是平均分配的，大人可以买十三尺长的布，小孩可以买三到四尺的布，这些布刚好可以做一套衣服。买到了布就可以把布拿到裁缝店里让裁缝师傅帮忙做衣服，量好尺寸之后，过几天就能拿到衣服。裁缝店做一套大人的衣服收15～16元，小孩的衣服收4～5元。因为拿布去做衣服比买衣服便宜，所以做衣服在当时很流行。衣服也不能经常换新的，都是缝缝补补了很多次的。

到了1954年，村里开始办农村合作社，江国许又开始组织村民开会，动员大家加入合作社。霞村组成一个合作社，整个村的人一起耕田，集体搞生产，集体在大饭堂吃饭，每天吃三顿饭。刚开始两个月，社员们每天都有饭吃，不用挨饿。后来合作社的粮食生产逐渐减少，社员们开始吃不上米饭。过了两年，合作社就办不下去了，社员们就解散了。

农业合作社解散后，1962年，农村确立了生产队的经济组织形式。生产队是根据住处和姓氏分的，整个霞村被分为16个生产队，姓曾的人组成一个生产队，姓钟的人又组成另外一个生产队，每个生产队大致有一百余人，村里就以生产队为组织单位，各自耕田揾食。生产队的报酬以“工分”形式体现，生产队根据当年社员所获工分多少进行分配。不同性别、年龄段的人会被分成不同的等级，而不同等级的人每个“标准工作日”所获取的工分数也有所差别。例如，青年通常会被定为一级，需要他们每天通过劳动取得10个工分；老人由于体力上与青壮劳动力存在一定差距，就会被定为二级，需要获取八到九个工分；学生因为有上学读书的任务不能时时刻刻参与劳动，所以获取三到四个工分即可。每个生产队里会有一个会计，负责计算其所在生产队所有人总共获取的工分数。完成“公购粮”的任务后，按总工分数领取剩余的粮食，再按生产队的人头数分配粮食，每半年分配一次。“公购粮”是指国家定期会派人到农村收粮，粮食由生产队社员担到集合点。每个生产队都有对应的生产任务，只有按政府规定上交了足够的粮食，才可以将剩下的余粮按工分分配。生产队组织形式刚开始实施时，江国许所在的生产队队长是一个妇女，指挥和领导能力有待提高，整个生产队肥料不够，田地的收成情况不好，所以赚不到高的工分数，社员分到的粮食非常少，情况困窘。

当时，生产队里不准外出，不准搞地下工厂，不准搞小手工业，所有人都必须在村里耕田搞生产。虽然生产队组织形式存在着诸多弊端，但还是为罗定的农业生产做出了相当大的贡献，江国许用肯定的语气说道。罗定十年九旱，频繁地出现了“粮荒”，人民苦不堪言，主要还是穷在缺水。1976年罗定县人民政府决定修建渡槽，要求每个生产队都派人参与修建工作。恰逢江国许在生产队担任队长，政府便安排他与另一位S村村委委员负责安排“挖泥方”的工作。江国许安排生产队的人挖泥土，挖完后负责测量每一个生产队挖了多少方的泥土并上报至计分所。计分所有明确的机制：挖1方泥土就可以获得1个工分，每个工分可以换取一毛二分钱。计分所每天会计算每个生产队所获工分数，并把钱发给生产队。因为挖泥土可以攒工分，所以很多人都愿意去参与渡槽的修建工作，包括江国许的三女儿。挖泥土可挖至十米多深，但挖泥土其实是很危险的一件事情，曾发生过塌方而导致六人死亡的事件，其中一人是江国许小舅子的老婆。除了挖泥土外，还需生产队的人上山搬石头，几百斤重的石头都是靠肩膀一块块地抬。技术员统筹工作，生产队社员帮忙推车、搬运，筛石头和沙子。1981年渡槽才正式竣工通水。渡槽耗费了罗定县巨大的人力、物力与时间成本，但彻底改善了罗定的灌溉状况。

改革开放后，农民的生活发生了翻天覆地的变化。1978年“家庭联产承包责任制”出台，将田地分配到每户，但1982年霞村才真正废除“生产队”这种组织形式，实施“分田到户”，各种农作物的收成好坏全靠自己的努力。农民们对这一政策都很满意。对此，江国许感叹道，在实行生产队的时期，一亩田产量仅有几百斤。而实施“分田到户”的政策后，一亩田的产量可达上千斤。同时，在改革开放的影响下，青年都出去打工了，打破了“只准搞农业生产”的束缚。

四、中年，兢兢业业

1954年，江国许由于在土地改革中表现优秀，被调到了L粮食部门，担任粮食所的粮食助理员。助理员每天要去到所管辖的管理区下乡调查，工作就是负责管理粮食以及对难以完成任务的生产队进行扶持。若生产队内农民出现了没有粮食吃的情况，则需要助理员给予帮助并适当分配粮食。助理员的工作繁杂琐碎，每天都需要下乡并向粮食所所长汇报情况，非常辛苦。

江国许做了几年助理员后因为得到了领导的赏识，被调到了粮食局的人事股，负责监督粮食局各领导干部的工作情况，将各领导干部的表现整理为文档上交至上级领导。在人事股工作了七八年后，又因为表现突出，江国许被派至船步镇当粮管所所长。粮管所所长主要负责统筹工作，谁负责完成什么工作，谁负责去哪里调研等都由江国许安排。所长不需要像助理员一样每天下乡，只需在办公室里统筹，听助理员的汇报并转达给粮食局。这份工作持续了大概一年的时间，江国许又因为表现突出升到县委组织部管人事。在组织部管人事的时候也需要每天下乡，但调查对象变成了镇里的干部。江国许需要记录这些干部每天做了什么，有没有做什么违规或者犯法的事情。如果他们怠职、懒政或者做了什么违规的事情，都会导致群众的不满，而群众若不满就会给江国许提供材料。江国许自豪地说道，哪些人懒，哪些人狡猾，他都一清二楚。若这些领导无所作为就会被调任处理，一般是会被降职，例如被调到别的镇当领导，或是从书记降为普通干部，更有甚者直接被清除出干部队伍。虽然江国许一直在升职，但当时所有干部的工资都有统一的标准。标准由政府制定，1954—1964年江国许的工资都是每个月30多元，尽管职位有所变动，但工资没有太大变化。一般而言，普通村干部都是一个月二三十元，而镇党委书记工资会相对高一些，一个月有48元。能当上正式干部相当于拿到国家的“铁饭碗”。在江国许担任国家干部的十几年里，工资水平十分稳定。那时的江国许年轻气盛，其所在的组织部纪律严明、做事很认真。每天工作早出晚归，早上需要下乡调查，整顿党员干部和组织党员开会学习，晚上回到县城里还要开会听领导安排工作，聆听领导的表扬或者批评指导。江国许在组织部工作了三年，对领导的做事方式一直很不满意，曾多次向组织部部长提交调职回粮食部门的申请，但均遭到部长的拒绝。开会的时候，部长还批评江国许，说他思想觉悟不高、有问题。江国许一时头脑发热，一气之下于1964年辞职回到村里。

丢掉了“铁饭碗”，江国许的心情其实是不舒畅的，但L镇政府领导一直欣赏江国许的能力，便让他担任工程建筑队队长兼指导员，负责建造楼房、仓库的工作。江国许接下了这份工作后，首先召集了200余个工人组成建筑工人团队，工人团队的领导队伍由一名指导员（江国许）、一名会计、一名出纳、一名施工员组成。四名领导带领建筑队伍踏上了前往韶关的火车。施工地位于韶关与英德之间，名为“301工地”。工地上建有工棚给队伍住宿，同时设有饭堂。在这一年半的时间里，按照要求，需要建造五座仓库。江国许坦言，那时并不是特别累，因为（自己）当领导，只需要有条不紊地安排工人的工作即可，而且每个月还有70元工资，相对轻松。仓库建造完成后，建筑队伍就解散了。1975年，江国许回到了霞村继续耕田。这时正是“文化大革命”时期，但江国许坦言“文化大革命”对自己没有太大影响。从韶关回来之后，生产队便让江国许担任队长，他带领队员耕田劳作完成生产任务，也参与了长岗坡渡槽的修建。1978年，新的镇政府党委书记得知江国许曾在县委组织部工作过，就到他家，邀请他担任S

管理区的支部书记（S管理区包括平龙村、S村、霞村、黄塘口村）。当时支部书记的职位并不需要像现在这样要通过考试才能担任，亦不需要通过村民选举产生，而是统一由政府委派。

担任管理区的支部书记并没有固定的工资收入，仅可得到每年年末政府发放的200元补贴[①]，所以江国许一家的生活一直非常艰难。担任支部书记那一年恰好开始改革开放，分田到户后全体家庭成员参与耕田，农忙的时候江国许也要去踩割禾机。当时，割禾机300块一台，但需要男人踩着踏板才能工作。耕田收获的粮食勉强能自给。为了赚更多的钱，每年家里会养一两头猪，需要自己去找猪菜（米、汤、杂粮等）喂给猪吃，所以也无法准确计算养一头猪需要多少钱。养一头猪要一年左右，等到年底江国许会将养大的猪用猪笼装好抬去食品站卖，价钱根据猪肉的质量分高低，一斤大概能卖4～7元，一头猪可以卖到400～700元。家里也会养一些鸡和鸭，但是不怎么赚钱，因为一斤才8毛钱左右，5元就能买到一只鸡或者一只鸭。

没有工资收入，支部书记的工作依然繁重，除了负责调解群众之间的矛盾、减少村民之间的争执外，还需要完成四项任务，分别是“计划生育”“公购粮”“征地”与“征兵”。第一个任务“计划生育”是四项任务的重中之重。如果江国许未能按时完成指标任务，就会在计生会议中被严肃批评，扣上“工作马虎”的帽子并扣除奖金、补贴。计生会议由党委召开，每个管理区派出支部书记、营长、主任、妇女主任、会计和一般干部共六个人参加。计划生育政策固然严格，但江国许十分理解村民的心情。名义上每户人家只能生两个孩子，但农村普遍有重男轻女、养儿防老的思想，如果那户人家生的全是女儿，他就会酌情给他们多一次机会，让他们可以“搏”一个儿子。因为当领导的也要体谅农民，要从群众中来到群众中去，跟人民群众搞好关系才可以赢得他们的信任。有一些领导干部要官威得罪群众，可能就会出现在退休后被村民殴打的情况。第二个任务是“公购粮”。江国许需要发动群众去将生产队收获的粮食上交给国家，再把余粮留给生产队。1982年“分田到户”政策落实后，群众无需将粮食上交，这项任务也顺势结束。第三个任务是“征地”，农村当时普遍存在占用耕地盖楼的现象，国土所需要合理规划各块土地的用途。由此，规划土地的任务就落在了管理区的支部书记身上，由管理区的支部书记再转达通知至村里的支部书记。征地盖楼需要得到批准，如果村民想要盖房则需要以亩或者以平方米为单位购买土地。江国许要经常下乡调查农村是否有私建楼房的情况，如果有，则需上报。上级应

---

①现在S村村委干部每个月有两千多块钱。

对的做法是派人强拆未经过批准的楼房，或者对私建楼房的村民处以罚款。第四个任务是“征兵”。江国许作为管理区支部书记掌握着各生产队内男丁的年龄和数量的信息，管理着生产队的人事档案。当发现哪一户人家有适龄男丁，江国许就会到这些人的家中宣扬党的政策，列举当兵的好处，说服这些男丁入伍。如果男丁有当兵的意愿，可自行前往镇里参加兵役局安排的测试。虽然当兵很辛苦，但还是有很多人愿意去当兵，因为只要当上了兵，政府每年会发10担谷物或者把谷物换成钱给士兵的家人。江国许在管理区支部书记的岗位上兢兢业业地干足16年，直至1994年退休。

江国许在1956年组成了自己的家庭。妻子姓文，两人因土地改革相识，在工作的过程中结缘。他的妻子在村里担任支部书记，负责管理霞村的八支生产队，给每一支生产队分配生产任务，每天还需要在全村巡逻，巡视生产进度与每块田的耕作情况等，并将所有资料汇总给上级部门。1964年到1967年她担任管理区的妇女主任，负责解决妇女的问题，并协助计划生育工作。1967年之后就没再外出工作，只是在家里耕田和带孩子。江国许与妻子的第一个孩子是个女儿，于两人结婚三年后（1959年）出生，二女儿和三女儿分别在1964年与1966年出生，最小的儿子江瑞权则在1972年出生。因为江国许和妻子工作都很忙，所以孩子小时候主要是江国许的母亲带，等到江国许的妻子离职后，孩子才由她带，而江国许由于工作原因，很少带孩子。他每天需要上夜班或者开会，想要回家需办理请假手续，所以这一时期他很少回家。庆幸的是，四个孩子在江国许的母亲和妻子的教导下，性格乖巧老实。三个女儿都在L二中读初中，都是自己踩单车去上学的；而小儿子读完小学后去肇庆读中专，平时都是自己坐车去学校，到了假期才会回家，每学期的学费要700元左右。

五、老年，颐养天年

1994年江国许退休之后，并没有马上在家开始养老生活。因为当时退休金每个月只有39元，还需要多赚一点钱来补贴家用。江国许就跟着小舅子去深圳打工。小舅子管理的建筑队当时在宝安区公明镇盖楼房，江国许就帮忙管理建筑材料，每个月有五六百元，包吃包住。每天负责清点水泥、沙、石头、砖头等建筑材料，买的材料到了就做好登记并放在仓库保管好，需要用到材料时就打开仓库让别人取材料。其间，江国许的母亲去世了。江国许听到消息后赶回家奔丧，葬礼结束之后又继续去建筑队工作。1995年末，江国许回到了罗定老家。

江国许的儿子江瑞权于1996年在罗定市买了一套商品房。当时江国许和妻子、儿子和儿媳以及外孙女一起住在那套房子里。江瑞权1988年中专毕业之后在无线电厂当科长，每个月领400元的工资，江瑞权在无线电厂认识了妻子并且结了婚。每天吃完饭，江国许就和妻子去逛街，到处走走看看，生活较为惬意。此时江国许的左脚脚踝已经开始有点痛，但不是很严重，只是走路会痛得更厉害。江国许每天都用草药敷脚，没有去医院检查。后来家里购买了L镇郊区的一块地皮，就把罗定县城的那间商品房卖了出去，用得到的钱盖了一栋四层半的楼房，一家人住进了新房子。在新房子住了两年之后，江瑞权和妻子发生了矛盾。当时江瑞权只有一个女儿，家里人都希望他们再生一个男孩，但江瑞权的妻子死活都不愿意再生一个，两个人的矛盾越来越大，最后就离婚了。离婚之后，在L镇郊区的那栋房子归妻子所有，江瑞权得到了几万块钱，前妻就带着女儿一直住在里面。搬出那栋房子之后，江国许和妻子、儿子一起在罗定租房子住。江瑞权通过考试去了L镇的职业中学当老师，周一至周五都住在学校的教师宿舍里。租房子住了不到一年，江国许又在罗定县城买了一套房子，和妻子一起住进去。住了两年之后，因为房子经常漏水，江国许就把房子卖了，然后和妻子一起回霞村的瓦房住。那时江国许的脚部发炎更加严重了，开始去看医生。医生诊断，江国许的左脚静脉曲张，血管都阻塞了，所以会经常疼痛。严重的时候江国许就住进医院治疗，儿子每天下班之后会来医院照顾他，女儿们有空也会探望。脚部发炎的症状缓解之后，江国许回家养病。江国许的一个小舅子在村里做医生，会按时来给他打针，能缓解一下疼痛。这样的治疗持续了十年，总共花了两万多元，但是却始终没能把左腿治好，反而变得越来越严重了。最后在医生的建议下，为了不让坏掉的部分继续恶化，江国许花了一万多元做手术把左腿截肢了。之后江国许因为行动不方便，基本上每天都呆在霞村的瓦房里，不出远门。当时家里的田地全部给别人耕种了，他就和妻子每天在家里听粤剧、看电视或者在村里走走。家里的田地是免费给别人耕种的，日常支出主要依靠儿子江瑞权的工资，再加上江国许和妻子的退休金，一家人基本的生活没有问题。

2011年，儿子江瑞权再婚，儿媳妇的名字叫李春英。在这之后，江国许和妻子、儿子、儿媳妇一起住在霞村的瓦房里，平时主要由儿媳妇照顾两位老人家。到了第二年，江国许家打算把其中一间瓦房推倒建成一栋新楼。此时江国许的二孙女出生了。当时只建好了第一层就入住了，因为一下子拿不出那么多钱建第二层。后来才慢慢地盖好现在居住的两层半的楼房。过了三年，江国许的妻子中风，摔了一跤之后半身不遂，手不能动，行动也不方便。妻子从那时候起就开始接受治疗，儿子和儿媳妇都要上班，只有江国许照顾她。江国许每天都跟在妻子身边，怕她摔倒，还要喂她吃饭。夜里也不能好好睡觉，经常要扶妻子去大小便。二女儿也会经常来家里帮母亲洗澡。但是治疗了两年多，花了两万多元，最后还是没能治好。2017年正月，江国许的妻子去世了。坏事接踵而来，过了一个多月，江国许的大女儿也生病去世了。大女儿因为坐月子的时候没人照顾，什么活都自己干，因此落下了病根，风湿骨痛。发病的时候全身的骨头都痛，一直都治不好。

图4-1　新房子侧面

图4-2　新房子正面

如今，江国许和儿媳妇、二孙女江苏羽住在村里的新房子里（图4-1、图4-2），儿子江瑞权每个周末都会从镇上回来住两天。但每天大部分时间都是江国许一个人在家，因为孙女要到附近的小学上学，正在读三年级。儿媳妇在镇上的美点面包店做蛋糕和面包等甜点，老板是江国许的一个外孙女。儿媳妇每天早上七点半出门，晚上五六点才回来。江国许白天一个人在家时，要么在屋子里坐着，什么也不做，要么在门口坐着看风景，中午孙女回来之后再为他做午饭。江国许有时候也会靠着他的小凳子走去外面的小卖部和其他老人聊天，但是这种情况很少，因为出去一次太累了。村民们都认识江国许，江国许每次出去都会有路过的村民跟他打招呼或者聊聊天。虽然江国许很早就和弟弟分开住了，但因为住得近，每天都能见面唠嗑，可是弟弟在四年前去世了，他没有子女，只留下一间瓦房。江国许的女儿们都已经出嫁并且生儿育女。大女儿嫁去了L镇，平时在家里耕田，老公在水轮机厂上班。大女儿病逝之后，她的两个儿子和三个女儿现在都由其丈夫照顾。二女儿嫁去了隔壁的S村，在S幼儿园的饭堂当厨师，老公是村的党支部书记，有两个女儿和一个儿子。三女儿嫁去围底镇，在米厂打工，老公在家里耕田种菜然后拿去卖，有一个女儿和一个儿子。四女儿嫁去了鹤山市，在工厂打工，老公是货车司机，有一个女儿和一个儿子。女儿们都是老实人，嫁的老公脾气都很好，跟公公婆婆们相处很融洽。三个女儿都过得很不错，也很孝顺江国许，周末经常结伴回来，给江国许买各种必需品，陪江国许聊聊天。特别是住在隔壁村的二女儿，平时有空都会来江国许家走走。除了女儿之外，经常来看望江国许的还有他的二舅子和三舅子。二舅子住在同一个村里，离得很近。三舅子住在肇庆，有空也会经常来江国许家。住在罗定市的大舅子已经去世了，以前也会经常来看望江国许。

江国许家现在的生活情况好了很多，但是并不算富裕。家里的日常开支主要依靠儿子江瑞权每月4000元的工资。儿媳妇李春英在2016年又生了一个女儿，因工作忙而让娘家人帮忙照顾，所以李春英每个月2000元的工资要拿出1000元给她的母亲，作为小女儿的生活费。李春英每个月还要给两个女儿买些衣服等必需品，因此每个月的工资基本上剩不下多少。除此之外，江国许的退休金也可以补贴家用，每月都会被村干部按时送过来。江国许的退休金从一开始的每月39元，上升到每月70元，再到每月100元，变成现在的每月700元。

评语

霞村87岁高龄的老村干部江国许的生活是平淡的，也是幸福的。他出身贫农，拼搏过、奋斗过，霞村和这个国家每一寸的进步、每一点成绩，都有他这个老共产党员的热血、辛劳、眼泪和汗水，他可以为之自豪、骄傲。但他的人生也是有遗憾的，少年时代没能见到父亲的最后一面，没能好好地与父亲道别，没听到父亲最后的教诲，这让他至今难以释怀；青年时期参加“土改”，精力充沛，忙于工作，但公而忘私，经常不回家，对家庭、儿女的很多事情都不了解，也疏于照顾；中年的时候担任农村基层干部，兢兢业业，听党的话，一干就是20年，其中有探索的迷茫，但一直是善心不改、初心不改；退休以后，因病失去了一条腿，使得他无法走得更远，去看看罗定外面的世界，看看广东外面的世界。每月700多元的退休金，足以保障他基本的生活，但对于国家改革开放炽热的时代洪流，如今的他只能做一个沉默的旁观者。

第二章 退伍老兵江继英

何雨纯 李思莹

如果说每一位老人都是一本书，那么江继英曲折的一生，则是一本厚厚的书。江继英从事过工农商学兵政的各类工作，阅历相当丰富。

一、童年

江继英，1947年农历八月二十二生，今年71岁。退伍证上写的出生日期是1948年8月。江继英说，因为身份证是1978年才办的，当时写的是阳历，而自己习惯按农历计算。1994年开始，他在霞村村委会担任了15年的文书工作。

江继英小时候就住在霞村，家里总共有十口人，兄弟姐妹有八人，最大的是大姐，下面是两个哥哥，其中一个哥哥也当过解放军，在江继英读初二的时候就已经退伍了。江继英排第四，后面还有两个弟弟、两个妹妹。江继英的家庭环境在当时是属于中下水平的，1950年土地改革开始之后，他的家庭被评为贫农。当时是根据田地、农具和牲畜的多少来划分地主、富农、上中农、下中农、贫农各等级的。地主最富有，有田地、奴婢和长工等；富农有耕牛、农具、一定面积的田地和临时长工；上中农有部分农具和田地，因此也可以叫作富裕中农；下中农只有少许土地，也要为别人做短工，才能满足自己的生活所需；贫农则没有土地，需要靠租种地主的土地为生；还有一种类型叫恶霸，也叫土匪，主要通过烧杀抢掠来获取钱财。当时江氏只有一户地主。中华人民共和国成立后，那时候江继英家里很多东西都是分地主家的，当年斗地主时会把地主家的衣服、棉胎、家具等分给贫农。那时候分到的衣服，一般大姐、大哥先穿，然后弟弟、妹妹一个接一个地传着穿，有的衣服甚至穿到了1961年。

1950年，弟弟出生，那时候家里已经有六口人了，父母的负担很重。1953年以前，江继英的父亲在广西梧州做搬运工，广东话叫作苦力。1953年左右，家乡分田地，父亲回到家乡参加了农业初级社，当时叫作农会。父亲小时候还读过私塾，有点文化，所以后来也被推荐担任了生产大队的文书。分田地之后很快成立了农业互助组，也就是三五户家庭组成互助小组，在农事耕作上互帮互助；1956年，进入农业高级社阶段，后来1958年开始“大跃进”“人民公社化运动”。

“人民公社化运动”的第一年，江继英一家每天吃三顿饭，但只有晚上吃得上干饭，早上和中午都吃稀饭，只有产量增加的时候才能吃到一顿稀饭两顿干饭。那时候是整个自然村的人集中在一个地方吃大锅饭，但吃了三两个月之后粮食基本被吃光了，艰苦的日子就开始了。1959年，当地出现了饥荒，人们营养不良、水肿、面黄肌瘦、双眼通红。政府迫不得已，便从其他地方调了粮食过来。为了改善人们的病状，大锅饭厨房用黄豆做成豆腐，加上很多的蒜头、花生一起煮，人们吃了之后逐渐消肿。经过半年多的时间，当地基本上熬过了这次饥荒，死亡人数减少。到了1960年后，因为粮食更少，只好集体喝三顿稀饭。当时因为粥少，分粥要注重公平，每个人不超过三两米。煮粥是在厨房用红砖砌出一个池子的形状，上面架上大锅用来煮稀粥。煮好之后，粥上面的水另外装，人们拎着桶或盆去装饭时，一人三勺粥水，分完之后再分米粥，一人半勺。根据一家的人数来确定领几勺粥，当时江继英家里已有八口人了，所以能够领24勺粥水，加起来差不多有半桶粥水、四勺米粥。这样算下来，五六碗水里只有半碗米，一家人根本吃不饱。

那时候江继英上小学五年级了，但还没有鞋穿，最多只能穿双拖鞋，冬天的时候脚都冻到开裂了。有鞋子也都是自己家手工制作的，鞋底是一针一针地纳的，鞋面是用烂衣服旧衣服裁剪出来的。女孩子一般十几岁的时候就会开始学做鞋，或者冬天的时候不用种田了，妇女们也会搬出小板凳边晒太阳边做鞋，为过年做新鞋。冬天不管天气多冷，最多只能穿两件衣服，厚的衣服还基本上都是从地主家分来的。当时只穿长裤，不管男女，一般一个人就只有两条裤子。衣服的颜色以黑色、蓝色为主，红布花布一般只在喜庆的日子穿，都是棉布。当时人们挑衣服的原则是工作时不容易弄脏，厚度足够保暖。一年最多裁一套衣服，一般大人比较少机会做新衣服，有时候几年都不做一套，小孩则会多一点，通常是一个小孩的衣服裁完了，布料有多余的，就会给其他人也裁一套。当时没有裁缝店，都是人们请裁缝到家里量身然后由裁缝回去手工制作。那时候也有各种布票，有五尺、六尺、八尺的。

小孩子最喜欢春节，但大人们却最头痛。人们通常会在大年三十磨豆腐，江继英家里人多，要磨两斤黄豆才足够，磨出来的豆腐渣就在年三十的中午吃。磨出来的米浆加上青菜、瓜菜一起煮，就是大年三十年夜饭的菜肴。当时家里最多只会杀一只鸡，而且要吃到正月初五或初六，还要准备给亲戚来访时吃，所以大年三十晚每个人都只能吃三块鸡肉，不能再多。孩子们还可以吃鸡肉，但父母就只能吃鸡骨头，甚至鸡骨头都吃不了三块。因为小孩子多，父母会把鸡的两条腿再分一半，分成四块，但还是不够，所以江继英和哥哥姐姐们过了三岁就没有机会再吃鸡腿了，要留给弟弟妹妹吃，只有去亲戚家的时候才有机会吃。那时过年的亲戚走访，一般会集中在一天，毕竟每家都不富裕，去多了人家都难招待。亲戚朋友来了，或者去亲戚朋友家，会送一些饼干和糖果，孩子们拿了一块饼干，会大家一起分着吃，这是小孩子们最高兴的。有时候也没有糖果，只有饼干，饼干一般也是亲戚家自己做的，将米炒香后磨成粉，再用黄糖将米粘在一起，然后用模具拍出一个饼的形状，最后放进锅里烘干，就做成了传统的米饼。小孩子还可以领红包，那时的红包最多只有一个铜钱（图4–3），也就是中间有一个正方形孔的铜币，相当于现在的一毛钱，孩子们领了红包一般都会拿去买零食或炮仗。招待亲戚时首先上汤圆或者粉面，汤圆是用木薯粉或高粱粉做的，因为当时糯米很少，也买不起。到下午两三点才吃饭，吃的菜中必然有鸡肉，但鸡只够每人吃一块，其次还有豆腐、青菜、慈姑等等。

图4–3　铜钱

儿童时期的游戏也很丰富，春夏秋冬每个季节玩的游戏都不一样。冬天时女孩子们会收集过年时剩下的鸡毛做毽子，男孩子们则会玩弹玻珠、打寸（长棍叫寸乸，短棍叫寸子；用寸乸将寸子弹出去，对面的人把寸子接住则为赢）、车车（把一根铁丝做成圈，一根铁丝做成钩状；用铁丝做的钩推着铁圈向前走，就像推车一样，要控制铁圈不歪倒）；秋天会放自己做的风筝和孔明灯。小时候，江继英的父母会教孩子们要好好读书，有东西要学会分享，更重要的是不要打架。童年时期的兄弟姐妹之间也会打架，江继英说他打架从没输过。那时父亲因为事务繁多，很少管家务事，都是母亲带孩子，因为孩子太多有时候连哪个没有洗澡都不知道。父亲在农业初级社时便开始当村里的会计，那时候没有补贴，只领工分，一个月的工分就按村里最高的五个人的工分平均分计算，一天10个工分可以领五毛钱。

1955年9月，江继英开始读小学，此时他已年满八周岁，上学比较晚。一是因为家里太多兄弟姐妹，家境贫困；二是因为江继英当时个子矮小，看起来还小，所以比较晚上学。那时候上学没有年龄限制，班上最大的同学能有20岁。小学学费一学期一块几毛钱，学科有语文和数学，四年级增加了珠算，五年级增加了地理。一个班有18～30人，当时江继英的班上有21人，一个班只有5个女同学，打女子篮球赛时要全部女同学都上场才能凑够比赛人数。1963年江继英从S小学毕业，到L中学读初中，L中学距离江继英的家有十三四千米远，要走3个小时。初中的学科除了语文、数学和英语，还增加了物理和化学。学费一学期4块钱，不过当时江继英有助学金，可以减免学费。一天7分钱的伙食费，早餐3分钱，午餐4分钱，主要粮食是红薯。当时学生们还要在学校种菜，每天都要去浇水、施肥，如果要把种的菜拿回家需要交给学校3分钱。1966年江继英来到L中学（旧名省立第八中学）读高中，走小路要走17千米，大路有24千米，坐汽车要五毛一分钱。1966年5月“文化大革命”开始，正是江继英读高中的时期。“文革”开始之后他们就很少上课，尽管也发了课本，但只上了两三个星期便停课了。原本要考的高中，也因为“文化大革命”变成了推荐制，学校、老师和人民公社的教育部门根据学生的成绩等情况，推荐合适的学生去读高中。江继英的成绩一直以来都是处于中等水平，最差的科目是美术和英语，最好的科目是体育，语文、数学等科目都是中上的水平。

二、当兵

1969年6月高中毕业后，12月江继英申请入伍当兵，并于1970年1月正式应征入伍，兵种为铁道兵。江继英说，自己之所以当兵，一是受到当过兵的大哥的熏陶和影响；二是当时的环境下老百姓对解放军比较崇拜，觉得他们的服饰很好看；三是因为当时家里贫困，当兵可以吃饱饭，每个月能拿六块钱的补贴，并且每年还增加一到两块钱的补贴。

1970年1月江继英入伍，先进入新兵连，在云南接受新兵训练。在训练时，每天每人背着重约两百斤的石头，走的都是山路。由于山路曲折陡峭不好走，没有水泥路，同时战士们又身背很重的大石头，因此行走是十分困难的。于是他们创造性地制作了一种“丁字棍”，撑着“丁字根”走路。新兵训练有多种形式，第一种是队列，比如立正、向左转、向右转，等等；第二种是步伐，正步、齐步等；第三种有匍匐前进、爬行，还要背着武器和包袱。后来江继英被调去四川和陕西之后，也会有军事训练，不过由于他所在的部队是以修铁路为主的，没有打过仗，因此军事训练是次要的。江继英说，当时的军事训练有练习射击、投手榴弹、刺杀等。训练的标准是投手榴弹30米才合格，35米良好，超过40米是优秀；射击是每人10发子弹，射击距离是50米远，十发子弹超过80环即为优秀。这样的实弹训练一年至少有一到两次，每次是每位战士10发子弹和15个手榴弹。江继英说当时自己训练成绩很好，扔手榴弹46米远，实弹射击打了82环，按照标准都是优秀。但这样的实弹训练也会有危险，他说当时有战士练习射击时，射出的子弹因为脱靶撞到石头，反弹了回来，射进了那位战士的膝盖，也有的人因为投手榴弹失误而被炸死。

新兵训练3个月时间结束后，江继英于1970年4月被分配到连队，并跟随连队来到四川大巴山地区修铁路，主要是在渡口市修建火车站和在大巴山修建隧道，其中隧道有五六千米，是一个十足的大工程。江继英说当年修铁路主要都是靠人工，在修建隧道的这一段铁路时，最先进的设备就是风钻了。风钻是一种依靠气压来工作的机器，工作完之后满身灰尘，整个人都是白色的。打隧洞时，前面有一个炮兵打风枪，装炸药，爆炸之后其他人就用推车将石头运送出去，泥土被炸松动了之后就开始挖出一个洞的形状。江继英负责搭木架、铺轨道上的木板。隧洞打好之后，江继英他们这些木工就开始在里面搭出拱形的木架，形成隧道拱形的模板，然后由负责倒水泥的士兵们将水泥倒入模板中。江继英所做的工作属于“上等功”，但功劳最大的就是在前头的炮兵，因为炮兵是打头阵的，而且工作也是最危险的。他还记得工程量最大的一次用了72包炸药，大家排成一列将炸药一包一包地运送到隧洞里，一包炸药重4公斤。修铁路的时候还是会遇到很多危险，比如会出现塌方，大家经常会听到这个隧洞牺牲多少人、那个隧洞又牺牲多少人之类的消息，江继英所在的连队就牺牲了一个战友。那时他们在修一个车站隧洞，也就是将火车站设在了隧洞里，隧洞里面很宽敞。当时已经在车站两边的区域倒好水泥了，但中间还有一部分没有挖，打算留到最后再挖。中间休息时班长没有出来，在隧洞里休息，碰巧这时隧洞发生了塌方，将班长掩埋在泥土之下。遇到这种事情，战士们还是会害怕，但当兵还是要服从命令，害怕也要做。

1971年11月江继英跟随部队辗转来到陕西修铁路，与在四川的工作基本相似。在陕西的工程并没有修完，修到工程的80%时，连队于1972年9月往河北方向出发了，最后辗转来到了河北承德隆化县的庙宫水库，在这里修建桥梁。隆化县是董存瑞炸碉堡的地方，庙宫在历史上则是清王朝几代皇帝举行“木兰秋狝”大典的必临之地，是清朝皇帝来狩猎时下榻的行宫，中华人民共和国成立后为了下游的防洪灌溉之用而在这里修建了水库，故称庙宫水库。江继英说，在河北隆化县的日子是最艰苦的。作为先头部队，为了节省粮食，军队一周才吃7顿饭，也就是一天只吃一顿饭，吃的粮食也是北方的小米和高粱。到了冬天，当地的气温可以达到零下二三十度。1973年3月1日，江继英从河北军区正式退伍，回到家乡。

江继英回忆起他当兵的这一路，从云南到四川，再到陕西，最后在河北退伍。他说在云南是最热的，最高气温超过了40度，因此他们当时都会在裤子上洒水来降温，平时工作要用到的铁锹和铁铲也被晒到很烫，晚上睡觉前还要在床底下洒水才能睡着。江继英说铁道兵平时的伙食待遇比较差，但是工作又很辛苦。平时吃的一般就是菜干、豆角、黄豆、扁豆、豆腐和咸菜之类的，猪肉很少吃到新鲜的，基本上都是咸肉或者冻肉，而且量也很少，每人只有一到二两，有的时候也会有罐头吃，或者有两个鸡蛋、咸蛋，但是大米一般是管够的，因此还是可以吃饱的。之后到河北，冬天气温零下20度，很多战士都冷到双手和耳朵生冻疮，所幸的是当时他没有生过冻疮。江继英说在零下二十几度的情况下，他们平时用的水井都结冰了，要先把井面的冰砸出一个洞，然后把竹篮放下去打水回宿舍，水井离宿舍的路程就几十米，但是走回去的路上水就结冰了，两个手套也粘在了担子上。晚上士兵们都是睡炕上的，时常会冷得睡不着，虽然会给每个人每天分配五斤煤用来取暖，但一般是不够的，要八斤煤才够烧。煤用来烧炕的同时战士们也会用来烧水，他们一般会用热水洗脸，一天洗两次，但每人每次只能用两到三勺。因为河北冬天虽然温度很低，但很少下雨，因此也很干燥。江继英说他们会自己买雪花膏用来擦手擦脸，当时是几毛钱一盒，大概两个星期就能用完一盒。由于炕上也不是很热，因此士兵们还要盖一床六斤重的棉被。当时部队还发皮大衣，有八斤重，还有一套四斤重的棉衣棉裤和三斤重的绒衣，都一起盖在身上，加起来有二十几斤。睡的是很窄的炕，炕上第一层铺的是稻草，第二层是羊毛毯，第三层是棉胎，第四层是白色针织床单。江继英说，当时班长还因为他是广东人对他特别照顾，让他睡在离烧煤的暖炉比较近的地方。

当兵离开家这么多年，去了离家这么远的地方，江继英说自己很想家。想家的时候就给家里写信，那时候写信还用毛笔。以前一般要八分钱买一张邮票，但当时在部队里，寄信只需要部队盖一个三角形的戳，就可以不用邮票了。当时江继英因为读过高中，文化水平高一点，部队里有三四个只上过两三年学的战友，不是很会写字，所以也会让江继英帮他们写信。不过江继英说也不会特别地想家，因为初中、高中的时候就已经离开家到隔壁镇上学了，每个星期才回家一次，所以已经逐渐地习惯了离开家。一般爷爷奶奶和爸爸妈妈过生日或者收到家里的信要回信时，就会写信或者打电报回家。有时候三四个月，有时候半年，有时候十几二十天写一封信。当时去当兵的时候，家里人也会舍不得。但当年的新兵筛选还是很严格的，体检合格之后，县里的大兵会到镇上来带新兵。他们会来到新兵家里，首先问家里的长辈比如爷爷奶奶，然后再问新兵的父母，询问他们愿不愿意让他们的孙子、儿子去当兵。如果他们当中有一个人说不舍得，那么军队就不会接收了。因为即使让孩子去当兵，思想上也受到了影响，参军的信念会不够坚定，所以家里人即使不舍得也不会表达出来。进入部队之后，新兵在一年之内还要接受复检，复检不合格的还会被退回去。

当时他们新兵连里有50个人，因为他们是建设部队，所以在体检的时候领导主要是依据新兵的体格强壮、力气大这一条件。铁道兵的兵种没有那么复杂，主要有汽车兵，因为需要运输水泥、钢材等，还有卫生兵、通信兵、勤务兵、测量兵、机械兵，机械兵还包括负责发电机的、负责鼓风机的以及电工。但是连队里没有侦察兵，因为铁道兵主要负责建设，并不用（上前线）打仗。团里也有文工团，负责宣传和表演节目，偶尔会来他们连队慰问工作的士兵。

江继英的退伍证明书上还登记了四次嘉奖，他说这个嘉奖是每个季度评一次，在连、营进行评比，嘉奖就意味着你在连队或者营队获得了先进。他说这四次都是连级的嘉奖，四次的嘉奖不算多也不算少，算得上是合格吧。

在部队的工作时间按季节的不同也有所不同，不过一般周末都是休息。夏天的时候天亮得早，就早点起床，比平时早半个小时，早上6点或者6点半，甚至5点或者5点半就起床。一起床就拉电灯，搞卫生，洗漱，然后吃早餐，所以大概是7点才上班，一直工作到上午11点。下午1点到5点工作，也是一天工作8个小时。但也会有特殊情况，比如要赶工程的时候，就日夜都要工作了。江继英说，如果他们遇到需要赶进度的铁路工程，就两天48小时不能睡觉，两天吃五餐饭，加班加点修铁路。他们在工程期间住的宿舍都是自己搭建的，有的是用竹子搭的，有的是用木头搭的，有时也会用到帐篷，帐篷一般多用于北方。那时候士兵们睡觉是两个人一起睡的，每个人只有60厘米宽的地方能睡，他们每个人的步枪就枕在枕头底下。营地也需要有人站岗放哨，先是排里轮流，比如星期一是一排站岗、星期二是二排，以此类推；然后再每个人轮流站岗，一人站一个小时。在营地站岗时距离会比较近，但有时要去离营地有两三千米远的工地站岗，因为工地有机器和炸药，还是需要有人盯着。

在修建工程期间，江继英说他们也会保持训练，要保持军人的战斗力。一般一年会有一到两次的军训突击，这种军训突进分为四个等级，根据吹号的不同区分等级。一级突击时，穿上鞋子出门集合就可以了；二级突击时，要穿戴整齐，包括帽子、挎包、水壶、步枪等；三级突击时，除了穿戴整齐，还要把床铺棉被带上；四级突击时，除了前面要求的，还要连床板都要带上。有时候三更半夜睡到熟睡时会突然吹号，但又不能开灯，又不能说话。所以那时候士兵们睡觉之前都会把鞋子的位置放好，一醒来不用判断鞋子的位置直接一放下脚就能穿上鞋，收拾背包也锻炼成只需要两三分钟。穿戴也有一定的步骤和标准，一戴帽子，二穿衣服，三背挎包，包里装有水杯和牙刷，四下床穿鞋，然后背水壶，系腰带，装子弹。收拾完毕就要赶紧跑出去，因为如果跑慢一点可能就跟不上队伍了。当时又没有电灯没有声音，只能凭借脚步声，部队集合完毕了连长可能马上就下令跑步，所以当时也很紧张。

军队里也会有娱乐活动，即使是在工作日，江继英也会每天打一场篮球，并且每一场都会打完全程。

三、退伍之后

1973年3月1日，江继英服完兵役，从河北省军区退伍。他说退伍是有两方面原因的，一是因为在北方太辛苦，天气太恶劣；二是想到退伍回来能有前途。江继英退伍回来之后先是在家务农了一年，但在这期间他也并不只是单纯地务农，他还在生产队工作了两个月，参加大队组织的社会主义教育活动，教育青年群众、党员要带头搞好生产，响应那时候提出的口号“农业学大寨”；教育的最终目标是打击社会的不良倾向，肃清破坏社会秩序的行为，减少当时常见的小偷小摸。对于群众反映多的或者多次犯事的人，会将其用绳子捆住，带到大队关住，到晚上便会对其进行审问。当时整个大队抽了六个人去协助社会主义教育活动，江继英刚当兵回来，又是共产党员，便被抽调过去帮忙。

运动结束后，江继英回到了生产队。1974年5月，因为缺少老师，他便来到S小学担任了不到半年的代课老师，教授五年级语文和六年级数学。那时因为江继英有高中学历，每月可以领27元工资。

1975年2月，江继英来到罗定县磷肥厂（国企）工作，直到1986年7月。到磷肥厂当工人，不仅社会地位提高了，而且经济上的待遇也提高了。那时候老师被称为“臭老九”，社会地位低下。碰巧那时县劳动局下了一个合同工的指标，大队书记因为江继英的父亲是队里的文书，江继英也是当兵回来的，便推荐了他进入这家工厂。刚开始工作时每月工资36.2元，每个月工厂会发给江继英四个口罩、四双手套、半斤花生油、三斤猪肉和三斤白糖，一年还会给一套工作服和一双劳动鞋，这样的待遇在当时是相当高的。不过因为当时江继英是合同工，所以没有机会升迁，一直都是普通职工。厂址一开始在L镇，还是用土办法进行生产，后来搬到了罗定县城，成了正式的化工厂。当时江继英负责的工序“干吸”，是最重要的工序，要求一吨的硫矿石必须烧出一吨的硫酸，而且要把浓度控制在98%，操作难度很高。负责这道工序的总共有三个人，上班时间为三班倒，8个小时一班，分为上午9点到下午5点，下午5点到第二天凌晨1点，凌晨1

点到上午9点，换班时有一人要在星期六连续上班16个小时。这个岗位要求员工要有一定的文化知识，能够理解化学反应，而且要认真负责，因为硫酸属于危险品，稍不留心可能会发生事故。所以后来江继英要辞职时工厂都不想他离开，但他没办法（因为计划生育）。他的八个兄弟姐妹，每个人都生下了两个男孩，但当时自己只有一个。江继英的第一个孩子是女儿（后来嫁到广州番禺）；1979年第二胎出生，是一对龙凤胎。当时村里的计划生育规定可以生三胎，所以在1980年，也就是生下龙凤胎不久之后，厂长在一个上午，通过工厂的大喇叭通知江继英去厂长办公室，告知他要在今年完成结扎，但口齿伶俐的江继英表示自己只有两胎，只不过有三个小孩而已，厂长只好将他的妻子列为下一批计生对象。后来江继英的妻子又生下了一个儿子，江继英说这也算对得起祖宗了。1988年7月，当时还有两个月孩子就要出生了，厂长和工厂的计生人员亲自和江继英谈话，劝他主动辞职。因为工厂里已经有五六个员工因为计划生育而受到开除工籍的惩罚。虽然工厂允许他们继续工作，但全部工资都要作为抚养费上交。因为江继英在工厂里工作了13年，所以辞职后他还能一次性领13个月的工资，加起来差不多有一千多块钱。

1977年，在磷肥厂工作期间，江继英还去修了长岗坡渡槽。当时政府在全县范围内征集劳动力，规定每个镇派多少人，由各个镇安排，然后按劳动时间算工分，由生产队出工资，并且每天给二三两大米，当时还会给粮票、肉票等。工作时间为上午8点到11点，下午大家再做自己本职的工作。因为劳动力是生产大队安排的，且每个生产队只要有足够的人参加劳动就可以了，并不是每个人都要去，所以对自己本职的工作也不会有很大的影响。

1988年，江继英从磷肥厂辞职后，碰巧大哥在镇上开办果场，他便前去帮忙种植柑橘。办了两年之后，江继英和小舅子一起承包了一个果场，面积大概有50亩，承包时已经种下了荔枝树。可是果场并没有给江继英一家带来多大的收入。他自己说果场几乎没有钱赚，亏了劳动力，赚了辛苦。因为果场本身的树种不好，600棵树中只有18棵是优质品种，而且自己和小舅子自身都没有技术，没有资金。为了经营好果场，江继英还曾经邀请了县林业局负责水果方面的干部前来指导，但是自己没有资金，没有办法按照专家的技术要求给果树施肥、喷药。1993年，江继英不得不将果场转手，转手后只拿到了两三万元。

四、村委十五年

1994年，江继英开始来到霞村村委会担任文书，一做就是15年，直到2008

年退休。当时当村委主要是看个人能力，江继英能当上文书这个工作主要有几个方面的原因：一是江继英的文化条件比较好，不但识字而且写得一手不错的字；其次是江继英工作经验丰富，当过兵，当过工人，也做过农民；还有就是平时有较好的群众基础。江继英说当时当村委（干部）不用通过考试，也不用投票选举，选举是1999年才开始实行的，主要就是通过在任村委平时的观察来选任的。因为文书的工作主要是负责写东西，因此对文化方面有一定要求，并不是所有人都能胜任的职位。

当时村委一共有六个人，分别是村支部书记、文书、治保主任、妇女主任、民兵营长，还有一个管生产的。村委要做的具体工作有很多，也很琐碎。首先是要纳税收粮。当时村里纳税不是交钱而是交粮食，按农户田地的面积来算的，具体每年上交的公粮数量要看当年的政策。还有一些余粮、“三超粮”，每年也会上交一些，但是国家会给钱，相当于买了这些粮食。其中余粮给的钱要少一些，“三超粮”给的钱比较多。农户要填写土地承包的表格，这份表格是一式三份的，而江继英的工作就是要统计这些数量，不能出差错。其次，村委还要管理学校，就是S小学。小学是在管理区的领导之下的，因此村委也要负责给小学集资，负责课室的修建。如果小学的一些物资，像桌椅电灯之类的数量不够了，也找村委一起购买。除此之外，村委还要负责组织抗旱救灾。虽然已经修建了渡槽，但是覆盖的面积还不包括整个管理区，因此每年汛期和旱灾的时候，村委经常要去镇上开会，组织讨论抗旱救灾的情况，有时还要动用飞机来降雨抗旱。

村委还要做的两项重要的事情就是落实计划生育政策和征兵，这两项都有严格要求又很难完成的。落实计划生育政策一是要向管理区的村民宣传政策，二是要落实超生及晚婚晚育的罚款和奖励政策。江继英说当时每年要搞一次计生运动，每次20～35天。而更难做的是落实超生的政策，村委们既要完成上面的任务，又要与村民弄好关系，不然会增加矛盾。当时村委采取的办法一般是推迟解决的时间，不能直接跟村民来硬的。村委每年会组织三到四次检查，超生的村民都会面临不同程度的罚款。但是很多村民宁愿被罚款，也坚持生小孩，这跟传统的养儿防老的思想观念有很大的关系。计划生育政策对少生也有奖励，但是当时村里没有一个奖励的，全部都是罚款。

征兵工作也是当时村委很难做的一项工作。县武装部会根据中央军委下达的要求，给村里面下达征兵任务，一般要求村里每年送六至十二个18～20岁的青年去县里体检，村委要做的就是完成这个人数要求。当时每年符合年龄要求的青年很少，同时体检也要合格的就更少了，因为征兵对青年的身高体重都有要求，同时眼睛也不能近视。在这些符合年龄条件的青年中，很多家里也不愿让儿子出去当兵，很多男青年在外面打工也不愿回来，因此村委要去符合征兵条件的农户家里做思想工作，说服家长叫在外面打工的青年回来体检。征兵一般是征男兵，江继英说村里现在已经有二十几年没有征过女兵了。

做基层干部并不是一件容易的事情，与村民之间的关系十分重要。江继英说，最直接有效的工作方法就是做好自己的本职工作，切切实实帮村民做好事办好事，才能搞好与村民的关系，在做其他一些工作的时候才能更好地发动村民。江继英在做文书工作的时候经常要做的就是给村里的人开证明，包括未婚证、结婚证，等等；还有一些去外面打工的，要写迁出、迁回的证明；村民要盖房子也要帮他们做好批文、证明之类的事情。工作的内容覆盖范围广、种类繁多。因此江继英在做文书工作时期都是起早摸黑，尤其是逢年过节的时候要做的事情特别多，一年到头基本没有休息的时间，平时也不分周六周日，也就只有大年三十和年初一没有人来写证明。

五、退休生活

江继英兢兢业业做文书工作一直持续了15年，直到2008年退休，退休时的基本工资是460元一个月。退休后江继英平时一般就会走亲访友，或者在家搞搞农业、带带孙女。现在一个儿子在家照顾他们老两口，儿子之前是在罗定的纸厂上班的，不过这段时间休假在家照顾他们，家中还有一个上四年级的孙子和一个三岁多的孙女；两个女儿已经出嫁了，还有一个儿子在外面打工，前两个星期还一起回家来看过他们。江继英说，自己的子女也有提过把他们接过去一起住，但是考虑到农村家里还要养鸡、种菜，而且两老已经习惯了乡村的生活，所以他们还是留在家里了。不过江继英说自己和老伴每年会有一个人去跟儿子或者女儿住一段时间，具体住多久不定。家里现在有4分田，一般都是用来种水稻，也会用来种菜。水稻一年有300斤左右的产量，都是自己家里吃，但是还不能满足家里的需求。家里也会种一些菜，数量也不是很多，也要去外面市场买菜。还养了八九只鸡，有时家里来了客人就会杀鸡来招待客人。总的来说，乡村的生活还是比较惬意的。

江继英今年已经有71岁了，平时还是比较注意锻炼身体，也会定时吃药。早上他一般会锻炼20～25分钟，按摩自己的颈椎和头，放松肩膀和手臂，拍一拍大腿。这一系列的锻炼都是江继英自己编的，而且坚持每天都要做。除此之外，每天会在自家院子跑30圈，正反各跑15圈；还会打拳，来锻炼自己的手臂肌肉。他说自己做这些锻炼主要是以适合自己为主，一方面自己年龄大了，不适合做其他强度太大的运动；另一方面，江继英说自己在2012年的时候诊断出了脑萎缩，手没什么力，有时会抖，因此也要配合一些比较简单的运动来锻炼一下。

江继英，这个退伍老兵，现在平静地享受着自己的老年生活。

评语

江继英性格爽朗，风趣幽默，既有农民的淳朴又有小市民的精明，既有军人的豪爽之气又有文人的儒雅之风。作为一个普通农民、普通村干部，他退休后的生活安稳、幸福。他当过铁道兵，做过磷肥厂工人，后来也做过农民、村干部，他本人参与、经历了国家发展最艰苦曲折的阶段。对他而言，让他最怀念的日子便是当铁道兵的三年时光。这三年正值他最宝贵的青春时期，也是他最激情燃烧的岁月，他将一腔热血投入部队之中，竭尽全力为国家的建设奉献出一分力量。转业以后，他回到了自己的家乡，在做工人和承包果园以后，他最后选择了做村文书。在这个岗位上兢兢业业工作了15年，也为霞村的村民兢兢业业服务了15年。2008年他退休后，开始了自己平静、幸福的退休生活。现在的国泰民安，正是这位共和国老兵数十年奋斗不息的结果。

第三章　乡村能人文新明

黄鹤阳　钟泽华

涂刷不久的白色房屋在一条黑色笔直的柏油路两旁显得立体鲜明、格外醒目，不远处有一户人家正敞开着自家的大门，等待着客人的来临。住户家的门外有小鸡在乱跑，狗在轻吠，瓜果蔬菜环绕四周，这一切呈现出自然闲适的生活气息。步入大门，映入眼帘的是通过玻璃的反射投在客厅地面上的阳光，整齐的桌椅摆放在四周，菜肴的余香扑面而来，正中间还有一台罩着白纱的电视机。一对面带微笑的中年夫妇朝我们投来了充满暖意的目光，其中的男士就是我们这次的口述史调查对象——文新明先生。

一、家庭情况

文新明，云浮市罗定市L镇S村霞村人，出生于1970年3月1日。他皮肤黝黑，双颊布满皱纹，眼角的鱼尾纹就像刻进了肉里，高挑精瘦的身材，头发略显杂乱稀疏。文新明笑起来让人感觉非常温暖。他热情地把我们招待进屋里，为我们递上冲泡好的热茶，宽厚的手掌上布满岁月的痕迹。他穿着略显端庄，上身衬衣，外面是一件儿女送的藏青色羊毛衫，下身是宽松修长的长裤，有种乡村绅士的范儿。跟我们聊天的时候，他喜欢笔直地站着，两手放在背后，就像一个老实巴交的孩子在虚心接受老师的批评。说到兴奋处，他也会拉着我们去屋后看他的旧瓦屋，还有他十分宝贝的混凝土搅拌机。谈起自己的人生经历，文新明笑着说，“我系（是）一个有好多人生经历嘅（的）人”。

文新明是个土生土长的霞村人，父母都在这里出生、工作和生活。据文新明讲述，在20世纪40年代初，他的爷爷就被国民党（军队）抓走了。父亲在小的时候是由太公太婆带大的，而不是爷爷奶奶，因为在1942年的时候，正值国共两党合作共同抗日的关键时期，需要大量的兵力补充，不仅仅是用于补充军队，还要用于补充“交通役”（修路、运粮）。当时国民党的部队到全国各地征兵，军队也来到了L镇，爷爷作为一名壮丁就被国民党强行征召去服“交通役”，为国民党部队运送粮食到广西南宁。孩子（文新明的爸爸）刚出生不久，家中还有年迈父母，作为家中的顶梁柱就这样被迫远走他乡，没能给家里留下任何钱财。据文新明自己的听闻，当时西南地区的形势十分险恶，再加上当时中国的交通基础设施（如：铁路、公路、汽车）都不完善，因此需要大量的年轻力壮的劳动力给在抗战前线的士兵运送粮食，以防止出现军人无粮可食而导致战斗力下降的情况。少了一位壮丁，家里面的经济状况变得十分糟糕，几乎每天吃的都是稀饭、米汤。过了两三年，爷爷没有回过家，一点讯息也都没有，加上西南战事吃紧，奶奶和家里人就觉得爷爷已经去世了，都伤心欲绝，终日唉声叹气，无精打采。随后，奶奶也改嫁了，嫁到了肇庆，家里只剩下两个老人抚养一个孩子。在吃不好、穿不暖的困境中，虽然条件很艰难，两个老人还是辛辛苦苦地把文新明的爸爸拉扯长大，即使是自己饿肚子，也要留出半碗稀饭喂饱孙子。爸爸长大成人后，经人介绍娶了村里的一位姑娘，得以成家立业，家族的香火得到了延续。

文新明的父母一共养育了六个孩子，三个男孩，三个女孩。父母从小就在这里长大，在婚后的第一年就生了第一个女儿，也就是文新明的大姐，取名文彩芳，比文新明大20岁，后来她结婚后搬到了罗定市区，但现在还是时常会回来L镇娘家看看，拉拉家常，唠唠嗑。在之后的21年间，他的父母陆陆续续地生育了其他五个孩子，分别是大儿子文期开，二儿子文至开，二女儿文姑芳，小儿子文新明，还有小女儿文金芳。直到现在，家里的三位男丁依旧生活在霞村，另外两位姐妹则远嫁他乡，联系得比较少了。

二、欢乐童年

由于大姐比自己大了20岁，文新明回忆说，小时候基本都是姐姐把他带大的。因为那时候父母的工作主要是参加生产队的劳动，每天早上天还没亮的时候，大概五点半左右，就要起身准备投入到一天繁重的农活当中了。他们没有空照顾自己的孩子，只好让他们待在家里面。所以文新明小时候最常待在一起的人就是自己的兄弟姐妹了，作为年龄最大的大姐承担起了照顾好家中弟弟妹妹的重任。在大姐的照顾和其他兄弟姐妹的陪伴下，文新明度过了欢乐的童年。那时候农村生火煮饭，用的都是干柴火。文新明经常跟在大姐后面，步行到好几千米外的田野山林里割草，割完草再长途跋涉地背回来，把草晒干，然后充当做饭的燃料。因为当时生产队已经意识到不能滥伐树木，也制定了一些保护林木的相关规定，不准村民上山滥砍滥伐。所以村民隔三差五就得出去找干柴干草，干草没了就得割青草晒干作为燃料。

“一个穿着皱巴巴的衣服，破旧的草鞋，卷起的一高一低的裤脚上沾满了泥土的男孩子在田地里放肆奔跑，在生产队中大闹天宫”——这是文新明回忆起自己童年时期的欢乐场景。每每谈到这些欢快的片段时，他的眼睛总会笑得眯起来，身体稍稍地往后倾，流露出对童年嬉戏片段的怀念。那时候，文新明经常调皮捣蛋，到处乱跑，有时候还故意躲起来不让大家找到他，哥哥姐姐们怕他走丢了，在外面到处喊他，他却躲在旁屋的被窝里偷笑。每次大姐做好饭后，准备给在烈日下辛勤劳作的父母送饭时，文新明经常会以“去帮手”为借口吵着闹着要一起去，实则是去田里到处乱跑，但大姐也只好带上他一起去。因为大姐实在是放心不下他一个人在家，怕他走丢，又怕他弄坏家里面的东西。他就是喜欢到田野里蹦蹦跳跳，喜欢那种无拘无束的感觉，抓抓蚱蜢，追追花蝴蝶，在水边和蜻蜓嬉戏，在溪边捉弄青蛙，他的童年无忧无虑。

除了调皮捣蛋，文新明小时候也很喜欢读书。虽说祖上几代都是地地道道的农民，不识几个字，但却不影响他对学习的兴趣与天赋。老师都夸他聪明，有一种机灵劲儿。但是，迫于当时家里窘迫的经济条件，加上都不太重视教育，他在S小学完成了五年的小学教育（当时是五年制的小学）以后，父母就没有再继续供他读书了，希望他到田里帮忙干农活，因为1982年以后已经实行了分田到户承包制度，家家户户都是个体户，农忙的时候尤其需要人手。

三、回忆长岗坡渡槽

童年另一段宝贵的记忆，与长岗坡渡槽有关。文新明带着我们走出家门，抬头望向那高耸在碧绿如茵的田地上的巨龙——“长岗坡渡槽”，骄傲自豪地跟我们聊起当年修建长岗坡渡槽的情况。长岗坡渡槽位于广东省罗定市L镇长岗坡，全长5200米的渡槽跨越L镇的三个行政村，是金银河水库枢纽工程的重要组成部分，是“引太、引镜”两宗引水工程引水入金银河的大型水利设施。当年的罗定，穷就穷在缺水，有“十年九旱”之说。为了解决罗定恶劣的农业生产条件，罗定县人民政府组织了数万名干部群众（包括党员、共青团员、青年突击队员和群众）投入到这个工程当中。当时的高空浇筑混凝土作业，除了很高的肋拱采用卷扬机运送混凝土外，绝大部分混凝土料都是依靠人力一担一担地沿着排栅挑上去的，砌筑的槽墩高达25米，也是靠肩膀将100多公斤重的石块一块一块抬上去的。那时候大家每天要工作近11个小时，露天工作只靠一顶草帽遮阳挡雨，干一会儿就汗流浃背，一天下来，双手双脚都会起泡流血。

罗定儿女多英雄，壮志引太济金银。十里彩虹跨长岗，疑是银河落罗定。[①]

长岗坡渡槽于1976年11月开始动工兴建，直到1981年1月才竣工通水，总共历时4年零2个月。在通水之后，发挥了重大的工程效益，解决了流经区域的多个镇（如生江、素龙、附城、双东等）总共8万亩的农业灌溉用水需求和其他镇（区）（如：L、生江、素龙、附城、双东、围底、华石、苹塘等）总共约50万人的生活用水需求，罗定还因此连续摘取了“全国粮食生产先进县”的称号。文新明感慨地说道，当时罗定很穷，政府也很穷，建造这么一条渡槽的成本需要付出的努力和财力是难以想象的，唯一的办法就是依靠咱们自己的老百姓，依靠“为民、担当、苦干、创新、奉献”的长岗坡精神。文新明陷入深深的回忆，他笑着说道，当时建造渡槽时他还小，但是在当年大人们“敢教日月换新天”的豪情感召下，他也拿着一把小锤子屁颠屁颠地跟着大人们一起去石场敲石头。那时候的石场没有任何机械，每个石工一天要碎石1000斤，只能用小铁锤一点一点地把大石块敲开，大家都吆喝着互相鼓劲打气。在这样的氛围下，文新明也日渐觉得自己的工作非常神圣，长岗坡渡槽的建设也伴随着他的成长。那时候每天还要将水库中挖出的泥土运往渡槽的堤坝。年纪小一点的来挖，年轻力壮的来运，用平板车来装，一车能装个七八百斤。偶尔遇到石场泥皮脱落或遭遇塌方，很多人不慎被埋在土中来不及救援，就再也没有醒来。文新明感慨地说，虽然当时每个人都很累，大人们每天早晨五点起床干活直到深夜，吃住在工地，任务很艰辛，但是只要想到未来大家都能够用上干净的水，能够有水来对付旱灾，未来粮食丰收的日子指日可待的时候，饿了也能忍住，累了也不松懈，就会觉得浑身充满了动力。

文新明在帮忙修建渡槽的时候，学着大人们有模有样地干活出力，投入了许多的时间和精力，虽然没有工钱领，但也获得了不少的工分，给家里换来了不少粮食，在一定程度上改善了家庭的经济条件。说起工分制度，文新明又感慨起当时的贫苦生活。在“人民公社化运动”时期，农业生产一般是通过生产队组织开展的，社员在生产队劳动并获得工分。“工分，工分，社员的命根”。因为当时分配各种粮食、财物都要用工分计算，所以社员们把工分看成是命根子。社员的工分来源其实是不一样的，有的社员是靠自己的辛苦劳动挣来的，但也有很多特殊社员，他们是不劳而获的。因为农业劳动通常是在比较广阔的田地上进行，劳动者的努力程度很难监督、很难计量，一些觉悟差的人会借此偷懒。文新明年龄小，所以不管他当时干活多卖力，获得的工分也总比不上年轻力壮的小伙子。因

① 1979年12月16日，国家水电部副部长李伯宁来罗定视察时为长岗坡渡槽即席赋诗。

此他也经常感慨，当时要是按勤劳程度给他多算点工分，一家人就差不多都能吃饱饭了。不过文新明也并没有太在意，他看重的是当时参与劳动的过程，在党的领导下，大家万众一心，一起加油干的日子才是他一辈子珍藏的美好记忆。

四、辛勤耕作

1982年，文新明读完小学后，便开始在家里帮忙干农活。当时农村的生产条件依旧很落后，粮食收成也不多，广东这边是一年两熟，而且种的都是水稻。春天播种的叫早稻，在3月上、中旬播种，4月初插秧，6月下旬收割，紧接着马上晚稻播种插秧（称为“双抢”），一般必须在8月前结束，然后10月底收割晚稻。当时的农耕机械化程度还很低，基本都是依靠人力，特别是六七月份跟10月份的农忙时期需要特别多的劳动力。旧时收割水稻可没有大型水稻收割机，成熟的稻田都是要人工收割，割下来后再使用一种以人工踩踏木板来提供动力的打稻机将稻谷从稻穗上脱下来。文新明回忆说，当时他就很喜欢踩打稻机，就像骑自行车，通过踩踏活板，链条带动脱粒设备高速旋转，割稻的农民只要手持水稻，将稻穗一头压在高速旋转的设备上，设备上嵌着的铁环即会轻而易举地完成稻穗脱粒。听着稻粒落在木槽里的“沙沙”声，文新明感到由衷的开心。脱完粒的水稻禾秆，就可以扎成捆，放到田间晒干脱水，以后可以用来当做燃料，也可以在田里烧成草木灰，作为下一批农作物的肥料。而脱粒成功的水稻，需要晾晒3～5天进行脱水，然后进行储存。等到需要大米的时候，便用村口那一台连接着水车，以水力为动力的碾米机把谷壳（俗称米糠）与大米分离，这样就能得到亮晶晶的大米了。

“锄禾日当午，汗滴禾下土。”日晒雨淋、汗流浃背，干农活真的很辛苦，文新明想起那些为了温饱日夜操劳的日子，感慨做农民真的不容易。

20世纪80年代，实行分田到户，虽然已经没有生产队了，但是个体户收割完的水稻还是要“交公粮”①的，每亩地要交三担稻谷。所谓“三提五统”，“三提”就是三提留，公粮一部分交村委会；“五统”也就是五统筹，公粮一部分交乡政府。交公粮的时间一般都是在夏季农忙后。交公粮时，村里的人都会早起，一般全家老少都要上阵，搬搬抬抬，将准备好的粮食用大板车、自行车装载好，运往镇上的粮管所交收点。晴天的时候，火辣的太阳烘烤着大地，路途遥远，一路都很艰难。要是遇到雨天，那就更加累人了，那时候农村还没有修马路，到处

①没有完成“义务工”的那一部分，也需要以粮食的形式来顶替。

都是土路，一下雨，道路的泥泞，交粮的队伍极为狼狈，一路上磕磕碰碰，受伤是常有的事。文新明如是说："每次交公粮，运粮、排队称粮、扛粮食进仓，一天下来，基本都要掉一层皮，很折腾人。"

更令人心酸的是，往往交完公粮后，家里的粮食就不够吃了。家里分到的田地不多，粮食产量也少，有时就只能吃番薯根或者稀米汤，甚至很多时候一天只能吃两顿饭。干农活很耗体力、很辛苦，而吃的又少，十几岁正在长身体的文新明也无可奈何地越吃越瘦。后来农业灌溉系统完善了，农业技术渐渐提高了，粮食产量增加了，村民们才终于解决了温饱问题，多余的稻谷也能拉到镇上去卖钱了。

五、另谋出路

1988年，文新明已经18岁了，年轻气盛的他也有一颗不甘平凡的心。日落西山，晚霞动人，这位身材高挑、体型偏瘦的少年拄着锄头望着宏伟壮观的长岗坡渡槽，心中波涛汹涌，"我以后一定不当农民，我要走出一条不一样的路！"

文新明开始创业了。他家里有一辆破旧二手单车，文新明骑着它在全村甚至隔壁几个村东跑西跑、早出晚归收购香蕉，然后拿到集市上摆地摊卖香蕉。因为单车收货不方便，载得不多，转卖的效率很低，所以赚的也不多，只能勉强补贴家用。二手单车很破旧，经常出毛病，又没钱换新的，只能自己敲敲补补，不知不觉他自己也学会修单车了。

卖香蕉毕竟赚不了什么钱，文新明开始谋求新的出路。1990年，经村里几个熟人介绍，他终于走出了家乡，开始了新的创业。

1990年5月，文新明来到广州。人生地不熟，又没有创业基金，便打算做点小生意。想想自己会的技能，文新明打算开个单车修理铺。开了修理铺后，由于没有什么人脉，单车铺艰难经营，只能勉强混口饭吃。刚到广州不久，文新明在白云区租了一个小小的出租屋，凑巧的是，隔壁邻居也是一位从L镇嫁到广州来的老乡，经老乡介绍又认识了在塑料厂工作且住在不远处的钟令南钟二哥，也就是文新明未来的二舅哥。有一次，文新明和钟二哥一起喝酒吃宵夜，文新明喝得醉醺醺的，就开始向钟二哥说起自己修单车没啥生意可做，吃饭、租房又要花钱，经济状况十分窘迫，有想要打道回府的打算。钟二哥见自己的小兄弟过得如此艰苦，心里头也很不是滋味，便决定尽自己的绵薄之力，推荐文新明到自己工作的塑料厂工作。在钟二哥的牵线之下，文新明放弃了单车修理铺，转行进了塑料厂打工。塑料厂是制作塑料食品袋的，都是流水线工作，上手很容易。文新明向我们介绍了制作塑料袋的程序：先将塑料颗粒加热融化成粘流体，然后进入加料斗，通过螺杆挤塑机的狭长缝隙挤出；为了防止其变形，产品立刻进入冷却液（一般是水）中冷却成形，并用牵引的磙子一卷一卷地卷起来，“塑料纸”就做好了；把大的塑料纸剪成小块，用热力封住一端，塑料袋就做成了。文新明做的是压缩工作，也就是把一个一个的塑料袋抽掉空气，以节约空间，方便储存。

六、一生伴侣

在塑料厂工作，文新明月收入300～400元，这显然比在乡下劳动要高出不少，但相对在大城市的生活成本而言，还是微不足道的。为了多存一点钱，他每天吃的都是路边摊卖的炒饭、炒米粉这类经济快餐，连肉都不舍得加，文新明回忆起这段在广州生活的苦日子时，感叹道：“揾食咁难啊！（养活自己这么难）”正所谓“祸兮，福之所倚”，就是在这些苦日子中，他遇到了自己的初恋，也是他这一生最爱的女人——钟温琼女士。钟温琼是钟令南的妹妹，茂名高州人，而当时文新明和钟二哥是非常要好的兄弟，所以在日常的接触中，文新明认识了钟温琼。

文新明谈到有缘结识妻子的这段经历时，总是眉开眼笑，仿佛又在回味初恋的味道，他到现在还深深地记得与她一起看过、到过的每一处角落。他说他们当时在广州最常去的地方就是广州文化公园、越秀公园、东方乐园（2004年9月7日停止营业）、太阳岛乐园（2002年停止营业）等景点，通常是从塑料厂附近的公交车站出发，车程大概在一个小时以内，车票只要五毛钱，这是一段十分浪漫的经历。文新明和女友在一起之后，一到节假日，他就会邀请她一起出去游玩，逛逛街、吃吃小吃、在公园散散步，十分惬意。虽然条件很艰难，每次出去游玩，吃饭文新明都坚持要花自己的钱，生怕女友跟着自己吃了亏，即使吃的东西不会很贵，也不会让她花钱。

虽然文新明工资不高，但是心里早已经开始盘算将来结婚的费用问题了。文新明有个习惯，就是会把自己花销的每一笔账都清清楚楚地记录在一个笔记本上，具体到用于什么地方，消费的金额为多少，等等。并且他每个月都会总结一次，看看自己这个月的收入和支出情况以及存款余额，再把存款余额与结婚所需要的资金进行比对，以此来鞭策自己要加倍努力赚钱，同时也要学会控制自己的花销。文新明一开始就便认定了钟温琼是他一生想要携手同行的人。

七、坎坷结婚路

虽然交往不到一年，但文新明决心要带这个女人回家，钟温琼也愿意跟他一辈子。再加上，在广州的生活和工作压力都很大，人生地不熟，也赚不了多少钱，于是，文新明不久便作出了决定：带女友回罗定老家结婚过日子。他先是写了封信，告诉母亲自己的情况，以及计划回家娶妻生子发展事业的打算，并向母亲介绍了女友的基本情况。那时候的交通很不发达，亲人之间的联系只能靠写信，信件从广州寄到家里要差不多一个星期。半个月后，他收到了家里的来信，信里说，母亲非常反对文新明娶钟温琼回家，因为钟温琼是茂名市高州人，离L镇太远了，所以不同意他们在一起。文新明没有料到母亲的观念这么保守，不过他还是坚信母亲一定会喜欢钟温琼的，因此他决定带她回家见见母亲。文新明找了一个晚上，约女友到湖边散步，走着走着便停了下来，轻声对她说："跟我回家吧，虽然我的母亲暂时不赞成咱们这一桩婚事，但是我这辈子只认定你了，你愿意跟我回罗定吗?"钟温琼被他的真情所打动，同意跟他回家。

1991年底，他们收拾好行李，跟厂里的兄弟姐妹宣布了要回乡下结婚的打算后，就坐车回到了L镇S村。由于当时交通不是很发达，从广州回家要接近一天的时间，早上出发，直到晚上快11点才到家门口。文新明到了家门口却没想到，母亲依然极力反对这桩婚事，锁住了家门，不准他们进屋，甚至还生气地说道："你要娶她，以后就不要回来了，我不认你这个儿子。"当地传统的婚姻观念是不娶外地人做媳妇的，更何况是像钟温琼这种不仅不是本地人，还是在茂名高州那么远的地方的。无奈的文新明只好带着女友步行到几千米外L镇上的宾馆，开了间房先住一晚上。在前往镇上的漫漫长路中，他强忍着泪水，紧紧地握住了女友的手，一步一步地走着，全程没有说过一句话，他感到非常心痛为难。但是女友能够懂他的心情，她只是用力握紧他的手，以示自己对这个男人的支持。到了宾馆，文新明跟女友说了一句话："结婚是我们两人之间的事，不是其他任何人的事情。虽然我不能够许诺给你很好的生活，连给你买一个漂亮的结婚戒指的钱都没有，但是我敢保证以后我一定会好好待你。"女友听后，眼角带着泪光，微笑着点头，觉得自己的选择是正确的，她也认可文新明，认为结婚是他们两个人的事。第二天，为了和女友继续生活下去，文新明带着女友重新坐车回到了广州那家塑料厂工作。他干活比以往要卖力得多，月工资从原来的300～400元渐渐上涨到了700～800元，日子开始逐渐地好了起来。

一晃又一年过去了，文新明每每想到家乡的母亲便难掩思念之情，他写信回家，询问母亲和家里人的近况，了解到母亲的身体状况已经大不如前了，农活也干不动了。于是，孝顺的他毅然决定放弃大城市较高的收入，回家照顾母亲。这一次，他还是带着钟温琼一起踏上了回家的路。这次回到家里，母亲不再反对他们在一起了，只是要求他们小两口跟家里其他人分桌吃饭（浅层次分家）。回到老家不久，他们俩就办了喜宴，邀请了许多亲朋好友过来喝喜酒。婚礼到场的只有文新明这边的亲戚，而钟温琼娘家的亲戚由于距离太远就没有过来。同年年底，妻子怀孕了，文新明不忍心让妻子下田，于是一个人扛起了所有的农活，日子过得比较艰辛。

文新明的母亲见小儿子也快要有孩子了，即将抱孙子的喜悦冲淡了对小儿媳妇的隔阂，就同意让他们一起吃饭，不分桌了。

八、家庭成长期

文新明在家耕作，与两位已婚的兄长平分家里分到的4亩田，每个人大概分到了1.3亩田。文新明一个人负责这1.3亩田的水稻种植。1993年，家里迎来了他们的第一个孩子，是个男孩，因为他们希望自己的孩子将来能够有远大的志向，堂堂正正做人，故取名为文正堂。回忆起自己宝宝出生的时候，文新明说自己当时的心情既激动又忐忑，激动的是从那一天起他为人父了，忐忑的是他不知道自己能不能成为一名称职的父亲。生完孩子，妻子特别虚弱，坐月子的时候，文新明基本包了所有家务活，也慢慢地学会了做饭、熬粥。每天中午都会从田里带回来一些新鲜的蔬菜，加上一点瘦猪肉，熬制一锅营养又美味的青菜瘦肉粥给妻子补充营养，偶尔晚上还会去镇上的市场买些猪骨炖汤给她调养身子。从那以后，他就一直坚持每天都给家里准备午饭，渐渐的妻子觉得他做的饭菜比自己做的还要美味，每每夸赞文新明的厨艺高超，文新明总是谦虚地笑笑不说话。

1995年初，文新明和妻子主要还是依靠家里那点田地种水稻为生，闲余时间也帮别人做一些杂工补贴家用，这一年他们迎来了自己的第二个孩子，是个女孩，取名为文孝娴。当问到文新明为什么要取这个名字的时候，他说："我哋（我们）两夫妻冇（没有）文化，唔（不）识几多个字，一般屋企人（家里人）叫仔仔（小孩）都有带个'小'字，然后'小'同'孝'同音，就拣咗呢（这）个字；至于'娴'，系希望佢（她）作为一个女仔嘛，大个以后能够娴淑一点，都系代表文静美丽嘅意思。"家里又增添了一个宝贝，经济上给文新明带来了更大的压力，加上文新明两个哥哥的孩子也越来越多，家中的粮食渐渐不够吃了，母亲便再一次要求分桌吃饭。他迫于无奈之下，不得不另想办法赚钱养家，不然这个家庭仅仅依靠耕田种谷来养家糊口的话，可能连温饱问题都无法解决。经过深思熟虑以及听取妻子的建议，文新明作出了一个重要的决定——做混凝土工程。

九、创业养家

1995年11月，文新明见隔壁村有人自己买了一台混凝土搅拌机，给人做天花板、地基、修路，一天大概能有50～60元的收入，每个月能够赚不少钱。而钟温琼的大哥钟成南在茂名高州也是靠做这个吃饭的，他也建议文新明试试搞这一块。但是混凝土搅拌机这种机器在当时是比较先进的，理所当然地也很昂贵，所有设备加起来大概需要一万元，另外买辆拖运的拖拉机还要差不多6000元。对于当时的农村家庭来说，万元户算是经济条件相当宽裕的了。文新明一下子也拿不出那么多的钱置办这么一套设备。但是资金这点困难，并不能阻挡他的创业决心。文新明和妻子商量好以后，两人把所有积蓄都拿出来算了一遍，东拼西凑，发现只有6890元，还差3110元才能够置办一套混凝土搅拌设备，再加上还要买辆拖拉机、请工人帮忙等成本，还需要好几千元来周转，为此他不得不向亲戚朋友借钱。"车到山前必有路"，文新明向大哥钟成南求助。钟大哥在混凝土工程这一领域已经有近十年的工作经验了，他建议文新明不要急着自己单干，避免吃亏，让文新明先来茂名高州跟他学习一下技术，然后再回去自己干。文新明连忙买好车票，前往高州，拜师学艺。文新明回忆道，当时去高州一共只待了两天，在钟成南大哥精心细致的指导之下，刻苦练习，到工地真枪实战地干了整整两天，他基本学会了做混凝土工程。他感慨地说："钟成南大哥是改变我一生命运的人。"学艺的过程中，钟成南了解到自己的妹夫当前的生活条件十分艰苦，为了帮助文新明的事业尽快起步，让妹妹生活得更好一些，他非常仗义地把自己的一台混凝土搅拌机送给文新明，让他不用着急，稳扎稳打，以后有钱了再还给他。文新明十分感动，紧紧地握住钟大哥的手，坚定有力地说了一句："我一定掂！"①

学艺归来的文新明，便开始了自己的新事业。由于当时村里没人做混凝土工程的生意，所以附近准备建房子、修房子的人都会找文新明帮忙。因此，他的生意做得很顺利，从自己村做到隔壁村，名气越做越大。据文新明回忆，每天都有人打电话跟他预约时间，一个月基本有26或27天都在工作，有时候生意好到甚至要加夜班。他说："当时做工真个好辛苦，但系赚钱容易一啲也多一

① 方言大意：我一定行！

啲，日子也渐渐好过一啲。”[①]说到做水泥工时候遇到的困难，当时经常发生的问题就是“设备机器发生故障”。由于文新明跟着钟成南学习技艺的时候主要学习的是“如何做水泥”，却忽略掉了在做混凝土过程中可能遇到的问题。于是，在刚开始的两个月中，文新明必须摸索着处理各种设备发生故障时出现的“疑难杂症”。“下雨天仍然要继续干活，干完活才能回家”，这是他文新明述自己做工过程中的常态，不管多晚，即便是下雨，除非是电闪雷鸣，都要坚持完成自己的工作，因为他认为这样才能够树立起自己良好的口碑。后来，生意越做越大，工程量大了，排期也更满了，文新明就雇佣更多的工人一起干活。

文新明雇的都是自己村的人，虽然个个都是年轻力壮的，但是缺乏技术经验，所以他也要花时间去指导培训他们。另外在做工的时候，还要保障他们每个人的安全，提醒他们哪里可能会有危险，哪里应该怎么做，生怕他们出了什么事，做建筑工程的最怕的就是出安全事故了。经过几个月的磨炼，他慢慢了解了做混凝土的诀窍，做工的效率也大大提高，每天能够收入200～300元，除掉每个月支付给每个工人300～400元的工资，算下来一个月也有近两千元的净收入。再加上妻子自己也在种稻谷，每年两熟，一般可以收成两千斤左右，除去10担，也就是1000斤供自己家庭食用以外，剩余的1000斤稻谷可以按照一斤3～4元的价格在市场上卖出去，一年也有3000～4000元的收入，这样一来，家庭整体的经济状况也变好不少。在家庭经济状况改善的条件下，他和妻子决定再要一个孩子。小女儿于1997年出生，取名为文西燕。多了一个女儿，文新明工作的动力更足了。家里的孩子主要都是文新明的父母带大的，而文新明自己则集中所有精力用于工作，年复一年，家中的条件越来越好，日子也越过越开心。

十、休闲生活

文新明的大儿子文正堂已经从广东松山职业技术学院的机电器械专业毕业，目前在广州一家工厂担任技术工人一职，收入不差，能够独立承担自己在广州的生活花销。大女儿文孝娴去年从广东美术学院的广告设计专业毕业，目前在广州一家广告设计公司工作，收入不错。小女儿学历不高，仅仅完成了初中学业，之后便一直在广州打工，如今也已经长大独立。文新明看着自己的孩子一个个长大成人，各有事业，心中满是欣慰。今年年初开始，他不再做混凝土工程了，一是竞争越来越激烈，村里面已经有很多家也开始做混凝土这一门生意了，利润近年

①方言大意：当时工作真的很辛苦，但是赚的钱也多一些，日子渐渐也好起来了。

来被压得很低，比起以前来说更难赚钱了；二是身体老了、做不动了，也该休息休息享一下清福了。但是，文新明发现自己实在闲不下来，还是想要找一些事情做。

就在2018年10月底，长岗坡纪念馆开馆了，见纪念馆在招聘管理人员，文新明便马上前去应聘。现在他是馆内的管理人员，每天的工作时间是下午4点到晚上12点，每个月有四天的假期，虽然工资不多，只有两千元左右，但是工作压力比起以前来说，小了很多很多。另外，妻子也没闲着养老，而是在馆外的出口处做起了小生意，摆摊卖一些饮品（如：矿泉水、冰红茶、王老吉，还有鲜榨的甘蔗汁）、面包、棒棒糖等，每天都可以赚到一些买菜钱。孩子们都很孝顺，知道父母摆摊做生意，就从网上买了很多纸杯、榨汁机等一系列用品寄回家中。文新明对自己孝顺、懂事的孩子颇为满意，他说，在孩子小的时候，他经常给他们讲自己的人生经历，就是要让孩子们知道“一分耕耘，一分收获”的人生道理，教育他们成为一个有理想、有担当、能吃苦耐劳的有志青年。如今，文新明夫妇已经在罗定市中心买了一套商品房，等到了2020年，房子装修好之后，他们打算搬到城市，享受全新的晚年生活。

评语

文新明是农村中的能人、聪明人。他总是在思考，总是在寻找自己发展的方向，最后基本实现了自己的目标。最关键的是他较早发现了农业不能致富的问题，所以年轻时就坚定了“跳出龙门”的意愿。经商、打工的曲折经历培养了他的市场意识、现代意识，所以在重新回到霞村的家里后，他能够把握住农民建房的商机，在混凝土服务领域一干就是20多年，成功地完成自己的财富积累。文新明自己的楼房早已建起来了，生活非常悠闲、舒适，还可以耕种1.3亩承包地。并且，三个孝顺的儿女也长大成人，在广州顺利打工、就业，基本不用他操心了。此时49岁的文新明，显然已经卸下了经济上的压力，他不用再为了一点钱四处奔波了。而且他也有条件在人生的晚年，选择在城市购房定居。

第四章　乡村医生文辉林

李泏晴　张春蓉

我们在2018年11月27日早上9点半左右造访了文辉林家，他住在村尾的一栋刷着白漆的三层楼房里，看上去很是别致。我们去的时候，他们家刚好在铺屋后的水泥地，正门开着，但无人应答。我们只好绕到屋后，问文辉林医生是否在家，话音刚落，只见一位身着布衣，戴着圆框眼镜，头发有点灰白，正在躬身查看水泥地的老人抬起头来，示意我们从前面进去。我们进去的时候，看见门口走廊左半部分用帘子隔开了一块，后面是座椅，再跨过一道门，有个柜子摆了不少药品，再往右转才是客厅。文辉林让我们先坐下，明白我们的来意后，开始讲述起他的人生。

一、1945—1964

文辉林，别号文路勋，在乙酉年（1945年）的农历三月初八子时出生于霞村一个贫农家庭。他父亲叫文嘉光，生于光绪二十五年（1899年）五月十六日巳时，是家中七个兄弟中的老五，是一名出色的力工，很多雇主都愿意雇佣他。他的母亲叫赵两妹，是赵广泉之女，生于辛亥年（1911年）三月廿二，于1988年农历七月十二日离世。因为文辉林的父亲排行第五，所以年纪大的人一般称文辉林的母亲为五婶。中华人民共和国成立前，文辉林的父母以打工为生。文辉林有一个大姐，叫文树英，生于癸酉年（1933年）农历十一月初六；一个大哥，叫文思林，生于丙子年（1936年）闰三月廿九日；一个弟弟，叫文彦林，别号文川林，生于壬辰年（1952年）正月初十子时。

在文辉林年幼时，除他和弟弟文彦林因年纪太小无法参与劳动，家里其余四人全部都下地耕种。“土改”时，家里被划为贫农，虽然家境比中华人民共和国成立前好一点，但依然很穷，田地也仅是勉强能耕，耕作农具全靠借，家里房屋也仅勉强能挤下一大家子人。

文辉林清楚地记得，1951年他6岁刚进入S七小时，父亲是天天亲自送他去学校的。但当时他年幼无知，不喜欢上学，因而总是被父亲打骂，也让慈爱的母亲跟着受气。他当时觉得，有哥哥读书就行了，哥哥会帮自己“读”。

1952年12月25日，大哥文思林于罗定第四区第七小学毕业。当哥哥考入L一中时，文辉林才逐渐开始了解自己的生活处境。哥哥除了学校补贴部分的助学金外，其余一切开支都靠劳碌的父亲和勤劳的母亲。在家里参加农业初级社之后，他们这户贫农更“贫”了。因为连年超支，加上村里又搞水利建设，在建花鹿坑水库时，他家除了自己和弟弟外，其他人都要去工地干活，中午也不回家，只带一只两耳煲在工地上煲粥。当时贫苦，米少水多，他哥还打趣说：“这些粥好像雁岗瞄过——清水。”雁岗、清水都是当地的村名；瞄过，看过来，比喻粥稀得像村庄的分布。为此，他父亲一到晚上就总是在灶边默坐，守到人们熟睡后，偷偷煲几两米粥加餐。

读小学那几年，他背着弟弟上学的，当时有两个同学经常吓唬他弟弟，兄弟俩常悄悄掉眼泪，文辉林深深感觉到了无助。他回忆道，1955年他读四年级，要上珠算课。他没有算盘，只好用竹子自制了一只，上课时拿出来全班却哄堂大笑。直到前几年再遇到好友文依佳时，对方还说起这事，问他的竹算盘是否进了博物馆。文辉林说自己现在使用算盘如此娴熟，全得益于那时酷爱珠算。

1956年，大哥文思林从L一中初中毕业，被保送进了肇庆师范专科学校，暂时离家。姐姐文树英原来是土改干部，在这年当了接生员，后来还被选举出席了省团代表会。

1957年的国庆节，农历闰八月初八，是他永远不能忘记的日子。他当时已上六年级，学校上午开会，下午就放假了。他回到家便开始聚精会神地读起了《西游记》，正读得入神，一个噩耗传来，他的父亲去山上割草看牛，回来的途中去世了。

文辉林赶到现场时，只看到父亲睡在两丛白花草中，水牛在父亲身旁静静地站着。邻里猜测说有可能是因为山路崎岖，他父亲一时不小心摔倒了。虽知道已完全没有希望，医生姚炳权还是给他父亲打了两针。

当时母亲在旁边哭得死去活来，他和弟弟泣不成声。他记得很清楚，在父亲去世的那天，早上他和柏林等几个堂兄还在新屋厅里睡觉，一贯起早贪黑的父亲就对还未起床的他说：“你们后生仔要勤奋一点，不要学成咁懒（这样懒），天大光（天大亮）都不愿意起床……”事后回想起来，这大概就是父亲的遗嘱了。

在这一变故后，一家几口的重担就落在了40多岁的母亲身上，日子过得很是艰苦。她一生都在为家里着想，直到1988年离世时，她仍然在惦记几个孩子未来的生活。

有时，文辉林会不由自主地想，父亲其实并没离去，这仅仅是一场梦，而一旦反应过来时他便止不住潸然泪下。父亲生前亲手在家门前种了一株木瓜树，他出入家门，每次看到那株高大的木瓜树时，都会想起父亲。父亲在世时种有许多木瓜，天天给木瓜树浇水，在木瓜成熟的季节，他会和孩子们一起吃木瓜。木瓜种子是父亲的一位朋友二九叔给的，父亲去世时，二九叔还带着他的三个儿子提着满满一篮木瓜过来帮忙，此情此景至今历历在目。那段时间，他每天早上在天蒙蒙亮的时候独自跪在这棵木瓜树下，拜三拜，再浇水，如此连续十多天。直至现在，他吃木瓜时还是会想到父亲。

1958年夏天，文辉林从罗定四区七小“结业”了，说是“结业”，是因为他虽读到六年级，毕业时却没去复习也没去赴考，因此没有领到毕业证书，那时堂兄弟文德林见他年纪小，就在文正林老师的帮助下，把他带到了位于L镇罗境的山田民中（别名东风中学）读书。

那是“大跃进”的年代，读书基本上是半工半读。“大跃进”期间，母亲是大食堂的炊事员，工作繁忙，所以每晚都是文辉林兄弟俩自己一起睡。姐姐曾任大队党支部书记，但太易同情别人，后来辞去干部一职。文辉林说，即使是在最痛苦的时候，姐姐都是满脸笑容，尽量把伤心痛苦的事压在心底。

1959年，哥哥从肇庆师范专科学校毕业，后分配到恩平一中任教。

1961年夏，文辉林在L镇的山田民中领到了初中毕业证书，但没有考上高中。文辉林初中毕业时，文彦林已经是小学二年级的学生了。当时文辉林很喜欢看小说，如《西游记》《水浒传》等，《水浒传》108个好汉的名号背得滚瓜烂熟，才二年级的弟弟也跟着文辉林一起看。三年的中学生活让文辉林学到了不少知识。虽然语文比较差，但数学却经常满分。毕业回家时正是新集体经济体制实施的第一年，基层政府要吸纳一批生产队干部，文辉林被推荐去当记分员。1964年秋，文辉林20岁，他觉得自己在家混了几年也没什么出息，就决定外出，和本大队的二十多人前往九市镇做工。九市林场是集体生活区，这里的员工来自五湖四海，知青也很多，大多是青年男女，都很活跃。本来文辉林和本村同学文晓才决心在这里扎根，但是经过11天艰辛的工作，工资收入才4元6角1分，而每日伙食费5角，11天伙食费总共开支5元5角，超支了8角9分钱，文辉林觉得这样下去不行。况且已十几天见不到自己的母亲，文辉林心中感到不快。弟弟还小，哥哥在恩平一中任教，离家比较远，加上母亲本来就不同意他外出，再三考虑之后，他便又回到了家乡，继续干自己原来记分员的工作。

二、修渡槽

1965年夏，在同学的鼓动下，文辉林决心复习初中课程考高中，足足下了一个月的苦工，可还是没有考上。文辉林认为，这就是命，自己可能没有读高中的资格，再加上已经下足了苦功，因而并没有很懊恼。后来听说，这次考试录取的主要形式还是推荐选拔，他更加没有了升学的念头。即使这样，文辉林还是很怀念自己的学生生活，工作之余还经常到一些志同道合的学友家里聚会攀谈，有时候直至天亮才回家。各人的水平及生活环境等各不相同，同学们大都各奔前程。

文辉林很喜欢文学作品，决心与自己的同学文依佳共同创作。1965年秋，一位女性朋友也对文学很感兴趣。她在罗定市读高三，时不时还与他通信，一起聊一些相关的文学作品，还鼓励他总有一天会成功的。虽然自身水平有限，想当一名文艺工作者也不是件容易的事，但一想到那个同学的鼓励，文辉林就不由得精神振奋。

同年7月，弟弟文彦林于L镇人民公社S小学毕业，考入罗定中学读书。

同年秋末初冬，上级大力号召各地办文化室。虽然当时生产大队的几个队长不感兴趣，但迫于形势，也勉强办了一间文化室，称为“S夜校”。文化室有50多人，大致分三个班，即初中、小学、识字班，民办教师也有几个，文辉林就是其中一个。他担任的课程主要是“珠算课”和“讲政事”，文化室的同学大部分都是刚刚离校的学生，还有些是已婚青年。这些年轻人十分活跃，但是文化室只开了半年，由于各种原因就解散了。不久后就开始闹起了“文化大革命”，这对文辉林所在的农村影响并不是很大。1966年期间，文思林由学校推选，带着一个班20多个红卫兵上过两次北京，参加红卫兵大串联。

农村有农村的运动，主要是学习毛泽东著作。当时文辉林担任大队学“毛著”辅导员，还代理大队的团支部书记，生活和工作都十分紧张。那时不仅粮食不足，连山上的草都不多，所以每年农历的七八月，全村的男女老少都浩浩荡荡地到较远的横山禹去割草。文辉林说，那时他和弟弟连续割了50多担白花草都不觉得累。1970年的秋天，大队接到上级指示，成立一个“一打三反”[①]的宣传队，这个宣传队有14人，文辉林就是其中之一，其中有八个成员是文辉林终生难忘的好友，他们几个好友还在文乐成的带动下，由文辉林提议，于1970年的年廿八成立一个友谊组织，称为“三村四方”。成立这天，全体成员在文辉林家聚会庆祝，文辉林的母亲热情地款待了他的几位好友。成立之后，他们几个好友

①“一打三反”，即打击反革命破坏活动，反对贪污盗窃、反对投机倒把、反对铺张浪费。

连续经历了“一打三反”“整党建党”，“五四零六”等运动。[①]

也是在这一年，弟弟文彦林初中毕业。他曾报名参军，但在审核时由于七叔在香港，受到影响被取消了报名资格，之后一直在学建筑。20世纪70年代初，他在县一建工作，县二建成立后，成为首批二建职工。

1971年，哥哥文思林结婚。由于上级动员教师职工带头晚婚，因此，他直到35岁才成家。

1972年正月初四，文辉林结婚了，正式开始了一个小家庭的生活。同年10月，文辉林的第一个儿子文朗出生。1974年8月，次子文泷出生。虽然当时抓计生的力度并不是很大，但他积极采取了计划生育措施，一直到1978年才在村妇女主任同意后生了女儿小杏。一家五口，虽然生活比较艰苦，但总体上文辉林还是比较满足的。这几年里，文辉林还负责联队会计的各项工作。

文辉林一生中最难忘的，是1976年秋开始修建长岗坡渡槽。由于渡槽途经花鹿坑水库，因此花鹿坑水库的坝基要全部挖通。而挖通坝基的任务，上级分配给了霞村八个生产队。霞村人多劳动力足，每天都有40多人参加挖泥方。文辉林担任生产队会计，每天都与爱人杨龙珍一起上阵挖泥方，从不间断。一天上午9点，泥方突然塌方，当场掩埋了多人。也有几人受伤，他就是其中之一。当时泥土已埋过了他的右大腿，在场的人全力参加抢救。妻子杨龙珍一边大哭，一边大喊救命，又一边极力用担挑挖泥，想救他出来。不料几分钟后第二次塌方，泥土瞬间盖过了文辉林的下颌，只露出半个脑袋。当时他就想，如果还有第三次塌方，就完蛋了。好在上天有眼，塌方终于停止了，但仍有6人罹难，包括文新林、文涛林、文庚林三位男性，马晋、刘时英、文书灵三位女性。另外还有冯雪华、文之南、刘梦婵、文凌开、文辉林5人受伤。后来他检讨，自己好歹也算读过初中，怎么连一点安全意识都没有。他的脚受伤不算特别严重，但也痛了几十天，指挥部卫生站发了一点药酒，搽搽就了事。

然而，只要想到建渡槽是件光荣的事，自己死里逃生又是不幸中的大幸，他内心还是颇为欣慰。文辉林记得出事后，大队干部文建班对他说：“你这次受伤，我觉得你的头发白了许多。”跟着又笑着说，“喂，辉林，你定（安心）啦，大难不死，必有后福。”

这之后，文辉林开始醒悟，他认为，一个人一定要有多种技术和知识，或者起码有一种特别的技术才有用。比如，学做生意、学建筑或学医，这样在人生路上（人活得）才有意义，才不会虚度。

---

① “五四零六”据说是一种可以替代化肥的生殖菌，可以提高粮食产量。

1979年，哥哥文思林申请回L中学教学，一直到退休。

1978年以后，国家开始改革开放，霞村实行分田到户。这时候的文辉林已经35岁，他开始尝试放弃农业，走出乡村。

文辉林最初去贩售腐竹，要去离家30多千米的罗阳圩进货，L镇的腐竹佬很多，那里的人很好，一见面就叫他“老文”或“向头佬”。他把L镇的腐竹运往连州、新格、渡头等地推销，这些地方的人老实、十分热情。这些老熟客都像亲人一样，一天不见就问这问那。1983年农历八月廿六，文辉林还写了一首诗记述那时的真实感受，叫《腐竹行》，其中几句写道：罗阳腐竹任选购，山竹销售算搭头。还有新格及连州，柳绿花红处处幽。西方老汉满面笑，东边兄弟叫白头。左边当吾座上客，右边声声请回头。

1980—1984年，几年的经商生活，开阔了文辉林的视野。在社会上谋生的人的确是多种多样、五花八门、各显神通。然而，他始终坚持两条：一是无论如何绝不不择手段，唯利是图；二是学会广开门路，寻求差额。由于能力有限，做这样的生意，也只能维持家庭的微薄开支。幸而妻子有一双勤劳的巧手，和他一起赶早摸黑、辛苦与共，才维持了一家五口的粗淡生活。

1984年10月，39岁的文辉林考虑到长年奔波不是长久之计，加上又想换换生活环境，决定改行学建筑。

三、小工

1984年冬，当时罗定的第一高楼招商大厦正式开建。文辉林的弟弟文彦林，在这年被任命为工程的施工员和副队长。靠这层人事关系，文辉林成了建筑队中的一员。工地总共有160多人开工，分水、木、铁三组。文辉林被分在木工组，组长是年向豪，人很能干，但文辉林是外行，年向豪总显得不大乐意接收文辉林，不过他也没有为难文辉林。文辉林当时已是40岁的人了，被这个人含讥带讽地叫“文师傅”，被那个人叫“老师傅”，又是施工员的大哥，文辉林心里也很不是滋味。

在不开心的日子里，他总是会想起自己的腐竹生意，虽然收入不多，但很自由，充满了生活情趣。而现在，受气多过吃饭。木工组里有一个叫“柳当干”的人，让他很不舒服，因为柳当干见到他，就对木工组长说：“怎么派一个一样都不会的人来啊？”

不过，有几个工友，如何裕新、冯月明等，就十分同情他，不带讽刺地叫他“文师傅”，或“老文”“阿林”。有个女炊事员白轩珍就更使他感动。她是二建的职工，是一个带着两个女儿的寡妇，很是心灵手巧，单独一个人负责160多人的炊事工作，人人都称赞她。当时文辉林患有慢性胃炎，不敢喝白开水。而白轩珍每顿饭都帮他留出一碗汤，晚上还会帮他烧一桶热水。她还常常告诉文辉林，叫他去哪里看医生，或者用什么方法治疗他的慢性胃炎。

集体生活的确多姿多彩，文辉林住的工棚总共有30多人，这些人的老家都在L镇以外，大部分都是熟人推荐来的。那时做建筑工都要人脉，但这些人一般都像他一样，是外行，不熟悉建筑，一到晚上你一言我一语，谈天说地。这些人中，有些人是参军退伍的，也有些是教过书的，因此聊起天来滔滔不绝。有天晚上，一个工友指出："现在的世界难捞。"[①]另一个接着说："现在不是世界难捞，而是人难捞。"紧接着一个又说："现在不是世界难捞，也不是人难捞，而是自己不会捞。"文辉林觉得这个说法极有道理，更发人深省——要是自己会捞的话，又何必受人刁难，要是自己有一门技术专长的话，又何愁没有工做，何愁没有钱花？

于是，文辉林开始萌发学医的念头，假如他是个医生，何须发愁自己的胃病；假如他是个医生，他的工友一定会叫他"文医生"或"文大夫"；假如他是个医生，他的朋友，特别是女炊事员白轩珍，一定会很高兴。她曾对文辉林说过："识字的人始终是难不倒的……以后终是会有出路的。"这段话给了他极大的鼓舞，深深留在了他的记忆中。

文辉林的学友刘润灿在东莞市第五中学任教，兼做校医。于是他立即写信联系刘润灿，对方也及时回了一封信表示支持："你想学医，很好，因为一个人没有一技之长，的确很痛苦。你现在觉醒，尚未晚也。可惜我这里没有系统的书籍，请你及时寄钱去报读现在广州中医学院开办的中医刊授班，这样工作学习两相顾及。我有一位同事，他前两日才寄钱去，每年90元，报名时间是本月底截止的。看来，还有几天，我写地址给你，你（立）即寄钱去。"

那时候，文辉林家的经济十分吃紧，一家五口（夫妻两人和三个孩子）的开支，除了出售部分稻谷可以减轻一些负担外，其余全靠文辉林承担。建筑工打工每天借支3元，小工2元，文辉林是小工，打工的钱，除了伙食外，一个月仅有20多元剩余，再加上他在工地上值班每月的12元，一共30多元，那些钱他从不乱花。偶尔会买些课外书，都是靠加班或帮工地卸水泥等赚来的。

文辉林学医，起初妻子并不同意，她觉得文辉林已经41岁，年纪太大了，不会成功，而且花费太多。经过文辉林反复解释，又见他意志非常坚定，才勉强

①方言，指难赚钱。

同意。

收到书后，文辉林非常高兴，仿佛年轻了几十岁，就像刚入学一样。当时已75岁的老母亲很支持文辉林学医。文辉林的母亲一生慈祥和善，她因为长期患有风湿、气管炎，所以对医生倍感亲切。文辉林受母亲影响，对医生（职业）很羡慕，如果有朝一日别人叫他“文医生”，他会觉得非常幸福。

然而，当他在宿舍里看书时，总能从大部分工友的眼神里看出质疑。他们都认为，几十岁学医，就算学成也为时已晚，觉得他很奇怪。只有一个做木工的名叫黎章福的工友说，他有个弟弟叫黎章华，是水泥厂的职工，也是读中医刊授。他认为文辉林这么努力，每天手不离书，每晚学习到天亮，这样下苦功，岂有不成功的道理。

刊授课本每期三本，内容分为三个部分，第一期是《中医基础理论》《中医药物学》《中医辅导》。内容非常多，文辉林为方便记忆，会把一些主要内容编成歌，反复默念，方便学习，有时候重要的段落还会整段背下来，指定要背诵的段落一定是背得滚瓜烂熟。有这种刻苦学习的精神，1986年6月刊授中心举办期中闭卷考试，文辉林获得了96分的高分。

文辉林有慢性胃炎，虽经过多方治疗，但总不见效，他还是不敢喝白开水，不敢吃青菜。白轩珍对他说：“阿林，你想做医生，无论如何要想法医好自己的病。连自己的病都医不好，有哪个信你呢?”经她一提，文辉林觉得很有道理，自此把有关胃病的治疗方法都试了一次，略有好转。后来一天，他在一本课外书中找到一个很简单的药方，单用蜜糖治疗，把蜜糖煮开后放凉，早晚一汤匙。服了一公斤多后他的胃病好了大半，服了两公斤后，他的胃病完全康复了，终于可以吃青菜、喝白开水了。

1986年夏天，他学医的事情在工地传开了，有个别的工友开始找他开药治病。第一个是木工组的柳吉佬，文辉林给他诊断后认为是肝热，开了龙胆泻肝汤，结果很有效。柳吉佬夸他比其他医生都好。后面工友梁化文、老莫、丁传林等人也都找他治病。工友何裕新说自己的母亲长年咳嗽，想让文辉林开药。文辉林一开始不同意，一是认为自己是个初学者，二来未见过病人，不能（随便）开。在工友多次请求后才大胆开了一剂，五六天后，工友回复说母亲已基本好转，且他的妻子见这么有效，也喝了一剂，也很见效，但堂弟试过后却肚子痛得不得了。文辉林很生气，说这方子不是万能的，哪能人人都用呢？他现在想来，那时候这么做（不见病人就开药），实在是太大胆了。

和他一起搭档的是工友文敬才，20世纪六七十年代曾在L镇的缝纫社当过会计，为人正直老实，大家都很喜欢他。他与文辉林也很合得来，尤其支持文辉林学医。有时有工作要做，文敬才总是让他读书，他自己去完成工作，见文辉林学有所成，文敬才也为他高兴。

1986年4月底，招商大厦主体已基本建好，只剩装修工作。大部分工友都回家了，文辉林有幸被留用，被安排在水工里做小工。水工组长姓谭，当时约30岁，从不叫文辉林名字，见面总是“喂”来“喂”去，粗言粗语。1986年8月初，工地的几个头头逐渐对文辉林开始不满，认为他只管看书，不管工地。招商大厦工程结束之后，他们正式散伙。文辉林继续跟着弟弟文彦林做事，文彦林承接的第一个工程是龙域乐园，于是文辉林也被安排在那里做工和看档。

离开招商大厦工地的头一天，工友文敬才一见他收工就过来谈心，十分舍不得，(觉得)少了一个可以谈心的伙伴。炊事员白轩珍却替他高兴，认为这样也好，何况两地很近，(文辉林)随时都可以回来看看。

当晚文辉林无心学习，只忙着收拾行李，静下来的时候就翻翻日记，许多人和事都值得留念，快天亮时，他把自己作的一首诗留在了工地宿舍里的学习台上，诗是这样写的：“吾自甲子到此地，的得岁月逐浪飞。眼皆群魔兼恶狗，泪蓄招商引墨医。点点汗液论杏林，滴滴泪珠伴经书。难得可贵有谁邻，忘却今朝喜成师。”

龙域乐园工地的总负责人是弟弟文彦林，组长田言锋，木工组长文杰光，铁工组长文昊超，几个人年龄都差不多，30多岁。文杰光和文昊超两人都很老实，平易近人，对他很好。工地的工友知道文辉林会开药治病，不少人都找他帮忙开药。木工组长文杰光对他更加信服，身体稍微有点异样就来找他，因为每次服药后都很见效，他夸奖文辉林，说很多医生都比不上文辉林。有次一位吴经理也来找文辉林开药，服药后也说很见效。文辉林很感激这些工友及患者，虽然只是义务看病，但自己的医学技术也得到了进一步的尝试，是很大的收获。

1986年底，龙域乐园的建筑工作快到尾声，游乐场也正式开业。但文辉林仍是小工，每天不是推着车拾捡木块，就是跟随水工师傅做这做那，又加上工友们的劝说鼓励，文辉林逐渐起了脱离工地做医生的念头，但考虑到自己的技术水平，他决定再忍忍。

接着就是1987年的春节，工作需要，工地负责人安排他独自看守工地。大年初一那天，他在弟弟文彦林家吃饭。弟弟一家加上母亲和一个工友，大家喜气洋洋，晚上他回到工地读书。那天晚上的L镇流光溢彩，美极了，是文辉林有生以来在异乡度过的第一个春节，他视之为美好的开端。

四、学医

1987年春节过后几天，文辉林被派往弟弟承接的毛纺工地做工人，仍兼职看守工地，即做守夜保安。毛纺工地是原县氮肥厂的所在地，氮肥厂连年亏本，职工已全部下岗，整个工厂已经拆掉。当时有些地方尚未拆完，十分荒凉，可怕极了。晚上又没有电灯，只剩他一人，静悄悄的，只有一盏20世纪50年代用的小煤油灯。

曾与他同在龙域乐园看守工地的田乘林老伯，因与组长顶嘴就没有被派来。这一次派来的是唐伯，唐伯一到，文辉林异常开心。唐伯虽是七十几岁的人了，但身体很好，又和善老实，对他简直像对亲儿子一样，得知他会开药看病，更加喜出望外。当时文辉林是在集体饭堂吃饭，唐伯是厨师，有什么新鲜菜色，总少不了留给文辉林。

毛纺工地附近的村民和唐伯很熟，个别村民有时身体不舒服，唐伯总是把文辉林介绍给他们。村民开始有些不大乐意，认为文辉林真懂医术何必在这里做工？但也有人吃了他开的药见了效，觉得他“有两手”。文辉林看病不收钱，当然也有人给钱，一般给多少收多少。

毛纺工地开工后，有几个新工友和文辉林很好，觉得他做小工委屈了，认为他有资格做大工，至少也是中工。工友们都为文辉林不平，便叫他跟着他们砌砖。文辉林也意识到自己应该去争取，便每天跟着大工上班。虽然最终做起工来慢一点，但也会做。文辉林第一次领到中工工资时格外高兴，因为他终于正式成为一个“水泥师傅”，摘掉了小工的“帽子”。

同年4月初，毛纺工地转入紧张施工阶段，每晚都要加班，有时候倒水泥要倒一天一夜。每次倒水泥时，文辉林都感到很难受，只要一开工，两只脚很容易弄破，经常出血，可是人人都上阵，文辉林没有理由不开工，只好忍痛坚持下去。原氮肥厂旧宿舍旁边设有一卫生站，这里有一个姓陈的女医生，30多岁，平易近人。一收工，文辉林就来这里坐坐，看她为病人治疗，观察她如何给病人打针。文辉林觉得要是自己会打针就好了，单靠中药是不够的，中医配合打针治疗才能更好地治病救人。从这时候开始，文辉林开始摸索西医，他上街买了两本西药书，经过多方钻研，文辉林掌握了一些西药的名称以及注射方法。

1987年农历四月底，文辉林得了一次重感冒，常言道“无病不治病”，于是文辉林打算上街买中药，转念一想，服中药疗效没那么好，便打算服用西药，最好配合打针，于是又打算买一套注射器和一些药剂自己试试。（1987年）农历四月廿九日下午五点，吃了饭，文辉林便向组长请假，说自己生病了要上街买药，就不上夜班了。在L镇街上走了几间药店，文辉林把自己要用的注射器、镊子、针头等都买到了，还买了一盒“安乃近”和一盒“柴胡”针剂，高高兴兴地回到宿舍，抓紧时间冲完澡，偷偷地盛了一碗开水放在床边，放下蚊帐。眼看工友们全部离开宿舍，当时已是晚上11点，唐伯也上床睡觉了，文辉林就放心地开始注射试验。由于没有医用砂轮片，文辉林只好用手折断针剂，结果弄破了手，还流了很多血。文辉林心里很紧张，但并不害怕，本来注射应该做到“两快一慢”（入针快、出针快、推药水慢），但是文辉林因为紧张，打针时搞成了“三快”。即使是这样，文辉林说自己并没有感到痛，也断定自己没有伤到坐骨神经。

次日早上，唐伯问文辉林，头天晚上听到叮叮当当的声音是怎么回事，文辉林笑着说，只是睡不着罢了。很快，毛纺工地的建筑工作即将完成，工地决定裁减部分工人，文辉林也是其中之一。文辉林决定回家，其他工友都纷纷劝他到别的工地谋生。回家那天，唐伯帮他收拾行李，另外一个工友帮他叫了一辆手拖车，因为文辉林有几箱书。工友们来送他，还叫文辉林不要忘记他们。当文辉林坐着手拖车离开L镇时，也是比较心酸的。

五、村里开诊

文辉林回到了家乡，这已经是1987年了。文辉林听说刘润灿已离开东莞回家开诊所，便决定找他求教。文辉林和刘润灿是老同学，新中国成立初期，每年的大年初二，文辉林的父亲都会去探望刘润灿的父亲。那时候的春节，家家户户都会自制几升米饼探亲，每探一门亲戚带的礼物不超过20只米饼。

小学毕业后，文辉林和刘润灿都在L镇的山田民中读书。初中毕业后，刘润灿还动员文辉林去罗定读补习班，由于家境关系，文辉林没有去。1964年夏，刘润灿鼓励文辉林去考高中，文辉林去了，结果落第了。1965年，他又动员文辉林报考“金鸡劳动大学”[1]，不幸的是文辉林又没考上，而刘润灿被录取了。他的医术也是在这个学校学的，也是他指点文辉林读中医刊授的。

1987年农历五月底，文辉林在刘润灿家呆了十多天。在这十多天里，刘润灿教文辉林怎样包药用药，怎样处理一些急症，以及多方面的治疗方法。每天到刘润灿家的病人有三四十人，都是他一个人处理，没有请人帮忙。病人们都称赞他医术高明，对待病人细致耐心。刘润灿告诉文辉林，有些病人的病即使亏本也要

① 在金鸡庙岗与云安县富林镇、阳春市新阳交界处，有一处罗定县劳动大学旧址。在中华人民共和国成立初期，是罗定的一处监狱（劳改农场）；20世纪60年代在此开办了罗定县劳动大学，如今这里是一家外资厂。

治好，不要惦记着药费，这才是“医者父母心”。

在这些日子里，刘润灿有时会叫文辉林帮忙打针。后来，文辉林觉得自己可以独立开办诊所了，但怕刘润灿不同意，怕他觉得自己太急于求成，所以开诊所时没有和刘润灿商量。

盛夏的一天早上，文辉林和妻子赴L墟时，决定去药批（药品批发企业，这里指的是当地的药品批发点）提货。药批的人见他来提货，感到十分突然，尤其是看到他的货单品种多，数量少，这种情况一般是不批的，便问他是哪个学校毕业的。文辉林告诉他们，自己读过中医刊授，后来跟刘润灿医生学过几年西医，并没有什么证书，但是有一个中医刊授毕业证。听了这些，药批的人开始并不同意给他批药。但其中有一个人说，既然学过中医刊授，又是刘润灿的徒弟，不妨多多少少批一点给他，并嘱咐文辉林要小心用药。

拿到药后，他与妻子高高兴兴地骑车回家。经过医院门口时，文辉林发现地上有几张折好的人民币，起初以为是前面的人丢的，打算追上去还给人家。但妻子说应该不是，不然的话人家就回来找了。他数了一下，一共12元，两个人商量后决定这样沿路回家，如果有人问起就还给人家，但一路上并没有人问。文辉林想，这一天是他们首次进货，这个钱又是掉在医院门口的，有可能是上天赐予他的，预示着他成功的开始。

开诊这天，天气十分晴朗，文辉林的药房设在西边的配房，中间用栏杆分开，前面是药房，后面是房间。得知他开诊，左邻右舍都来他这里围观，每个人都十分惊讶。有些人认为他只在刘润灿那里学了短短几天，不太相信他真的掌握了医疗技术，也不太放心让他治；但也有些人知道他学了几年中医刊授，选择相信他；还有些人认为他不经上级批准就贸然给人治病，有些不合规则。文辉林认为这些言论都不必放在心上，那些断言他前途黯淡、对他冷嘲热讽的人的言论更不必理会。

文辉林说，自己曾有许多机会学医。20世纪60年代，哥哥文思林曾送他一本厚厚的医书，当时他想，这个有什么用，只能当枕头。1970年冬，另一个有名的医师也曾动员文辉林学医，当时文辉林无动于衷。1972年春天的某天早上，侄子叫他去L镇买两本书，其中一本是《常见病防治手册》，这本书记载了100多种常见病，食疗偏方也有几千则，内容包括发病的原因、症状特点以及食疗方法，是广州某出版社出版的。1973年春，文辉林把《常见病防治手册》送给了好友。1973年，文辉林的堂兄又从英德寄了一本《广东中草药》给他，当时他也认为没什么用，就胡乱丢在一边。1975年秋，文辉林的堂兄弟叫他一起跟L镇卫生院院长学西医，他也没当回事。想想当初，他浪费了多少机会，文辉林觉得非常可惜。

文辉林的母亲得知他要开诊所，喜出望外。她的气管炎和风湿病经过文辉林的医治，虽没有根除，但是也好了很多。文辉林的妻子也很高兴，觉得很方便，有点小病也不用去找别人了。开诊这几天，每天都有三五个人来看病。过一段时间后，文辉林想要换一间房子做医疗室，就跟堂兄弟商量，在堂兄弟的商店里占一点位置。但是每天来看病的人依旧有限，经济上的紧张，让文辉林陷入了困境，家庭的重担落到了妻子身上。妻子对他有些不满，认为文辉林是怕辛苦，不去做建筑，搞得家里现在坐吃山空。

文辉林说，在他开诊后的十多天里，他曾做过一个梦。梦里下着小雨，他和妻子正在一间破旧的房子里摘花生，突然有三个人走进来。前面是一个女的，30多岁，满脸微笑；另外两个人，一个是中年人，一个是老年人。文辉林一开始以为他们是什么调查小组，就急忙拿凳子给他们坐，叫他们吃花生。文辉林问那个女的是不是陈医生，那个女的微笑着点点头。文辉林急忙请教，问遇到急症怎么办，那个女的微笑了一下，说到时你自然会知道。说完这句话，他们就冒着雨走了，文辉林快步追上去问怎么办。突然，文辉林身体一震就醒了，他告诉了妻子，妻子认为这是上天来帮助他的。

开诊所两三年的时间内，还是比较顺利的，不说收入多少，至少治疗病人没有出什么大的差错，文辉林的医术也有所提高。1991年初，村里一个人肚子痛，文辉林诊断是急性肠胃炎，便给他打了一针黄连素，一针清热抗菌。但是那个人即刻出现休克现象，两眼紧闭，好在还能说话。因为是开诊所以来第一次出现这种情况，文辉林非常害怕，就给那个人按压人中，打葡萄糖。几分钟后，那个人才渐渐苏醒，仔细一问才得知，那人可能是黄连素过敏。像这种情况，自开诊所后出现了好几次，每次文辉林都非常心慌，所幸的是并没有出现什么大问题。

1992年农历八月的一天，弟弟文彦林在L镇新建的楼房完工。为庆祝乔迁之喜，大家都去了他弟弟家。文辉林在这里遇到了很多老友，还得到了老友对他开诊所的肯定，文辉林非常高兴。看着自己昔日的好友各奔前程，他又有点伤感，日后想与好友相见不知是几时。令人欣慰的是他的医术越来越好，而且很受病人信赖。家住塘角村的一个病人，是第一个叫文辉林“文医生”的人，她对他的医术非常信任，特别是治疗牙痛的技术，而且很乐意帮文辉林宣传。在她的宣传下，塘角村的人都比较愿意来找文辉林看病。有一次塘角村的一个年轻女人半夜11点多牙痛，去文辉林家找他。当时文辉林去了L墟，女人便追到L墟找文辉林。文辉林说，其实治疗牙痛他也并没有什么秘方，只是对症下药。

六、大黑狗

1997年农历九月初三，是新修的“老社主公”满月的第一天，早上8点，文辉林的妻子与几个同村婶婶一起去祭拜老社主公。突然，一只大黑狗过来，一直跟着她们几个。一开始她们十分害怕，但是大黑狗没做什么，只是跟着她们。等她们敬奉了祠堂、大乞社，大黑狗还跟着她们，最后跟着文辉林的妻子回家，钻到文辉林床底下。文辉林一回来，大黑狗就对他摇头摆尾，吃完午饭文辉林去给人打针看病，它也跟着，只是在回来的路上在回头屋那里跑了。文辉林猜这只狗是回头屋的人养的，正跟妻子讨论着，狗又跑回来了。下午，这只狗又跟着他出去，在上高寨那里跑掉了。文辉林就跟妻子说，这只狗可能是上高寨的人养的，正谈论着，结果这只狗又跑回来了。

文辉林就对狗说，你跟回来，怎么不会叫呢？话音刚刚落下，这只狗就吠了几声，大家都笑了。俗话说“狗来富”[①]，文辉林说自从大黑狗来了之后，他的整个家庭都有了很大变化，三个孩子都顺利地成了家，有了自己的孩子，文辉林也在L墟买了新楼房。

但是2002年10月初的一天，大黑狗得了风寒感冒，在楼顶睡着了，粥也不吃。文辉林给狗打了一针，情况略有好转。然而，上午10点多钟时，文辉林上楼看狗，它已经死了，头北尾南，双眼炯炯有神地直视着楼梯，他非常伤心。中午12点，文辉林和女儿小杏用摩托车把狗送到黄埔顶，然后在东边的一块山地上将它安葬了。

评语

文辉林是一个平凡的农民，又是一个普通的乡村医生。他经历过上学的迷茫，对生产队有过贡献，担任过民办教师，修过渡槽，还在生死关头走过一回，其后又经过商，做过建筑工人，最后靠自己不懈的努力成为一名乡村医生。文辉林的人生轨迹，总体上就是一个普通农民如何“跳出龙门”的过程，他几乎没有一丝一辈子以务农为生的念头，为此他倾注了一生的精力，但最终还是难以跳出乡村。今天村里外出的打工仔，其实也是为了在农业之外寻找一条新的出路，与文辉林年轻时并没有多大的区别。不过文辉林还是通过自己的努力，部分实现了自己的理想。在村里行医，虽然收入不多，“离土不离乡”，但也算是一条腿跨出了农业，他由此实现了在村里安安稳稳过自己“小康”生活的打算。

---

①民间说法，认为狗会带来好运。

第五章　独身老人文仁生

文书雯　蒋菲

文仁生，男，1944年生，云浮市罗定市L镇霞村人，小学文化，曾外出打工，后回乡务农；终身无配偶，属于“五保户”①，由国家分散供养②，目前独居。老人亲历过中华人民共和国成立前的贫苦生活，目睹了新中国的成立以及以后人民生活的变化，见证过改革开放给农村社会带来的变迁，可谓阅历丰富。

2018年11月26日至2018年11月30日，在老人独自居住的屋子内我们采访了他。

一、少年时期（1944—1964）

（一）家庭关系

文仁生家有五口人，父亲名叫文景田，云浮市罗定市L镇霞村人，在身为小学教师的祖父的教导下，上过六年小学。母亲叫吴阿妹，没上过学，与父亲是同村人，两人在媒人介绍下结识并于1930年6月27日结婚。父亲家有五兄弟，他排行老五，世代以种田为业；母亲也是家里最小的，她还有一个哥哥叫吴谨坤。父亲于1986年5月时因病去世，母亲也于1996年9月与世长辞。

文仁生的父母育有四个子女。

老大名为文仁芝，男，生于1932年4月30日，小学学历。媳妇刘芹芳，于1933年1月15日出生，是童养媳。刘芹芳之所以做童养媳，原因在于其父母生育了八个子女，经济困难导致无法供养全家十口人，于是家里人就把她送出去给别人做童养媳。刘芹芳据说“能通阴间”，能够通过“作法”在死者家属与死者

①五保户常见于我国的农村地区，“五保”主要包括以下几项：保吃、保穿、保医、保住、保葬（孤儿为保教）。

②农村五保户的供养方式包括集中供养和分散供养两种形式：集中供养是指在农村五保供养服务机构集中供养；分散供养是指农村五保供养对象可以由亲友或者村民委员会照料，也可以由村民委员会委托村民照料或者由其他社会组织和志愿者提供服务。

的“灵魂”之间进行“传话”，村里也有不少人相信她具有这种能力。文仁芝夫妻俩育有六个子女：大儿子即文仁生的大侄子，名叫文超开，1950年8月5日生，现已退休，曾当过兵，与文仁生往来频繁，文仁生几乎每天都去超开商店逗留戏耍；老二是个女儿，叫文贤华，外嫁隔壁的太平村①，育有三个儿子；老三也是女儿，叫文园华，跟随丈夫居住在船步镇，农民；老四是儿子，叫文满开，是客车司机，曾经当过兵；老五是女儿，叫文信华，嫁去了河涕镇，也是农民；小女儿文金华，嫁去广州，其丈夫接受过本科教育，在城里生活。

老二叫文兰英，女，1935年7月3日生，没有读过书，不识字。在文兰英两三岁时，同村有户人家想收她做童养媳。由于家庭困难，重男轻女，父母将她送了出去。那户人家居住的地方离文家不远，文兰英从村里人的口中得知，原来自己的父母不是亲生父母，于是在七八岁的时候就自己走回了家。她回家后已经能够照顾弟弟，也能看牛、放牛，干一些农活了，父母也就不再送她去做童养媳了。文兰英在十七八岁时嫁去了离L镇有约5千米的楷阳村，婚后每年会步行回娘家两三次。文兰英和丈夫是经人介绍认识的，他们生了三个儿子和两个女儿。目前其二儿子跟文仁生来往密切，每年都会回来探望他，并给文仁生这位四舅500元当做生活费。

老三文仁莲，男，生于1937年6月6日，两岁时就因病去世了。

文仁生排行老四，年龄最小，在老三去世时他还没出生，他是从父母的口中才得知三哥的存在。

（二）经济生活状况

文仁生的父母以务农为业，当时由于自家田产很少，粮食产量不高，家里并不富裕。他回忆道，在土地改革之前，农民，特别是贫农占有的土地非常少，而他父母家的农田大多是从上一辈的祖先那里继承过来的。当时无地或者少地的农民需要向地主租地，文仁生家的情况也是如此。为了养活家人，他们一家不得不向地主租借一小块田。稍微好一点的地主会采取“四六分”的收租形式，即地主收四成，六成留给佃户。比较普遍的收租分成是“五五分”，少数极端情况下会出现“三七分”的地租分配。文仁生说，当时他们一家不仅租地主的地耕种，还做雇工帮地主耕田。雇工一家可以住在地主的旧房子里，而且提供一日三餐，但不发工资。白天，文家的三个小孩就住在地主的旧瓦房里，父母亲从地主家做工回来，带回一碗地主家剩下的饭菜，将米饭煮成稀粥，给家里三个孩子吃。他们一家耕种土地收获的粮食除了供家里食用和交地租外，能够拿去集市上出售的粮

①全称为云浮市罗定市L镇太平村。

食所剩无几。

20世纪60年代初，农业采取集体生产的形式，家庭绝大部分的经济收入取决于家庭劳动力在生产队里挣得的工分。挣工分，指的是大集体时代，农民在生产队里劳动获取的每日工值。一般一个整劳力，每天的工分是十分。也就是说，能挣到“十分底分”，必定是犁耙耕耖、施肥打药、收割插种，四季农事样样都拎得起，表明就是合格的农民了。文仁生说，在一个生产队里，除了生产队长、扶犁把子的以及植保员可以拿到“十分头”外，每工能拿“十分头”的整劳力少之又少，大部分人一天的工分都在八九分之间，而妇女因体力因素，最高只有五六分。如果收成好，年底还能凭工分总数到生产队领取分红。一般来说，一个工分也就值人民币五六分钱。按这个工值计算，农村里一个整劳力每天的价值也就五毛钱。

文仁生说，那时的农民生活靠生产队分粮食，蔬菜靠种自留地。工人靠工资收入购粮，粮食计划供应，每人每月18～30斤，副食品全是计划供应。文仁生村里的计划是：每人每月肉0.6斤、烟4包、白酒0.7斤，糖不是每个月都有。农民基本上没有烟酒供应，要想吃肉就要靠生产队养猪。生产队一般是端午、中秋、春节杀上一头猪，平均分配，每人也不过就是几两肉。另外如果农民家里要吃肉，养两头猪卖一头给国家，自己可以杀一头；如果只养了一头猪，自己就只能吃半头猪了。

尽管粮食是按照四季先按人口分的，但到年终算账时，如果一个家庭的工分无法抵扣平时所分的粮食，那这个家庭就是“超支户”（相对应的是“余支户”），“超支户”要出钱支付超出的部分，否则，年底按人头应分的一切物资都拿不到，生活会更加困难。

当时劳动力多的家庭多是“余支户”，一般只有少数劳动力缺乏的家庭才是“超支户”。由于文仁生家里劳动力不足，一年下来工分值仅有正常劳力的六七成。所以一年有三分之一的时间都在吃红薯，只有几天能吃上肉。“超支户”不但分不到一分钱，有时还会因没钱交电费被拉闸停电，年底队里分年鱼、年肉，“超支户”也分不到。幸亏在1973年文仁生外出去砖厂打工，才得以将超支的部分补足。

生产队主要种植的作物是水稻，兼种黄豆、红薯、芋头等杂粮。此外，生产队还要求社员养鸡和猪等家禽家畜，并规定上交的数量。当时社员的家中，大多养着几头猪，因为一头猪就相当于一个小的化肥厂。家中养头猪，不但可以将那些谷糠、番薯皮以及饭菜的下脚料喂猪，干草、玉米秆、大豆秆、麻叶子、稻草都可以作为辅助饲料。一年之中假如可以喂大两头猪，到生猪出售时就可以获得一笔数额不少的钱，所以在每户人家中，猪是最大的财富。文仁生回忆道，那时他家没条件养猪，饲料也不够。

在统购统销的年代，生猪是不可以私自屠宰的，必须卖给供销社，由国家收购，而国家也会奖励化肥票和肉票。当时的生猪收购价为0.5元左右一斤，一头合格的猪必须可以出70斤的净肉，按照七折计算，毛猪的重量至少在百斤以上，才符合出售的标准。

供销社收购生猪一般都是逢五逢十，再将收购的毛猪送到城里去。到了收购之日，农民有的用独轮车推着，有的用胶轮车拉着，有的用人抬着，一般的家庭只有一头，偶尔也有好几头的。等太阳升起之时，验收员终于来到了现场，他用手按按猪的脖子和肚子，就能测出猪的出肉率。验收员拿一把剪刀，在生猪身侧的毛上剪出罗马数字。验收员剪的刀数越少，说明等级越高；反之，则等级越低。一般验收员确定了猪的出净率，没有多少人会提出异议。

当被定好级的猪过了称之后，供销社的收购员就开出一张票，让卖猪的社员去柜台上结账，刚达到合格标准的一头猪也就有卖到50多元，外加几十斤化肥票和奖励的几斤肉票。待所有的猪收购完毕之后，它们就被拉到城里的屠宰场，成为城里人的美食。文仁生说，那时的猪是绝对没有“催大剂”和化学成分的，都是用天然的饲料喂大的。

那时，各家要想获得生活用品就必须拥有购物票证，没有足额上交生产队规定的量就拿不到相应的粮食和物品。购物票证有很多种类，主要包括粮票、肉票、布票、油票、煤票、烟票等。粮票是一种购买粮食的凭证，按照不同的作物进行划分，有米、黄豆、豆腐、芋头、番薯、花生、萝卜等。每个人都凭票上的面值才能购买到相应数量的粮食，比如五市斤的票就只能购买相应的数量，只少不多。布票是供人们购买布匹或布制品的一种票证，主要是棉布，以市寸为单位。肉票是为了解决肉类与肉制品的匮乏而出现的，肉票主要对应的是猪肉。此外，除了民用外还有军用肉票，以公两和市斤为单位。油票买的是食用油，油票的名称因食油原料不同，名称也是五花八门。有按原料分的：花生油、菜籽油（俗称青油）、大豆油（豆油）、芝麻油（又称香油或麻油）、葵花油、茶油、棉籽油，等等，以市斤为单位。老百姓凭煤票论“斤”或“筐”购买散煤，回去后再加上黄土等制成煤块使用。一般烟票都是归入副食品类票证，当时烟票大多数都给城镇居民使用的，农村人是没有这个福利的。

文仁生回忆道，当时每个生产队还会限购单车的数量，一个生产队每月有三四辆单车的限额，社员可以根据自己的需要去认购。当认购人数超过可供购买的单车数量时，生产队就采取抽签的方式确定。那时文仁生认购了一辆自行车，他于1981年6月外出打工，经常骑单车往返制衣厂。现在这辆单车还保存在一楼的杂物室里。

（三）日常生活状况

1. 吃

1958年“人民公社化运动”时期，“大锅饭”盛行。村里有位饭堂厨师叫文冠林，是文仁生的同房大伯。文冠林在饭堂的主要工作是煮粥，将煮好的粥倒入盛粥的大桶，再统一分发给村民。当时，无论男女老少各人只能吃规定的量，原则上不允许多吃。那时文仁生正在读小学四年级，他经常帮忙将盛粥的桶从学校搬回饭堂的厨房，于是大伯答应把剩下的粥给他多打一碗作为酬劳，文仁生也因此能够每餐多吃一碗粥。

1961年9月，村里的大饭堂解散，由生产队各自建立小饭堂。饭堂为生产队里的成员提供三餐，但菜谱随粮食收成而变化，饭堂几乎不提供肉菜。除非是自家平日里还会养鸡或养猪的，这样的家庭还能吃上几次肉菜。文仁生说，那时他吃的经常是米饭配姜片，有时分到的米饭甚至连一碗都不到，对他来说，饥饿已经是再平常不过的事了。

1960年3月前后，文仁生患上了“水肿病”[①]。文仁生回忆道，有一次家里断粮，实在是一点米都拿不出来了，母亲就带着他们兄弟俩去山上摘了一天草籽，才勉强摘得一家人吃的分量。他说，那玩意吃起来味同嚼蜡，简直不是人吃的，但在那种情况下，不吃就得饿死。据文仁生描述，他患病时的症状主要是脚踝至小腿部分出现浮肿。与此同时，村里也有不少人得了“水肿病”。而生产队干部也向村民公布了治疗的方法。患病的人需要先找村委干部开患病证明，之后凭证明去村里的祠堂领蒜头、风姜和米饭等食材，具体做法是将蒜头、风姜切片，按量与米饭混合熬煮成粥；成年人每顿需服一碗半，儿童每顿一碗。文仁生吃了这种特殊熬制的粥之后，病情逐渐好转，同年身体痊愈。

2. 穿

“人民公社化运动”之后，村里的各家各户凭布票领取布匹，分发的布料一般为棉布。除此之外，村民也会自己缝制麻布衣服来穿。文仁生说，他们一家领到的布匹全都由母亲和二姐缝制，看谁最缺衣服就帮谁裁一套新衣服，或添置一些冬天的被褥。他穿的衣服都是家里的大哥穿不下的，哪处破了个洞就打个补丁

---

①水肿是指因感受外邪，饮食失调，或劳倦过度等，导致体内水液潴留，泛滥肌肤，以头面、眼睑、四肢、腹背甚至全身浮肿为临床特征的一类病症。

继续穿。村里人穿的衣服以冷色调为主，以黑色、灰色或深蓝色的棉服居多，很少看到有人穿着华丽或色彩鲜艳的衣服。

3. 住

文仁生出生时住的屋子是祖父那一代人在1921年建的。当时的人建房用泥巴砌墙，厕所则是建在靠近农田的地方，这样方便施肥，屋顶则铺瓦片。建房子的人需要从烧瓦厂购买瓦片，1000块瓦片的价格约为17元，瓦片的厚薄程度不同，价格也就不同。这家烧瓦厂就位于S村，地址在文仁生家的东北方向1.5千米处。后来村民们逐渐用水泥建房子，以前用于搭屋顶的瓦片销路不畅，烧瓦厂因经营困难倒闭了。

图4-4　文仁生居住旧址

图4-5　文仁生目前住所

1958年7月26日，L镇成立人民公社。村里的全部农田和房屋由公社统一支配。公社干部带领着学生和社员去拆房子，文仁生一家的房子被拆了。被拆了房子的人家会被安排住进没被拆的房子里，文仁生全家都被安排住进同一所房子里。他和父母、侄子睡在客厅里，大哥夫妻俩则睡在另外一间房里。

1964年5月4日，文仁生一家和三户同房亲戚共20口人，共同凑钱重建了一栋跟被拆掉的旧屋结构相似的房子（见图4-4）。这栋黄泥屋仅有一层，有一间大厅堂和六个房间，大门正前方的空地则用作厨房和露台。1993年9月后，同住的亲戚陆续搬家，文仁生也于2001年5月搬进了新房（见图4-5），自此这栋大屋子就彻底被闲置了。

4. 娱乐

在文仁生的记忆中，童年的时光是最无忧无虑的。父母去农田辛勤工作的时候，他就跟大哥、大嫂在家待着。那时村里没有专门供小孩玩乐的场所，他常常跟邻屋的小孩一起爬树抓蜈蚣，有时还会跟着大哥一起去河边捕鱼。

在1951年7月的一天夜晚，他跟着大哥及其他三个小孩子点着火把去田里抓蟾蜍。火把是用干燥的木棍裹着破布做成的，用铁丝把布缠好，再把煤油撒在布上。他们找着找着，蟾蜍还没抓到，一个小孩突然提议去烧大榕树上的马蜂窝。几个小孩围着大榕树，借着火把的亮光找马蜂窝。有个小孩拿的火把不小心触碰了树干，榕树一下子就着火了。尽管村民及时赶到把火扑灭了，但大榕树的枝叶已经烧没了，只剩下树桩。文仁生与大哥被父母狠狠地教训了一顿，不准他们再玩火把。

在文仁生上小学二年级的时候，老师会带学生去河里学游泳，这是每个学生都必须掌握的技能。等他们到了河边，老师首先会告诉学生防止溺水的方法。文仁生说，当时村里的小孩子在老师或父母的教导下大部分都学会了游泳，很少发生小孩子溺水死亡的事故。到了插秧的季节，农民会往稻田里灌水，农田里会有鱼出没。文仁生常常下田捞鱼。小鱼藏在秧苗里，游的速度很快，要费好大工夫才能抓到。抓到了鱼以后，就用小桶装着带回家养。

5. 习俗

村里的节假日既有春节、端午、清明和中秋等传统节日，也有国庆节、建军节等现代节日。文仁生上小学时还能放寒暑假。春节是他儿时最期待的节日，因为可以吃上鸡、鸭、猪肉等肉食。有时母亲会专门煮两个鸡蛋给他和大哥吃，作为对小孩子新年的祝福。过年期间，村里会有些特别的习俗：大年初一，大家迎新春、拜土地神；大年初二是“开年”的日子，村民很早就起床杀鸡拜神，之后还要放鞭炮，外嫁的妇女要回娘家拜年；大年初三时大家拜“禅宗六祖”惠能，图平安健康；大年初四是接财神的日子；大年初六时，如果家里有未满一岁的小孩子，村民就会摆“开灯酒”；大年初七的早上，大家会吃番薯糖水。直到现在，村里还基本保留这些习俗。

6. 卫生医疗

在改革开放以前，村里医疗卫生条件落后，没有西医，只有一个土中医。如果村民患上了感冒咳嗽之类的小病，一般都是找村里唯一的土医生。要是患上了大病，土医生也无能为力。患病的村民没钱去县城里的大医院接受治疗，也无法享受劳保医疗和公费治疗，所以当时的村民一旦得了严重的疾病就只能在家养病。

由于医疗保障不完善，村里流传着一种治发烧的方法。具体做法是把车前草200克、姜一块、大枣30克、枸杞20克、灯芯草一两混合烧成灰后冲水喝。村里的小孩要是感冒了，大人就把灯芯草点燃后在他的额头上烫一下，按摩头上的某些穴位，休息两三天就好了。文仁生说，虽然用偏方治病不靠谱，但这是在医疗落后年代的无奈之举。

二、青壮年阶段（1964—2004）

（一）外出打工

1969—1991年，文仁生离家出外打工，先后从事了三份不同的工作。

1. *矿工*

1969年7月，国家勘探到云浮某处有种类多样的矿产资源，粗略估计有几十种矿产，包括硫铁矿、铁矿和铜矿，等等。村里的生产队召集了一批青壮年去云浮开采矿山，25岁的文仁生去做矿工。矿工的工资按照工分计算，一天的劳动计10个工分，每日可得四五毛钱，但每月需要上交7元钱给生产队。文仁生说，虽然矿工的工资不高，但矿工的劳动也能挣得工分，每年生产队还会额外补贴每人45斤大米，这样就能够补足家里“超支”的部分，完成生产队下派的生产任务。

在矿场时，文仁生每天工作8小时，早上7点半准时开工。他的一日三餐在矿场附近的饭堂吃，夜晚就住在矿场附近的帐篷里，施工队长吹号子召集工人开工。矿工被分为炸药组、挖道组、运泥组和开采组四组，文仁生当时主要从事运泥组的工作。炸药组约10人，挖道组约30人；运泥组工作量大，约200人，开采组约150人。炸药组先用炸药将矿山山体的岩石爆破炸开，之后挖道组施工。矿山被划分为七至八层，每30米为一层，每一层分别派挖道组中的两到三人前往施工。每一层的矿工开着挖掘机将矿山从上至下挖开采通道，再由文仁生所在的运泥组用三轮车将爆破出的碎石残渣运出矿山，之后开采组进入通道开采矿石。开采出的矿石有专人进行降解提炼，有些矿物质可以用于制作硫酸和化肥。

在文仁生的记忆里，虽然矿场未发生过大的伤亡事故，但难免会有因爆破山体导致土层崩塌引发的小型事故。一次，文仁生刚运完碎石返回矿场，却被通知矿山崩塌了，开采组被困在山里出不来。幸好当时矿里有一条通风管通往矿外，工人不至于缺氧而死。三四个小时后，洞外的工人终于把坍塌的山体挖开，工人们被安全救出，部分受伤的工人被救护车运往市区医院。

两三年后，因矿山开采任务完毕，矿工们先后被遣返回家，文仁生也回到了村子里，继续在生产队劳动挣工分。

2. *砖厂工人*

从矿山打工回家后歇了几个月，文仁生在1973年5月14日找到了在砖厂[①]的

①砖厂烧制红砖的过程如下：黏土（烧砖用的土壤，土壤柔和而有黏性）经过自然侵蚀和手工粉碎后变成细密的纯土，将纯土加水反复糅合做成稠泥（人力翻泥要五到六遍，这一步对砖的质量起到至关重要的作用）；和好的泥土用模型塑形并压实，将之暴晒一两个月；最后将晒好的砖坯放入窑烧制十余天，待其完全冷却后出窑。

一份工作，这一干就是六七年。砖厂位于L镇S村，主要是烧红砖，距离文仁生家不到3千米，归L镇集体所有。

文仁生在砖厂的工资是按工分计算，他可以用挣得的工资购买粮食和生活用品，而且常常还能留下一点积蓄。文仁生在砖厂的工作是将砖坯运送至室外进行暴晒，晒干后再运回窑里进行烧制，之后还要将烧制成型的砖头运送到仓库里等待出货。砖厂一天平均出砖六万块，具体的产量要看机器的工作效率和市场的需求。大部分买砖的人都是用来盖楼房的，平均每次交易量为两万块。砖分为一级和二级，一级比二级更加坚硬耐磨，使用寿命也更长。

文仁生一天工作八个小时，月薪为29元。这份工作是云浮大队派的，但队里并不记工分，且每个月还要给生产队7块钱。在这份工作里，生产队扮演了类似于“中介”性质的角色，因此要收费。工厂包食宿。饭堂实行的是挂牌制，工人每天上班前需将自己的工牌挂在签到处，食堂按签到处挂牌的数量供应当天的饭菜。如果员工上班时忘记签到，他就无法在饭堂吃午饭和晚饭。砖厂的宿舍是两栋三层楼房，男工和女工住在不同的宿舍楼。每间宿舍住五至六个人，睡的是双层架子床，竹子编制而成。虽然竹床不同于如今的铁床，但也十分坚固。

砖厂的生产工序环环相扣，每个生产环节都必须有人值守岗位，除法定节假日外，工厂严格限制员工的请假次数。到了农忙时节，为了挣工分，许多员工不得不请假回家帮忙收稻谷，但工厂也需要完成订单，这就产生了矛盾，不时就有员工辞职或工厂辞退员工的情况出现。1980年10月，砖厂因经营不善倒闭，文仁生也丢了工作，只能回家继续耕田。

3. 制衣厂工人

1978年改革开放之后，国家逐步放开了民间建厂的限制，市场经济悄然而至。文仁生在大侄子（大哥的大儿子文超开）的介绍下在制衣厂找了一份工作。厂子位于罗定市L镇内，距文仁生家约步行三小时的路程。制衣厂由私人老板开办经营，主要加工女装上衣和少量的牛仔裤，产品大部分销往香港。工人在制衣厂免费食宿，午餐和晚餐有菜有肉，饭堂有时还会煮鸡粥。住宿楼有两栋，每栋六层。一层有25间，女工住一至四层，男工住五层。五六个人住一间，床是用竹子做的双层架子床。文仁生每月工资大约20元，后来制衣厂生意兴隆，工资涨到了30元一个月。

制衣厂的建筑布局为“口”字形，四周为楼房，中间为小操场，作为员工娱乐运动的场所。生产车间位于两栋楼房内，每栋有女工144人、男工19人。女工每八人一个小组，每组有一人担任组长，负责协调组内工作和传达每日生产事项。每个生产车间有两三个大组长负责验收衣服，检查成品质量是否过关。车间工人计件领取工资，多劳多得，工作时间也相对自由。而男工主要负责搬运布料和成品。在供应商送来布料后，搬运工卸货，验收合格后运到工厂的仓库，搬运工平时负责把布料送到生产车间。文仁生说，当时生产车间内建有电梯，专门用于运送布料和完工的衣服，只要按一下楼层号即可将布料送往各个车间，所以文仁生并不觉得这份工作很辛苦。

除了白天搬运布料，文仁生还担任了制衣厂的门卫。工厂大门口由三人轮班看守，每人8个小时。他负责值夜班，即从凌晨开始工作至早上8点。文仁生说，如果轮到他值班的时候有事迟一点到，就要提前跟值班的人说好，不然上一个值班的人一到点儿就回家了，被经理看到值班室没人看守，他就会被经理教训。制衣厂的入口有两扇门，一扇大铁门，一扇小门。门卫室是一间大约14平方米的小屋，位于工厂大铁门右边，屋里有木桌一张、木凳两三条、电话一部、麦克风一个、小木床一张。门卫的任务是检查出入制衣厂的人员，防止员工盗窃；而大卡车运布料进厂的时候就要开大铁门。除此之外，门卫还负责接电话。文仁生说，有些电话是工人家属打来的，只有发生紧急事情，才会用麦克风通知工人到门卫室接电话，一般的家常闲话要等下班后才会告知工人。

制衣厂里女工众多，年龄在18～40岁。厂里没有18岁以下的工人，在当时招募童工已经是违法的。女工中年轻女子和已婚妇女，大约各占一半。一些住得离制衣厂比较远的妇女就住在厂里，离家近的下班后就回家。那时文仁生住在制衣厂里，下班后他会和女工聊天说笑。1984年6月，文仁生40岁，是制衣厂里为数不多的单身男员工，他认识了31岁同样单身的刘萍英。刘女士在与人聊天过程中得知了文仁生目前单身，一天下班后，她对文仁生说："我认识个不错的女孩子，把她介绍给你，你要不要?"文仁生半开玩笑半认真地说："像你这样的女人我就要。"

双方互表好感后立刻就确立了恋爱关系，文仁生开启了人生第一段也是唯一一段恋情。刘女士是第一车间的大组长，负责验收工人的制成品。文仁生不时地会搬运布匹和衣物到第一车间，上班时为了避嫌，他们很少在众人面前交流。宿舍楼一到四层是给女工住的，五楼是男工住的，剩下的空房间用来放置闲置的机器和杂物。之前刘女士住四楼，文仁生住五楼。他们确立关系后，刘女士搬到了五楼，就住在文的隔壁房间里。后来工厂扩招，住在厂里的人越来越多，五楼也逐渐住满了人。刘女士为了避嫌，在工厂附近租了一间28平方米的小房间，每个月的房租约30元。不久，文仁生也搬出了宿舍，和她同居。两人的午饭和晚饭都由刘女士自己做，由于晚上12点文仁生起床去值夜班，他就在工厂饭堂吃早餐。其他的门卫经常能看见他们俩同出同入，还有一些比较熟悉的人知道他们在谈恋爱。文仁生说，他不时地将刘女士带回家，家人也知道他们在谈恋爱。下班后，他们一般都去镇上的公园牵手散步。文仁生如今还保存着他们两人在公园拍的一张照片：文仁生和刘女士坐在公园花坛旁的长凳上，刘女士挽着文仁生的手臂，笑着面对镜头，文仁生则显得有些严肃拘谨。

1985年11月初，文仁生和刘女士两人已经在谈婚论嫁。但在某一天，刘女士突然跟他提起自己家里急需钱装修，能不能借她几百块钱，文仁生二话不说就把钱给了她，过了一个月，刘女士就不辞而别了。文仁生问遍了厂里的人，有个女工说看到刘女士某天一大早收拾行李离开了，但不知去向。等他返回出租屋收拾东西时，文仁生才在床铺下发现了一封信，信是刘女士的亲戚寄来的。在信里，亲戚建议刘女士去广州找一份薪水更高的工作。文仁生对刘女士的不辞而别并没有过多的抱怨，只说自己穷，无力置房娶妻。刘女士离开制衣厂后就再也没回来，文仁生后来也没有前往广州与刘女士取得联系。两人对对方的亲戚朋友都不甚了解，此后就断了联系，20多年来一直没机会再相见。

文仁生在制衣厂的工作持续了约10年，后来制衣厂因产品滞销无法继续经营，拖欠了工人两三个月的工资。文仁生回忆道，当时工厂停工后他本应该马上回家的，但自己是门卫，不得不留下来看守厂里的财产物资，另外厂里无法支付他被拖欠的工资。1991年5月，经过一个月的协商后，经理最终同意支付文仁生三个月的工资368元，文仁生当即就收拾行李回家了。

从制衣厂回家后，文仁生一直待在村里耕田，再也没有外出打工了。

（二）社会生活

1966—1976年“文化大革命”时期，文仁生由于外出打工很少回家，对村里发生的事情并不了解。他只依稀记得当时有些干部被戴上各种“帽子”，比如“走资派”“保守派”，等等。参加革命的“红卫兵”大多是学生，有些大队干部被“红卫兵”押着去祠堂进行批斗。不过开批斗会也只是以批评教育为主，没有使用暴力，村子里也没有出现打砸抢烧之类的事情。村里的农民们大多在忙农活，对革命热情不高，只在空闲的时候才会去围观批斗会。所以“文化大革命”对村子里的生产活动影响不算大，文仁生家也没有受到波及。

（三）情感经历

在中华人民共和国成立以前，人们对婚恋的观念还很保守。特别是在农村，大多数人都是父母包办或者通过相亲结婚，自由恋爱结婚的人极少。文仁生说，当时村里近一半的已婚男性都是和“童养媳”结婚。所谓“童养媳”，也就是女方在年纪很小的时候就来到了男方的家里，跟男方的家人共同居住，长大后就跟男方结婚。那时之所以童养媳很多，是因为农民家境贫寒，娶不起媳妇，为了解决这个问题，他们就跑到外地抱养一个女孩来做童养媳，待长到十四五岁时，就让她同儿子“圆房”。贫民家里收养的童养媳，大部分都是从外地抱养来的，还有就是从道旁路边捡回来的弃婴，也有从街上买回的幼女。结婚的人中也有一部分是通过媒婆介绍认识的，男女双方以往素未谋面，通过这种方式结婚的家庭经济条件一般较好，选择对象首先是要门当户对。

村里人结婚会在家摆喜宴。为了节省开支，喝喜酒的主要是新婚夫妇的近亲。婚宴大多在冬季举行，一般持续两天，第一天的时候，新人的亲属要帮忙准备，例如筹划和布置婚礼、准备食材等，第二天上午就开始正式迎接客人。酒席的菜肴有各种特色蔬菜和肉食，主要为猪肉、鸡肉或鸭肉等肉食。为了节省酒席成本，办喜酒的人家会提前养猪，等到举行婚礼时就杀一头猪做菜。

在文仁生步入婚龄后，因为家里贫穷，屋子小、房间也少，父母并没有积极地帮他寻找结婚对象，也没有催促他结婚。文仁生自身也没有很强烈的结婚意愿，他说自己在跟女生交往时很胆小，一直处于被动状态，也不会主动向心仪的女生表白。步入中年后，文仁生认为年纪小的女孩看不上他，年纪大一点的几乎都成家了，因此也断了结婚的念头。后来文仁生外出打工，在制衣厂工作时遇见了刘女士，这才开始了他人生中唯一的一段恋情。这段恋情最终没有开花结果，文仁生也因此没有组织家庭。

三、老年阶段（2004年以后）

（一）经济收入

1. 政府补助

从2004年开始，60岁的文仁生每月可以收到政府发放的退休老人低保金139元。文仁生属于“五保户”，且是“独身老人”，没有子女，故可以享受这种待遇。低保金额不固定，随当年物价变动作相应的调整，2008年上涨至每月330元。从2009年3月起，文仁生成了“五保户”，每月可以收到供养金507元，“五保”供养证书于2014年7月发放。五保金也会随物价调整：2017年8月每月收到580元，2017年9月上涨至每月640元，2018年7月再次上调至每月720元。此外，文仁生每月还会领取100多元的退休金，生活收入每月合计800多元。

2. 土地使用权和房产

文仁生目前持有一本土地确权证，一本较早的承包土地使用证，关于宅基地，则有一本土地使用证。第一本承包土地使用证（见图4–6）由罗定县人民政府于1984年6月20日发放，证上写道：文仁生为罗定县L区S乡霞村五队生产队队员，承包的责任田面积有2分，相当于现在的五分之一亩（约133.334平方米），承包年限为15年。

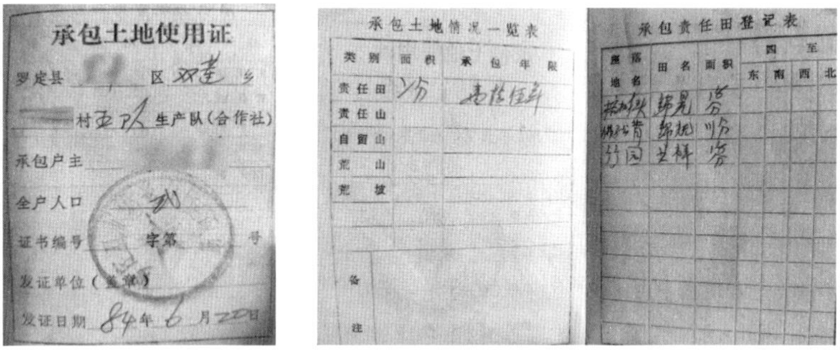

图4–6　1984年承包土地使用证

第二本承包土地使用证于2017年发放，上面明确标示了文仁生承包地块的情况。承包的面积通过卫星拍摄，数据录入电脑。使用证显示文仁生承包的是水田，地块名称以地理位置命名，称为王肚和学校东。在土地承包到期后，文仁生把大哥承包的1.6亩土地转到自己的承包范围内，因此他承包土地的总面积增加到1.8亩。文仁生拥有四块田，目前仅耕种一块靠近道路、面积为五六分的田，其余三块田都给别人耕了。

第三本是广东省肇庆地区行政公署于1988年10月发放的土地使用证，即房产证，上面写明了文仁生的旧屋为砖瓦木结构，用地总面积为53.4平方米，土地属境为L镇S村霞村五队，该土地为集体所有。在这块土地上，文仁生拥有旧屋的其中两间房和一间厨房，其余的房间为同房亲戚持有。

文仁生现在住的房子约60平方米，一共两层。一楼有一间卧室、一间杂物室、厨房以及厕所。杂物室里放着一辆旧单车，地面铺的是水泥。从门口往里看，客厅右边摆着一条长木凳，左边的三把木椅靠墙摆着，还有一台旧式电视机正对着门口，看上去已经很久没使用了。厨房门口有一张折叠桌，桌上摆着电饭煲和油盐等调味料，还有招呼客人用的茶叶和杯具。厕所在厨房的里面，卧室在大门的左手边，房间里有木衣柜、木桌子和一张木床。文仁生的生活起居都在一楼，二楼则充当放置杂物和晾衣服的地方。文仁生表示，目前住的新屋，当年是自己的侄子修建的，土地使用证也由侄子持有；旧屋的土地使用证则是自己持有，目前旧屋已经荒废。

村里的水稻一年两熟，文仁生很少亲自下田干活，有很多农活都是花钱请人。请人插秧的价格为120元一亩，用收割机割禾的价格为100元一亩。文仁生说，用收割机割稻比人工快得多，收割后的稻谷杂质也少，省了筛选的工夫。文仁生一日三餐吃的就是自己田里的大米。他把旧屋的厨房拆除后，在空地上种菜，空地面积不大，大约在15平方米左右。这样吃菜也能自给自足了。

（二）身体状况

文仁生年轻的时候没生过什么大病，但在2016年6月得了高血压。有一天他起床的时候觉得头很晕，眼前看到的东西仿佛都在旋转。他去了L镇的诊所看病，医生诊断他患上了高血压。医生要求文仁生遵从医嘱，定期吃降压药，并根据血压的高低状况调整药量，不能吃动物内脏等食物，要勤吃芹菜和菠菜之类的有助于降血压的蔬菜。文仁生为了方便在家测血压，特地在镇上的“大参林”药店花费近300元买了一个电子血压计，它体积小又方便携带。文仁生还买了三瓶降血压的非处方药，分别是“脑络通胶囊”、“复方丹参片”和“复方双嗪利血平片”。前两种药每日需服三次，一次三片；后者则需每天服三次，每次两片。文仁生给我们示范了如何测血压：他将腕臂带绑至和心脏高度一样的手臂位置，按下“开始”键后等待一分钟，血压的结果就自动显示在电子屏幕上。正常的血压值为90mmHg<收缩压<140mmHg、60mmHg<舒张压<90mmHg，老年人的血压稍微偏高。文仁生首先测了右臂，结果显示为“182mmHg、95mmHg”，而左臂的结果为“164mmHg、102mmHg”，这说明文仁生的血压很高，要立马吃药降血压。

文仁生说，他的二侄子知道他得了高血压后，建议他把寄生在树上的树枝摘下来煮水喝。据说，那是一种鸟雀叼来的跟原木生长在一起的树枝，而且听说松树的寄生树枝降血压效果最好。文仁生喝了几次这种“树枝水”后就放弃了，原因是味道太苦了，加上他自己也不相信这种所谓的偏方，就把摘下的树枝全都当柴火烧掉了。

（三）日常生活

目前，文仁生每天早晨6点起床，洗漱后就用电饭煲煮白粥作为早餐，还会搭配咸菜和青菜一起吃。到了七八点的时候，文仁生就去村口距他家不到200米的超开商店跟人闲聊，或者与人下象棋。文仁生说，他以前买过“生肖乐”（一种彩票)，但赢回本钱后就再也不玩了。他从未打过麻将，不喜欢赌钱。到了中午，文仁生从菜地里摘些蔬菜，再到村口猪肉档买一两猪肉，简单地为自己做了个午饭。下午两三点时，文仁生就躺在长椅上听着收音机小憩。到了傍晚6点，文仁生把吃剩的午饭热一热，凑合着吃一点，饭后散个步就回家洗澡，晚上八九点的时候就上床睡觉了。日复一日的简单重复生活并未使得文仁生感到枯燥乏味，相反，仅仅是"活着"这两个字就让文仁生对生活充满了希望。对他来说，顺其自然是人生法则，死亡是无法避免的。但在生命终结前，文仁生认为，积极地活下去就是应当要做的事。

(四) 社会关系

文仁生很少外出访亲，因为他自己本身性格很害羞，不大跟陌生人交往。他说，2016年12月12日，大嫂的姑姑过生日，大嫂以腿脚不便为由请他给姑姑送贺礼。等文仁生到了姑姑家，里面谈笑聊天的人他都不认识，觉得很不适应。于是文仁生就一直跟一个同村的人聊天，等到那人开着摩托车回家了之后，他又无所适从了。那天有雾，天气又冷，没办法走路回家，此后，他就很抗拒去别人家里喝喜酒或者做寿了。但如果是在酒楼摆喜宴，他就很愿意去。文仁生说，酒楼人多声音嘈杂，一边嗑瓜子一边闲聊，不一会儿就上菜了，即使同桌的人都不太熟悉，也不会觉得尴尬和拘束。

2003年左右，国家仍在实行计划生育政策，那年11月文仁生的大侄女在生育了两个男孩之后又生了一个女孩，这已经属于超生了，孩子的户口成为大问题。于是大侄女希望把女儿过继给文仁生，让他收养这个孩子。但是因为收养的手续繁琐且严格，且考虑到孩子以后的成长，文仁生拒绝了。

2018年5月9日，文仁生的大嫂去世了。据文仁生描述，大嫂在家做饭时，突然晕倒在地上，邻居发现异常后急忙叫救护车。后来医生诊断大嫂得了脑中风，即使抢救及时，最好的情况也是植物人。两三天后，大嫂在医院去世了。文仁生说，这件事对他触动很大，此后他开始慢慢地纠正不按时吃降压药的坏习惯，更加关注自己的健康状况。

评语

文仁生是一个非常普通的广东农民，他的性格过于内向，没结过婚，也没参加过战争或革命，一辈子都在老老实实地打工、种地。到了晚年，他平静地接受一切，包括政府的低保、"五保"和退休金。他的权利、福利都得到了土地集体所有制的庇护和保障，没有人可以夺去。这意味着他在有生之年可以继续分享国家现代化的成果，这其实也是一种社会主义制度的延续和普惠。没结婚的遗憾随着时间的流逝已经冲淡，与村里老人的交往可以让他忘记孤独，在有限的承包地上自由地种菜、种稻更像是一种修身性质的园艺活动。由此看来，已经74岁高龄的文仁生老人也有自己的快乐及幸福之处，对此他能够感受，也非常珍惜。在外人看来，独居一生或许是可怜的，但文仁生自己并不这样认为，他以无贪无嗔、顺其自然的方式，演绎着粤西一个普通农民的人生哲学。

第六章　贫困老人文新葵

郝晶　杨峰

文新葵的住所离霞村主干道较远，走过去还要经过一片广阔的农田。2019年3月14日下午，我们两人来到文新葵家里，此时他出工未回，只有弟弟和一对双胞胎男孩在家。我们等了一段时间，就在准备离开时，文新葵骑着一辆摩托车回来了。他向我们缓缓讲述了自己平凡但波折辛酸的人生。

一、家庭关系

文新葵1957年7月1日出生于罗定市L镇霞村，初中文化。父亲叫文政堂，霞村人，2011年离世；母亲叫冯雪兴，古莲村人，2018年离世。文新葵有一个弟弟、三个妹妹。他是老大，三个妹妹居中，弟弟最小。1981年，文新葵与钟七华结婚，两人育有两个儿子，但两个儿子现在都已去世，妻子也已与他离婚，文新葵现与弟弟的孩子生活在一起。文新葵的大妹出生于1961年，名为文芙莲，小学学历，读到六年级，嫁到较远的素龙镇，有一个儿子和三个女儿。据文新葵说，大妹刚嫁出去的几年联系多一些，后来慢慢联系少了。二妹出生于1966年，名为文大莲，小时候读到二年级，因为家里贫困，就不读书了，嫁到了朱围村管理区，有一个儿子和两个女儿。小妹出生于1972年，名为文零芳，小学读到三年级，家庭困难，便辍学在家干农活了，嫁到旁边的望天村，生有两个儿子。小弟出生于1975年，名为文新定，初中未毕业，读到初二就不读书了，2008年娶妻，先后生了两个女儿和两个儿子，现在这四个孩子都由文新葵监护。

二、日常生活

文新葵的少年时代，处于“人民公社化运动”和“文化大革命”时期，父母都以务农为生，耕田要交公粮，干活记工分，属于自己支配的粮食很少，家庭并不富裕。文新葵回忆道，小时候，基本上天天喝粥，每天去生产队小食堂领取，队里煮好粥之后，会平均分给村民。他说当时很少能吃到饭（指米饭），隔十天才有一次饭吃。当时种田所得的粮食，都归生产队，集体生产，给个人记工分，农户的经济收入完全依靠取得的工分，实行按劳分配。生产队里的记账员每天都会公布工分数，防止记错。生产队除了种植两季水稻外，还种植了花生、黄豆、番薯等粮食作物，生产队还安排每家每户养鸡、鸭、猪等家禽家畜，养大后上交公社。文新葵说，小时候买东西要用粮票、肉票、布票等，粮票有很多种，分别可以用来购买米、花生、番薯等，肉票主要用来购买猪肉，布票可购买棉布。在他小时候，兄弟姐妹和父母住在老瓦房里，里面只有三个房间，每间8平方米，房子外面是黄色的，泥巴砌的，当时家里的东西不多，大家挤一挤也能住下。

文新葵小学和初中都是在S村读的。当时学校的初中部没有搬到镇上去，每天8点开始上课，走到学校需要20分钟。文新葵都是早上7点起来上学，中午12点回家吃饭，下午2点又开始上课，4点放学。文新葵回忆说，当时除了学习之外还有很多娱乐活动，比如打乒乓球、游泳、抓鱼，等等。打乒乓球是他最喜欢的娱乐活动，平时打球一般都是6个人，先由两个打得最好的轮流挑选队友，分为两队；两队之间实行三局两胜制，每一局里一人一个球，赢了可以继续，输了就让下一个队友上；如果某一队的三个人全输了，那就算这一队输了一局，直到有一个队输了两局，这一轮比赛就结束了，再重新分队重新开始。有些节日期间，学校会组织乒乓球比赛，赢了有奖品，如杯子、笔记本、乒乓球等，文新葵说他没有获得过奖品，但是每一次看比赛都很开心。他还经常去河里游泳，夏天基本上每天都会去，刚开始时不会游，是两个大哥哥带他去的。第一次去河里游泳时，脚不敢离地，只是熟悉了在河里的感觉，到了第二第三次，呛了几次水，逐渐就学会游泳了。文新葵说，游泳是很容易学的，学会游泳之后，再也不怕抓鱼的时候掉到河里了，河水不深，没有淹死过人。

文新葵说，虽然小时候不富裕，但是过得还算幸福，一家人在一起其乐融融，兄弟姐妹五个一起长大，无忧无虑，充满了童趣。他说，那时候经常帮父母干活，身体素质也很好，基本上不会生病，偶尔有点小感冒，去生产队的诊所拿药，吃两三次就好了。那时候的医药费很便宜，感冒药一般就5分钱，若是不严重不想吃药，就用姜泡热水喝，用橘子皮烧水洗澡，再盖上厚被子睡一觉，感冒差不多也能好。

三、人到中年

回忆起大半生的遭遇，文新葵感慨万千。他认为，1986年是自己的命运发生转折的一年。在这一年，他五岁的大儿子被查出患有白血病，这对一个贫穷的农村家庭无疑是重大的一击。随后，他的家庭坠入了贫病交加、妻离子散的痛苦漩涡。

而在此之前，他的一生还可以算得上平淡充实。

1977年，文新葵初中毕业后去公社企业中做工，种植甘蔗、橡胶等农作物，由于工资低微，厂里资金也不多，两年后文新葵便离开罗定去往广州。

在广州，文新葵主要跟老板从事建筑方面的工作，这一行当，他一做就是30多年。从最基础的打浆、砌砖、抹浆开始做起，慢慢地成了师傅。每天的工作时间从早上8点到12点，下午从2点至6点结束。那些年，各式各样的楼房都建过。虽然工资不高，但也够生活，从最开始两三块钱一天，到后来的100多元一天，建筑单位包一日三餐。

在广州打工的那些年，文新葵会在逢年过节和春耕的时候回家来。1981年，经人介绍，相识半年的文新葵和钟七华走入了婚姻。同年，两人的大儿子文亮洪出生；两年后，两人的第二个儿子文朝锦出生。

1986年，村民刘熙星为了逃避计划生育超生罚款，将新生的一个女儿送给了文新葵夫妻。两人没有女儿，便收养了这个孩子，取名文书珍。这一年文新葵的大儿子文亮洪五岁，被查出患上白血病，为给儿子治病，文新葵辗转广州多家医院，从广州儿童医院儿科、中山大学附属第一医院，再到对面的军区医院，一番奔波下来，十多万元的医疗费用，不仅耗尽自己前半生的积蓄，而且债台高筑。大儿子文亮洪在十岁的时候因病去世。

第二个儿子文朝锦则死于车祸。2006年，文朝锦开着摩托车去镇里，路上不幸发生车祸，抢救无效去世。那一年，文朝锦23岁。

这两起不幸事件直接导致了文新葵和妻子钟七华的离婚。2012年，两人正式离婚。女儿文书珍跟随前妻钟七华，与文新葵再无联系。文新葵将离婚的原因归结为“感情不和”，在正式办理离婚手续之前，钟七华已经有三年未归家了，最后回家提出离婚的要求，文新葵便也直接同意了。关于钟七华的现状，文新葵表示不是很清楚，但听说是嫁了一个罗定的退休工人，有房。

对于两个儿子去世的经过，文新葵老人并不是很愿意回忆，由于言语不通（文新葵讲粤语），有时表达不清楚，他便在纸上给我们写字。一次，他在纸上这样写道，“如果大儿子没有得白血病，现在应该是会过得很不错的”。

四、年老回乡

文新葵说："打了30多年工，身体不行了，落下了很多毛病，承受不起外面高强度的工作量，便回霞村生活了。"从初中毕业到2009年，文新葵一直在外做建筑工，风吹日晒，时间久了，慢慢发现一旦工作过度，自己身上就会出现腰疼、腿疼的问题，工作难以继续。2017年开始，弟弟文新定的四个孩子由他监护，文新葵就更加不能外出打工了。四个孩子中，最大的是个女孩，叫文书雯，10岁，在S小学读小学三年级；老二也是女孩，叫文书鹏，7岁，在S幼儿园；老三、老四是一对双胞胎男孩，4岁。

（一）经济收入

目前，文新葵的收入来源主要有两方面，第一是低保和贫困户补助，第二是打零工。2018年6月，文新葵向村委申请贫困户，填写了相关信息，村委经过讨论最后同意了文新葵的申请，原因是他一个人抚养了弟弟的四个孩子，还要照顾82岁的老母亲。贫困补助按年领取，每年可以领取1500元，文新葵2018年当年领取了750元。另外，2018年8月，文新葵的低保申请也批了下来，每月有260元，两个补助合计有385元/月。迫于生活，要抚育四个孩子，除了补助之外，文新葵在天气好的时候偶尔也会出去打零工，但每次打完零工回来后身体都会不舒服，需要休息一段时间。打零工每天能收入180～200元，一年下来能挣一万元左右，基本够孩子的学费以及日常生活。

（二）生活状况

家里的农田，本来文新葵和文新定两兄弟一人一半来，由于文新定前两年出了些事情，现在田地都是文新葵在耕种。土地共4亩，一年会种两季水稻，除了收割，其余工作都是由他自己完成，收获的粮食够全家吃一年。目前，他和四个孩子住在新修的房子里（图4–7），新房共两层，占地180平方米，是2007年在瓦房的基础上加盖的，有土地使用权证。由于文新葵自己曾做过建筑行业，所以修房子80%的工程是自己完成的，除了刚开始时喊了几个帮忙的零工，后面便都是自己一个人慢慢做，盖

图4–7　文新葵家

了一年左右。盖好房子的整体之后，有些装修每年完成一点，由于修建房子的大部分支出是材料费，所以只花了16万元左右。在家中，两个女孩子比较安静，大的侄女比较听话，会帮忙照顾弟弟妹妹，日子过得也还行，只要孩子开心他便感觉很幸福了，希望不要再有大病大灾，孩子能健康长大。由于要抚养小孩，文新葵很少有娱乐活动，有时带着小孩去看别人下象棋，但不敢看太久，怕孩子走丢了，不打牌，一是眼睛不好，另外也没时间。

（三）弟弟文新定

初到文新葵家时，只有他弟弟文新定和一对双胞胎男孩在家。文新定话很少，大部分时间都在看电视，要我们有事情都问他哥哥，只偶尔透露出“自己从里面刚刚出来”，具体细节便不肯说了。

文新葵说，弟弟文新定“白天都在这里看电视，是不管孩子的”“基本不管他们的事”。

文新定出生于1975年，初中毕业后便不再读书，也未外出务工，他偶尔在家务农，偶尔在发廊给人理发挣钱。从十六七岁开始，这样在家过了十多年。

2007年，文新定32岁，经媒人介绍，他与刘萍玲相识并结婚。第二年，生了女儿文书雯；三年后，第二个女儿来到这个家庭，取名文书鹏。日子简简单单、平平淡淡。

已经有了两个女儿，便想再要个儿子。2014年，刘萍玲又怀孕了，这次是一对双胞胎儿子。后来去罗定市人民医院生产，妻子刘萍玲难产，需要手术。在医院休养了一个多月，前前后后共花费一万多元，欠下一笔债务。由于抚养四个孩子压力大，文新定又不外出工作，收入来源少，渐渐便夫妻不和，时常争吵。2016年，在一次夫妻争执中，文新定失手将妻子打死，与岳父一家的矛盾激化，双方起了争执，他又与大舅子打架。之后文新定被送往罗定的收容所，2017年被判半年劳动改造，11月回到家中，情绪变得不正常，后被认定为精神分裂症患者。2018年正月十二，文新定被哥哥文新葵送往精神病院，直到2018年10月10日才接出。

现在不到50岁的文新定，看起来身体健康，但却丧失了劳动能力。哥哥文新葵把他接回家来负责煮饭。据文新定自己说，他每天晚上回到父亲的老房子睡觉，白天到哥哥这里来吃饭；哥哥拿着低保和贫困户的补贴，菜由哥哥来买，自己什么也不管。

文新定的四个孩子现在也主要由文新葵来照顾。对于一个已经60多岁的文新葵来说，晚年在收入微薄的情况下，照顾四个幼小的孩子，实在是一件令人心力交瘁的事情。文新葵自己也承认，累，是平常生活一个很直观的感受。年轻的时候，他从没想过自己的晚年会是这样一幅图景。那时候，他和弟弟文新定的联系很少。由于自己一直在外打工，年轻的弟弟则在家中，有些霸道、懒散，他也不常理他。但在发生了这么多事情以后，文新葵觉得自己有必要承担起一个兄长的责任来。2017年，由于文新定在收容所，孩子上学又需要监护人，文新葵去村委和L镇派出所办理了监护权转移手续，现在他既是孩子的监护人，又承担着这四个孩子的日常开支和生活费用。文新葵曾说，原来他的孩子都是老婆照顾的，他并不怎么费心，但现在没有办法了。生活总得继续下去。

文新葵家里的电视信号不好，文新定就坐在电视前的摇椅里，眼睛一眨不眨地盯着屏幕。一对双胞胎孩子在家里自娱自乐，也不去麻烦这个父亲。文新定与这几个孩子的关系，是不太亲近的。出事之前，孩子就扔给母亲，文新定是不管的，现在回来之后，他也不与孩子太亲近。也许过去几年的打击太大了，他也明白自己有精神分裂症，情绪不能太激动，万一不小心对孩子动手，后果将不堪设想。

2018年，当文新定在精神病院治疗时，两兄弟的母亲去世了。文新定没能送别母亲。“我与母亲阴阳永隔。”在与文新定交流时，他这样说，听得出来，他的内心充满遗憾。

评语

这是一个特殊的六口之家，目前仅靠年迈的兄长文新葵偶尔外出打零工、政府不多的贫困补贴和低保支撑着。纵观文家贫困的起因，既非常普遍，又非常特别。“普遍”首先是因为疾病，贫困容易诱发疾病，疾病又会加重贫困，这在农村是一种较为普遍的贫困发生机制。“特别”，是具体到这两兄弟身上，家破人亡的过程非常令人意外——文家的一大家子意外失去了三位亲人，还有一人坐牢。生活的不幸，于这家人确实非常深重，而精神上的痛苦更甚于物质贫困带来的痛苦。幸好希望还在，土地集体所有制为他们提供了宅基地与住房保障，提供了耕地和农业的基本生活保障，这可以让他们一家人生活下去，最基本的“温饱”没有问题。另外国家的义务教育又为四个孩子提供了基本的教育保障。但是随着两代人之间劳动力资源的“青黄不接”，贫困在这个家庭还会传递、持续很长一段时间。

结语

一、宅基地是中国农民最大的福利

对霞村宅基地的调查，集中在“土地制度调查”和“住户调查”两篇。如果说住宅是城市白领阶层最大的生活负担，那么在农村则刚好相反，宅基地和住宅恰恰是农民最大的福利。这是本次田野调查给人留下的深刻的印象，也是第一个理论的成果。

随着工业化、城市化进程加快，农村中的青壮年劳动力大都外出打工去了，家里仅仅剩下所谓的妇女、儿童、老人的“386199”部队。在广东的霞村，这种说法还不是很准确，因为有不少的青壮年妇女也外出打工去了，她们在城镇也有就业机会，如在餐饮、服装、鞋帽等行业，而且这些领域对女工的需求要明显多于男工。所以村里“6199”的祖孙两代家庭不少。这些青壮年劳动力外出打工，日积月累积攒下来的钱首先是在村庄建房。建房，是农民改善贫穷的生活、实现“小康”的长期愿景，是致富首先要实现的目标。在霞村，农民一般是自己建房，而不是买房，也不可能买房。在村内几乎免费的宅基地上建房，水泥、钢筋、红砖的费用（相当于建毛坯房），一般在600～1000元/平方米（建筑材料逐年上涨），因此，一栋占地面积100平方米、三层、建筑面积为300平方米的钢筋水泥的楼房，建筑成本（不含装修）在18万～30万元之间，这是建房固定的费用。装修费用则有很大的区别，如果仅仅是最简单的铺地砖、砌瓷砖和购置家电、家具，全部装修要花费15万～20万元。这样算下来，在农村300平方米建筑面积楼房全部的建房费用50万元基本可以搞定，平摊下来为1000～2000元/平方米（一些农民会自己挑砖、砌墙，以减少雇工费用）。这笔费用对于大多数农村家庭是很大的一笔消费支出，也可能是其毕生最大的一笔消费支出。农民建房很少一次就全部竣工，他们一般是先建好毛坯房，然后一层一层装修，全部装修完，一般要花5年以上时间。大多数人会边住、边装修，而不是等全部装修完毕，才搬进去住。在霞村，除了少数特殊的贫困户，多数农民家庭都依靠这种方式建起了楼房，其差别主要体现在装修标准和家具、家电、用品的档次上。比如，他们很少用空调，更不会把所有的房间都装上空调。即使主人房装了空调，也不会是格力、美的等大品牌，而是一些便宜的品牌。但冰箱是必备的，冰箱不仅方便生活，而且还可以节省食物开支。至于手机，则以国产品牌为主，用苹果手机的一个也没有见到。

所以，单就住房条件而言，多数农民家庭肯定要好于城市的一般居民和白领。在霞村，自来水是从山上引下来的洁净的山泉水，煮饭、泡茶特别清甜。另外，村庄里的空气也比较清新，白天多数时候是蓝天白云，晚上则是繁星满天。

在县城、中心镇，房价（毛坯房）平均在5000元/平方米左右，在北上广深这样的一线城市，毛坯房的价格一般高达3万元/平方米以上。所以，大城市里很多年轻的白领阶层“啃老”就不奇怪了，要负担一套位置稍好的100平方米的三房，至少需要花费300万元以上，不仅他们每年辛苦的积蓄基本上要被房地产“掏空”，而且还要连累父母。住房也就成了城市白领阶层特有的负担、特有的痛苦，而不是“福利”。这样一比较，农民由于宅基地免费，住房因此至少可以节省4000元/平方米的费用，一栋300平方米的楼房就要节省120万元以上。这只是一个基本的计算。当然也有些农户的楼房没有300平方米这么大的建筑面积，两层只有200平方米左右，这样算下来也至少有80万元的宅基地福利，而且不用交契税、物管费，以后也不大可能交“不动产税”。试想，如果这一笔宅基地费用也需要农民自己支付，则可以肯定绝大多数农民既建不起楼房，也住不起楼房。

由此可见，宅基地福利对于中国农民有多么重要。

宅基地福利，主要来自于中国特有的土地集体所有制制度，这在《中华人民共和国宪法》中有明确的表述。宅基地的所有权是集体的，但是使用权归成员农户，并且应该是“一户一宅”，由此，宅基地就一直是中国农民的一种基本的生活权利。它在性质上是一种集体经济制度的“福利”，而非农民的财产权。只要农民自己不放弃，则他们可以永远享有宅基地的使用权。并且，随着国家不断改善城乡的交通条件、通信条件、电网设施，农村生活的便宜性、舒适性会越来越强，宅基地尽管不能“交易”，但其实际的价值会不断增加。由此就延伸出了一个问题，即在改革的过程中，对于农民，宅基地的性质究竟是“集体福利”重要还是“财产权”重要？是不是一定要把宅基地的“集体福利”性质改革为“财产权”性质？

从经济学角度来看，公民的个人财产权与社会福利不存在好与坏的比较。在一个健康的现代社会中，它们各有各的地位、性质和意义。既不能以财产权替代社会的福利，也不能以社会的福利替代公民的财产权。但一些极端的思想，总是将个人的“财产权”视为第一的、万能的，企图以财产权替代一切社会福利，其实这是对经济学的误解、曲解。即使在发达的资本主义国家，如英国、法国，不可交易的社会福利已经发展成为社会重要的部分，成为每一个公民最重要的生活保障。

集体福利的道理同样如此。集体福利的好处首先是公平，它保障了中国农村社会的稳定。无论是富裕户，还是贫困户，宅基地的面积一般差别不大。这种集体福利的分配对于村里的贫困户尤为重要。在霞村，可以看到一些贫困户正是由于享有了这一集体福利，而能够居住在较好的住房之中，他们的住房相当宽敞，而且带前后院子，院子里可以种菜、种花。贫困户的“贫困”主要是体现在衣、食、行、用上面，而不是“住”。由此可见，中国农民的贫困其实是有底线的，他们不可能贫困到“上无片瓦，下无立锥之地”的悲惨地步。宅基地的这种福利特征，使得中国避免了巴西、印度等很多发展中国家普遍的“贫民窟”难题。第二是比较稳定。宅基地一般是不能交易、不能抵押的。这种特征很容易遭人诟病，这是由于很多人并不理解福利的特性与重要性，只是简单地在福祉与私有财产之间画等号，刻意排斥“公有”性质的社会福利。其实所有国家的社会福利都是不能交易的，社会福利是一种成员权利，只能分享，不能交易、不能错位。能够交易的往往就不是真正的福利，因此，宅基地作为一种农民的福利需要屏蔽在市场、竞争之外并不奇怪。正是因为这一特征才使得中国的农民，尤其是农村的贫困户可以安安稳稳地“住有所居”，没有豪强可以巧取豪夺。即使有个别豪强有此“贼心”，但由于不能“交易”，自然就切断了其巧取豪夺的动机。同时即使有个别农户想要变卖宅基地和房产，由于法律禁止私下交易，也就消灭了其投机、赌徒式的冲动。

由此可见，宅基地的“集体福利”性质对于中国的稳定与发展是非常重要的，这是中国顺利实现工业化、城市化的制度基础，也可以说是“中国奇迹”的奥秘之一。对此不能轻易改变，更不能乱改。如果一定要将其“福利”性质改革为“财产权”性质，则必定会破坏农民这一“福利”的稳定，部分农民将可能由于“交易”“抵押”等原因而无家可归。

二、产权也会制造麻烦的交易成本

科斯定理诠释了交易成本与产权的内在机制，这是科斯作为经济学家的伟大之处。交易成本本身是一种社会成本。在现实的市场经济社会中，“交易成本”非常普遍，不可能降低为零。但交易成本太高并不是好事，它意味着社会的结构与制度均出现了问题，甚至是严重的问题。社会的各种腐化、糜烂、暴乱等都可以视为“交易”无效或“交易成本”无限巨大导致的一种社会僵局或扭曲状态。所以，降低交易成本应该成为社会发展的目标之一。

在现实的市场环境中，交易成本是两个以上的产权主体之间为了自身的利益而展开的谈判、博弈、流通的成本。交易成本首先与产权有关，没有产权则没有交易成本。如果交易成本太高，则需要改变原有的产权状态，建立一个类似企业、公司的新的组织以“管理”或“契约”的方式来替代、降低交易成本，这就是产业组织、股份制、公有制的“生产力”起源之一。所以资本主义的生产力恰恰不是私人、个体、家庭，而是企业、公司、集团。因为只有企业、公司才可能匹配产业的专业性、规模性，才能衍生出最重要的组织和分工，才会开启企业技术创新的源泉。一些世界著名的大公司如波音、谷歌、华为等由此产生。所以，要判断霞村这样一个微小村庄的农地产权制度的优劣，首先需要了解和认识其农业生产力的特征。

有产权则必定存在交易成本，产权越复杂、越独立，则交易成本越复杂、越庞大。这一规律在我们对霞村的调查过程中得到了验证。目前我国所有的承包户都有《中华人民共和国农村土地承包法》所保障的“承包权”，进一步都有谈判权、博弈权。这种产权与交易成本之间的因果逻辑非常清晰。承包户的目标是多元的、复杂的，一旦他们拒绝谈判，则会意味着某些资源配置的失败。谈判、博弈被经济学理论理所当然地认为是个人权益的神圣标志，故在市场化改革进程中这种权力被不断地予以注释、证明和强化，但具体到霞村，则必须考虑农业生产力的整体性和农户博弈的“囚徒困境”的存在。“产权明晰”具有两面性。它一方面可能降低村庄社会的“交易成本”，比如霞村的很多“承包户”之间根本就没有“交易成本”，因为他们之间从来就不“交易”，也没有“资源配置”。因此，30多年来，土地的细碎经营格局几乎没有改变。另一方面“产权明晰”也在人为制造、增加“交易成本”。比如村委会要配合龙头企业流转50亩土地用于油菜种植，为此不得不挨家挨户做“承包户”的工作，“交易成本”在经费、时间上都耗费巨大，最后还有几户“承包户”干脆拒绝谈判，弄得这个乡村旅游项目差点成为“半吊子”工程。

制度的危机并非总是以一种“悲观”的状态表露出来，恰恰相反，最危险的危机也可以以一种“积极”的状态、亢奋的状态表现出来。这种危机更为隐蔽和严重。比如一辆轿车在高速公路上风驰电掣，就可能形成一种虚假的“正反馈”，屏蔽掉轮胎的裂缝和爆胎的危险。

肇始于十一届三中全会的中国土地改革，在初期获得了显著的成功，1984年，中国粮食产量破天荒突破8000亿斤，国民的温饱问题基本得到解决。这种历史的进步在霞村调查中，同样可以得到验证。但是，随着市场改革的深化，制度、政策的红利逐渐释放殆尽，生产性的危机开始到来。这是因为“单干”状态的农民发现已经难以在市场上通过“积极性”获得足够的农业利益，所以他们常常是在生产了足够自己食用的粮食以后，选择外出打工或将土地直接撂荒。1985—1990年，可能是中国农业最为艰难的时期，粮食产量的急剧下滑直接诱致了严重的通货膨胀和社会危机，由此政府不得不出手干预、拯救农业。基本的方法就是在放开农产品市场的同时，提高粮食收购价格以补偿农民的农业收益——这恰恰是一种与市场化相悖的“黄箱”政策。在政策、财政的双重支持下，中国农业又开始了新一波的增长，1996年，中国粮食产量达到了新的高峰，突破万亿斤大关，但粮食生产出现过剩，库存严重积压，财政不堪重负。1998年以后，新一轮的市场化改革开始启动，政府下调了粮食收购价格，降低了收储总量，以图以“顺价销售”等市场化方式挤压库存，降低财政负担，同时实现粮食市场的供需平衡。但是在生产成本、农业税赋和机会成本的重压下，农民的积极性又开始消失，粮食产量由此开始逐年下滑，供需合理的市场均衡并没有出现。2003年，粮食产量不到8700亿斤，新的粮食危机又开始出现。为此，在2004年以后，国务院果断启动了粮食“直补”政策。2006年以后全面取消了农业税和“三提五统”，继续扩大对农业生产的补贴。由此，“家庭经营”的经营性利益开始回升，中国农业开始了新一波的增长，2013年，中国的粮食产量突破12000亿斤，为中国工业化、城市化奠定了比较坚实的粮食安全基础。

中国农业的增长是政府持续不断的积极财政政策的结果，或者说是政府作为一个新的市场主体直接参与农业生产和交易的结果，对此，不能有判断的错位。中国政府对农业持续、巨大的支持、补贴，一方面激发了部分农户“家庭经营”的动能，刺激了农业的全面增长，保障了城乡农产品的供给。但另一方面，也掩盖了农地产权细碎化的严重问题。这种逆组织化的“家庭经营”模式不断被新制度经济学注解和强化，以致有关农地“整体性”、农民“组织化”的改革迟迟不能启动，严重分裂、破坏了村庄农业资源的自然结构性，也桎梏了“乡村振兴”。由此在全国的很多农村地区，包括霞村，土地细碎化状态一直无法克服，耕地大量撂荒。青壮年农民不仅抛弃农业、对农业失望，而且抛弃农村、对村庄也失望。这说明财政政策与市场化改革可能刺激农业的某种阶段性增长，但并不能诱致农业资源的结构性调整和农业的持续性发展。

现代产权制度本质上是一种以利润为目标的资本性质的经济制度，它最重视的是“产权”“交易”“价格”“利润”，由此，在无组织化的农村，这种资本性质的现代产权制度就非常容易脱离、割裂、破坏村庄农业资源的自然结构性，直接导致资源配置目标的“异化”。比如，乡村山地的自然功能本来应该是蓄积水源、物种、调节气候，但被资本控制以后，就只能服务于单一的“利润”目标，由此就可能使得山地的自然功能丧失掉，最后形成干旱、洪水、泥石流等自然灾害。这种情况在广东一些大面积种植桉树、巴戟的山村已经出现。在生态环境不断污染、不断恶化的背景下，多数村民只好搬离村庄——这很容易被误解为一种正常的城市化。但霞村恰恰是例外。由于霞村的三千多亩林地没有进行“承包”性质的改革，没有“确权”，生态林的整体建设因此得到了全面的保护，不需要支付庞大的“交易费用”。所以在霞村调查的过程中，大学生能够与村民一样，亲身感受到洁净的空气、洁净的水源，并且，“农家乐”等乡村旅游业也有了发展的机会。

资源的最佳配置，应该是一个自然的最佳状态。这种复杂的自然目标具有亘古的历史，与资本无关，与交易也无关。市场主义者迷信亚当·斯密的“看不见的手”，希望价格、交易、产权会自动完成组织的构建，自动实现“资源的最佳配置”，从长远看，这很可能是一种不切实际的幻想。首先理论上不能把资本的最佳状态等同于自然资源的最佳状态，也不能把自然资源的最佳状态等同于资本的最佳状态。在乡村，二者之间甚至会出现“剪刀差”式的分野，即经济越是增长，生态环境越是恶化（村庄生物多样性严重消失）。改革，应该选择什么作为最高标准呢？是“生产力”性质的村庄自然结构性及农民的组织化，还是资本性质的分散的“产权”？这就需要理解、反思历史唯物主义的认识论、方法论。生产力，是马克思主义最重要的关键词。它不是一种“价格”状态、“产权”状态、“交易”状态，而首先是一种自然状态。这种自然状态，包括乡村的“山水林田湖草”会表现为一种土壤、生物、化学、物理、气候的整体状态、结构状态和可持续状态，而且各个村庄、各个乡镇、各个县都会有自身的特点，由此使得农业具有显著的地域性、本土性的特征。所谓“一方水土养一方人”，其实就是“一方水土一方农业、一方农业一方人”。由此，农地产权改革就不能偏离农地生产力的整体性目标，就需要重视本土性农民“自治”组织的构建，同时避免细碎的农地产权对村庄土地资源整体性的破坏。因为农民的这种“自治”性的集体组织、合作组织才是乡村最重要的“利益相关者”，才是“生于斯，长于斯”的“铁打的营盘”。